국민낚시 주꾸미부터
바다의 여왕 참돔까지

대한민국
낚시 대백과

대한민국
낚시 베스트
52

낚시춘추 편집부 지음

황금시간
Golden Time

책 발간에 도움 준 45명의 낚시 전문가들

강경구 전갱이 루어낚시 전문가
강민구 감성돔낚시 전문가, 여수 서울낚시 대표
강성무 에깅·지깅 전문가
김재욱 떡붕어낚시 전문가, 청주 팔도낚시 대표
김종호 참돔낚시 전문가
김진일 바다 루어낚시 전문가
김태운 선상낚시 전문가, 영흥도 마이웨이호 선장
민병진 벵에돔낚시 전문가, 제로FG 회장
박경식 볼락 루어낚시 전문가
박광호 원투낚시 전문가
박무석 배스낚시 전문가
박범수 무늬오징어 에깅 전문가, 한조 크리에이티브 대표
박상욱 바다 루어낚시 전문가
박영환 플라이낚시 전문가
박지태 벵에돔낚시 전문가
박진철 감성돔낚시 전문가, 아티누스 대표
박현철 붕어 보트낚시 전문가, 비바붕어 대표
석상민 무늬오징어 에깅 전문가
성제현 붕어낚시 전문가, 군계일학 대표
송귀섭 붕어낚시 전문가, FTV 제작위원
심근섭 돌돔낚시 전문가
안지연 무지개송어낚시 전문가
양성욱 한치 루어낚시 전문가, 제주 킹덤호 선장
원성조 벵에돔낚시 전문가, 제주 원프로피싱 대표
유상윤 쇼어 지깅 전문가, 레츠쇼어 운영자
윤혁 가물치 루어낚시 전문가
이영수 광어루어·선상지깅 전문가, 울진 이프로호 선장
이영언 참돔낚시 전문가
이운 은어낚시 전문가
이재복 갈치 배낚시 전문가
이찬복 쏘가리낚시 전문가
이태영 서해 바다낚시 전문가, 격포 변산낚시 대표
전영수 외수질 배낚시 전문가, 신진도 항공모함호 선장
전웅기 장어낚시 전문가, 다음카페 원줄이끊어질때까지 운영자
조상훈 견지낚시 전문가, 한국견지낚시협회 전 회장
조성욱 견지낚시 전문가, 한국전통민속견지협회 회장
진승준 갈치 배낚시 전문가, 여수 진프로호 선장
차종환 붕어 대물낚시 전문가, 붕어연구소장
최규하 붕장어낚시 전문가, 울산 최규하피싱샵 대표
최무석 동해 농어 루어낚시 전문가, 다음카페 바다루어클럽 회장
최석민 배스낚시 전문가
최홍선 서해 농어 루어낚시 전문가
홍경일 감성돔낚시 전문가
홍상준 동해 감성돔낚시 전문가, 이스트시피싱클럽 매니저
홍종범 동해 학꽁치낚시 전문가, 동해 현대낚시 대표

대한민국 낚시 대백과

대한민국 낚시 베스트 52

책을 펴내며

우리나라의 낚시산업이 태동한 1960년대 말 무렵만 해도 낚시 장르는 붕어 낚시나 전통의 견지낚시 외엔 이렇다 할 전문 낚시 장르가 없었습니다. 하지만 50여 년이 지난 지금은 많이 달라졌습니다.

낚시 동호인 수가 늘어나고 새로운 낚시 기법이 도입되면서 다양한 어종을 대상으로 낚시 장르가 생겨났습니다. 또 한 가지 어종을 두고도 기법이 분화되어 전문화되고 있습니다. 붕어낚시만 해도 대물낚시, 갓낚시, 옥수수내림낚시 등으로 끊임없이 분화되고 있습니다. 특히 루어낚시의 발전속도는 대단해서 지깅, 에깅, 타이라바 등과 같은 장르가 우리나라 낚시 트렌드를 주도하고 있습니다.

그러나 너무 많은 기법들이 한꺼번에 많이 등장하고 변화하자 그에 대해 혼란을 느끼는 낚시인들도 늘어났습니다. 낚시를 오래한 베테랑들도 자신이 즐기던 낚시 외에 다른 장르가 너무 많아 부담을 느낄 정도입니다.

그래서 낚시인들은 낚시춘추 편집부에 "복잡 다양한 낚시 장르들을 일목요연하게 정리해준 한 권의 책이 있었으면 좋겠다"는 요구를 해왔고, 그에 부응하고자 펴낸 책이 「대한민국 낚시 대백과」입니다.

낚시 장르별 전문서는 많이 출간되었지만 전체 낚시 장르를 아울러 다룬 책은 「대한민국 낚시 대백과」가 최초입니다. 「대한민국 낚시 대백과」엔 국민 낚시로 큰 사랑을 받고 있는 주꾸미낚시부터 폭발적으로 인구가 늘고 있는 바다 루어낚시에 이르기까지 우리나라를 대표하는 44개 어종 52개 장르가 총망라되어 있습니다.

「대한민국 낚시 대백과」의 대상 어종과 낚시 장르의 선정은 아래의 기준을 따랐습니다.

첫째, 많은 동호인을 갖고 있는 장르부터 선정했습니다. 붕어낚시, 감성돔 낚시, 배스낚시, 우럭 배낚시 등이 이에 해당됩니다.

둘째, 일반 낚시인들이 널리 즐기는 이른바 '생활낚시'를 선정했습니다. 피라미낚시, 숭어낚시, 학꽁치낚시, 장어낚시 등이 그것입니다.

셋째, 전문 장르로 정착해 동호인 수가 빠르게 늘고 있는 바다 루어낚시를 두루 다루고자 했습니다. 참돔 타이라바, 에깅, 지깅·폽핑, 쇼어 지깅 등입니다.

이렇게 선정한 낚시 장르를 입문자부터 베테랑까지 두루 볼 수 있도록 정리하는 작업은 많은 시간과 노력이 필요했습니다.

먼저 월간 낚시춘추에서 그에 해당하는 기사를 모두 모았습니다. 사진과 일러스트를 찾은 다음 핵심내용만 간추렸습니다. 그 과정에서 요즘 트렌드와 동떨어진 오래된 내용은 수정했고 45명의 최고 전문가들로부터 최신 테크닉과 트렌드에 대한 자문을 구했습니다.

선정한 52개 장르는 민물낚시와 바다낚시로 나눈 뒤 다시 어종별 기법으로 세분화했습니다. 민물낚시 대표 장르인 붕어낚시를 따로 떼어 세 파트로 나눠 구성하고 각 파트는 찾아보기 쉽도록 가나다순으로 배열했습니다.

각 어종별 낚시기법엔 낚시춘추 기자들이 촬영한 737컷의 사진과 낚시전문 미술기자가 그린 일러스트 171컷을 수록해 눈으로 보는 것만으로도 낚시정보를 얻을 수 있도록 편집에 신경 썼습니다.

부록으로 52개 장르를 배우는 데 꼭 필요한 낚시필수묶음법을 실었습니다. 또 낚시용어 찾아보기를 실어 낚시를 배우는 데 도움이 되도록 했습니다.

2021년에 낚시춘추는 창간 50주년을 맞이했습니다. 낚시춘추 50여 년의 낚시 데이터가 집대성된 「대한민국 낚시 대백과」는 낚시에 입문하려는 분들과 새로운 낚시에 도전해보려는 분들에게 충실한 가이드북이 될 것으로 기대합니다.

2021년 9월 3일
낚시춘추 편집부

CONTENTS

PART 1　민물낚시

PART 2　붕어낚시

PART 3

바다낚시

부록

이 책을 펼쳐 낚시를 배우기에 앞서

「대한민국 낚시 대백과」는 낚시를 즐기고 있는 동호인은 물론, 낚시를 배우고 싶어 하는 일반인까지 모두 활용할 수 있도록 책 내용을 구성하고 편집했습니다. 요즘 낚시 장르는 매우 다양해지고 또 각 낚시방법은 전문화되고 있습니다. 이 책엔 낚시 동호인이라도 자신이 즐기는 낚시 장르가 아니면 모르는 낚시용어와 낚시용품이 등장할 수 있습니다. 이는 낚시에 입문하려는 일반인에게는 큰 장벽으로 다가오기도 합니다. '이 책을 펼쳐 낚시를 배우기에 앞서'는 이 책의 기본 구성·편집 방향과 함께 더 쉽게 낚시방법을 이해할 수 있도록 기본적인 낚시용어를 정리해 두었습니다.

「대한민국 낚시 대백과」의 기본 구성과 편집 방향은 다음과 같습니다.

- 낚시 장르 배열은 가나다순입니다. 붕어낚시를 제외하고 민물낚시, 바다낚시 파트는 찾고자 하는 어종별 낚시를 가나다순 기준으로 찾으시면 됩니다.

- 504페이지의 '낚시용어 찾아보기'를 활용해 보세요. 처음 보거나 이해하기 어려운 낚시용어는 이에 대해 설명하고 있는 지면의 페이지를 적어 두었습니다.

- 낚시장비는 낚시인들이 실제 사용하고 있는 낚시용품을 낚싯대부터 봉돌에 이르기까지 사진을 넣어 이해를 도왔습니다.

- 그림을 최대한 활용했습니다. 낚시장비와 채비는 한눈에 파악할 수 있도록 어종별로 하나씩 그려 넣었으며 핵심 낚시기법은 그림으로 표현해 이해를 도왔습니다.

- 낚시 장르 중 요즘 새롭게 부각되고 있거나 유행하는 기법은 별도 페이지를 마련해서 설명해 놓았습니다.

- 맛있는 물고기는 따로 요리 코너를 마련해 소개했습니다.

- 본문엔 외래어의 스펠링이나 한자를 가급적 쓰지 않았습니다. 낚시방법이 미국이나 일본 등에서 건너와 영어 스펠링이나 한자가 함께 표기되어야 이해하기 쉬운 낚시용어가 분명 있습니다. 외래 낚시용어의 스펠링이나 한자를 알고 싶다면 504페이지의 '낚시용어 찾아보기'에 표기해 두었으므로 이를 활용하시기 바랍니다.

- 낚시 장르 중 외국에서 건너와 영어로 된 낚시용어가 많은 루어낚시 장르는 낚싯대 대신 로드(rod), 낚싯줄 대신 라인(line), 채비 대신 리그(rig)란 용어를 함께 사용했습니다.

- 낚싯줄 중 합사는 합사와 PE라인이라는 낚시용어를 함께 사용했습니다. PE라인은 여러 줄을 꼬아 만든 합사 중 하나이지만 캐스팅 거리를 늘리거나 낚시 중 줄의 열 마찰을 줄이기 위해 표면을 매끄럽게 만든 낚싯줄입니다. 최근엔 합사하면 PE라인이라고 할 정도로 사용 빈도가 매우 높습니다.

채비

낚시를 배우고자 하는 일반인에겐 '채비'란 용어도 낯선 게 사실입니다. 채비란 낚싯줄, 바늘, 봉돌로 구성되어 있는 묶음을 말합니다. 채비는 각 어종의 크기, 습성, 생태에 따라 낚싯줄의 굵기, 바늘의 크기, 봉돌의 무게, 이들을 연결하는 있는 구조 자체가 각각 다릅니다. 한 낚시방법에도 여러 채비가 있습니다. 붕어낚시의 경우 외바늘채비, 두바늘채비, 가지바늘채비 등이 있습니다. 외국에서 들어온 낚시 장르인 루어낚시는 채비 대신 영어인 '리그(rig)'라고 표현합니다. 배스낚시의 경우 지그헤드리그, 다운샷리그, 프리리그 등 여러 채비가 있습니다.

원줄·목줄·봉돌·바늘

원줄, 목줄, 봉돌, 바늘은 채비를 구성하는 기본 소품입니다. 어떤 낚시를 하던 이 채비 구성에서 벗어나지 않습니다. 이 상태에서 찌를 달면 찌낚시가 됩니다. 채비를 멀리 던져 낚싯대 끝의 움직임으로 입질을 파악하는 원투낚시처럼 찌를 달지 않는 낚시도 있습니다.
원줄과 목줄은 낚싯줄의 용도에 대한 표현입니다. 원줄은 목줄과 연결돼 대상어를 걸었을 때 버텨주는 역할을 한다면 목줄은 봉돌과 함께 바늘이 연결돼 물고기의 입질을 받아내는 역할을 합니다. 민낚싯대를 쓴다면 낚싯대 길이만큼 원줄을 단 뒤에 봉돌을 달고 목줄과 바늘을 연결합니다. 봉돌은 바늘을 포함한 채비가 물속에 가라앉도록 해주는 역할을 합니다. 바늘은 낚고자 하는 대상어의 크기와 힘, 입 크기와 먹이습성에 맞춰 제작된 것을 씁니다. 시중엔 붕어바늘, 배스바늘, 농어바늘 등 대상어에 맞게 출시된 제품들이 판매되고 있습니다.

포인트

이 책을 접하다 보면 각 낚시장르마다 서너 번 이상은 보게 될 낚시용어입니다. 포인트는 물고기가 모여 있어 잘 잡히는 곳 또는 그곳을 노릴 수 있는 장소를 말합니다. 범위를 좀 더 좁혀 설명한다면 미끼를 꿴 채비를 던져야 할 곳이라 할 수 있습니다.

루어, 루어낚시

루어낚시는 미끼를 기준으로 구분한 낚시 분야 중 하나입니다. 미끼를 기준으로 구분한 낚시 분야는 딱 두 가지입니다. 지렁이나 떡밥과 같이 생물이나 천연 재료를 미끼로 사용하는 생미끼낚시, 그리고 생미끼와 비슷하게 만든 가짜 미끼, 즉 '루어(lure)'로 물고기를 낚는 루어낚시입니다. 루어의 사전적 의미는 '유혹하다', '꾀다'입니다.
가짜 미끼인 루어는 플라스틱이나 나무, 고무 등을 소재로 만듭니다. 물고기의 입질을 유도할 수 있도록 생미끼와 비슷하게 만들거나 비슷한 효과를 내도록 설계되어 있습니다. 물고기의 습성만을 노려 먹잇감과는 완전히 다른 모습으로 만들기도 합니다. 이 루어를 바늘에 꿰거나 아니면 바늘이 달려 제작된 루어를 낚싯줄에 묶어 던져 물고기를 낚습니다.

큰 고기에 대한 표현들

'대물', '-짜' 등은 낚시 대상어 중 큰 고기를 표현할 때 쓰는 말입니다. 대물은 붕어라면 40cm 이상, 배스와 감성돔은 50cm 이상의 씨알을 말합니다. '-짜'는 어느 이상 크기를 설명하고자 할 때 쓰는 표현으로, 40cm 이상 씨알은 4짜, 50cm 이상 씨알은 5짜 이렇게 부릅니다.
각 어종별로도 대물을 두고 부르는 말이 있습니다. 가령 누치는 70cm 이상을 '멍짜'라고 부르고 참돔은 90cm 이상 씨알을 '빠가'라고 합니다. 월척은 큰 붕어에 대한 표현입니다. 1척, 그러니까 30.3cm가 넘는 크기의 붕어를 부를 때 쓰는 말입니다.

낚싯줄

합사와 단사

낚싯줄을 만드는 방법에 따라 낚싯줄을 분류한 것입니다. '합사'는 여러 줄을 꼬아서 만든 낚싯줄을 말합니다. 반대의 개념은 하나의 줄로 만든 '단사'라고 하며 영어로 모노필라멘트라인이라고 표현합니다. 합사는 강도가 높아 같은 굵기의 단사에 비해 가늘게 쓸 수 있다는 게 장점입니다. 낚싯줄이 가늘면 루어를 캐스팅할 때 더 멀리 날아갑니다.

나일론라인, 플로로카본라인, PE라인

낚싯줄을 소재에 따른 분류한 것입니다. 우리가 쓰는 낚싯줄은 나일론라인, 플로로카본라인, PE라인 중 한 가지를 쓴다고 보면 맞습니다. 이 중 나일론라인과 플로로카본라인은 한 가닥의 실로 만든 단사이고 PE라인은 여러 실을 꼬아서 만든 합사입니다. 가장 많이 쓰이고 있는 나일론라인은 세 낚싯줄에 비해 가격이 저렴한 반면 강도가 약한 게 단점입니다. 카본라인이라고 부르는 플로로카본라인은 나일론라인보다 비싸지만 오래 사용할 수 있고 물에 가라앉는 특성이 있습니다. PE라인은 가격이 비싸지만 굵기에 비해 강도가 높고 오래 쓸 수 있다는 게 장점입니다.

쇼크리더

루어낚시에서 사용하는 용어로 설명하자면 충격 완화용 또는 강도 보강용 목줄이라 할 수 있습니다. 가는 원줄을 사용해 무거운 루어를 던졌을 때 그 충격으로 원줄이 끊어지는 경우가 종종 생기는데 이를 막기 위해 원줄보다 더 굵은 목줄을 직결로 묶어 씁니다. 이 굵은 목줄을 가리켜 '쇼크리더(shock leader)'라고 합니다. 합사 원줄을 쓸 경우에 쇼크리더를 쓰는 일이 많습니다. 합사는 굵기에 비해 강도가 높은 것이 장점이지만 마찰강도는 약해 날카로운 갯바위나 물고기의 이빨에 쓸릴 경우 끊어질 위험이 높습니다. 이를 방지하기 위해 마찰강도가 높은 단사를 쇼크리더로 사용합니다.

호, lb, 파운드, 온스, 피트 …

호, lb, 파운드… 등은 낚싯줄의 굵기와 강도를 표현한 용어입니다. 1호, 2호, 3호와 같은 호수는 굵기를 말하고 4lb, 8lb, 12lb 등의 표기는 강도를 뜻합니다. 파운드는 lb와 같은 말입니다. 1파운드는 0.453kg으로서 4파운드, 4lb 라인은 수치상으로 1.812 kg를 견딘다는 것을 뜻합니다. 그렇다면 1호로 표기된 낚싯줄은 2호 낚싯줄보다 강할까요? 꼭 그렇지만은 않습니다. 소재별로 강도가 다르기 때문입니다. 가령 1호 합사는 단사인 2호 나일론사보다 굵기는 가늘지만 강도는 더 높습니다.

한편, 온스(oz)는 무게를 설명하는 용어입니다. 루어낚시에선 봉돌의 무게를 온스로 표기합니다. 1온스는 28.35g으로 1/4온스는 약 7.1g입니다. 낚싯대의 길이 역시 미터(m)나 센티미터(cm) 대신 피트(ft)로 표기합니다. 1ft는 30.48cm이고 6.5ft는 약 198cm입니다.

낚시행위 · 동작을 표한한 낚시용어들

마릿수 · 씨알

마릿수는 물고기의 수를 말하고 씨알은 물고기의 크기를 말합니다. 마릿수가 좋고 씨알도 좋다고 하면 낚이는 물고기가 많고 크기도 크다는 뜻입니다.

액션

루어낚시에서 쓰는 낚시용어입니다. 낚싯대를 움직이거나 릴에 감긴 낚싯줄을 감는 동작을 통해 물속의 루어를 움직이게 하여 물고기의 입질을 유도하는 행위를 말합니다. 폴링, 저킹, 트위칭, 드래깅, 섀이킹 등 다양한 액션이 있습니다.

조황 · 조과

'조황(釣況)'은 물고기가 낚이는 정도를 말합니다. 조황이 좋다면 물고기가 잘 낚인다는 뜻입니다. '조과(釣果)'는 자신이 낚은 물고기의 양이나 씨알 등을 표현하는 용어입니다. 조과가 좋다면 많이 또는 큰 씨알을 낚았다는 얘기입니다.

챔질

물고기가 미끼와 바늘을 입안에 넣는 순간, 바늘이 물고기의 입안에 걸리게 하기 위해 순간적으로 낚싯대를 들거나 잡아채는 등의 동작을 말합니다. 이 챔질 동작을 어느 순간에 해야 하느냐가 매우 중요합니다. 물고기가 미끼를 확실히 물었을 때 챔질해야 바늘이 입안에 박히기 때문입니다. 그 적절한 순간을 챔질타이밍이라고 얘기합니다. 루어낚시에선 챔질 대신 '후킹(hooking)'이란 용어를 쓰곤 합니다.

출조

'출조(出釣)'. 낚시를 간다는 뜻입니다.

낚싯대 부위별 명칭

민낚싯대

민낚싯대는 낚싯대 표면에 아무것도 달리지 않은 낚싯대를 말합니다. 민물낚시와 바다낚시에서 쓰입니다.

민낚싯대는 길이와 휨새 두 가지 기준으로 설명합니다. 길이는 보통 '–칸'으로 표현합니다. 1칸의 길이는 1.8m입니다. 따라서 2칸대라고 하면 '2×1.8m=3.6m'이므로 3.6m 길이입니다. 그럼 2.5칸의 길이는 어떻게 될까요? '2.5×1.8m=4.5m'이므로 4.5m입니다.

휨새는 경질, 중경질, 연질로 설명합니다. 보통 경질은 앞쪽(초릿대) 쪽이 휘어지는 8:2 휨새, 중경질은 경질보다 손잡이대 쪽으로 더 휘어지는 7:3 휨새, 연질은 중간 쪽이 휘어지는 6:4 휨새를 말합니다.

보통 접혀 있는 낚싯대를 뽑아서 사용한다.

초릿대

손잡이대

루어낚싯대

루어낚시에 쓰이는 낚싯대를 말합니다. 릴을 달고 릴에 감아 놓은 낚싯줄이 빠져 나가는 동그란 형태의 '가이드(guide)'가 달려 있습니다.

루어낚시에선 낚싯대를 설명할 때 강도나 파워, 휨새 등으로 특성을 설명하곤 합니다. 강도와 파워, 휨새와 테이퍼는 서로 같은 말로서, 사용 가능한 루어나 봉돌의 무게, 낚싯대의 휘어지는 정도를 나타내는 말입니다

강도(파워)는 사용할 수 있는 루어의 중량이나 대상어를 끌어낼 수 있는 힘을 나타내는 말입니다. 단순하게 낚싯대의 빳빳한 정도를 표현한다고 보면 맞습니다. 울트라라이트(UL), 라이트(L), 미디엄라이트(ML), 미디엄(M), 미디엄헤비(MH), 헤비(H) 등으로 표시합니다. 울트라라이트가 가장 부드럽고 헤비가 가장 빳빳합니다. 큰 대상어를 노리는 바다낚시에선 미디엄라이트부터 미디엄헤비가 주로 사용됩니다. 그립(손잡이) 위쪽을 보면 미디엄라이트 등 강도 표시가 보이고 또 사용할 수 있는 봉돌의 무게를 밝혀 놓았습니다.

휨새(테이퍼)는 낚싯대가 휘어지는 정도를 말합니다. 고기를 걸었을 때 낚싯대의 어느 위치에서 휘어지는가를 구분해 놓은 것인데 패스트 테이퍼(초리휨새), 레귤러 테이퍼(허리휨새), 슬로우 테이퍼(몸통휨새)로 분류하며 바다낚시에선 패스트 테이퍼와 레귤러 테이퍼가 주로 쓰입니다.

가이드

톱가이드(top guide)

그립(grip)

릴시트(reel seat)

보통 2, 3절로 나뉘어 있는 낚싯대를 연결해서 사용한다. 1절 낚싯대를 원피스로드라고 부른다.

릴낚싯대

릴낚싯대는 릴을 세팅할 수 있는 낚싯대라는 점에서 루어낚싯대와 비슷해 보이지만 대체로 두어낚싯대보다 길고 또 강도도 높습니다. 릴낚싯대는 채비를 멀리 던질 수 있도록 설계한 원투낚싯대, 찌를 조작할 수 있도록 설계한 릴찌낚싯대로 분류할 수 있습니다. 릴찌낚싯대는 감성돔낚싯대 기준 5.3m 길이 1호대가 표준입니다.

보통 접혀 있는 낚싯대를 뽑아서 사용한다.

가이드

초릿대

릴시트

그립

스피닝릴의 구조와 명칭

릴다리(reel foot)

픽업베일(pick up bail)
앞쪽으로 젖히면 줄이 풀리고
원래 상태로 닫으면
더 이상 줄이 풀리지 않는다.

드랙노브(drag knob)
드랙의 강약을 조절하는 다이얼.
드랙노브를 조절해 고기가 물었을 때
스풀에 감긴 원줄이 풀려나가는 정도를
조절할 수 있다.

역회전 방지 레버
릴의 핸들을 앞쪽 뒤쪽으로 돌릴
수 있는 장치.

스풀(spool)
낚싯줄이 감기는 실패.

핸들과 핸들노브(handle, handle knob)
릴을 감을 때 돌리는 손잡이.
그중 손에 쥐는 부분을 핸들노브라고 한다.

스풀
낚싯줄이 감기는 실패.

클러치레버(clutch lever)
스피닝릴의 픽업베일 기능을 담당한다.
누르면 스풀이 자유롭게 회전한다.
핸들을 돌리면 다시 원위치로 돌아가
스풀이 회전하지 않는다.

레벨와인더(level winder)
스풀에 감긴 낚싯줄은
이 구멍을 통해 나가 낚싯대 가이드를
거쳐 미끼와 연결된다.
핸들을 돌리면 레벨와인더가
좌우로 움직여서 낚싯줄이
스풀 어느 한쪽에 쏠리지 않도록
고루 감기게 한다.

릴다리
낚싯대 릴시트에 끼우는 부위.

메커니컬브레이크(mechanical break)
핸들이 달려 있는 몸체 쪽에
붙어 있는 나사형 손잡이.
스풀 회전을 조절할 수 있다.
조일수록 스풀이 빡빡하게
돌아가고 풀수록 느슨하게 돌아간다.

스타드랙(star drag)
별 모양처럼 생겼다.
물고기를 걸었을 때
어느 정도의 힘으로
버티게 할지
조절할 수 있다.

베이트릴의 구조와 명칭

핸들노브

바다낚시와 물때

바다낚시에서 왜 물때가 중요한가?

바닷물은 민물과 달리 정체돼 있지 않고 늘 흐릅니다. 밀물과 썰물에 의한 바닷물의 흐름을 조류라 하는데, 바닷고기는 조류를 이용해 이동하고 먹이를 사냥하기 때문에 조류를 이해해야 바닷고기를 쉽게 낚을 수 있습니다.

조류를 이해하는 열쇠가 곧 물때입니다. 물때를 통하여 우리는 밀물과 썰물이 진행되는 시간과 조류의 속도를 알 수 있습니다. 그를 통해 조류의 유속이 적당한 날짜를 골라서 낚시할 수 있고, 하루 중에서도 최적의 조류가 흐르는 시간대에 낚시를 집중할 수 있습니다.

밀물과 썰물은 왜 생기나?

밀물과 썰물을 조석이라 합니다. 조석현상이 생기는 이유는 지구 둘레를 공전하는 달의 인력이 지구 표면의 물을 당기기 때문입니다. 달이 한반도의 위에 왔을 때와 지구 반대편인 유럽의 상공에 있을 때 한반도에 미치는 달의 인력이 최고조가 되어 만조가 되고, 달이 그 중간쯤의 상공을 지날 때 달의 인력이 최저가 되어 간조가 됩니다.

물때표에서 간만조 시각 읽는 법

물때표는 국립해양조사원에서 1년간의 조석예보를 기록한 조석표를 기본으로 하여 그 위에 어민들 사이에 통용되는 물때를 기입한 것입니다. 포털사이트에 물때표를 검색하면 전국 항포구의 물때를 볼 수 있습니다.

하루의 물때표를 보면 간만조 시각이 '03:42(793)▲'과 '10:03(235)▼' 등으로 되어 있다면, 여기서 ▲는 만조를 뜻하고 ▼는 간조를 뜻합니다. 즉 오전 3시43분에 만조가 되어 해수면 793cm에 이르고 오전 10시3분에 간조가 되어 해수면 높이는 235cm가 된다는 뜻입니다.

황금의 입질찬스 '물돌이'

밀물에서 썰물로 또는 썰물에서 밀물로 조류가 바뀌는 시간 즉 만조나 간조 전후의 시간을 물돌이라고 부릅니다. 이때 바닷고기들이 가장 왕성하게 움직이므로 낚시의 황금찬스가 됩니다. 특히 조류가 거센 지역이나 조류가 빠른 사리물때엔 유속이 순간적으로 느려지는 물돌이 시각에 입질이 집중됩니다.

사리와 조금

사리는 바닷물이 많이 들고나는 물때이며, 조금은 적게 들고나는 물때에 해당합니다. 사리는 음력 보름(15일)과 그믐(30일)을 뜻하며, 조금은 음력 상현(8일)과 하현(23일)을 뜻합니다. 그리고 사리 이후의 며칠간(음력 15-16-17-18일 또는 30-1-2-3일)을 '사리물때'라 하고, 조금 이후의 며칠간(음력 8-9-10-11일 또는 23-24-25-26일)을 '조금물때'라 부릅니다. 보름달이 떠서 달빛이 밝은 보름 사리물때인 음력 15~18일을 월명기라고 부르는데 이때는 다른 물때보다 조황이 떨어집니다.

추석은 항상 사리, 설은 항상 7물

추석은 음력 8월 15일이므로 항상 사리입니다. 구정은 음력 1월 1일이므로 늘 7물입니다. 추석과 구정은 이처럼 조류가 강한 물때입니다.

반달이 뜨는 날은 조금물때

보름달이 뜰 때와 달이 없는 그믐은 사리물때이며, 반달이 뜰 때는 조금물때입니다. 바닷물을 당기는 천체의 인력은 달과 태양이 일직선이 될 때 세지고, 달과 태양이 직각이 될 때 약해집니다. 달-지구-태양으로 직선이 되면 보름달이 되고, 지구-달-태양으로 직선이 되면 달이 태양에 가려 그믐이 됩니다. 그래서 보름과 그믐엔 바닷물이 많이 들고나며 그로 인해 유속이 빨라집니다.

한편 달-지구의 선과 태양의 위치가 직각이 되면 반달의 형상을 보이는데 그때는 바닷물이 적게 들고나며 유속도 느립니다.

바다낚시에서 조류에 대한 표현들

조류란?

조류란 바닷물이 들고나는 밀물과 썰물 현상에 따라 발생하는 '바닷물의 흐름'을 말합니다. 따라서 조류는 밀물과 썰물이 바뀔 때마다 그 흐름의 방향도 반대로 바뀝니다. 밀물의 조류는 외해-내해-육지로 흐르고, 썰물의 조류는 육지-내해-외해로 흐릅니다. 따라서 남해안과 동해안에서 밀물 조류는 육지 쪽인 북이나 서로 흐르고, 썰물 조류는 외해 쪽인 남이나 동으로 흐릅니다. 이것이 가장 원칙적인 조류의 방향으로 낚시에선 '대조류'라고 부릅니다. 그러나 이런 대조류는 섬이나 해안에 부딪치면 방향이 틀어집니다. 이렇게 대조류가 섬에 부딪쳐 방향이 변환된 조류를 '본류'라고 합니다.

낚시하는 조류는 본류보다 지류

대조류는 워낙 큰 움직임이라 우리 눈에는 보이지 않지만 본류는 섬 주변의 얕은 바닥 위를 흐르는, 섬과 섬 또는 섬과 육지 사이의 병목구간을 통과하며 생겨나는 빠른 조류라 쉽게 눈에 띕니다. 그리고 그 본류가 다시 섬의 콧부리나 여에 부딪쳐서 파생되는 작은 조류가 지류라고 할 수 있습니다. 지류는 그 흐름이 적당히 강해 눈에 잘 보이고 낚시도 잘 됩니다. 본류는 흐름이 너무 강해 물고기들이 그 속에서 먹이활동하기에는 버겁지만 지류는 충분히 조류를 이겨낼 수 있는 곳이기 때문입니다. 찌낚시 포인트의 90%는 지류라고 해도 과언이 아닙니다.

조경지대, 훈수지대, 반탄류란?

조경지대란 서로 다른 방향의 조류가 만나는 경계지점을 말합니다. 잘 흘러가던 채비가 멀리서 갑자기 멈추거나 흐름이 바뀌면 그곳이 서로 다른 조류가 만나는 조경지대인 것입니다.

훈수지대는 조류(본류나 지류)가 갯바위에 부딪쳐 그 흐름이 약해지는 지점을 말합니다. 어부들이 쓰는 순 우리말입니다. 예를 들어 포인트 왼쪽으로 흘러오는 강한 조류가 발밑 갯바위에 부딪치면 그 속도가 느려지면서 안쪽으로 꺾이게 됩니다. 고기들도 빠르고 강한 조류를 피해 모여들고, 밑밥에 의한 집어효과도 높아져 낚시가 잘 되는 구간입니다.

반탄류는 흘러든 조류가 갯바위에 부딪쳐 흘러온 방향으로 다시 튕겨나가는 조류를 말합니다. 주로 수심 깊은 직벽지대에서 발생하는 조류입니다. 반탄류에서 낚시하면 채비가 자꾸 앞쪽으로 밀려와 불편하므로 초보자가 대응하기에는 다소 어렵습니다.

낚시 도량형 표준표

낚싯줄의 강도(호&파운드)

호수	지름	인장강도		같은 강도의 호수
		파운드(lb)	Kg	
0.1	0.053			
0.2	0.074			
0.3	0.090			
0.4	0.104			
0.5	0.116	2	0.91	
0.6	0.128			
0.8	0.148	3	1.36	
1	0.165		1.68	0.1호(1.8Kg)
1.2	0.185	5	2.27	
1.5	0.205			
1.7	0.215	6	2.72	0.2호(2.7Kg)
1.8	0.220			
2	0.235	7	3.2	0.3호(3.1Kg)
2.2	0.240	8	3.6	0.4호(3.6Kg)
2.5	0.260	10	4.2	
3	0.285	12		1호(5.5kg)
3.5	0.310			
(3.8)	0.325	14		
4	0.330			
(4.5)	0.351	16	7.8	0.8호(7.0Kg)
5	0.370	18	8	
6	0.405	22	10.3	1호(8.9kg)
7	0.435	25	2.5호(11.5kg)	1.2호(12kg)
8	0.470	30		1.5호(13.5kg)
10	0.520	35		2호(15kg)
12	0.570	40	18.5	2.5호(19kg)
14	0.620	50	22.5	3호(23kg)
16	0.660	60	27	4호(28kg)
18	0.700	70		
20	0.740	80		5호(35kg)
22	0.780	90		
24	0.810	100	45.3	6호(43kg)
26	0.840			
28	0.870			12호(50kg)
30	0.910	130	60	
35	1.001			
40	1.045	150		

모노필라멘트(나일론 또는 카본) / PE라인

봉돌의 무게

민물·바다낚시용 봉돌 — 전통 척관법(푼 단위)

0.1호(1푼)	0.375g
0.2호(2푼)	0.75g
0.3호(3푼)	1.13g
0.4호(4푼)	1.50g
0.5호(5푼)	1.85g
0.6호(6푼)	2.25g
0.7호(7푼)	2.63g
0.8호(8푼)	3.00g
0.9호(9푼)	3.38g
1호(10푼)	3.75g
2호(20푼)	7.50g
3호(30푼)	11.25g
4호(40푼)	15.00g
5호(50푼)	18.75
6호(60푼)	22.05g
7호(70푼)	26.25g
8호(80푼)	30.00g
9호(90푼)	33.75g
10호(100푼)	37.50g
20호(200푼)	75.00g
30호(300푼)	112.50g
40호(400푼)	150.00g
50호(500푼)	187.50g
100호(1000푼)	375.00g

바다 구멍찌낚시용 봉돌 — 한·일 공통(B·G 단위)

G8	0.07g
G7	0.09g
G6	0.12g
G5	0.16g
G4	0.20g
G3	0.25g
G2	0.31g
G1	0.40g
B	0.55g
2B	0.75g
3B	0.95g
4B	1.20g
5B(=0.5호)	1.85g
0.6호	2.25g
0.8호	3.00g
1호	3.75g
2호	7.50g
3호	11.25g

민물 붕어낚시용 봉돌 — 민물용 봉돌 업체의 90%가 따르는 기준

1호	2g
2호	2.5g
3호	3g
4호	3.5g
5호	4.5g
6호	5.5g
7호	6.5g
8호	7g
9호	7.5g
10호	8g

루어낚시용 봉돌(oz) — 세계적으로 통용되는 기준

1/32온스	0.88g
1/16온스	1.77g
1/8온스	3.54g
3/16온스	5.31g
1/4온스	7.08g
3/8온스	10.62g
1/2온스	14.17g
1온스	28.34g
2온스	56.69g

PART

1

민물낚시

프로그를 문 가물치를 들어내고 있는 낚시인. 가물치는 힘에 세고 수초가 밀생한 곳에서 낚이기 때문에 장비와 채비를 강하게 쓴다.

가물치낚시

가물치의 영명은 '뱀 머리'란 뜻의 스네이크헤드(snakehead)다. 물고기지만 파충류와 닮은 기이한 모습을 하고 있다. 민물고기로서는 드물게 날카로운 이빨이 이중삼중으로 나있고 허파가 있어서 아가미호흡과 폐호흡을 함께 하는 희귀종이다.

가물치는 민물 루어낚시 대상어 중에서 최고의 크기와 파워를 자랑한다. 수초가 빽빽하고 물이 탁한 늪지에 많이 살며 1m가 넘게 자란다. 호쾌하고 화끈한 낚시를 즐기려는 낚시인들이 가물치낚시에 도전하고 있다.

가물치 루어낚시는 개구리나 쥐를 닮은 '프로그'란 루어로 낚는다. 미꾸라지 같은 생미끼로도 가물치를 낚지만 최근엔 거의 루어로 가물치를 낚고 있다.

시즌과 낚시터

4월 초부터 11월까지 낚인다. 산란을 앞둔 4월에 대물이 낚이고 여름에는 50cm 내외가 마릿수로 낚이는 특징이 있다. 그리고 시즌 막바지인 10~11월에 다시 한 번 대물 찬스가 온다.

수초가 무성한 전국의 저수지와 수로에 가면 가물치를 낚을 수 있다. 경기, 충청권의 저수지엔 대부분 가물치가 살며 전북, 전남의 수로와 저수지도 인기 있는 가물치 낚시터로 꼽힌다. 경북과 경남에도 가물치가 많지만 어부들의 포획으로 큰 가물치는 그 수가 많이 줄었다고 한다.

대표적인 가물치 낚시터로는 강화 길정지, 이천 용풍지, 평택 석봉지, 음성 모란지, 안면도 승언1호~3호지, 광주 풍암지, 당진 가교리지, 음성 성미지, 밀양 덕곡지, 신안 안좌·팔금도 등이 있다. 수도권에선 가물치낚시를 허가하는 유료낚시터로 많이 출조하는 편이다.

장비

낚싯대

가물치 전용대는 8ft 전후 길이를 많이 쓴다. 멀리 떨어진 수초대를 노리려면 롱캐스팅을 해야 하기 때문에 짧은 것보다 긴 것을 선호한다. 9ft가 제일 길지만 너무 길면 가지고 다니기 불편하고 챔질 때 휘어지는 각도가 커지므로 후킹(입걸림)에 실패할 확률이 높다. 가물치 전용대는 손잡이 부분이 분리되는데,

가물치 루어낚싯대

가물치 루어낚시용 베이트릴. 6~8호 합사 원줄이 100m 정도 감기는 릴이 적합하다.

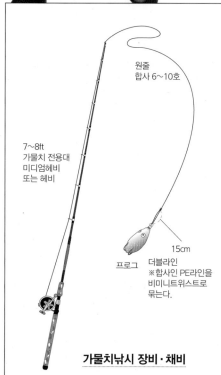

원줄
합사 6~10호

7~8ft
가물치 전용대
미디엄헤비
또는 헤비

15cm
프로그
더블라인
※합사인 PE라인을
비미니트위스트로
묶는다.

가물치낚시 장비·채비

그 이유는 초릿대부터 허리까지 밸런스를 유지하고 낚싯대를 통해 전달되는 감각을 더 좋게 하기 위해서다.

릴

6~8호 합사 원줄이 100m 정도 감기는 베이트릴이 필요하다. 우럭용 장구통릴은 캐스팅을 할 수 없기 때문에 가물치낚시용으로는 쓸 수 없다. 가격은 7만~8만원부터 40만~50만원까지 다양하다. 너무 싼 릴은 내구성이 떨어진다. 볼베어링이 들어간 고급릴을 써야 캐스팅 시 부하가 적어 원줄이 잘 풀려나간다. 가물치 전용 릴은 투핸들이며 스풀에 경사가 없어서 원줄이 일정하게 감기고 풀리므로 잦은 캐스팅에도 꼬이지 않는다.

채비

원줄

합사 6~8호를 쓴다. 6호는 롱캐스팅에 적합하고 8호는 대형 가물치를 노릴 때나 장애물이 많은 곳에서 쓴다. 합사 원줄에 루어를 바로 묶어 쓰며 목줄은 따로 쓰지 않는다.

프로그

개구리 형태의 가물치 전용 루어다. 속이 비어 있기 때문에 눌러보면 말랑말랑하며 뒤쪽에 강하고 날카로운 바늘이 두 개 달려 있다. 롱캐스팅을 위해 뒤쪽에 추가 들어 있는데, 수초와 마름이 빽빽한 곳이라면 프로그가 수면에 잘 안착되도록 더 무겁게 만들어 쓴다.

프로그와 입벌리개(맨 우측). 프로그를 문 가물치 입은 손으로 벌리기 어렵다.
이때는 입벌리개를 가물치 입에 넣어 강제로 벌려야 한다.

입벌리개
입벌리개는 필수 소품이다. 가물치는 한번 문 먹이를 좀처럼 놓지 않는데다 턱 힘이 아주 강하기 때문에 손으로 입을 벌리기 힘들고 자칫하면 이빨에 손을 다칠 염려도 있기 때문이다.

낚시방법

가물치낚시 노하우는 포인트를 찾아내는 데 있다. 가물치는 물색이 탁하고 수초나 수몰 나무 주변 혹은 연안의 그늘진 곳에 있는데 그런 자리를 잘 골라내야 한다. 포인트를 찾았다면 진입하기 전에 가물치가 있나 없나 먼저 살펴야 한다. 가물치가 있다면 수초가 움직이거나 수면이 일렁인다. 가물치가 사냥하고 있다면 포식음이 들리는 경우도 있다. 수온이 올라간 여름에는 깊은 곳으로 들어가거나 나무그늘 아래로 숨기 때문에 그 주변도 눈여겨봐야 한다.

산란기 '알치기'는 금지
가물치는 4~5월에 암수가 짝을 지어 수초에 알자리를 만들고 그곳에 산란한다. 그 기간에는 아무것도 먹지 않고 알자리를 지키며 침입자들을 물어 죽이는데, 그런 가물치의 특성을 이용해 가물치를 노리는 낚시를 일명 '알치기'라고 부른다. 예전에는 알치기를 효과적인 낚시법으로 생각했지만 알치기가 가물치를 남획한다고 판단, 낚시인들 사이에서 해서는 안 될 금기사항으로 꼽고 있다.

해안가 수로에서 가물치를 노리고 있는 낚시인.

가물치가 수면의 프로그를 덮치자 물보라가 일고 있다.

가물치의 움직임이 느껴지면 낚싯대에 프로그를 달고 움직임이 포착된 주변으로 캐스팅한다. 주로 수초나 장애물 주변으로 던진다. 그 후 루어를 아주 천천히 감아 들이며 장애물 주변에서 잠시 스테이(정지)했다가 제자리에서 움직이는 등 액션을 준다. 가끔

루어를 빨리 감으며 속도 변화를 주는 것도 좋다. 액션은 대부분 개구리가 움직이는 동작을 흉내 낸 것이다. 프로그를 활용한 액션은 다음과 같다.

워킹더독

낚싯대를 잡은 손목에 스냅을 주며 살짝살짝 릴링해 프로그가 수면에서 좌우로 머리를 흔들며 조금씩 전진하게 만드는 액션이다. 가물치 활성도에 따라 강약을 조절한다. 가장 많이 쓰는 액션으로 루어 자체가 이런 액션을 내도록 만들어진 것도 있다. 워킹더독보다 더 큰 폭으로 움직이는 동작을 '테이블턴'이라고 한다. 좀 더 강한 파장을 만들기 위한 동작이다.

스플래시

단순히 낚싯줄을 빨리 감아서 프로그가 수면에서 물을 튀기게 하는 액션이다. 가물치

프로그 컬러의 선택

루어를 선택할 때는 가물치의 활성도가 좋다고 판단되면 큰 루어를 고른다. 모양이 둥근 것보다 길쭉한 것이 효과적이다. 반대로 가물치 활성도가 낮을 때는 작고 둥근 형태가 좋다. 그 중간 타입으로 다양한 액션을 주고 싶을 때는 삼각형이나 마름모꼴의 루어를 고른다.
또 활성도가 높을 때는 바늘의 폭이 크고 넓은 것을, 활성도가 낮을 때는 바늘 폭이 작고 좁은 것을 쓴다. 색상은 활성이 좋을 때 잘 먹히는 흰색, 분홍색 등 밝은 색부터 써보고, 입질이 없으면 개구리와 비슷한 색상의 내추럴컬러를 써보다가, 그래도 입질이 없으면 갈색, 검정 등 어두운 색을 쓴다.

의 반사적인 입질을 받아낸다.

폽핑
주둥이가 납작한 프로그로 물을 튀기는
방법.

다이빙
손목 스냅으로 낚싯대를 순간적으로 숙
이면서 당기면 프로그가 순간적으로 물
에 잠겼다가 떠오른다. 요란한 동작으
로 가물치를 자극하는 방법이다.

롱포즈
프로그를 제자리에서 원줄만 살짝살짝
움직인 후 그대로 두는 방법. 꾸준히 반
복해주면 된다. 낚시방법은 매우 느리
지만 가물치의 활성도가 낮을 때는 꼭
필요한 액션이다.

입질은 '퍽'하는 포식음으로 감지할 수
있다. 그러나 입질 후 바로 챔질하면 대
부분 후킹에 실패한다. 가물치는 입질
한 순간에 잠시 가만히 있기 때문에 제
대로 프로그를 물었는지 감지하기 힘들
다. 그래서 적어도 2~3초, 길게는 5초
정도 마음속으로 숫자를 센 후에(카운
트) 채야 한다.
챔질은 낚싯대가 부러질 정도로 강하게
한다. 가물치 머리는 턱까지 하나의 뼈
로 되어 있기 때문에 강하게 채서 머리
뼈에 바늘이 박혀야 한다. 챔질에 성공하면
가물치가 물보라가 일으키며 저항하는 것이
보이지만 실패했다면 루어만 날아온다. 이
때 루어가 얼굴에 맞지 않게 주의해야 한다.
후킹에 성공했다면 낚싯대를 치켜들고 가
물치가 주변 장애물 속으로 파고들지 못하
도록 아주 빠르게 끌어내야 한다. 릴을 감는

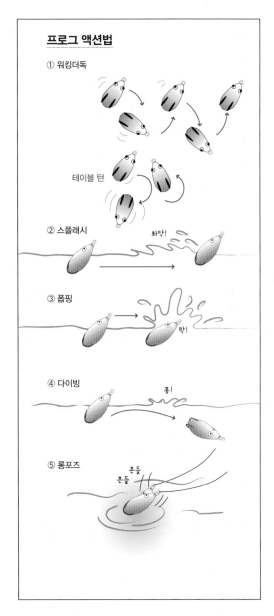

프로그 액션법

① 워킹더독

테이블 턴

② 스플래시 / 촤악!

③ 폽핑 / 팍!

④ 다이빙 / 퐁!

⑤ 롱포즈 / 흔들 흔들

것보다 뒷걸음질 치며 뽑아내는 것이 더 빠
르고 효과적이다. 가물치를 뭍으로 끌어내
면 재빨리 입벌리개로 프로그를 빼내고 다
시 캐스팅한다. 가물치는 두 마리씩 다니는
경우가 많기 때문에 운이 좋으면 비슷한 씨
알을 연타로 낚을 수 있다.

강준치낚시

강준치는 바늘에 걸리면 난폭하게 저항해 박진감 넘치는 손맛을 느낄 수 있다. 주로 낚이는 씨알은 40~50cm지만 큰 것은 종종 미터급에 육박하기 때문에 대물을 만나는 기쁨도 함께 누릴 수 있다. 특히 떼를 지어 다니기 때문에 무리를 만나면 소나기 입질을 받을 수 있다는 점도 매력이다.

강준치는 강의 하류나 호수, 대형 저수지에 많이 산다. 늦가을에 수온이 떨어지면 수심이 깊은 곳으로 이동하고 봄이 되면 다시 상류로 거슬러 올라오기 때문에 그에 맞춰 포인트를 찾아 나서면 연중 낚을 수 있다.

낮에도 잘 낚이지만 밤에 연안으로 깊숙이 들어온다. 소음이나 인기척에 예민하게 반응하기 때문에 보이지 않는 신경전을 펼치는 재미도 있다. 주로 스푼과 지그헤드리그 같은 단순한 형태의 루어를 활용해도 잘 낚인다.

시즌과 낚시터

연중 낚이지만 4월부터 11월까지 잘 낚인다. 7~8월에 마릿수 호황을 보이고 늦가을 이후 미터급 출몰이 잦다.

한강, 남한강, 북한강, 금강, 낙동강 그리고 대형 호수는 모두 강준치낚시터다. 대물이 낚이는 곳을 꼽으면 한강은 방화대교, 남양주 미음나루, 하남의 팔당대교 일대가 유명하고 남한강에는 양평의 양평대교와 충주호와 단양대교가 있다. 북한강은 신청평대교, 청평호는 청평호 하류, 금강은 금강대교와 웅포대교, 낙동강은 구포대교와 호포수로 합수머리가 유명하다. 그 외에 강화 승뢰지, 충주 탄금호, 제천 제천천 삼탄여울, 부여 반산지, 부여 백마강 등도 대물 강준치낚시터로 꼽힌다.

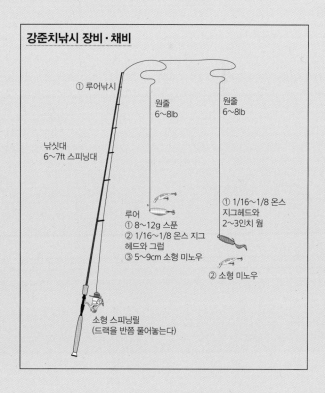

강준치낚시 장비·채비

① 루어낚시

원줄 6~8lb

원줄 6~8lb

낚싯대 6~7ft 스피닝대

루어
① 8~12g 스푼
② 1/16~1/8 온스 지그헤드와 그럽
③ 5~9cm 소형 미노우

① 1/16~1/8 온스 지그헤드와 2~3인치 웜

② 소형 미노우

소형 스피닝릴 (드랙을 반쯤 풀어놓는다)

강준치낚시에 사용하는 루어들. 왼쪽부터 시계 방향으로 지그헤드리그, 스푼, 미노우.

장비

루어낚싯대

쏘가리나 배스용 낚싯대 중에서 길이 6~7ft 내외면 강준치용으로 적합하다. 대물이 입질할 것에 대비해 낚싯대의 강도는 미디엄(M)이나 미디엄헤비(MH)를 선택하는 것이 좋다. 챔질 또는 랜딩 시 강준치의 약한 주둥이가 잘 찢어지기 때문에 초리가 약간 부드러운 것을 선택한다. 릴은 2000번~3000번 스피닝릴이면 무난하다.

채비

라인

루어낚시는 6~8lb 나일론 원줄을 사용한다. 합사라면 1호 내외를 쓰고 2호 내외의 목줄을 원줄과 연결해서 쓴다.

루어

스푼, 미노우, 지그헤드리그, 톱워터 루어

> **마릿수 노리려면 밤낚시**
>
> 강준치는 수온이 올라가는 여름에 가장 활성이 좋다. 하지만 소음에 예민하기 때문에 낮에는 연안으로 잘 붙지 않는다. 그래서 마릿수 재미를 보고 싶다면 밤낚시를 하는 게 유리하다. 밤에 연안으로 몰려온 강준치는 잘 흩어지지도 않으며 활성 역시 낮에 비해 더 좋다. 또 밤낚시는 시원해서 낚시하기에 좋다.

등 다양한 루어를 사용해 강준치를 낚을 수 있다. 스푼은 무게 6~12g, 미노우는 길이 5~9cm, 지그헤드리그는 무게 1/16~1/8온스 지그헤드에 2~3인치 길이의 웜, 톱워터 루어는 5~7cm 길이를 주로 쓴다.

낚시방법

강준치는 물 흐름에 크게 상관없이 어디를 가나 낚을 수 있고 여름에는 표층을 활발하게 돌아다니므로 쉽게 낚을 수 있다. 무거운 루어로 강심을 노려도 되고 미노우나 톱워터 루어로 가까운 연안을 노려도 좋다.

강가에서 가장 찾기 쉬운 포인트는 흐름이 잔잔한 여울이다. 봄이나 장마철에 맑은 물을 찾아 이동하는 강준치는 여울을 거슬러 올라가기 때문에 타이밍을 잘 맞추면 마릿수 재미를 볼 수 있다. 강준치가 수시로 무리를 지어 이동하기 때문에 무리를 만나기 어려울 수도 있다. 이때는 한자리에서 부채살 모양으로 부지런히 캐스팅하고, 입질이 없으면 미련 없이 다른 곳으로 이동하는 식으로 무리를 찾아내야 한다.

포인트 도착 후 꼭 노려봐야 할 자리는 첫째, 흐린 물과 맑은 물의 경계면으로, 큰 비가 내린 후나 장마철에 노리기 좋은 곳이나. 둘째, 교각과 나무 그늘이 있는 자리다. 또 작은 물고기들이 모이는 새물유입구나 날벌

레가 모이는 가로등 주변도 포
인트로서 좋다.

빠르고 강한 액션으로 반사적 입질 유도

강준치의 활성이 좋은 시기에는 다양한 액션을 빠르게 연출하는 것이 효과적이다. 지그헤드
리그나 스푼을 쓰는 경우에는 물고기가 연안으로 급하게 도망가는 듯한 동작을 연출한다.
채비가 착수하는 동시에 릴링을 빠르게 하면 강준치의 반사적인 입질을 기대할 수 있다. 강
준치는 유영속도가 빠르기 때문에 릴링이 너무 빠르지 않을까 하는 걱정은 하지 않아도 된
다. 그리고 릴링을 하다가 갑자기 멈추는 동작도 효과적이다.

톱워터 루어를 쓸 때는 루어가 수면에 떨어지는 먹잇감으로 보일 수 있도록 노릴 지점에 정
확하게 캐스팅한다. 루어가 엉뚱한 곳에 떨어지면 강준치가 있어도 반응하지 않을 수 있고
반응하다가도 먹잇감이 아니라고 눈치 채고 돌아설 확률이 높다.

미노우는 빠른 릴링 혹은 트위칭과 저킹 등 다양한 액션을 만들어 주면 강준치의 반응을 빠르게 이끌어낼 수 있다.

강준치를 걸었을 때는 천천히 힘을 뺀 후 끌어 올리도록 한다. 강준치는 턱 연결부위가 약하기 때문에 강하게 다루면 그 부위가 찢어져 바늘이 빠지기 때문이다. 그래서 릴 드랙을 절반 정도 풀어놓고 낚싯대의 초리도 부드러운 것을 쓰는 것이 좋다.

핵심 테크닉

강준치낚시의 핵심은 가벼운 채비를 어떻게 하면 멀리 던지냐 하는 것이다. 그래서 채비의 밸런스와 캐스팅 실력이 중요하다. 멀리 던질 수 있다면 그 다음엔 바닥까지 가라앉은 후 아주 느리고 일정한 속도로 낚싯줄을 감아준다. 낚싯줄을 천천히 감아 루어를 끌어오는 동작을 '리트리브'하고 한다. 바닥에 채비가 완전히 가라앉은 후 천천히 리트리브하면 상상과는 달리 채비는 낚시인 쪽으로 오는 것이 아니라, 처음엔 릴링 속도만큼 떠오르게 된다. 빨리 감으면 많이 떠오르기 때문에 바닥의 돌들을 하나하나 세겠다는 마음으로 천천히 리트리브해야 한다.

강준치의 입질은 배스나 쏘가리와 달라서 리트리브 도중 툭 하고 들어온다. 이때 릴링을 멈추거나 낚싯대를 움직여 다른 액션을 만들어주면 강준치는 루어를 뱉고 도망가 버린다. 입질이 감지되더라도 느리게 릴링하던 동작을 계속 유지해주면 강준치는 안심하고 한입에 루어를 빨아들여 흡입하게 되고 별다른 훅셋 동작 없이도 저절로 입걸림이 된다.

일단 후킹이 되면 대를 바짝 세우거나 릴링을 빠르게 하지 말아야 한다. 강준치는 덩치가 있어서 설 걸린 주둥이의 주변 살이 찢어지거나 바늘이 빠지는 경우가 많다. 초반에 낚싯대만 세우고 있어도 강준치는 힘이 빠지고 쉽게 물가로 끌어낼 수 있다.

견지낚시

견지낚시는 전 세계를 통틀어 우리나라에만 있는 고유의 낚시다. 낚시방법이 어렵지 않아 누구나 쉽게 배울 수 있고 맑고 시원한 여울 속에 들어가 즐기므로 여름철 피서낚시로 제격이다. 장비도 간편해 20만원 정도면 견짓대, 구명조끼, 수장대 등을 모두 구입할 수 있고 여울이 흐르는 우리나라의 강과 계곡 어디에서나 즐길 수 있다.

견지낚시의 주 대상어종은 누치다. 누치는 견지낚시로 낚을 수 있는 가장 큰 물고기로 예로부터 견지낚시에선 50cm 이상의 누치는 '멍짜', 40cm 안팎은 '대적비', 30cm 미만은 '적비'라고 불렀다. 크고 힘 센 누치를 가냘픈 견짓대로 끌어내는 과정의 스릴이 견지낚시의 묘미라 할 수 있다. 그러나 견지낚시에는 누치 외에도 끄리, 피라미, 갈겨니가 자주 낚여 지루할 틈이 없다.

시즌과 낚시터

5월 초 아카시아꽃과 하얀 찔레꽃이 강변을 덮기 시작하면 본격적인 견지낚시 시즌이 열린다. 이때가 되면 누치, 끄리, 피라미, 갈겨니 등 여울의 모든 고기들이 잘 낚이며 이후 수온이 낮아지는 11월 초순까지 활발하게 낚시가 이루어진다.

견지낚시의 성수기는 피서객들이 강변을 많이 찾는 7~8월이다. 겨울로 접어들면 열목어가 견지낚시의 대상어로 등장하는데 보호어종이므로 손맛만 보고 놓아주어야 한다.

장비

견짓대

견짓대는 북한강과 남한강 일대의 각 지역 견지낚시 전문점이나 견지공방에서 구입할 수 있다. 입문용으로는 중급자용 2만~2만

5천원대 제품이 적합하다. 마니아급은 5만~6만원대다. 유명 공방에서 만드는 명품 견짓대는 10만~15만원에 살 수 있다. 본격적으로 견지낚시에 입문하려면 일반 낚시점에서 판매하는 3천~5천원짜리 싸구려 견짓대는 피하는 게 좋다. 낚싯대가 연질대와 경질대 등으로 성질이 구분되는 것처럼 견짓대도 강, 중, 약대로 구분되는데 입문용으로는 중대가 적당하다. 이후 필요에 따라 강대와 약대를 추가로 구입한다.

강대는 멍짜급 누치, 중대는 적비급 누치와 소형어들, 약대는 잔잔한 여울에서 피라미, 갈겨니를 낚을 때 쓴다.

수장대

수장대는 여울 바닥에 꽂아서 살림망이나 썰망, 그밖에 보조용품을 매달아 놓는 도구다. 수장대가 없으면 채비나 용품이 필요할 때마다 물가로 나갔다 들어와야 하니 번거롭다. 또 하나의 중요한 역할은 지팡이다. 바닥상태를 모르는 여울로 진입할 때 수장대로 더듬어 짚어 가면 위험한 지형도 쉽게 찾아낼 수 있어 안전하다. 또 급류에서 이동할 때도 수장대에 몸을 의지할 수 있어 힘이 덜 들고 안전하다. 얕고 흐름이 약한 여울이라면 몰라도 깊고 빠른 여울에서는 수장대가 필수 안전도구다. 견지낚시 전문점에서 2단 분리형 제품을 7만~9만원에 판매한다.

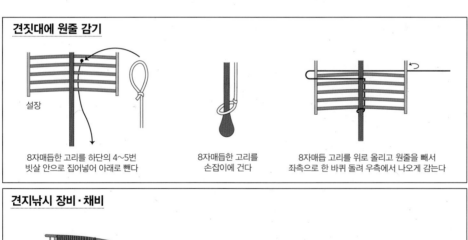

견짓대에 원줄 감기

설장

8자매듭한 고리를 하단의 4~5번 빗살 안으로 집어넣어 아래로 뺀다

8자매듭한 고리를 손잡이에 건다

8자매듭 고리를 위로 올리고 원줄을 빼서 좌측으로 한 바퀴 돌려 우측에서 나오게 감는다

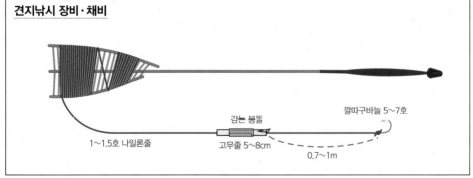

견지낚시 장비·채비

1~1.5호 나일론줄

감는 봉돌
고무줄 5~8cm

깔따구바늘 5~7호

0.7~1m

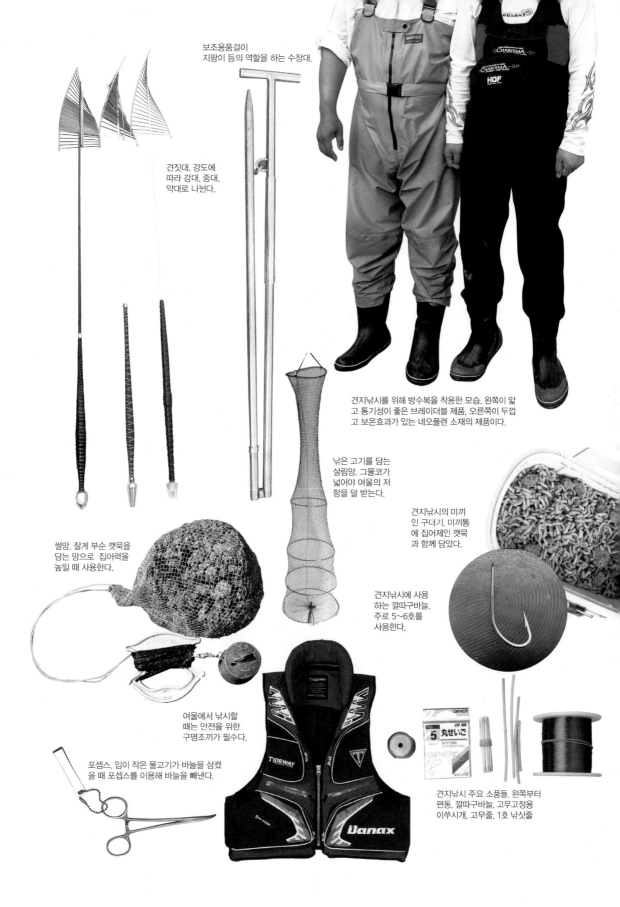

보조용품걸이
지팡이 등의 역할을 하는 수장대.

견짓대. 강도에
따라 강대, 중대,
약대로 나뉜다.

견지낚시를 위해 방수복을 착용한 모습. 왼쪽이 얇
고 통기성이 좋은 브레이더블 제품, 오른쪽이 두껍
고 보온효과가 있는 네오플렌 소재의 제품이다.

낚은 고기를 담는
살림망. 그물코가
넓어야 여울의 저
항을 덜 받는다.

견지낚시의 미끼
인 구더기. 미끼통
에 집어제인 깻묵
과 함께 담았다.

썰망. 잘게 부순 깻묵을
담는 망으로 집어력을
높일 때 사용한다.

견지낚시에 사용
하는 깔따구바늘.
주로 5~6호를
사용한다.

여울에서 낚시할
때는 안전을 위한
구명조끼가 필수다.

포셉스. 입이 작은 물고기가 바늘을 삼켰
을 때 포셉스를 이용해 바늘을 빼낸다.

견지낚시 주요 소품들. 왼쪽부터
편동, 깔따구바늘, 고무고정용
이쑤시개, 고무줄, 1호 낚싯줄

견지낚시로 누치를 끌어내고 있는 낚시인.

웨이더

웨이더는 흔히 바지장화라고 부르는 방수복이다. 무더운 한여름이면 몰라도 봄이나 가을엔 웨이더 없이 물속에 장시간 있으면 저체온증에 빠질 위험이 있어 견지낚시에서는 필수품이다. 웨이더는 신발 바닥에 펠트가 부착된 제품을 구입해야 한다. 펠트가 부착되지 않은 신발은 이끼 낀 바위에서 미끄러져 부상을 입기 쉽다. 국산 제품 중 고급 브레더블(얇은 통기성) 소재 웨이더는 20만~25만원, 네오플랜 소재는 16만~35만원이다. 네오플렌 웨이더는 보온성이 있어 봄, 가을처럼 수온이 낮을 때는 적합하지만 여름엔 더워서 불편하다. 웨이더는 유명업체 제품이라 해도 하자와 보수가 잦은 품목이므로 AS 가능 여부를 반드시 확인해야 한다.

구명조끼

여울에서 넘어지면 자칫 깊은 수심까지 떠내려가 사고를 당할 수 있으므로 구명조끼는 필수품이다. 값이 싼 제품은 3만~5만원이면 구입할 수 있다.

썰망

기계로 짠 썰망은 5천원, 손으로 짠 제품은 1만원에 판매하고 있다. 기계로 짠 썰망은 그물코가 너무 좁아 밑밥이 덜 빠지는 감이 있고 올도 가늘어 내구성이 뒤진다. 반면 수제품은 그물코가 적당히 커 밑밥이 잘 빠지고 올도 굵어 내구성이 뛰어나다. 3단으로 나눠져 무게를 조절할 수 있는 수제 썰망은 썰망추가 8천원 선, 썰망줄은 1천원 선, 도합 1만9천원 선에 구입할 수 있다. 기계로 짠 썰망은 1만4천원 선.

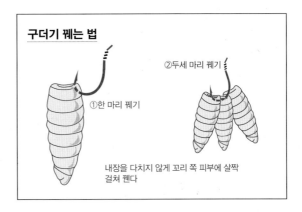

구더기 꿰는 법

①한 마리 꿰기

②두세 마리 꿰기

내장을 다치지 않게 꼬리 쪽 피부에 살짝 걸쳐 꿴다

살림망

견지낚시에선 그물코가 넓은 제품을 쓴다. 여울에서 그물코가 좁은 살림망을 사용하면 저항이 커져 살림망이 급류에 밀리며, 무게를 강하게 받아 수장대가 넘어져 분실되는 경우가 종종 생긴다.

포셉스

고기 입에 깊숙이 박힌 바늘을 빼낼 때 사용한다. 포셉스가 없으면 고기의 입을 찢거나 채비를 끊고 바늘을 다시 묶어야 되는 등 여간 불편한 게 아니다.

채비

낚싯줄

낚싯줄은 나일론줄 1~1.5호를 사용한다. 약대로 피라미, 갈겨니를 낚을 땐 1호, 누치를 함께 노린다면 1.5호까지 쓴다. 2호는 거의 쓰지 않는다. 2호 이상의 줄을 쓴다고 해서 입질 빈도가 급격히 떨어지는 것은 아니지만 굵은 줄은 가는 줄처럼 견짓대에 밀착되지 않고 약간씩 떠서 감기므로 좋지 않다. 입문자라면 500m에 8천원~1만원짜리 덕용 나일론줄을 구입해 50~60m 정도씩 감아 사용한 후 풀어버리고 새로 감아서 쓰는

허리 수심의 강하고 빠른 여울에 들어가 누치를 노리는 낚시인들.

낚시터

강원 홍천강

서울양양간고속도로 설악IC나 강촌IC를 나오면 견지낚시터가 많다. 강원도 홍천군 서면 개야리에서 상류로 약간 올라가면 구곡1, 2교가 나오는데 구곡2교 하류에 견지낚시터로 알맞은 여울이 길게 펼쳐져 있다. 남면의 개야리로 가려면 494번 지방도로에서 진입해야 한다. 개야리 앞 강은 얕고 수심 차가 크지 않아 가족 물놀이와 견지낚시를 겸할 수 있다. 청평 방면으로 진입할 때 가장 먼저 만나는 모곡 밤벌유원지도 좋은 견지낚시터이며, 상류 한덕리의 수산유원지 역시 물놀이를 겸한 견지낚시터로 손색이 없다.

강원 인제 내린천

내린천 미산계곡이 견지터로 유명하다. 미산3교∼생둔교에 걸친 여울이 주요 포인트다. 현지에 장비, 채비, 웨이더, 미끼 등을 빌려 쓸 수 있는 체험장도 운영되고 있다. 미산계곡 중 미산1리 고소쇠 마을에 청조담이라는 견지체험장이 있다.

충북 단양 남한강 가곡면 일대

단양군의 여울 견지낚시터는 가곡면사무소 앞을 기점으로 상류와 하류에 형성돼 있다. 가곡면 덕천교 위쪽의 아평여울(일명 쇠꼬리여울), 가곡면사무소 앞의 가곡여울, 가대교 위쪽의 가대여울, 향산 늪실마을에 있는 장대여울과 소나무여울이 대표적이다. 특히 가곡면 일대의 여울들은 대형 누치가 잘 낚이기로 유명하다. 가곡마을에 한국민속전통견지협회가 있어 이곳에서 초보자 교육과 단체 체험견지낚시를 지도하고 있다.

충북 영월 옥동천

충북 영월군 하동면에서 남한강 상류로 합류되는 구간이다. 옥동천은 항상 수량이 풍부하고 쉬리와 갈겨니가 주 어종일 정도로 물이 맑다. 송어 자원도 제법 풍부하다.

방식을 추천한다. 견짓대가 물에 젖은 상태에서 장시간 보관하면 낚싯줄이 점차 설장을 조이면서 견짓대에 변형이 오기 때문이다. 견지낚시는 별도의 목줄을 사용하지 않고 원줄에 바늘을 바로 묶어 쓴다.

편동

채비를 가라앉히는 봉돌 역할을 한다. 껌 크기로 얇게 만들어 필요한 길이를 잘라 쓸 수 있다. 예전엔 납을 소재로 사용했으나 낚시에서 납 용품 사용을 금지하면서 구리 소재로 만든 제품을 사용하고 있다. 편동의 넓이는 1cm가 적합하다.

고무줄

견지낚시에선 바늘을 묶기 전에 편동을 감을 수 있는 속이 빈 고무줄을 먼저 원줄에 끼운 뒤 그 위에 편동을 감아 채비를 가라앉힌다. 견지낚시용 고무줄은 낚시점에서 판매하는 노란색 찌고무를 쓴다. 고무줄의 길이는 8cm가 적당하며 짧게 쓰는 사람은 5cm까지 쓰기도 한다. 고무줄이 길면 부력도 그만큼 세져 물살이 약할 때 멀리 흘릴 수 있는 반면 짧게 쓰면 입질은 예민해지지만 돌 틈에 잘 끼는 단점이 있다.

바늘

깔따구(바늘 축이 길고 바늘 끝이 안쪽으로 굽은 농어용 바늘)바늘 5~6호를 가장 많이 사용한다. 봄, 가을에 대형급 누치를 노릴 때는 7~9호의 큰 바늘을 쓰기도 한다.

미끼

견지낚시의 미끼는 구더기다. 위생적인 양식 구더기가 1리터 기준 1만5천원 정도에 판매되는데 서울과 구리의 견지낚시 전문점이나 북한강변의 낚시점에서 구입할 수 있다. 2천~3천원어치만 사면 하루낚시를 즐길 수 있다. 구더기를 구하기 어려운 지방에서는 택배 주문도 가능하다. 스티로폼 박스에 얼음을 채워 보내므로 싱싱한 상태로 받아볼 수 있다. 한편 고기를 불러 모으기 위한 밑밥으로 깻묵가루를 사용하는데 1리터에 2천원 정도이다.

낚시방법

견지낚시의 기본은 여울 형태에 상관없이 얕은 곳에서 깊은 곳으로 채비를 흘리는 것이다. 깊은 수심에 큰 고기가 많이 모여 있기 때문에 얕은 여울에 서서 깊은 소 쪽으로 깻묵가루와 구더기를 흘리면, 깊은 곳의 큰 고기들이 얕은 여울로 모여든다.

채비를 흘렸을 때 10m 하류부터 점차로 깊어지는 여울도 좋고, 채비를 태운 물줄기가 바깥쪽이 아닌 강의 중심으로 흘러드는 여울도 좋은 포인트다.

견지낚시의 최고 인기 어종인 누치.

반면 물보라가 일 정도로 거친 여울에는 고기들이 오래 머물지 않으므로 피해야 한다. 오히려 그런 곳에서는 거센 물살이 한풀 꺾이며 잔잔하게 흐르는 지점이 좋은 포인트다.

구더기는 세 마리 정도를 꿴다. 구더기를 여러 마리 꿰는 이유는 작은 물고기들이 구더기의 끝 부분만 물고 몸속 내장을 쏙 빼먹을 때가 많기 때문이다. 예비용 미끼로 두세 마리를 한꺼번에 꿴다. 구더기를 물에 불린 깻묵과 함께 버무려 놓으면 미끄럽지 않아 잡기도 쉽고 미끼를 집을 때마다 밑밥을 함께 쥘 수 있어 편리하다.

편동 무게 조절이 가장 중요한 테크닉

견지낚시에선 유속에 맞게끔 편동 무게를 조절해서 채비가 가라앉는 속도를 조절하는 것이 가장 중요한 테크닉이다. 편동이 너무

여울에서 누치를 끌어내고 있다. 대형 누치가 도주할 때는 ③ 사진처럼 견짓대를
눕혀준다. 이렇게 하면 설장에 감긴 원줄이 튕겨 나가며 누치의 힘을 뺄 수 있다.

썰망의 역할

단시간에 많은 고기를 낚고자 할 때, 큰 비가 온 후 물빛이 너무 탁해졌
을 때, 물이 불어 강폭이 넓어지면서 고기들이 분산됐을 때 빠른 집어를
위해 썰망을 사용한다.

썰망을 쓰면 한꺼번에 많은 양의 밑밥이 빠져나가므로 집어효과가 커지
고 입질 지점도 3~5m까지 가까워지는 장점이 있다. 또 비 온 뒤 물이
탁한 상황에서는 피라미와 끄리는 여전히 잘 낚이지만 바닥에서 움직이
는 누치는 입을 꼭 다물고 있는 경우가 있다. 이런 상황에서 누치 손맛을
보려면 썰망의 높은 집어력이 필요하다.

그러나 여울 견지낚시에서 썰망이 무조건 필요한 것은 아니다. 미끼를
갈아 꿸 때 손으로 뿌려주는 깻묵만으로도 충분한 집어가 가능하기 때문
이다. 단 수심 깊고 물살이 센 곳에서 배를 타고 견지낚시(배견지)를 할
때는 썰망이 필수적이다.

썰망

무거우면 얼마 흘러가지 못하고 바닥에 걸려버리고, 너무 가벼우면 채비가 물살에 밀려 가라앉지 못하고 상층에서만 떠다니게 된다. 그러면 제대로 된 입질을 받기 어렵다. 봉돌을 부착한 고무줄이 서서히 흘러가며 가라앉다가 3m 정도 거리부터 시야에서 사라지면 적당한 무게다.

채비가 적당한 무게로 맞춰졌는지 확인하는 것은 원줄의 긴장도를 통해 알 수 있다. 견짓대를 상류 쪽으로 채췄다가 다시 하류로 내려주며 낚싯줄을 풀어줄 때(이 동작을 '스침질'이라고 한다) 낚싯줄이 적당한 긴장상태를 유지해야 무게가 제대로 맞춰진 것이다. 만약 낚싯줄이 헐렁한 상태로 늘어지면 채비가 무거워 바닥에 가라앉아 있다는 증거다. 이때는 다시 채비를 수거해 편동을 약간 잘라내 가며 낚싯줄이 긴장된 상태로 유지되도록 조절해야 한다.

스침질 속도도 중요하다. 스침질이 빠르면 채비가 가라앉기도 전에 떠오르므로 바닥층을 효과적으로 노릴 수 없어 중상층을 떠다니는 피라미, 끄리만 주로 낚인다. 스침질을 천천히 해주면 주로 바닥층에서 활동하는 누치, 마자 등을 낚을 수 있다.

누치 낚으려면 유속 센 여울을 공략해야

견지낚시를 즐기려면 여울을 읽는 눈을 키워야 한다. 여울의 세기에 따라서 노는 고기들이 다르다. 피라미, 갈겨니는 유영능력이 약해 유속이 약한 여울에서 주로 낚인다. 따라서 피라미를 낚으려면 유속이 느린 여울의 바깥쪽 또는 큰 바위나 수중지형에 물살이 부딪혀 흐름이 약해진 곳을 노리는 게 좋다.

한편 누치는 여울의 세기, 수심과 관계없이 바닥층에 서식하는 고기이므로 철저히 바닥층을 노리는 게 중요하다. 그런데 물살이 약한 곳에서는 채비가 미처 바닥에 내려가기 전에 피라미가 달려들므로 누치를 낚기 어려워진다. 그래서 노련한 낚시인들은 피라미가 아예 설치지 못하는 센 여울을 골라서 누치를 노린다. 대체로 바닥이 험하고 큰 바위가 많은 곳일수록 고기 씨알이 굵다.

채비를 흘려주는 거리는 멀어야 10m 내외다. 집어가 잘 됐을 때는 5~8m 거리에서 가장 입질이 활발하고 멀어봤자 10m 거리에서 입질이 들어온다. 만약 그 거리까지 흘렸는데도 입질이 없다면 집어가 잘 안 된 것으로 봐도 무방하다. 입질이 없다고 해서 40~50m까지 채비를 흘릴 필요는 없다.

대형 누치 제압 요령

멍짜로 불리는 50cm 이상의 큰 누치가 걸렸다면 맞대응을 피하고 견짓대를 비스듬히 들고만 있으면 고기의 힘에 견짓대가 자연스럽게 수그러들며 설장(원줄이 감기는 부분)에 감긴 낚싯줄이 '타다다닥–' 소리를 내며 튕겨 나간다. 견짓대를 너무 꼿꼿하게 세우면 낚싯줄이 잘 풀리지 않아 채비가 터질 위험이 높다. 반대로 너무 숙이면 불필요하게 많은 양의 낚싯줄이 풀려나가므로 고기의 힘에 맞춰 적당한 각도를 유지해야 한다. 고기의 도주가 멈추면 그때부터 천천히 달래듯 낚싯줄을 감는다. 누치는 끌려오던 도중 재차 차고 나가는 경우가 있으므로 대형급을 노릴 때는 설장 상단에 낚싯줄을 감는 게 좋다. 그래야만 낚싯줄이 쉽게 풀려나가기 때문이다.

최종 단계에서 주의할 점은, 편동이 감긴 노란 고무줄이 설장에 감기기 전에 고기를 처리해야 한다는 것이다. 고무줄까지 설장에 감으면 고무줄이 설장에서 잘 미끄러지지 않아 순간적인 충격 때 낚싯줄이 터질 위험이 높기 때문이다.

꺽지낚시

꺽지는 우리나라에만 서식하는 특산종으로 회, 매운탕이 맛있기로 정평이 나있다. 주로 강에 살지만 계곡과 연결된 곳은 저수지에도 꺽지가 서식한다. 꺽지는 소형종이지만 육식어종으로서 맑은 물에 서식하며 강 상류인 좁은 계곡에 어자원이 많다. 몸집은 작아도 공격성이 강해 오래전부터 낚시인들의 사랑을 받아왔다.

꺽지는 커야 20cm 내외로 몸집이 작은 덕분에 강가의 작은 돌 틈에 숨어 살며, 그곳에 매복해 있다가 지나가는 작은 물고기나 벌레를 잡아먹는다. 또 한 지역에 많은 무리가 살고 있기 때문에 비교적 쉽게 많이 낚을 수 있다.

시즌과 낚시터

4월부터 11월까지 낚을 수 있으며 수온이 가장 오르는 5~8월에 가장 잘 낚인다. 우리나라 전역의 하천에서 낚을 수 있으며 특히 유명한 곳을 꼽으면 다음과 같다.

내린천
강원 인제군 인제읍 합강리~현리 구간, 소양강 상류에 해당하는 계곡은 대부분 꺽지 포인트다.

동강(조양강)
남한강의 상류로 강원 영월군 영월읍 거운리~정선읍 가수리 구간을 꼽을 수 있다.

홍천강
강원 홍천군 북방면 굴지리, 홍천군 내촌면 내촌천 일대

남한강
충북 단양~강원도 영월 구간

꺽지낚시에 주로 사용하는 루어들. 왼쪽 두 개는 스피너, 오른쪽 세 개는 지그헤드에 소형 웜을 꿴 지그헤드리그다.

꺽지낚시 장비·채비

4~61b 카본사

낚싯대
6ft(1.8m) 전후
울트라라이트
(쏘가리·강준치
겸용 시 라이트)

루어

스피너

그럽(2인치)

더블테일웜(2인치)

마이크로스푼

소형 서스펜딩 미노우(50mm 미만)

소형 서스펜딩 크랭크베이트
(50mm 미만)

1호 줄 약 100~150m 감기는 소형 스피닝릴

섬진강
상류~중류

경호강
경남 산청군 단성면~생초면 구간

장비

낚싯대는 길이 6ft 내외로 울트라라이트 액션의 스피닝로드를 즐겨 쓴다. 꺽지가 입질할 때 초리가 부드럽게 한껏 휘어질 수 있는 낚싯대가 좋다.

릴은 스피닝릴을 쓴다. 4~6lb(1호 내외) 낚싯줄을 100m 정도 감을 수 있는 소형이 적합하다. 가벼운 소형 스피너와 웜을 던지기 위해서는 가늘고 부드러운 줄을 쓰는 것이 유리하다.

지그헤드리그에 낚인 꺽지. 꺽지는 사진처럼 물이 맑은 곳에 주로 서식한다.

맑은 계류에서 꺽지를 노리는 낚시인.

채비

지그헤드리그
지그헤드에 긴 꼬리가 특징인 그럽을 꿰어 쓴다. 1.5~2인치 소형 크기를 1/32온스 지그헤드에 꿰어 쓴다.

스피너
스피너는 앞쪽에 블레이드가 달려 있고 트레블훅 쪽에 털이 달린 소형 루어다. 꺽지 전용 루어라 할 수 있는데 물속에서 감아 들이면 블레이드가 물의 저항을 받아 돌면서 꺽지를 유혹한다. 좁은 계곡에서는 1/16온스~1/8온스, 넓은 하천에서는 1/8온스~3/8온스를 쓴다. 원투가 필요한 곳에서는 1/2온스를 사용하기도 한다.

낚시방법

꺽지는 유속이 느린 곳을 좋아한다. 물 맑은 하천이나 강 중상류의 크고 작은 바위 밑 그리고 중하류의 유속 완만하고 수초가 우거진 곳에서 낚을 수 있다. 또 바위 옆이나 아래에 몸을 숨기고 있다가 먹잇감이 지나가면 재빨리 낚아챈 후 은신처로 돌아가는 것을 반복하는데, 그런 특성을 잘 활용하면 의외로 쉽게 낚을 수 있다.

포인트에 도착하면 꺽지가 숨어 있을만한 돌을 찾아 그 주변으로 루어를 캐스팅한다. 원하는 곳에 루어가 착수하면 루어를 천천히 감아 들인다. 물 맑은 곳에서는 루어를 따라오는 꺽지를 어렵지 않게 볼 수 있다. 가까운 곳에서 입질이 없다면 무거운 스피너나 스푼으로 먼 곳에 있는 포인트를 노려

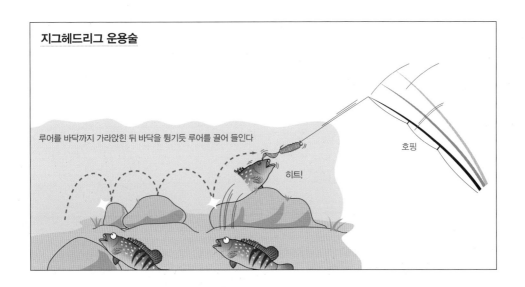

지그헤드리그 운용술

루어를 바닥까지 가라앉힌 뒤 바닥을 튕기듯 루어를 끌어 들인다

히트!

호핑

요리

회

꺽지는 살이 단단해 한여름에도 쉽게 상하지 않고 기생충이 없기 때문에 회로 먹을 수 있으며 씹는 맛이 별미로 꼽힌다. 작은 녀석은 비늘과 내장을 제거한 후 뼈째 썰면 되고 큰 꺽지는 포를 뜬다. 초고추장이나 고추냉이를 섞은 간장에 곁들여 먹으면 특유의 상큼한 향을 느낄 수 있다.

매운탕

풋고추, 호박, 양파, 감자 등을 썰어 넣고 고추장을 풀어 물을 끓인 후 내장을 제거한 꺽지를 넣고 충분히 끓이면 매운탕이 완성된다. 취향에 따라 라면이나 국수를 넣어 걸쭉한 맛을 즐기기도 한다.

소금구이

간단하게 꺽지 특유의 맛을 음미할 수 있는 요리다. 내장을 제거하고 칼집을 내어 소금을 뿌린 후 약한 불에 돌려가면서 굽는다. 하얀 살점은 담백한 맛이 난다.

꺽지 매운탕

볼 수도 있다. 강 중간의 큰 바위 밑이나 후미진 절벽 아래 등이 이에 해당한다.

스피너는 천천히 감아 들여도 되지만 수중 바위 주변과 돌 사이사이를 더듬는다는 생각으로 들었다 놓는 식으로 감아 들이는 것이 더 효과적이다. 입질이 좋지 않은 경우에는 블레이드가 큰 스피너로 교체하거나 독특한 색깔의 루어로 교체해주는 것도 좋다. 꺽지의 활성도가 낮을 땐 지그헤드리그를 사용해 돌 틈을 직접 노린다. 보통 1~2g 지그헤드에 1~2인치 웜을 결합해서 쓴다. 지그헤드리그는 바위 틈을 스치듯 천천히 움직여주고 돌 틈에 집어넣거나 제자리에서 호핑하는 것도 효과적이다.

꺽지는 루어가 물속 바위나 자갈에 부딪히면서 생기는 충격음에 강하게 반응한다. 그렇기 때문에 꺽지의 활성이 낮다면 이 방법으로 꺽지를 자극하는 것도 좋은 방법이다. 좀 더 큰 꺽지만 골라 낚고 싶다면 스피너보다 그럽이나 소형 미노우를 사용하는 것도 좋은 방법이다. 깊고 유속 빠른 곳을 노리면 한결 굵은 꺽지를 만날 수 있다.

떡붕어낚시

떡붕어낚시는 어종을 딴 낚시 이름 대신 중층낚시, 전층낚시, 내림낚시, 띄울낚시 등 기법 위주로 알려져 있어서 처음 떡붕어낚시를 접하는 입문자들은 어떤 게 맞는 용어인지 헷갈려한다. 그러나 모두 같은 기법을 다르게 표현한 것일 뿐 낚시방법은 같고 떡붕어를 낚을 때 효과적인 낚시방법이라고 이해하면 되겠다.

낚시기법이 도입된 초기에는 중층을 노린다는 뜻으로 '중층낚시'로 불렸으나 요즘은 중층뿐 아니라 다양한 수심을 모두 노릴 수 있다는 뜻에서 '전층낚시'라는 용어가 보편화됐다. 일본에선 그냥 떡붕어낚시, '헤라부나츠리'라고 부를 뿐 다른 용어는 없다.

바닥에 주로 머무는 우리나라 토종붕어와 달리 떡붕어는 전 수심층을 오르내린다. 그래서 일본에서는 봉돌(편동)을 조정해 채비를 바닥에 가라 앉힐 수도, 띄울 수도 있도록 낚시방법을 발전시켰다.

우리나라에서 본격적으로 전파된 것은 90년대 말이다. 당시 수도권에서 일본식 떡붕어 띄울낚시로 바닥낚시와는 비교할 수 없는 조과를 거두면서 떡붕어용 떡밥, 장비, 채비가 낚시인들의 관심을 불러 일으켰다. 떡붕어낚시는 떡붕어가 어느 수심층에 머무는지, 어떤 상태의 미끼가 먹기 좋은지, 많이 생각하고 실험해서 적정 조합의 채비와 떡밥을 찾아야 하는데 이러한 세밀한 낚시 과정이 떡붕어낚시에 빠져들게 하는 매력이라 할 수 있다.

떡붕어 전층낚시를 즐기는 낚시인들. 떡붕어 전층낚시는 수심 깊은 호소에서 낚시가 많이 이뤄진다.

시즌과 낚시터

떡붕어는 1970년 식용을 목적으로 우리나라에 도입됐고 지금은 전국 대부분 수계에 퍼져 있다. 떡붕어는 식물성 플랑크톤을 주 먹이로 삼으며 수온과 용존산소량에 민감하다. 적정 수온은 18~25도다. 용존산소량은 수중식물과 식물성 플랑크톤의 광합성에 의해 좌우되는데 해가 많이 날수록 산소량이 풍부해진다. 그래서 떡붕어낚시는 흐린 날보다 맑은 날 잘 되고, 아침보다 햇빛이 어

수심 깊은 유료터 부교 위에서 떡붕어를 노리는 낚시인들.

느 정도 퍼지는 오후에 잘 된다.

봄

여전히 수온이 차고 떡붕어의 활성 역시 떨어지는 시기다. 산란을 준비하는 떡붕어는 얕은 수심의 장애물에 머무는 경우가 많아 상류의 수초대에서 낚시가 주로 이뤄진다. 입질이 약하지만 씨알이 굵으며 4짜, 5짜 떡붕어의 출현 빈도가 높다. 늦봄엔 계곡지가 산란 찬스를 맞는다.

여름

높은 수온 덕에 활성도 역시 높다. 장마 등 우기가 끝나고 무더위가 시작되는 8월엔 수온이 높은 상층에 떡붕어가 머무는 경우가 많으며 마릿수 호황이 이어지는 경우도 빈번하다. 유료낚시터라면 수심 깊은 하류의 잔교좌대에서 마릿수낚시를 즐길 수 있다.

가을

일교차가 심한 가을은 온도가 빨리 내려가는 상층과 상대적으로 따뜻한 수온을 유지하는 하층의 물이 서로 뒤바뀌어 대류가 일어나는 시기다. 떡붕어는 조금이라도 변화가 적은 수온층을 찾기 위해 수시로 다양한 수심층을 오가게 되는데 떡붕어가 머무는 유영층을 어떻게 빨리 찾느냐가 조황의 관건이 된다.

겨울

수온이 떨어지고 떡붕어의 활성도가 낮은 상태다. 수온 변화가 적은 바닥층에 떡붕어가 배를 바닥에 붙이고 있다고 할 정도로 움직임도 드물다. 바닥층을 노려야 하지만 활성도가 매우 떨어진 상황이라 입질을 받기 쉽지 않다.

장비

처음부터 떡붕어낚시 전용의 비싼 낚싯대를 구입할 필요는 없다. 일반 붕어낚싯대를 써도 상관없다. 그 밖의 장비는 차츰 낚시를 익혀가면서 필요에 따라 늘려간다. 낚시를 하는 장소가 자연지이냐, 아니면 잔교좌대에서 하는 유료터냐에 따라 장비 구비목록이 달라질 수 있다. 자연지는 지금 사용하는 의자나 받침대를 그대로 사용하면 되지만, 잔교좌대는 낚싯대와 받침대를 설치할 수 있는 바이스(클램프) 같은 소품을 장만해야 한다.

자연지

상류 수초대나 수몰나무, 제방 등에서 낚시하는 상황이다. 붕어낚시에 사용하던 장비를 그대로 사용하고 뜰채만 추가로 장만한다. 뜰채는 고운 망과 거친 망 두 개를 꽂아

사용할 수 있는 2~3단 뜰채를 구입한다. 가격은 3만~4만원. 떡붕어낚시용 좌대도 있으면 좋다. 일반 낚시의자는 급경사 지대에선 설치가 어렵다. 다리의 높낮이를 조절할 수 있는 떡붕어낚시용 좌대가 자연스럽게 필요하게 되는데 가격은 30만~70만원. 소형 좌대보다는 대형 좌대를 추천한다.

유료터 잔교좌대

받침대와 뒷받침대 기능을 겸한 바이스(클램프)가 있어야 한다. 의자보다는 바닥에 깔고 앉는 방석을 주로 사용한다. 주저앉아서 낚시하는 게 처음엔 어색하지만 익숙해지면 눈높이와 수면이 가까워 찌를 보기 훨씬 더 편하다는 걸 알 수 있다.

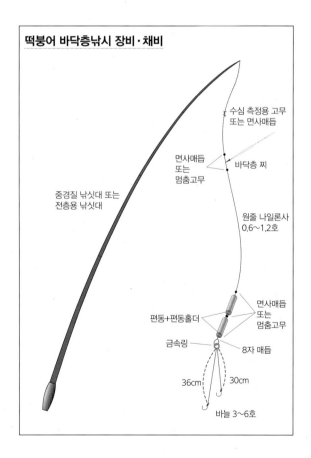

떡붕어 바닥층낚시 장비·채비

- 수심 측정용 고무 또는 면사매듭
- 바닥층 찌
- 면사매듭 또는 멈춤고무
- 중경질 낚싯대 또는 전층용 낚싯대
- 원줄 나일론사 0.6~1.2호
- 편동+편동홀더
- 면사매듭 또는 멈춤고무
- 금속링
- 8자 매듭
- 36cm
- 30cm
- 바늘 3~6호

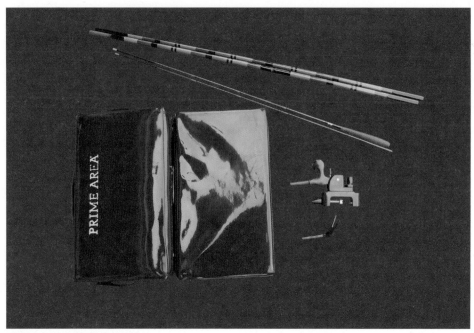

떡붕어낚시 기본 장비들. 맨 위가 낚싯대.
왼쪽 붉은 색 사각 쿠션이 낚시방석이며 우측의 나무로 만든 도구가 받침대와 낚싯대를 고정하는 클램프다.

채비

찌

떡붕어낚시를 배울 때 가장 어려워하는 게 찌의 선택이다. 미끼를 쪼아 먹다 흡입하는 떡붕어의 약한 입질 과정을 파악하기 위해선 고부력찌보다 저부력찌가 알맞다. 떡붕어낚시용 찌는 보통 1호부터 7호까지 세트로 판매한다. 호수가 높을수록 부력이 많이 나가는데 이중 가장 많이 사용하는 호수는 2호와 3호다.

찌는 다시 바닥층낚시용, 제등낚시용, 중상층낚시용으로 나뉘는데 사계절 중 가장 많이 활용하는 기법은 바닥층낚시와 중상층낚시다. 따라서 바닥층낚시용 2, 3호, 중상층낚시용 2, 3호 찌를 장만하면 되겠다. 바닥층낚시용 찌는 속이 비고 부력이 있는 튜브톱과 속이 차있는 솔리드톱 찌로 나뉘는데 튜브톱 찌가 떡밥이 풀리는 과정이 명확하게 표현된다. 솔리드톱 찌는 입질이 약한

상황에서 활용하는 찌로서 낚시에 익숙해진 뒤 사용해도 늦지 않다.

낚싯줄

떡붕어낚시는 매우 가벼운 채비와 섬세한 찌맞춤이 필요하므로 낚싯줄의 굵기나 소재가 찌맞춤이나 입질에 영향을 줄 수 있다. 물에 가라앉는 카본줄 대신 비중이 가벼운 나일론줄을 쓰고 원줄은 2~1호, 목줄은 1호~0.5호 정도로 가늘게 쓴다. 원줄의 1/2 굵기를 목줄로 사용한다고 보면 맞다.

활성도가 높고 씨알이 굵은 봄~가을엔 1.5~2호 원줄에 0.75~1호 목줄을 사용하고 붕어 입질이 약한 겨울엔 1호 원줄에 0.5호 정도의 목줄을 쓴다. 그러나 떡붕어낚시라 해도 4짜 이상 씨알이 낚이는 초봄의 자연지에선 3~4호 또는 그 이상의 원줄을 사용하기도 한다. 바늘채비는 양바늘 목줄의 길이를 차이 나게 하는 단차채비가 기본이

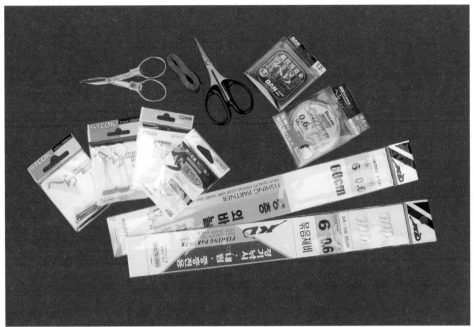

다양한 떡붕어낚시용 소품들. 아래 긴 직사각형 포장은 바늘과 목줄이 묶여서 판매되는 목줄채비 세트다.

다. 단차는 5cm가 기본이며 입질이 없으면 차츰 단차를 늘려준다. 붕어의 활성도가 좋은 봄~가을엔 30~40cm, 붕어의 활성도가 떨어지는 겨울엔 40~60cm가 적당한 목줄 길이다.

하지만 3~6호를 주로 사용하고 7호는 넘지 않는 게 보통이다. 떡붕어 전용 바늘은 보통 미늘이 없는 무미늘바늘을 쓰지만 자연지에서 낚시할 때는 미늘이 있는 망상어바늘을 쓰기도 한다.

바늘

떡붕어 바늘은 메이커에 따라 종류가 다양

소품

편동과 편동홀더, 찌고무, 유동찌고무, 편동

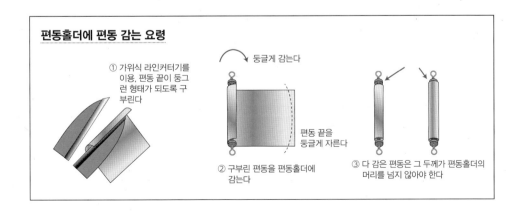

편동홀더에 편동 감는 요령

① 가위식 라인커터기를 이용, 편동 끝이 둥그런 형태가 되도록 구부린다

둥글게 감는다

편동 끝을 둥글게 자른다

② 구부린 편동을 편동홀더에 감는다

③ 다 감은 편동은 그 두께가 편동홀더의 머리를 넘지 않아야 한다

절개용 가위, 수심측정용 고무 등이 필요하다. 찌고무와 유동찌고무는 S, M, L 등의 사이즈가 있는데 낚싯줄의 굵기에 맞지 않는 큰 것을 고를 경우 정작 낚시할 때 낭패를 본다. 원줄 1.5~2호이라면 S~M 사이즈를 골라야 맞다.

미끼

떡붕어용 떡밥의 종류는 실로 다양하지만

다양한 길이와 부력의 찌가 담긴 찌케이스.

무크톱의 '무크'는 무엇인가?

무크톱은 솔리드톱의 다른 표현이다. 무크는 '무구(無垢)'의 일본 발음인 '무쿠'에서 온 말이다. 낚시용어로는 튜브와는 달리 속이 차 있는 톱, 우리 낚시용어로 설명하자면 솔리드톱을 뜻한다. 솔리드톱의 재료가 유리섬유이면 글라스 무크, 카본이면 카본 무크, 폴리카보네이트(PC)이면 PC 무크가 되는 것이다. PC 무크는 비중이 1.2로서 글라스 무크(2.55)에 비해 가볍기 때문에 제등낚시, 슬로프낚시 등의 특별한 용도로 사용한다.

아래 몇 가지만 있어도 낚시를 하는 데 지장은 없다. 3~4가지 떡밥에 자신이 붙으면 다른 떡밥으로 점차 사용 범위를 넓혀나간다.

글루텐떡밥

미끼용으로 개발된 떡밥으로서 물속에 들어가면 부풀어 올라 바늘에 오래 남아 있다. 글루텐떡밥은 감자가루나 곡물류를 주성분으로 물에 잘 녹지 않는 글루텐 섬유질을 첨가해 만들었다. 가장 알려진 제품은 글루텐5(마루큐, 경원산업, 중앙어수라)이며 그 외 글루텐3(마루큐), 딸기글루텐(경원산업, 중앙어수라), 이모글루텐, 노즈리글루텐(마루큐), 순글루소꼬(다이와) 등이 있다.

감자 계열 떡밥

매시드포테이토, 즉 으깬 감자를 재료로 만든 떡밥이다. 감자 계열 떡밥은 비중이 가벼우면서도 확산성이 강해 집어떡밥으로 많이 사용한다. 요즘은 몇 가지 성분을 섞어 미끼와 집어 겸용으로 쓸 수 있도록 단품 떡밥이 인기다. 맛슈당고(마류큐), 매쉬당고(중앙어수라), 후맛슈(다이와) 등이 단품 감자 계열 떡밥이다.

집어떡밥

'후' 또는 '부' 떡밥이라 부르는 떡밥이다. 후(麩, 한자로는 밀기울 부로 후는 일본식 발음)는 밀기울 추출물을 말한다. 대부분의 떡붕어용 떡밥에 첨가되어 있는 성분으로 확산성이 강해 떡붕어 집어 기능이 뛰어나다. 번데기 가루, 감자, 곡물류 등의 배합 성분에 따라 여러 종류의 떡밥이 있다. 집어뿐만 아니라 콩알 크기로 떼어내 양 바늘에 다는 양콩알낚시로도 활용할 수 있는 전천후 제품을 많이 쓴다. GTS(마루큐), 아쿠아 스카이(경원산업), 후매쉬(중앙어수라), 후오(다이와)

등이 콩알낚시용 전천후 떡밥이다.

떡밥 배합 방법

제품마다 조금씩 차이가 있겠지만 먹이떡밥인 글루텐떡밥, 감자 계열 떡밥, 후떡밥의 물 배합비율은 일정한 편이다. 글루텐떡밥은 1:1, 후떡밥은 6:1, 감자 계열 떡밥은 2:1 비율이라고 보면 대충 맞다.

떡밥에 물을 부은 뒤엔 어느 정도 물이 스며들기를 기다려야 한다. 글루텐떡밥과 감자 계열 떡밥은 3분 정도, 후떡밥은 이보다 긴 5분 정도를 기다려줘야 한다. 물의 배합 비율은 떡밥의 총량을 계산해서 맞춘다. 즉 물 3컵에 글루텐 1컵+부 6컵+감자 2컵을 부으면 되는 것이다.

떡밥을 기준으로 해서 활용하고 있는

다양한 성분과 특성을 지닌 떡붕어낚시용 떡밥들.

떡붕어용 떡밥은 배합비가 매우 중요해 계량컵을 사용한다.

떡밥 다는 방법

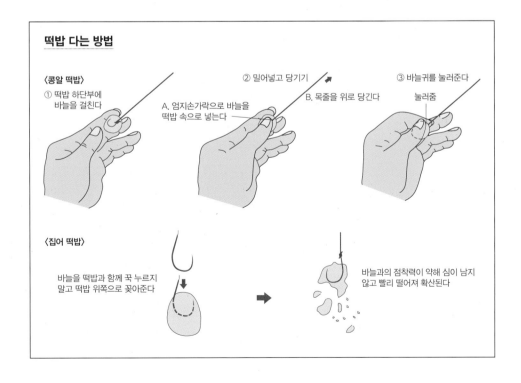

〈콩알 떡밥〉

① 떡밥 하단부에 바늘을 걸친다

A. 엄지손가락으로 바늘을 떡밥 속으로 넣는다

② 밀어넣고 당기기

B. 목줄을 위로 당긴다

③ 바늘귀를 눌러준다

눌러줌

〈집어 떡밥〉

바늘을 떡밥과 함께 꾹 누르지 말고 떡밥 위쪽으로 꽂아준다

바늘과의 점착력이 약해 심이 남지 않고 빨리 떨어져 확산된다

양콩알낚시의 떡밥 달기

기법은 대략 세 가지다. 윗바늘에 집어떡밥을 달고 아랫바늘에 먹이떡밥을 다는 세트낚시와, 양바늘에 집어 겸 먹이떡밥을 다는 양콩알낚시, 그리고 양바늘에 먹이떡밥인 글루텐떡밥을 다는 양글루텐낚시다. 집어떡밥은 후(부)떡밥과 감자떡밥을 혼합해서 사용한다.

낚시방법

떡붕어낚시는 노리는 수심층에 따라 상층낚시, 중층낚시, 제등낚시, 바닥층낚시로 나뉜다. 사실 낚시를 할 때엔 주변 낚시인들의 조황을 물어보고 공략 수심층을 정하는 경우가 많으므로 선택에 있어 어려울 것은 없다.

가령 A저수지에서 떡붕어가 잘 낚인다는 조황 소문을 들었다면 주변 낚시점주 또는 조황을 전해준 낚시인을 통해 "3m 수심인데 1m 수심층에서 입질을 봤고 1.5m 수심부터 입질층을 체크했다" "목줄은 단차를 40/50cm를 줬는데 아랫바늘엔 글루텐, 윗바늘엔 감자떡밥을 썼다" "입질이 약해서 글루텐 크기를 줄였더니 입질이 금방 살아나더라"는 정보를 알고 간다면 훨씬 쉽고 편하게 낚시할 수 있다.

떡밥 활용 기법은 어려워보여도 다음 두 가지를 벗어나지 않는다. 낚시 초반엔 집어를 해야 하므로 집어떡밥과 먹이떡밥을 함께 다는 '세트낚시'로 시작해서 붕어 입질이 붙었다면 모두 먹이떡밥만 다는 '양콩알낚시' 혹은 '양글루텐낚시'로 전환하는 게 기본 운용법이다.

여기서 주의할 점은 '리듬'이다. 음악도 아닌 낚시에 웬 리듬이냐 할지도 모르지만 떡붕어는 떡밥이 지속적으로 들어가지지 않으면 흥미를 잃고 주변의 다른 떡밥 쪽으로 가기 쉽다. 그래서 떡밥을 회수하고 던지는 템포를 빠르게 했는데 입질이 없으면 느리게 하고, 또 느리게 했는데 반응이 없으면 빠르게 하되 일정 템포를 유지하면서 투척할 수 있도록 노력하다보면 어느새 찌에 반응이 나타나기 시작한다.

찌에 반응이 나타나고 입질이 들어오는 움직임은 대개 비슷한 패턴을 갖는다. 떡밥을 단 채 투척한 채비는 떡밥 무게 때문에 찌톱이 수면 아래로 가라앉는다. 이때 찌맞춤한 찌톱 눈금을 기억하자(본문 내 찌맞춤 요령 참조). 떡밥을 단 채비는 떡밥의 무게로 인해 처음엔 찌톱이 거의 물속에 잠겼다가 떡밥이 풀리면서 서서히 솟아오르다 찌맞춤한 눈금에서 멈춘다. 이렇게 떡밥의 무게 때문에 찌톱이 가라앉은 과정을 찌톱의 안정 또는 목

캐스팅 방법

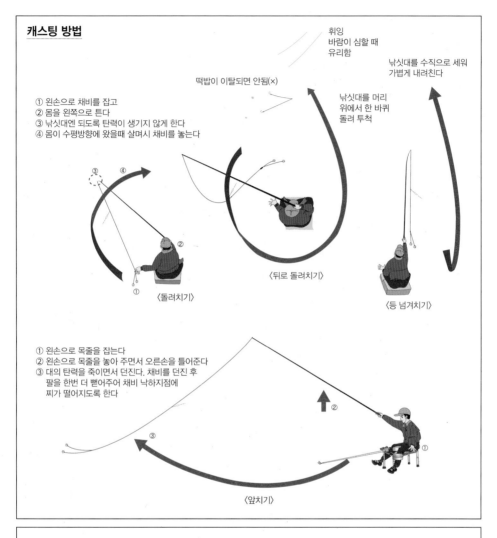

휘잉
바람이 심할 때
유리함

떡밥이 이탈되면 안됨(×)

낚싯대를 머리
위에서 한 바퀴
돌려 투척

낚싯대를 수직으로 세워
가볍게 내려친다

① 왼손으로 채비를 잡고
② 몸을 왼쪽으로 튼다
③ 낚싯대엔 되도록 탄력이 생기지 않게 한다
④ 몸이 수평방향에 왔을때 살며시 채비를 놓는다

③ ④

②

①

〈돌려치기〉

〈뒤로 돌려치기〉

〈등 넘겨치기〉

① 왼손으로 목줄을 잡는다
② 왼손으로 목줄을 놓아 주면서 오른손을 틀어준다
③ 대의 탄력을 죽이면서 던진다. 채비를 던진 후
　 팔을 한번 더 뻗어주어 채비 낙하지점에
　 찌가 떨어지도록 한다

②

③

①

〈앞치기〉

찌맞춤 요령

떡붕어낚시용 찌는 보통 찌톱이 11눈금으로 만들어졌다. 튜브톱의 경우 11눈금 중 7눈금을 내놓고 찌맞춤을 하는 게 기본이고 솔리드톱은 9눈금, 솔리드톱보다 찌톱의 부력이 큰 무크톱찌는 8눈금에 맞춘다.

중층낚시할 때 찌맞춤
바늘채비를 달지 않은 상태에서 찌톱 7눈금이 수면에 나오도록 편동을 가감해 조정한다. 7눈금에 맞췄다면 이번엔 바늘채비를 달고 다시 찌맞춤해서 7눈금이 나오도록 한다.

바닥층낚시 찌맞춤과 수심맞추기
중층낚시와 마찬가지로 찌맞춤을 한다. 바늘채비 찌맞춤까지 모두 마쳤다면 작은 지우개나 수심측정용 고무에 바늘을 꽂고 수심을 잰다. 찌톱이 수면에 나올락 말락 할 때까지 찌를 초릿대 쪽으로 올린다. 찌톱 끝이 수면에 일치하면 낚싯대를 앞으로 밀어본다. 찌톱 1∼2눈금이 수면으로 더 솟는다면 바늘채비는 찌 밑보다 좀더 앞쪽에 떨어진 것이다. 채비를 회수해서 다시 수면으로 나온 찌톱 눈금만큼 수심을 조정해서 다시 수심맞추기를 한다. 찌톱 끝이 수면에 일치한 상태에서 낚싯대를 앞으로 밀었을 때 수면으로 드러난 찌톱에 아무런 변화가 나타나지 않으면 제대로 수심을 맞춘 것이다. 찌맞춤한 7눈금을 수면에 내놓고 낚시를 시작한다.

내림이라 부르고, 떡밥이 풀리면서 찌톱이 솟는 과정을 '찌톱의 복원'이라고 부른다. 떡붕어가 떡밥 주변에 모였다면 찌톱이 복원되는 과정 중 찌톱에 살짝 움직임이 나타나고 한 눈금 혹은 두 눈금이 강하게 '쏙' 내려간다. 이때 챔질을 해야 한다. 챔질할 때는 낚싯대를 앞으로 밀면서 강하게 들어 올리거나 손목을 살짝 옆으로 꺾는다.

중층낚시와 제등낚시

바닥층을 벗어나 중층부터 상층 수심을 노리는 낚시다. 늦봄부터 가을까지 붕어의 활성도가 높을 때 시도하며 집어만 제대로 되면 시원한 입질을 볼 수 있다. 깊은 수심층부터 점차 얕은 수심층으로 채비를 띄워가며 낚시하는 게 순서인데 30cm씩 상층을 탐색한다.

중층낚시의 주요 테크닉은 목줄 길이와 떡밥의 조정이다. 입질이 짧게 들어오는데 헛챔질이 많다면 목줄 길이를 늘이고 먹이떡밥은 부드럽게 조정한다. 반면 찌놀림에 건드림이 너무 많이 나타나고 몸통 걸림도 많이 발생한다면 떡밥 주변에 고기가 많다는 증거다. 목줄 길이를 줄이고 양바늘에 글루텐만 달거나 떡밥을 작고 단단하게 쓴다.

제등낚시는 초릿대 가까이 찌를 올려 낚시하는 방법이다. 낚시하는 모습이 등을 들고 있는 것과 비슷하다고 해서 제등(提燈)낚시란 이름이 붙었다. 찌를 초릿대 가까이 올리는 만큼 낚싯대 길이가 곧 낚시하는 수심이라고 할 수 있다. 떡붕어의 활성이 좋은 여름과 가을에 수심 깊은 유료낚시터의 잔교

유료터 부교 위에서 떡붕어를 끌어내는 낚시인.

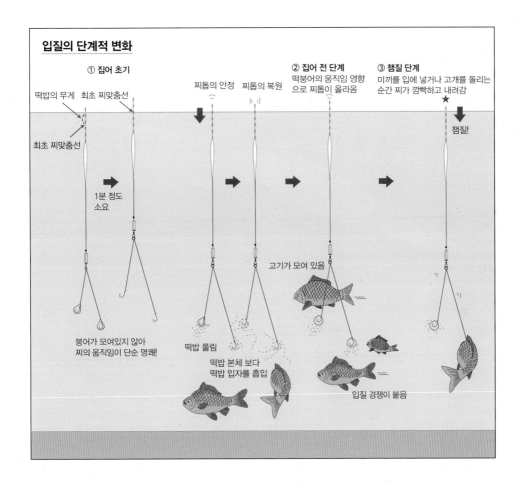

입질의 단계적 변화

① 집어 초기

떡밥의 무게　최초 찌맞춤선

최초 찌맞춤선

1분 정도 소요

붕어가 모여있지 않아
찌의 움직임이 단순 명쾌!

찌톱의 안정　찌톱의 복원

떡밥 풀림

떡밥 본체 보다
떡밥 입자를 흡입

② 집어 전 단계
떡붕어의 움직임 영향
으로 찌톱이 올라옴

고기가 모여 있음

입질 경쟁이 붙음

③ 챔질 단계
미끼를 입에 넣거나 고개를 돌리는
순간 찌가 깜빡하고 내려감

챔질!

좌대에서 주로 이뤄진다.

바닥층낚시(슬로프낚시)

바늘이 바닥에 닿아 있고 편동만 떠있는 형태의 낚시방법으로서 주로 초봄이나 겨울처럼 붕어의 활성도가 낮은 상태에서 많이 한다. 바닥층낚시의 주요 테크닉은 슬로프(slope) 즉, 목줄 경사도의 조정이다. 채비의 감도는 슬로프를 통해 조정한다. 감도가 낮으면 목줄을 세우고 높으면 눕힌다.

가령, 찌톱 11눈금 중 7눈금에 찌맞춤을 하고 수면에 7눈금이 나오게 수심맞추기를 했는데 찌에 반응이 없거나 건드림만 약하게 나타난다면 채비의 감도가 둔한 것이다. 이 때는 찌를 바늘채비 쪽으로 1~2눈금 정도 내린다. 찌맞춤한 7눈금보다 더 물속에 잠긴 찌톱 부위는 부력으로 작용하기 때문에 목줄이 좀 더 수직에 가깝게 서게 된다.

반대로 찌톱의 복원 중 잦은 건드림이 나타나서 정작 입질을 분간하지 못할 때엔 채비의 감도가 너무 예민한 상태가 된 것이다. 이때는 찌를 초릿대 쪽으로 1~2눈금 올린다. 이렇게 하면 찌톱은 찌맞춤한 7눈금보다 1~2눈금 수면 밖으로 나오게 되는데 수면으로 드러난 찌톱 눈금이 무게로 작용해 목줄이 눕게 된다.

무지개송어낚시

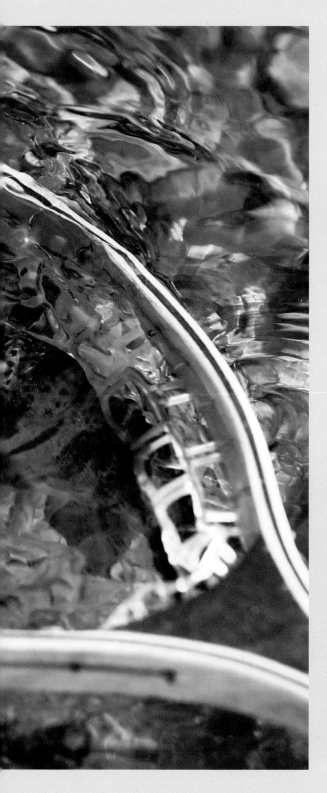

동유럽과 북미가 원산지인 무지개송어는 냉수성어종이어서 겨울에 왕성하게 활동한다. 그러나 너무 찬 물에서는 활성도가 떨어진다. 무지개송어의 활성도는 10~15℃ 수온에서 가장 높고 7℃ 이하 수온에서는 활성도가 현저히 떨어진다. 25℃ 이상 수온에서는 죽는다.

낚시인들은 흔히 송어라고 부르지만 엄밀히 말하면 송어는 한국 고유종으로, 무지개송어와 다른 어종이다. 그러나 요즘에는 그 모습을 보기 힘들어 송어하면 요즘은 무지개송어를 가리키는 말로 쓰이고 있다.

무지개송어는 육식성으로 물속의 수생곤충이나 갑각류, 작은 어류를 먹고 살며 용존산소가 풍부한 맑은 물에 서식한다. 유료낚시터에 방류하는 무지개송어는 30~40cm 씨알이 보통이나 손맛을 위해 60cm 내외의 교잡종인 '슈퍼송어'를 함께 방류하기도 한다.

체색와 생김새가 예쁜 무지개송어는 여성 낚시인들도 좋아하는 물고기다. 조심스럽고 입질도 섬세해서 호락호락 낚이지는 않는데 그 점이 무지개송어낚시의 매력이라 할 수 있다.

시즌과 낚시터

무지개송어는 인공적으로 양식한 고기를 유료낚시터에서 낚는다고 보면 맞다. 일반 강이나 저수지에서도 낚이긴 하지만 역시 양식산이다. 강원 평창 기화천, 정선 조양강 상류 동남천, 충북 충주 남한강 등에선 주변의 양식장에서 탈출한 무지개송어를 낚을 수 있다.

무지개송어는 냉수어종이어서 수온이 떨어지는 겨울이 낚시시즌이다. 무지개송어 유료낚시터는 이르면 11월, 보통은 12월에 개

장하고 3월에 폐장한다. 계곡에 사는 무지
개송어도 겨울에 잘 낚인다. 무지개송어가
방류된 유료낚시터는 도심 근교에 있어 찾
기에도 부담 없다. 다만 겨울에만 한시적으
로 운영된다.

장비

낚싯대

루어낚싯대를 사용한다. 작고 가벼운 송어
용 루어를 던지려면 낭창한 연질 낚싯대가
필요하다. 6~6.5ft 길이의 2절대(투피스) 중
울트라라이트 파워가 좋다. 가격은 10만원
대가 무난하다. 대 끝을 잡고 수평으로 흔들
었을 때 S자 형태로 유연하게 규칙적으로 움
직이는 제품을 선택한다.

릴

1000번~2000번 소형 스피닝릴을 쓴다.
1000, 2000…은 낚싯줄이 감기는 릴의 크
기를 정한 기준으로서 숫자가 높을수록 낚
싯줄이 많이 감기고 그에 따라 크기가 크고
무겁다.

뜰채

입걸림시킨 무지개송어를 상처 나지 않게
연안으로 끌어내기 위한 도구다. 그물망이
실리콘 등 부드러운 고무 소재로 되어 있다.
뜰채의 폭이 40cm는 넘어야 고기를 담기에
편하다.

낚싯줄

루어가 작고 가벼운 만큼 낚싯줄도 가는 것

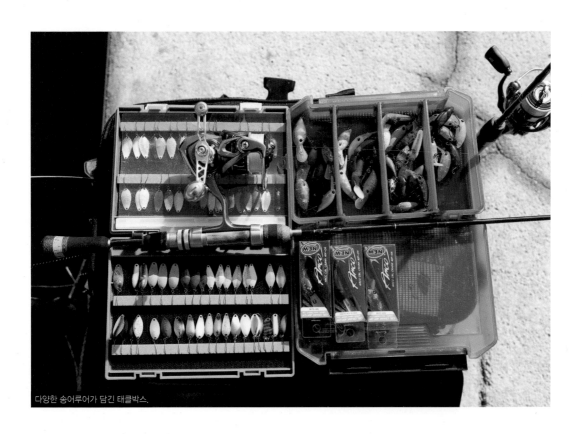
다양한 송어루어가 담긴 태클박스.

무지개송어용 크랭크베이트

가장 대중적으로 사용되는 마이크로스푼.

지그헤드리그(위)와 웜을 바늘에 꿴 형태.

무지개송어용 크랭베이트의 움직임.

을 쓴다. 낚싯줄이 가늘면 멀리 날아가고 물의 저항이 작아 루어를 조작하기에도 좋다. 강도는 4lb, 굵기는 0.8호 이하의 나일론라인을 쓴다. 카본라인은 날이 추워지면 빳빳해지고 합사는 물에 들어가면 물을 머금기 때문에 스풀이나 가이드에 얼어붙기 쉽다. 무지개송어는 낚싯줄의 움직임을 보고 입질을 파악하는 일이 많다. 투명색보다는 눈에 잘 보이는 파란색 또는 주황색을 고르도록 한다.

스푼 케이스
무지개송어용 루어인 마이크로스푼을 보관하는 작은 수납 가방이다. 마이크로스푼에 달린 바늘을 걸 수 있도록 부드러운 천으로 안을 처리했다.

그밖에
무지개송어 입에 걸린 바늘을 뺄 때 쓰는 포

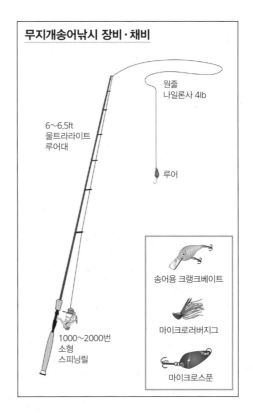

무지개송어낚시 장비·채비

원줄
나일론사 4lb

6~6.5ft
울트라라이트
루어대

루어

1000~2000번
소형
스피닝릴

송어용 크랭크베이트

마이크로러버지그

마이크로스푼

셉스, 손과 발의 추위를 막아주는 핫팩 등을 준비한다.

채비

크랭크베이트
살찐 금붕어를 닮았다. 캐스팅한 뒤 물속에서 감아 들이는 것만으로도 루어가 적정 수심으로 내려가 입질을 유도한다. 배스낚시에서 쓰는 루어의 크기를 30~40mm로 줄인 것이다. 차이는 바늘에 있다. 배스낚시용은 바늘이 세 개 달린 트레블훅을 사용하고 무지개송어용은 바늘이 하나인 싱글훅을 쓴다. 앞쪽에 달린 립의 각도에 따라 릴링할 때 물속으로 파고드는 수심, 즉 잠행수심(潛行水深)이 달라진다. 보통 1~1.5m 잠행수심의 루어를 쓴다.

마이크로러버지그
러버지그란 지그헤드에 고무 소재로 된 스커트가 달린 루어를 말한다. 크랭크베이트와 마찬가지로 배스낚시에서 쓰이는 루어로서 크기를 작게 만든 것이다. 길이는 스커트를 포함해 5~6cm다. 마이크로러버지그의

생명은 물속에서 하늘거리는 스커트에 있다. 이 하늘거림을 참지 못하고 무지개송어가 공격한다.

마이크로스푼
납작하고 동그란 형태의 금속성 루어다. 루어의 한 종류인 스푼을 아주 작게 만든 것이다. 바늘을 제외한 크기는 2.5~3.5cm. 양식산인 무지개송어에게 주는 사료인 펠렛과 비슷하게 생겼다. 무게는 1~4g으로 2g, 2.5g을 많이 쓰고 색상이 다양하다. 무지개송어가 서식하는 수심층에 따라, 그날그날 선호하는 색상에 맞춰 루어를 골라 사용한다.

웜리그
웜을 바늘 또는 봉돌이 붙어 있는 바늘과 결합된 형태의 채비를 '웜리그'라 부른다. 무지개송어낚시에서 가장 많이 쓰는 웜리그는 지그헤드리그다. 지그헤드란 봉돌과 바늘이 하나의 형태로 되어 있는 바늘이다. 보통 1/16~1/32온스 지그헤드에 2~3인치 크기의 웜을 결합해 쓴다. 물고기 형태의 웜이 효과가 좋아 많이 쓴다. 지그헤드를 웜 중간에 꿰어 쓰는 카이젤리그도 많이 사용한다.

낚시방법

11월 중순이면 송어낚시터들이 막 개장을 했거나 개장을 앞둘 시기다. 11월은 수온이 적당하고 먹이를 먹고자 하는 무지개송어의 의욕이 왕성한 시기이기 때문에 뛰어난 조황을 보인다. 특히 빠르고 역동적인 루어에 잘 반응하는 것이 특징이다.
이때 가장 빛을 보는 루어가 크랭크베이트와 마이크로스푼이다. 던지고 감아주는 것만으로 물어준다. 무지개송어낚시의 재미를

무지개송어를 끌어내고 있는 낚시인.

마이크로스푼에 낚인 무지개송어.

루어에 낚인 무지개송어가 바늘털이를 하고 있다.

보려면 11월 한 달을 놓치지 말아야 한다. 출조 계획을 세웠다면 아침 일찍 찾는다. 무지개송어는 먹이를 먹는 시간대가 있다. 바로 햇살이 퍼지기 전 아침이다. 이때는 활성도가 최고조에 올라 루어에 활발한 반응을 보인다. 하지만 그 시간이 두 시간을 넘지 않는다. 햇살이 퍼지기 시작하면 무지개송어는 여러 수심층으로 흩어진다. 그 뒤로는 낚시터 주인이 고기를 방류할 때 짧은 시간 활성도가 올라가기도 한다. 해가 지기 전 오후에 한 차례 활성도가 올라가지만 폐장 시간과 맞물리기 때문에 낚시할 수 있는 시간이 짧다. 낚시를 간다면 이른 아침에 찾는 것이 좋다.

무지개송어가 가장 왕성한 먹이활동을 벌이는 시간대, 즉 피딩타임이 끝났다면 루어에 반응을 보이는 송어가 어느 수심층에 머무는지 찾아서 낚아내야 한다. 이때 사용하는 루어가 마이크로스푼이다. 송어 유영층을 어느 정도 파악했다면 마이크로러버지그, 지그헤드리그로 바꿔 사용해도 좋다.

감기만 하면 물어주는 크랭크베이트

크랭크베이트는 감는 것만으로도 입질을 받을 수 있게 만들어진 루어다. 이른 아침과 같이 무지개송어의 활성도가 높을 때는 대개 중상층에서 먹이활동을 벌인다. 잠수 기능을 담당하는 머리 부위의 립이 넓고 커서 감아 들이면 일정 수심을 파고든 뒤 특유의 뒤뚱거리는 움직임으로 입질을 유도한다. 캐스팅 후 빠르게 릴링을 2~3회 해서 루어가 잠행수심층까지 도달하게 한 후 느린 속도로 릴링을 이어간다. 이때 릴링 속도는 3초에 1회전 정도로 하는 게 적당하다.

루어와 낚싯줄을 통해 무게감이 느껴지면 무지개송어가 문 것이다. 크랭크베이트는 따로 챔질할 필요는 없다. 무지개송어가 루어를 물면 돌아서는 동작에서 자동 입걸림이 된다.

입질시간대가 끝났다면 마이크로스푼

피딩타임이 끝나면 평소 잘 나오던 수심층에서 입질 빈도가 떨어지기 시작한다. 더 아래 수심에 머물거나 아니면 더 상층에 있을 수 있다. 크랭크베이트가 잠행수심에 따라 폭넓게 탐색하는 루어라면, 마이크로스푼은 수심을 잘게 잘라 탐색할 수 있는 루어다. 마이크로스푼은 루어의 수가 곧 테크닉이고 이를 잘 골라 쓰는 사람이 실력자다. 루어의 무게는 공략할 수 있는 수심을 의미한다. 1.5g은 1m 이내 표층, 2g은 1.5m 이내, 2.5g은 2.5m 이내, 3g은 3m 이상, 3.5g은 바닥층 공략용이다. 이 중 가장 많이 쓰이는 무게가 2g과 2.5g이다. 색상은 금색이나 은색처럼 반짝이거나 색상이 화려한 어필컬러를, 원색 계열인 빨강색과 흰색, 사료와 비슷한 색상인 고동색의 내추럴컬러를 각각 두세 개씩 맞춰서 모두 10개 정도를 갖고 낚시를 해보자. 낚시터마다 잘 듣는 루어 형태와 색상이 있는데 그런 것들은 낚시를 하면서 하나둘 채워 나가면 된다.

액션은 크랭크베이트와 마찬가지로 그냥 감는 것이다. 마이크로스푼은 릴링을 하는 것만으로도 루어 자체가 위아래로 흔들리는 움직임을 만들어낸다. 중요한 것은 느리면서도 지속적인 릴링이다. 2초에 한 바퀴 정도의 릴링을 하되 같은 속도를 유지해야 한다. 반응이 없으면 이보다 더 느리게 또는 빠르게 바꿔보는 것이다.

입질은 낚싯줄의 움직임으로 파악한다. 릴링을 이어가던 중 낚싯줄이 팽팽해지거나 늘어지면 그때 핸들을 빨리 감아주거나 낚싯대를 옆으로 드는 동작으로 챔질을 한다. 그러기 위해선 낚싯줄을 팽팽한 상태로 유지해야 하므로 낚싯대를 세우는 것보다는 수평 상태로 유지하거나 숙이는 것이 바람직하다.

무지개송어 유영층을 안다면 마이크로러버지그와 지그헤드리그

지그헤드리그는 무지개송어가 반응을 보이는 수심층을 알고 있을 때 사용하면 효과를 볼 수 있는 루어다. 너무 잘 잡혀서 온종일 지그헤드리그만 쓰는 낚시인도 있다. 1/16~1/32온스 지그헤드에 3인치 크기의

마이크로스푼의 컬러 선택

화이트 새벽, 저녁, 어두울 때, 날씨가 흐리거나 물이 탁할 때

그레이(잿빛) 물이 맑거나 송어 활성도가 떨어졌을 때

블랙 맑고 쾌청한 날, 물이 맑을 때

연한 핑크(벚꽃) 송어 활성이 떨어졌거나 물빛이 탁할 때

레드 방류 직후 식용이 왕성할 때, 물이 탁할 때

옐로우 물이 너무 맑거나 또는 탁할 때, 활성도가 낮을 때

오션블루(민트) 물이 맑고 날씨가 쾌청할 때, 활성도가 낮을 때

올리브(사료색) 물이 맑고 날씨가 쾌청할 때, 활성도가 낮을 때

초콜릿 물이 맑고 송어 활성도가 낮을 때

오렌지(형광) 방류 직후 식욕 왕성할 때, 물 흐릴 때, 어두운 새벽과 저녁

형광연두 물이 탁하거나 흐린 날, 어두운 새벽과 저녁

진한 블루 물 맑을 때, 맑고 쾌청한 날, 활성도 낮을 때

실버 물이 맑을 때, 맑고 쾌청한 날

골드 물 탁할 때, 흐린 날, 어두운 새벽과 저녁

바이올렛(진보라) 물이 맑거나 탁할 때, 활성도 낮을 때

골드하프오렌지 방류 직후나 고활성일 때, 흐린 날, 어두운 새벽과 저녁

실버하프골드 물이 맑을 때, 활성도가 낮을 때

유료터의 부교 위에서 무지개송어를 노리는 낚시인들.

마이크로스푼 운용 자세. 낚싯대를 수평으로 한 상태에서 낚싯줄을 팽팽히 한 뒤 천천히 감아 들인다.

물고기 형태의 웜을 꿰어 사용한다. 작은 물고기가 느릿느릿 헤엄치며 오는 모습을 연출하는 게 핵심이다.

웜의 움직임이 잘 나오게 하기 위해 지그헤드를 꿸 때는 바늘이 몸통 중앙이 아닌 몸통 상단부를 지나게 해야 움직임이 더 잘 나온다. 입질이 오면 자동 입걸림이 되므로 챔질할 필요는 없다.

일정 수심층에서 아주 느리게 릴링하되 웜의 꼬리가 꼬리치듯 하는 움직임이 나오도록 톱가이드가 있는 부위, 팁을 미세하게 흔들어준다. 이러한 기법을 '미드스트롤링'이라고 부른다. 캐스팅 후 원하는 수심까지 채비가 떨어지면 그때부터 릴링을 시작한다. 릴링 속도는 3초에 한 바퀴 정도로 느리게 한다. 낚싯대는 45도 각도로 숙이고 팁만 미세하게 흔든다. 릴을 쥔 손에서 검지를 낚싯대에 얹으면 조작하기 더 쉽다. 낚싯대 전체가 아니라 낚싯대에 얹은 검지로 움직임을 준다는 생각으로 흔들어준다.

지그헤드리그에 반응이 시원찮으면 마이크로러버지그를 써본다. 주요 액션은 스커트가 하늘거릴 수 있도록 낚싯대를 이용해 살랑거리듯 흔들다가 멈추고 3~4회 느리게 릴링한 후 다시 흔드는 것이다. 캐스팅 후 루어가 일정 수심에 도달했다면 픽업베일을 닫고 낚싯대를 제자리에서 흔든다. 낚싯대를 흔드는 폭은 크지 않고 속도도 빠르지 않게 한다. 발 앞까지 흔들기-멈춤-릴링 액션을 반복한다.

활성도가 높을 때는 자동 입걸림이 되는 일이 많고 입질이 약할 때는 낚싯줄의 움직임을 보고 가볍게 챔질을 해줘야 한다. 낚싯줄이 옆으로 가거나 내려가다가 멈출 때 챔질을 한다.

요리

외국에서 송어와 연어는 굉장히 맛있고 영양가 있는 생선으로 통한다. 송어는 불포화지방과 단백질이 많으며 살에서 비린내가 나지 않고 민물고기 특유의 흙내도 잘 나지 않는 것이 특징이다. 먹으면 소화도 잘 된다. 유료낚시터에서 낚은 무지개송어를 어떻게 먹느냐 물어보는 사람도 있지만 회로 먹지 않고 익혀 먹으면 아무런 문제가 없다. 가장 쉽게 먹을 수 있는 방법은 버터를 발라 알루미늄 호일에 싼 뒤 구워 먹는 버터구이이다.

버터구이를 하려면 고기를 깨끗이 씻은 뒤 지느러미와 내장을 제거해야 하는데 이게 번거롭다면 낚시터 안에 있는 식당에 손질을 맡겨도 된다. 5천 원 정도의 손질료를 따로 받는다. 집으로 가져온 송어는 몸통에 칼집을 낸 후, 칼집에 버터를 잘라 꽂은 뒤 마늘가루와 통후추 등을 뿌려서 간을 하면 기본 조리를 마친 셈. 알루미늄 호일에 싼 뒤 오븐을 이용하거나 숯불 등을 이용해 직화로 10분 정도 구우면 살이 다 익는다.

무지개송어 버터구이

낚시터

송어 유료낚시터는 대부분 수도권에 몰려 있다. 낚시터 관리인은 무지개송어를 방류하고 가을부터 이듬해 봄까지 한시적으로 운영한다. 입어료는 운영 형태에 따라 2만5천~3만5천원을 받는다. 뜰채를 반드시 사용해야 하며 낚시터마다 사용을 금지하는 채비나 루어가 있으므로 미리 확인해야 한다.

경기 광주 유정낚시터
도척면 도척로 897. 수면적 4만3천평. 루어낚시와 플라이낚시 허용. 손맛터. 휴게실과 식당 운영. 031-762-5185. 네이버카페 http://www.yujungji.com/

경기 광주 진우낚시터
도척면 진우리 845. 수면적 2만평. 루어낚시와 플라이낚시 허용. 손맛터. 휴게실, 방갈로, 식당 운영. 031-762-7913

경기 광주 추곡낚시터
도척면 추곡리 386-3. 수면적 5천평. 루어낚시와 플라이낚시 허용. 손맛터. 휴게실과 식당 운영. 031-762-1269

경기 남양주 화도낚시공원
화도읍 금남리 54. 수면적 1만2천평. 루어낚시와 플라이낚시 허용. 휴게실, 방갈로, 식당 운영. 031-591-1707. 다음카페 http://www.ecoman.co.kr/

경기 시흥 달월낚시터
월곶동 산63-7. 수면적 2만1천평. 손맛터. 저수지 일부를 막아 3천평 규모의 무지개송어낚시터를 운영하고 있다. 식당과 매점 운영. 031-498-9300

경기 안성 장광낚시터
죽산면 관앞길 103-6. 수면적 6천평. 루어낚시와 플라이낚시 허용. 식당, 휴게소, 방갈로, 캠핑장 운영. 031-672-6677. 홈페이지 http://www.jkfishing.com/

경기 양주 기산낚시공원
백석읍 기산로 592-46. 수면적 2만여 평. 루어낚시와 플라이낚시 허용. 잡이터. 3마리까지 반출 허용. 휴게실과 식당 운영. 식당에서 송어회 요리. 010-3766-9339

경기 용인 지곡낚시터
기흥구 지곡동 산32-24. 수면적 9천평. 루어낚시와 플라이낚시 허용. 손맛터. 휴게실과 식당 운영. 031-286-4784. 네이버카페 http://cafe.naver/jigok.fishinggall.com/

경기 용인 신기낚시터
처인구 신기로 42번길 146. 수면적 4천5백평. 루어낚시와 플라이낚시 허용. 휴게실과 식당 운영. 031-336-0070. 네이버카페 http://cafe.naver/shingifishing

강원 원주 솔치송어파티
신림면 솔치안길91. 수면적 300여 평. 루어낚시와 플라이낚시 허용. 펜션 단지가 있어 숙박을 할 수 있으며 송어양식장과 송어 전용 식당 운영. 낚시 장비 대여. 033-764-1506. 홈페이지 www.solchipension.co.kr

강원 춘천 말고개낚시터
사북면 말고개길 307. 수면적 1천5백평. 루어낚시와 플라이낚시 허용. 손맛·잡이터. 결빙되면 송어 얼음낚시 가능. 식당에서 송어 요리 가능. 031-243-8927

충남 논산 벌곡낚시터
벌곡면 덕목리 237. 수면적 300여 평. 손맛터. 휴게실과 식당 운영. 041-734-5881

충북 진천 톨게이트낚시터
진천읍 상산리 370-8. 수면적 450여 평. 루어낚시와 플라이낚시 허용. 손맛·잡이터. 043-534-1213

전북 완주 송현낚시터
고산면 남봉리 470-12. 수면적 5백평. 식당과 휴게실 운영. 손맛터. 063-262-3690

전남 화순 청풍낚시터
청풍면 한지리 111. 수면적 7백평. 손맛터. 식당과 휴게실 운영. 061-373-9808

경북 구미 사각지 낚시터
신동 57번지. 수면적 9천여 평. 손맛터. 휴게실과 식당 운영. 054-472-4071. 네이버카페 http://blog.naver.com/sakakji

부산 이곡낚시터
기장군 철마면 곽암길 7(낚시터 입구 안내판 앞까지 안내). 수면적 3천평. 손맛터. 휴게실과 식당 운영. 010-8650-5526

경기 시흥 달월낚시터

배스낚시

쏘가리가 우리나라에 루어낚시를 태동시킨 물고기라면 배스는 우리나라 루어낚시의 발전을 이끈 물고기다. 배스는 비록 외래어종이지만 전국의 수계에 퍼져 있으며 사철 낚을 수 있어 가장 대중적인 루어낚시 대상어종이 되었다. 또 미국과 일본의 배스낚시 기법과 배스토너먼트 문화가 한국에 도입되면서 경기낚시 붐을 조성하고 루어낚시 시장을 증대시킨 공로는 인정해야 한다.

배스는 북아메리카가 원산지로서 지난 1973년 식용자원 증식을 목적으로 국내에 이식되었다. 당시 청평내수면연구소는 미국 루이지애나주에서 들여온 노던라지마우스 배스 치어 500마리를 1975년과 1980년에 경기도 가평군 조종천과 팔당호에 방류했고 그 후손들이 전국에 퍼졌다.

배스는 먹이사슬의 정점에 있는 육식어종으로 파이팅이 강렬하여 최적의 낚시어종으로 각광받고 있다. 그러나 토착물고기들을 닥치는 대로 잡아먹어 이젠 먹잇감이 격감한 호소에서 아사로 인한 개체수 조절 과정을 겪고 있다. 일각에선 근 40년 이상 지속된 일종의 '근친교배'로 개체가 줄고 있다는 주장도 있다.

배스는 온수성 어종으로서 19~27도의 수온에서 왕성한 활동을 보이지만 10도 이하 또는 30도 이상의 고수온에서도 살 수 있을 정도로 환경 적응력이 뛰어나다. 유속이 있는 곳보다 정체된 곳을 선호하며 먹잇감이 풍부한 댐이나 간척호 등 대형 수면에서 잘 자란다.

소형어류는 물론, 수생곤충, 양서류, 파충류까지 먹고 살며 헤엄치는 쥐나 작은 새를 덮치기도 한다. 배스가 다른 동물을 공격하는 이유는 먹기 위한 것도 있지만, 적에 대한 방어, 호기심, 반사적인 행동으로 공격할 때도 많다. 이러한 이유 때문에 다른 어종에

굵은 배스를 낚아 올린 낚시인.

비해 낚시방법이 다양하게 발달해있다.

산란기는 5~7월이며 수컷이 모래나 자갈바닥에 직경 50cm 정도의 산란장을 만들고, 그 안으로 암컷을 불러들여 산란을 하게 한다. 산란한 알은 부화될 때까지 일정기간 수컷이 보호한다. 수명은 10년 이상으로서 먹이여건만 풍족하다면 20년까지 살 수 있는 것으로 알려져 있다. 크기는 3년생이 30cm 정도이며 60cm 이상으로 자라는 개체는 드물다. 노던라지마우스배스 세계 기록은 일본 비와호에서 낚인 73.5cm, 10.12kg이다.

시즌

배스는 사계절 낚이는 물고기이지만 봄에 가장 잘 낚이고 그 다음으로 가을에 조황이 뛰어나다.

봄

겨울 동안 깊은 곳에서 머물던 배스가 얕은 연안으로 이동하는 시기로서 산란기를 전후로 낚시 상황이 달라진다. 산란 전에는 배스가 왕성한 먹이활동을 보이면서 햇빛이 잘 들고 용존산소량이 많은 곳, 수초가 자라기 시작하는 곳이나 배스가 몸을 숨기기에 좋은 장애물 지대가 포인트로서 좋다. 암컷이 산란에 들어가면 수컷은 알 주위에 머물면서 일정기간 동안 산란장을 보호한다. 육안으로도 산란장을 식별할 수 있는데 배스는 산란장으로 침입하는 적을 공격하기 때문에 그 주변을 다양한 루어로 공략하면 대형 배스를 만나기도 쉽다. 암컷의 산란이 끝나고 수컷도 산란장을 떠난 뒤로는 배스가 체력 회복을 위해 휴식을 취하는 시기로서 먹잇감에 큰 관심을 보이지 않아 낚시가 잘 안된다.

여름

늦봄에서 초여름으로 접어드는 시기는 산란의 피로에서 벗어난 배스들이 포인트 전역으로 흩어져 먹이활동을 시작하면서 조황 역시 살아난다. 하지만 무더위가 시작되고 수온이 너무 상승하면 배스의 활성도는 다시 떨어지게 되는데, 강렬한 햇볕을 싫어

배스 포인트를 찾아 강가로 나선 낚시인. 배스는 국내 저수지, 댐, 강 등 다양한 곳에 서식하고 있다.

하는 배스는 깊은 수심이나 그늘에 몸을 숨긴 채 먹이고기가 얕은 연안에 나오는 아침, 저녁의 짧은 시간 동안 먹이사냥을 한다. 이때는 테크닉이나 포인트보다 공략 시간대가 중요하다. 배스가 얕은 연안으로 붙은 새벽 시간대를 집중적으로 노리거나 해질 무렵부터 자정까지 밤낚시를 시도하는 게 좋다.

가을

배스가 활동하기에 좋은 수온을 유지하고 먹잇감도 풍부해 낚시가 잘 되는 시기다. 봄에 부화해 어느 정도 자란 작은 물고기들은 떼를 지어 다닌다. 배스는 이러한 먹이고기 무리들을 쫓아 활발한 사냥을 벌이며 루어 역시 먹이고기를 본뜬 형태들이 효과를 본다. 하지만 늦가을이 되면 밤낮의 기온 차가 커지면서 수온 차에 의해 표층의 물과 하층의 물이 서로 뒤바뀌는 '턴오버' 현상이 발생하는데, 이 현상이 나타나는 낚시터에선 조황이 현저히 떨어진다. 물이 갑자기 탁해지거나 심하게 물비린내가 나고 조황 역시 갑자기 떨어진다면 턴오버를 의심해야 한다. 턴오버 상황은 배스가 활동 자체를 거의 멈추는 최악의 조건이므로 이때는 턴오버가 일어나지 않는 다른 낚시터를 찾는 게 좋다.

겨울

수온이 10도 이하로 떨어지면 온수성 어종인 배스는 활성도가 현저하게 떨어지고 상대적으로 수온이 높고 안정적인 곳을 찾아 군집생활을 하는데 이를 '스쿨링'이라고 부른다. 스쿨링 포인트는 제방 앞이나 직벽 아래 같은 깊은 수심대에 형성된다. 이런 곳들은 걸어서는 접근하기 힘든 지형이 많아 보트낚시를 해야 좋은 조과를 보이곤 한다. 간혹 햇볕이 따뜻한 날엔 배스가 얕은 곳으로 나오기도 하는데 활성이 떨어진 상태여서 매우 약한 입질을 보이곤 한다.

낚시터

배스는 따뜻하고 정체된 물을 좋아하므로 저수지나 간척호, 댐, 강의 하류에 많이 서식한다. 많이 알려진 대형 낚시터로는 안동

배스낚시용 베이트릴 장비(위)와 스피닝릴 장비(아래).

카본사

합사

호(경북 안동시), 청평호(경기도 가평군), 아산호(충남 아산시 인주면), 대호(충남 서산시 대산읍), 대청호(충북 청원군 문의면) 장성호(충남 장성군 장성읍), 해창만수로 (전남 고흥군 포두면), 송전지(경기도 용인시 이동면 어비리), 고삼지(경기도 안성시 고삼면 월향리) 등이 잘 알려져 있다. 그 외에 전국에 산재한 강과 수로 모두 배스낚시 터라고 해도 과언이 아니다.

장비

낚싯대
스피닝릴을 세팅하는 스피닝로드, 베이트릴을 사용한 베이트로드로 크게 분류된다. 길이는 5~7ft. 또한 배스용 로드는 사용하는

루어의 종류에 따라 파워와 액션을 달리한 제품들이 출시되어 있다. 한편 기법의 효과를 높일 수 있도록 만든 로드도 있는데 플리핑 전용 로드와 크랭크베이트 전용 로드다. 로드의 종류가 다양하지만 낚시를 처음 시작할 때 갖춰야 할 로드를 꼽는다면 미디엄 라이트 스피닝로드와 미디엄헤비 베이트로드다. 두 가지만 있으면 웬만한 채비를 다룰 수 있다. 그 외에 미디엄, 헤비 베이트로드 순으로 갖추면 된다.

릴
스피닝릴과 베이트캐스팅릴이 다 필요하다. 스피닝릴은 가벼운 루어를 멀리 원투하거나 3호 이하의 가는 줄을 사용해 섬세한 낚시를 할 때 사용한다. 웜리그, 소형 스푼

낚싯줄

카본사를 가장 많이 사용하고 나일론사, PE 라인 순으로 쓴다. 카본사는 나일론사에 비해 값이 비싸지만 단단하고 잘 늘어나지 않는 특성이 있어 낚싯줄을 통해 입질을 파악하는 경우가 많은 배스낚시와 잘 맞는다. 특히 바닥층을 주로 노리는 낚시에선 물에 가라앉은 카본사는 필수라 하겠다. 수면에 루어를 띄워놓고 활용하는 낚시에선 물에 뜨는 나일론사를 많이 쓴다. 포인트가 험해서 강한 낚싯줄이 필요하거나 강제로 끌어내는 방식으로 이뤄지는 낚시에선 굵기 대비 강도가 높은 합사인 PE라인을 사용한다.

이나 미노우를 사용할 때 쓴다. 캐스팅이 쉽고 멀리 날아가며 초보자도 조작하기 쉬운 게 장점이다.

반면 베이트캐스팅릴은 힘이 강해 무겁고 큰 루어를 사용하는 데 적절하다. 대신 원거리 캐스팅이 어렵고 캐스팅할 때 스풀의 회전관성으로 인한 줄 엉킴, 백래시가 잦기 때문에 어느 정도 연습을 해야 사용할 수 있다. 프리리그, 스피너베이트, 러버지그, 크랭크베이트 등과 같이 무게가 나가고 물의 저항을 많이 받는 루어를 사용하는 낚시에 적합하다.

루어의 무게로 따지자면, 1/4온스 이하는 스피닝릴, 1/4온스 이상은 베이트릴로 다루는 게 적합하다.

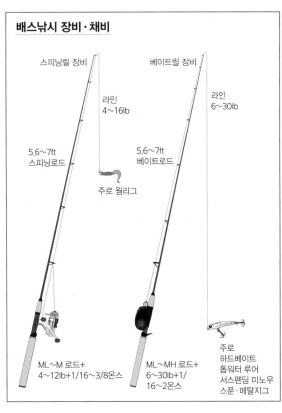

배스낚시 장비·채비

스피닝릴 장비

라인
4~16lb

5.6~7ft
스피닝로드

주로 웜리그

ML~M 로드+
4~12lb+1/16~3/8온스

베이트릴 장비

라인
6~30lb

5.6~7ft
베이트로드

ML~MH 로드+
6~30lb+1/
16~2온스

주로
하드베이트
톱워터 루어
서스펜딩 미노우
스푼·메탈지그

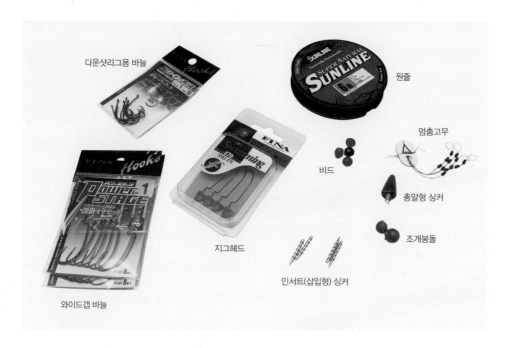

다운샷리그용 바늘

원줄

멈춤고무

비드

총알형 싱커

지그헤드

조개봉돌

와이드갭 바늘

인서트(삽입형) 싱커

채비

지렁이나 벌레, 유충을 본떠 만든 연질 플라스틱 루어를 웜이라 부르며 봉돌과 바늘을 세팅해 다양한 채비를 만들 수 있다. 루어낚시에선 봉돌을 싱커라 표현하는데 채비의 이름에도 이 싱커란 단어가 많이 들어가 있다. 싱커의 위치와 무게, 바늘 위치 등을 통해 각기 고유한 액션을 연출할 수 있다. 루어낚시에선 채비의 영어 표현인 '리그'라고 표현한다.

네꼬리그

와키리그에서 파생된 채비다. '네꼬'는 일본 어로서 '뿌리째 뽑듯 싹쓸이한다'는 뜻을 갖고 있는 '네꼬소기'라는 말에서 온 명칭이다. 웜 속에 찔러 넣을 수 있는 인서트싱커를 삽입해 사용한다. 활성이 약할 때 먹성이 약할 때 닳고 닳은 배스가 반응을 보이지 않을 때 활용하면 좋다. 채비 자체의 액션이 독특하기 때문에 물속에서 흔들어주거나 끌어주는 것만으로도 효과가 있다.

노싱커리그

무봉돌채비. 싱커를 사용하지 않고 웜에 바늘만 세팅한 채비다. 배스가 루어를 흡입할 때 싱커의 무게감이 없어 이물감을 줄일 수 있다. 저활성 배스 등 악조건 상황을 극복할 때 효과적. 릴링으로 물속에서 유영시키는 스위밍, 낚싯대를 빠르게 젖힌 뒤 낚싯대를 내리며 낚싯줄을 감아주는 저킹 액션이 효과적이다.

다운샷리그

언더샷리그, 드롭샷리그라고도 부른다. 봉돌이 바늘보다 아래에 있는 형태로 활성이 약해진 배스를 노리기에 적합하다. 봉돌이 바닥에 닿은 채로 흔들어주는 쉐이킹과 바닥에 놓아둔 채 아무런 동작을 주지 않는 데드워밍 액션이 효과적이다.

블레이드리그

물고기 형태의 섀드웜과 블레이드훅을 결합한 채비를 말한다. 블레이드훅이란 블레이드가 달린 지그헤드라 할 수 있다. 싱커가

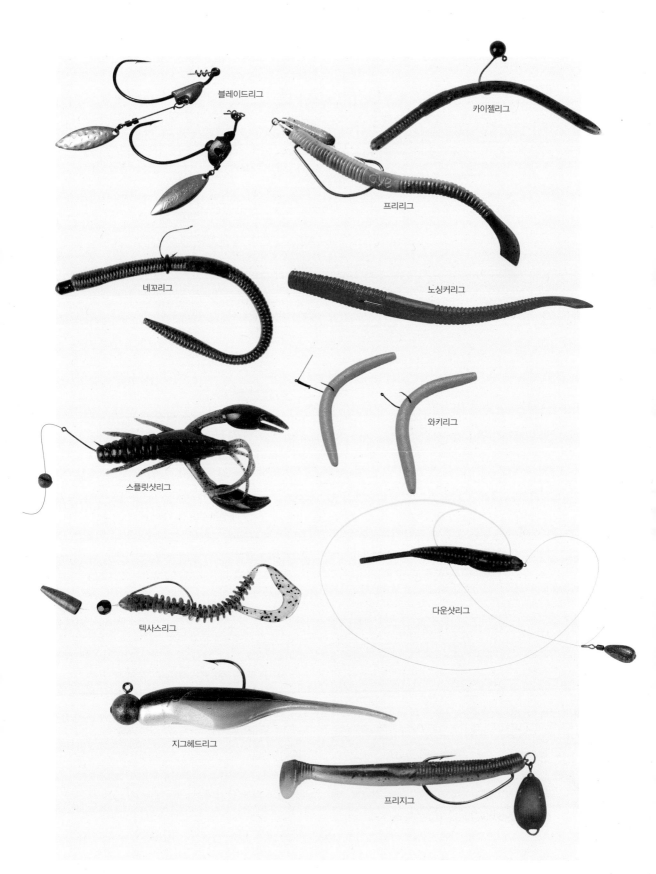

블레이드리그

카이젤리그

프리리그

네꼬리그

노싱커리그

와키리그

스플릿샷리그

다운샷리그

텍사스리그

지그헤드리그

프리지그

달린 구조는 비슷하나 바늘이 오프셋훅 형태를 띠고 있는 게 차이점이다. 섀드웜을 필수 루어로 꼽는 이유는 이 형태의 웜을 사용했을 때 가장 위력을 발휘하기 때문이다. 운용술은 스피너베이트와 비슷하다. 바닥층 가까이 수심층을 유지하며 매우 천천히 릴링하는 것이 기본 운용술이다.

스플릿샷리그
조개봉돌(스플릿샷)을 낚싯줄에 물린 채비. 노싱커리그의 낚싯줄에 조개봉돌만 물렸다. 노싱커리그는 장점이 많지만 가볍다는 게 단점이다. 노싱커리그에 조개봉돌을 물렸기 때문에 공략 수심층이 노싱커리그보다 깊으며 바람에 강하고 캐스팅 거리도 길다. 바닥끌기인 드래깅이 기본 액션이다.

앨라배마리그
우산살 형태로 뻗어 나온 5개 혹은 3개의 강선으로 이뤄진 채비다. 무리지어 다니는 먹이고기를 흉내 냈다. 처음에는 보트낚시에서 사용하는 채비로 알려졌던 루어이지만 연안낚시에서도 자주 사용하고 있다. 겨울철 배스의 주 먹이인 빙어가 서식하는 댐에서 주로 사용한다. 공략하고자 하는 수심층

무리지어 다니는 먹이고기를 흉내 내 만든 앨라배마리그.

에 일정하게 유영시켜야 하는데 그게 말처럼 쉽지만은 않다. 전용 장비와 함께 오랜 낚시 경험이 필요하다.

와키리그
바늘을 웜의 허리에 꿴 채비. 보통 좌우대칭 일자형의 스트레이트웜을 많이 쓴다. 봉돌을 사용하지 않기 때문에 캐스팅 거리가 짧고 공기 저항을 많이 받아 캐스팅 도중 웜 손실이 많다는 게 단점으로 웜 손실을 막기 위해 고무밴드를 웜 중앙에 끼운 후 바늘을 거는 방법을 쓰기도 한다. 채비를 흔들어주는 섀이킹, 액션을 준 후 그냥 놓아두어 가라앉게 하는 폴링이 기본 액션이다.

지그헤드리그
싱커와 바늘이 하나로 이뤄져 있는 지그헤드에 웜을 끼운 채비로 가장 단순한 형태이다. 바늘이 노출되어 있어 입걸림이 잘 된다는 게 장점으로 활용 폭이 넓다. 지그헤드리그를 잘 활용하려면 수심과 바닥상태를 먼저 파악하는 게 중요하다. 1/8온스 정도가 표준인데 수심이 깊으면 1/4온스, 수초대처럼 수심이 얕은 곳에선 1/16온스를 쓴다. 물속에서 릴링해 채비를 유영시키는 스위밍, 낚싯대를 들었다 놓는 동작을 반복하는 리프트앤폴이 효과적인 액션이다.

카이젤리그
전우용 프로가 개발한 채비로 웜의 액션이 카이저의 수염과 비슷하다고 해서 이름을 붙였다. 노싱커리그, 와키리그와 비슷해 보이지만 일반 혹 대신 지그헤드를 웜에 꿴 게 차이점이다. 지그헤드의 무게 때문에 노싱커리그보다 호핑이나 쉐이킹 액션에서 동작이 크다. 바닥끌기에서도 돌멩이 정도는 타고 넘을 수 있다. 폴링, 섀이킹, 호핑, 바닥

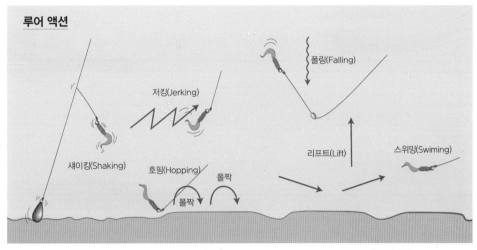

루어 액션

폴링(Falling)

저킹(Jerking)

스위밍(Swiming)

리프트(Lift)

섀이킹(Shaking)

호핑(Hopping)

폴짝

폴짝

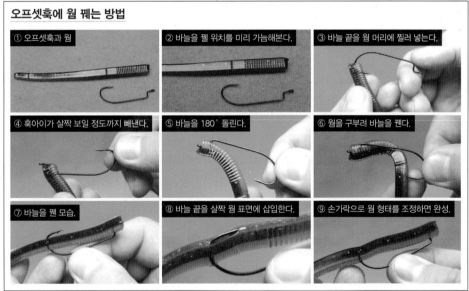

오프셋훅에 웜 꿰는 방법

① 오프셋훅과 웜

② 바늘을 꿸 위치를 미리 가늠해본다.

③ 바늘 끝을 웜 머리에 찔러 넣는다.

④ 훅아이가 살짝 보일 정도까지 빼낸다.

⑤ 바늘을 180° 돌린다.

⑥ 웜을 구부려 바늘을 꿴다.

⑦ 바늘을 꿴 모습.

⑧ 바늘 끝을 살짝 웜 표면에 삽입한다.

⑨ 손가락으로 웜 형태를 조정하면 완성.

끌기 모두 효과적이다.

텍사스리그

한때 낚시인들이 가장 많이 사용하는 유동식 봉돌 웜리그다. 우선 구멍봉돌형 싱커를 낚싯줄에 끼운 후 플라스틱으로 만든 다각형 구슬인 비드를 바늘과 봉돌 사이에 끼워 음향 효과를 넣기도 한다. 바닥층 공략용 채비로서 장애물 돌파 능력이 뛰어나 수초나 장애물 등의 헤비커버 지형을 노리기에 적당하다. 채비를 통통 튕겨주는 섀이킹, 바닥에서 질질 끌어주는 드래깅 액션이 효과적이다.

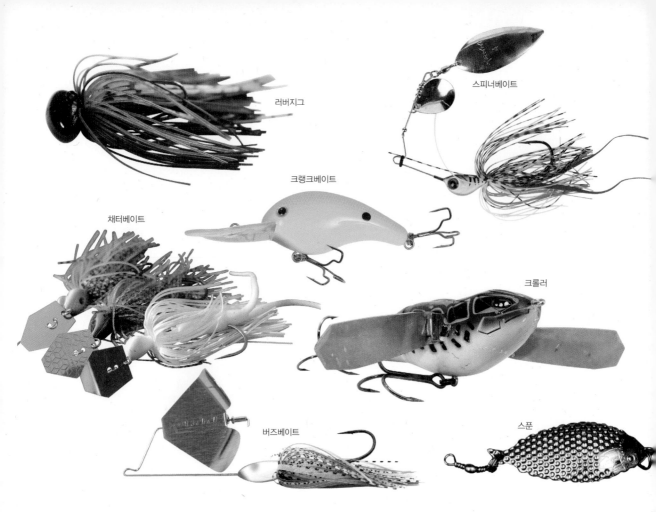

러버지그

스피너베이트

크랭크베이트

채터베이트

크롤러

버즈베이트

스푼

프리리그

김선필 프로가 고안해 이름 붙인 채비로 노싱커리그를 세팅한 낚싯줄에 유동형 고리봉돌을 세팅했다. 텍사스리그와 유사한 형태이지만 구멍봉돌 대신 고리봉돌을 세팅해 캐스팅 거리가 길고 수중 움직임도 자연스럽다. 수몰나무나 수초지대, 저활성기에 활용하면 효과적이다. 액션은 프리폴링, 호핑, 바닥끌기 등.

프리지그

이상우 프로가 개발한 웜리그로. 노싱커리그의 훅아이에 싱커를 덧단 채비다. 프리지그용 싱커를 써도 좋고 붕어낚시용 봉돌을 사용해도 상관없다. 싱커의 무게를 달리해 캐스팅 거리와 폴링 시간을 조절할 수 있다.

수몰나무나 수초지대 등과 같은 헤비커버 지대를 잘 뚫고 내려가고 돌무더기 같은 바닥 지형에선 장애물을 타고 넘는 능력이 뛰어나다. 프리폴링. 섀이킹, 바닥끌기가 주요 액션이다.

단단한 플라스틱 재료나 금속, 나무를 이용해 만든 루어를 하드베이트라고 부른다. 소프트베이트보다 무겁고 물속 저항을 많이 받기 때문에 힘이 좋은 미디엄~미디엄헤비 베이트캐스팅로드를 많이 사용한다.

러버지그

무거운 지그헤드에 고무 재질의 술을 달아 놓은 루어다. 바닥층 공략할 때 많이 사용한다. 지그헤드 형태에 따라 라운드헤드형, 풋

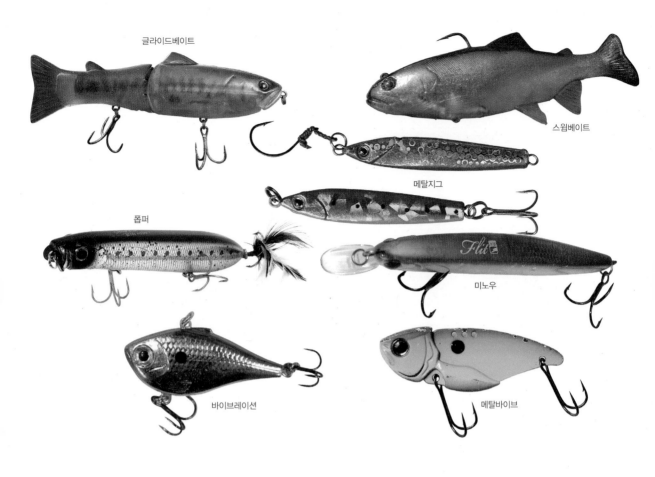

글라이드베이트

스윔베이트

메탈지그

폽퍼

미노우

바이브레이션

메탈바이브

볼헤드형, 코브라헤드형이 있다. 러버지그에 웜과 소프트베이트를 바늘에 덧달아 많이 사용한다. 바닥까지 가라앉힌 후 끌어주거나 리프트앤폴 액션을 준다.

메탈지그

메탈지그는 금속으로 만든 긴 형태의 루어로 끝 쪽에 트레블훅 또는 싱글훅을 단 루어다. 주로 겨울에 깊은 수심을 노리는 지깅에 활용되기 때문에 1/4~1온스 지그를 사용해 바닥에 가라앉혔다가 다시 들어 올리는 방법을 반복한다. 스트레이트형보다 약간 볼록한 형태의 스푼도 많이 사용하는데 이를 지깅스푼이라고 부른다. 밑걸림이 심한 곳에서는 트레블훅을 떼어내고 한두 개의 어시스트훅을 낚싯줄과 연결되는 루어 고리에

스플릿링과 함께 연결해 쓴다. 루어가 무겁기 때문에 낚싯줄은 12~20lb, 낚싯대는 미디엄라이트~미어디엄헤비 파워를 사용한다.

미노우

피라미와 같은 형태의 작은 물고기를 모방해 만든 하드베이트다. 주로 활용하는 동작이 옆으로 주욱 당긴 뒤 감아들이는 저킹이어서 '저크베이트'라고도 한다. 목재나 플라스틱으로 만든 몸체에 립이 달려 있다. 물에 뜨는 플로팅, 가라앉는 성질의 싱킹, 수중에서 정지동작 연출이 가능한 서스펜딩 타입으로 분류된다.

현장에서 가장 많이 쓰는 루어는 서스펜딩 타입이다. 캐스팅 후 단순한 릴링만으로도

다양한 배스낚시용 루어들.

입질을 받을 수 있다. 루어를 감아 들이다가 잠시 머무는 동작도 배스의 입질을 유도할 수 있는 방법이다. 릴링할 때 낚싯대를 2~4번 짧게 채듯 움직이는 트위칭 동작이나 로드를 움직여 루어를 길게 끌어준 뒤 늘어진 낚싯줄을 회수하는 저킹도 주요 액션 연출 방법이다.

바이브레이션

멀리 캐스팅할 수 있고 물속에서의 움직임이 빨라 넓은 곳을 빠르게 탐색하기 알맞다. 수면 착수 후 원하는 수심까지 가라앉힌 후 일정 속도로 끌어주거나 바닥층까지 가라앉힌 후의 저킹이 기본 액션이다. 릴링을 빠르게 하면 수면 밑을, 천천히 하면 깊은 곳을 유영하게 된다. 처음엔 루어를 빨리 끌어주었다가 입질이 없으면 점차 속도를 줄여나가고 카운트를 활용해 배스가 있는 수심층을 찾아나가는 게 요령이다. 금속 소재로 만든 바이브레이션을 메탈 바이브레이션, 줄여서 '메탈바이브'라고 부른다.

버즈베이트

스피너베이트와 비슷한 형태이지만 블레이드 대신 프로펠러처럼 회전하는 삼각형 블레이드가 달려 있다. 수면에서 운용하는 톱워터 루어로서 블레이드의 회전 부상력에 의해 떠오르면서 수면에 물보라와 소음을 일으킨다. 루어를 캐스팅한 뒤 감아 들이면 수면으로 떠오르는데 느리게 혹은 빠르게 릴링한다.

빅베이트

6인치 이상, 15cm 이상 크기에 무게는 2온스(57g)를 넘는 루어를 말한다. 크게 스윔베이트와 글라이드베이트로 분류한다. 스윔베이트는 살아 있는 물고기처럼 만든 루어로 웜과 같이 말랑말랑한 소재로 만들었다. 스윔베이트보다 나중에 나온 글라이드베이트는 플라스틱 등과 같은 딱딱한 소재로 만들어 몸체를 절반 또는 몇 등분하여 관절을 넣은 게 특징이다.

수면에 물보라를 일으키고 있는 버즈베이트.

스푼

금속 재료로 숟가락 모양으로 만든 루어다. 무거워서 캐스팅 거리가 길고 깊은 수심을 공략하기에 적합하다. 스푼은 쏘가리용 루어로 많이 사용되는데 유속이 있는 강이나 깊은 수심의 댐에서 배스용으로 활용하기도 좋다. 일정 수심까지 가라앉힌 후 리트리브

했다가 중간 중간 릴링을 멈추고 다시 가라앉혀 유영층을 유지하도록 한다. 루어가 무겁기 때문에 12~18lb 원줄, 미디엄라이트~미디엄헤비 파워의 낚싯대를 사용한다.

스피너베이트

'V' 형태로 꺾인 강철사에 금속으로 만든 블

채터베이트

레이드가 달려 있고 지그헤드에 고무 재질의 술(스커트)이 달린 루어다. 스피너베이트는 자연계에 없는 독특한 형상의 루어로서 다양한 수심층을 공략할 수 있고 밑걸림이 적어 수초 지역이나 밑걸림 많은 제방 주변에서 사용할 수 있다. 블레이드 형태에 따라 물속 액션이 조금씩 다르다. 동그란 형태의 콜로라도형 블레이드는 물속 저항이 커서 진동이 큰데 물색이 탁한 곳에서 활용하면 효과적이다. 버드나무 잎 형태의 윌로우리프형 블레이드는 진동은 적은 반면 회전이 빠른 게 특징인데 빠른 회전을 통한 빛의 반사가 장점이다. 수초대에서 활용하면 좋다. 원하는 깊이까지 루어를 가라앉힌 뒤 일정한 속도로 끌어주는 것만으로도 입질을 받을 수 있으며 바닥층까지 가라앉은 후 끌어주어 주변의 장애물에 일부러 부딪혀 반사적인 입질, 리액션바이트를 유도할 수도 있다.

채터베이트

러버지그를 연상시키는 몸체에 육각형 또는 원형 블레이드를 헤드 앞쪽에 조합한 루어다. 릴링만으로 강력한 진동과 파동을 일으켜 입질을 유도한다. 배스가 중층이나 상층에 있을 때 위력을 발휘한다. 기본 운용법은 멀리 던진 뒤 천천히 감아 들이는 것이다.

스피너베이트에 낚인 빅배스.

크랭크베이트

커다란 립이 특징이다. 립 면적이 넓고 크기 때문에 단순한 릴링만으로도 큰 움직임을 보이며 물속으로 잠수한다. 플로팅과 서스펜딩 두 타입이 있으며 서스펜팅 타입을 많이 사용한다. 바닥까지 가라앉도록 빠르게 릴링한 뒤 바닥면을 립으로 두들기면서 끌려오게 하는 '보텀범핑'이나 일정 수심층에서 계속 감아 들이거나 혹은 릴링 중 정지동작을 연출한다.

톱워터 루어

수면에서 액션하는 루어를 통틀어 말한다. 손목 스냅을 이용해 예리하게 짧게 움직여 파문과 물보라, 파동을 일으키며 릴링하는 게 기본 액션 요령. 머리 앞쪽이 오목하게 파여 수면과 마찰을 일으킬 때 "폭! 폭!" 소리가 나는 폽퍼, 만년필 형상의 날렵한 몸매를 갖추고 있어 수면을 미끄러지듯 끌려나오는 펜슬베이트, 프로펠러가 앞뒤 또는 하나만 달린 스위셔(프롭베이트라고도 부른다), 커다란 두 개의 날개를 가지고 수면을 기어다니는 형상을 연출하는 크롤러 등이 있다. 개구리 형상으로 만든 고무 재질의 프로그, 버즈베이트도 톱워터 루어 범주에 속한다.

낚시방법

배스낚시는 배스가 머물러 있을만한 포인트를 찾아 다양한 루어를 사용해 입질을 탐색한 뒤 자리를 옮기는 식으로 낚시를 한다. 배스가 있을 만한 포인트는 주변 지형을 보면 어느 정도 알 수 있다.
배스는 기본적으로 깊은 수심의 안식처-얕은 연안과 깊은 수심이 만나는 기착지-수초대 같은 사냥터를 오간다.

수초가 밀생한 수면에서 배스를 노리고 있는 낚시인.

연안낚시에서 캐스팅 범주 안의 포인트는 기착지와 사냥터인 얕은 연안이라 할 수 있다. 배스는 몸을 은신할 수 있는 수중 언덕의 경사면이나 수초, 수몰나무, 돌바닥 같은 장애물 지대를 좋아하므로 이 주변을 우선 노리고 입질이 없으면 좀 더 멀리 캐스팅해 본다.

배스는 햇볕과 수온에 민감한 어종이다. 햇볕 영향을 많이 받는 여름과 겨울엔 이를 감안해 낚시 시간대를 조정할 필요가 있다. 직사광선을 싫어하는 배스는 수온이 높고 직사광선이 하루 종일 내리쬐는 여름엔 그늘을 찾아 머물고 선선한 아침이나 저녁에 주로 먹이사냥을 벌인다. 겨울엔 수온 영향을 많이 받는데 햇볕이 내리쬐어 수온이 어느 정도 오르는 오전 10시 이후부터 입질이 들어오곤 한다.

입문 단계에선 낚싯대 한 대에 웜리그 하나만 갖고 낚시하게 되지만 루어를 다양하게 익히게 되면 하드베이트와 웜리그를 고루 사용하게 된다. 캐스팅 거리가 길고 탐색 수

심층이 넓은 하드베이트로 낚시할 포인트에 고루 캐스팅해 배스의 입질지점을 찾아낸 뒤 웜리그로 차근차근 낚아내는 식으로 낚시를 하면 되겠다.

지금 서있는 자리에 활성도 높은 배스가 있다면 크고 액션이 화려한 하드베이트에 반응을 보일 확률이 높다. 만약 루어를 건드리는 느낌이 온다면 재차 반복해서 캐스팅하거나 다른 색상, 혹은 다른 루어를 사용하는 것이다.

웜리그는 배스가 머물만한 포인트에 던져넣은 뒤 바닥에 닿을 때까지 기다리거나(폴링), 바닥에서 끌어주기(드래깅), 호핑(낚싯대를 흔들어 루어를 폴짝폴짝 뛰게 하기) 등의 액션을 연출해 입질을 유도한다. 하드베이트보다 낚시 시간이 오래 걸릴 수 있지만 활성도가 떨어져 먹이에 관심이 별로 없던 배스까지 유혹할 수 있다는 점에서 유리하다. 보통 스피너베이트나 서스펜딩 미노우로 먼저 탐색한 뒤 웜낚시를 하곤 한다.

빙어낚시

빙어낚시는 겨울철 가족낚시의 대표 장르다. 과거에는 주로 강원도의 댐과 저수지에서 낚시가 이루어졌으나 현재는 전국 저수지에서 빙어낚시를 즐길 수 있게 됐다. 빙어가 없던 곳들에도 치어방류가 이루어지면서 빙어낚시터가 확산된 것이다.

빙어는 몸체는 작지만 떼로 몰려다니는 어종이라 한 번 어군을 만나면 쉽게 낚을 수 있다. 특히 평소 바라만 보던 얼음 위에 올라가 구멍을 뚫고 낚시를 즐기는 것만으로도 가족들에게는 신나는 경험이다.

반드시 얼음 위에서만 즐기는 것도 아니다. 겨울이 돼 수온이 내려가면 얼음이 얼기 전에도 빙어가 올라온다. 이 경우 유료낚시터에서는 안전한 좌대 위에서 물낚시로 빙어를 낚는다. 저수지의 높은 다리 위에서 빙어를 낚기도 한다. 이런 패턴은 해빙 후에도 이어지므로 과거보다 빙어낚시 기간이 늘어난 셈이다.

시즌과 낚시터

빙어낚시는 얼음이 얼기 직전인 12월 중순부터 시작돼 이듬해 3월까지 이어진다(3월 1일부터 3월 20일까지는 금어기다). 얼음이 얼기 전에는 유료낚시터의 부교 또는 좌대 위에서 물낚시로 즐기며 결빙이 되면 얼음 위에 구멍을 뚫고 즐긴다. 금어기 이후인 3월 20일 이후로도 약 한 달가량 빙어가 낚이지만 곧 수온이 상승해 조황이 급격히 떨어진다.

가장 먼저 빙어 얼음낚시가 시작되는 곳은 강원도이며 그중 춘천호와 의암호가 유명하다. 이 두 곳은 결빙만 되면 전국에서 낚시인들이 몰린다. 특히 춘천호의 서오지리는 빙어낚시터로 유명하다. 그 외 전국의 유료낚시터와 저수지에도 빙어가 방류되면서 빙어낚시가 가능한 곳들이 부쩍 늘었다. 특히 유료낚시터의 경우 겨울마다 빙어축제를 개최하면서 손님들을 유치하고 있다.

낚시터

■ 경기/강화
포천 초원낚시터_경기도 포천시 자작동 509번지
양평 백동낚시터_경기도 양평군 단월면 덕수리 22-3
강화 황청낚시터_인천광역시 강화군 내가면 황청리 2266
강화 신선낚시터_인천광역시 강화군 내가면 고천리 1820
화성 기천지_경기도 화성시 봉담읍 건달산로 282-10
용인 두창지_경기도 용인시 처인구 원삼면 두창리 1393
용인 상덕낚시터_경기도 용인시 처인구 이동면 서리 874-1
용인 고초골낚시터_경기도 용인시 처인구 원삼면 학일리 104
안성 마둔지_경기도 안성시 금광면 배티로 521
안성 두메지_경기도 안성시 죽산면 두교리 465
이천 각평낚시터_경기도 이천시 마장면 각평리 296-2

■ 강원
춘천호 신포리_강원도 춘천시 사북면 지촌리 420-1
의암호 광명낚시터_강원도 춘천시 서면 현암리 563
원주 고산낚시터_강원도 원주시 호저면 고산리 77-6
원주 서곡지_강원도 원주시 판부면 서곡리 1183
원주 귀운지_강원도 원주시 귀래면 귀문로 527
원주 손곡지_강원도 원주시 부론면 손곡리 923-6
철원 용화지_강원도 철원군 갈말읍 삼부연로 422
양양 포매호_강원도 양양군 현남면 광진리 99-1

■ 충북
괴산 매전지_충북 괴산군 감물면 매전리 362
옥천 명경지_충북 옥천군 군서면 상지리. 내비에 명경지 또는 명경소류지 입력
청주 용곡지_충북 청주시 상당구 미원면 용곡리. 내비에 용곡 저수지 입력
청주 유호정낚시터_충북 청주시 청원구 내수읍 우산2길 65

■ 경북
구미 백현지_경북 구미시 산동면 백현리. 내비에 백현지(구미시 산동면) 입력
의성 명고지_내비에 명고지 또는 내대산지 입력
상주 판곡지_경북 상주시 화동면 판곡리. 내비에 판곡지 또는 판곡저수지 입력
상주 황령지_경북 상주시 은척면 황령리. 내비에 황령지 또는 황령저수지 입력
영천 화산지_경북 영천시 신녕면 연정리 229

장비

견짓대
견짓대는 연날리기의 얼레처럼 생겼는데 자체에 낚싯줄이 감겨있다. 견짓대를 감았다 풀었다 하면서 낚시수심을 조절할 수 있다. 단순한 구조여서 초보자도 다루기 쉽고 가격도 원줄과 채비까지 모두 감긴 제품을 5천원 내외면 구입할 수 있다.

전동릴
내부에 배터리를 넣어 작동시키는 빙어용 소형 전동릴을 말한다. 본체의 옆에 달린 버튼을 눌러 줄을 감아올리며 채비가 다 올라오면 감기가 멈추는 자동멈춤 기능도 갖추고 있다. 소형 액정 화면을 통해 채비 수심을 확인할 수 있고 감아올리는 속도를 5단계로 조절할 수 있는 제품도 있다.

수동식 릴과 낚싯대
수동식 릴은 가격이 저렴하고 사용법도 간단하다. 제조업체에 따라 낚싯대만 판매하거나 릴과 낚싯대를 세트로 팔기도 한다. 전동릴과 마찬가지로 초릿대는 여러 회사의 것을 호환해 쓸 수 있다.

얼음끌 또는 아이스드릴
얼음판에 구멍을 낼 때 필요한 장비다. 유료 낚시터에서는 관리인이 직접 뚫어주기도 해 얼음끌이 필요 없는 곳들도 있다. 그러나 일반 저수지나 댐처럼 관리인이 없는 곳에서는 직접 얼음을 뚫어야 하므로 끌이 필요하다. 아이스드릴은 회전식 드릴로 얼음구멍을 뚫는 장비다. 빙어는 소리에 민감해 얼음끌로 쿵쿵 찍으면 이내 포인트를 벗어나버린다. 늦게 낚시터로 들어온 낚시인이 얼음끌로 얼음을 깨려고 하면 주변 낚시인이 아

빙어 얼음낚시 장비. 이 상태에서 텐트만 갖추면 차가운 바람을 피해 낚시를 즐길 수 있다.

빙어낚시용 수동식 릴
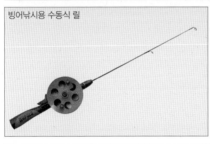

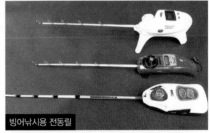
빙어낚시용 전동릴

얼음구멍을 뚫을 때 사용하는 아이스드릴

빙어 살림통

빙어떼기. 홈에 빙어를 끼운 후 당긴다.

빙어낚시용 릴과 소품 등을 올려놓는 소형 탁자.

다양한 크기와 형태의 빙어 바늘

빙어낚싯대 받침대

빙어낚시용 인조미끼

집어제

이스드릴을 빌려주어 얼음끌 사용을 자제시킬 때도 있다.

얼음뜰채
얼음을 뚫고 난 후 발생하는 얼음 부스러기를 떠내는 용도로 쓴다. 얼음뜰채가 없으면 손으로 떠내야 해 고생스럽다. 2~3천원이면 구입 가능하다.

의자
얼음판에서 장시간 낚시하려면 의자가 필수다. 기왕이면 방석 같은 보온재를 준비하면 더욱 따뜻하게 낚시를 즐길 수 있다.

아이스텐트
추위와 바람을 막아주는 역할을 한다. 둥근 돔 형태, 사각 또는 원추형 등이 있는데 출조 인원을 고려해 적당한 크기를 선택하는 게 중요하다. 사이즈는 레귤러와 라지 두 종류가 있는데 4명 일가족이 1박2일로 낚시를 즐긴다면 각종 난방용품이 함께 들어간다는 점을 감안해 라지 사이즈가 적합하다.

난로
텐트 안에 펴 놓으면 추위를 막아준다. 텐트 안에 작은 난로 하나면 후끈하기 때문에 반드시 준비할 필요가 있다. 3~5만원이면 구입 가능하다.

낚싯대 받침대
낚싯대를 얼음판 위에 그냥 놓고 쓰면 불편하므로 받침대는 필수다. 아이스텐트 안에서 가부좌로 앉아 낚시할 것인지, 의자에 앉아서 할 것인지, 서서 낚시할 것인지에 따라 받침대의 형태와 높이가 달라지므로 자신의 낚시 스타일에 맞춰 선택하면 된다. 보통 수동릴 장비는 카메라 삼각대 형태의 줌 받침대를 많이 쓰며, 전동릴 장비는 넓은 판 형태의 받침대를 쓴다.

채비걸이

목줄 채비에 미끼를 꿸 때 유용한 도구다. 전동릴을 사용하는 전문가들이 주로 사용한다. 빙어 채비는 50~70cm에 달하기 때문에 빙판 위에 늘어뜨려 놓으면 금세 얼고 미끼를 꿰기도 불편하다. 이때 살림통 등에 고정해 세워 놓은 채비걸이에 봉돌을 건 뒤, 낚싯대를 당겨 놓으면 채비가 팽팽하게 유지되면서 미끼 꿰기가 편하다.

구더기집게

빙어낚시용 미끼는 구더기를 쓴다. 구더기를 집어 반으로 잘라 쓸 때 유용한 도구다. 특히 구더기를 만지기 어려워하는 여성이나 아이들이 사용하기에 좋다.

빙어떼기

손을 대지 않고 빙어를 떼어낼 수 있는 도구다. 손으로 바늘허리나 목줄을 잡은 뒤 갈퀴처럼 생긴 홈으로 밀어 넣어 올리면 빙어가 툭 떨어져 나간다.

채비

원줄은 나일론사나 카본사를 쓸 때는 0.6호를 많이 쓰며 초보자라면 1호가 무난하다. 카본사보다 나일론사가 부드러워 인기가 높다. 전동릴은 0.3호 PE라인을 많이 쓴다. 가격은 나일론사나 카본사는 6천원, PE라인은 1만2천원이다.

목줄은 따로 구입하지 않고 바늘까지 달려 있는 기성제품을 구입한다. 빙어낚시용 바늘은 매우 작고 목줄도 가늘어 자작해 쓰기 어렵다. 기왕이면 바늘 끝이 날카로워 빙어가 잘 걸리는 고급 채비를 구입하는 게 좋다.

시중에는 국산과 일산 바늘 수십 여 종이 판매되고 있어서 초보자는 어떤 걸 써야 될지 막막하다. 그러나 메이커나 바늘 형태에 관계없이 일단 바늘 크기만 신경 써서 고르면 된다.

빙어용 바늘은 크기에 따라 0.5~2.5호까지 있다. 시즌 초반에 빙어 씨알이 잘아 입질이 예민할 때나, 씨알에 관계없이 빙어 활성이 갑자기 떨어졌을 때는 0.5~1호를 사용한다. 반대로 빙어 씨알이 검지만 하거나 산란기인 2월로 접어들어 굵어지면 1.5~2호가 알맞다.

빙어채비에 달린 바늘은 5, 6, 7개짜리와 10개짜리가 있다. 고수일수록 바늘이 많이 달린 채비를 쓴다는 얘기도 있지만 바늘의 수는 실력보다 수심에 맞춰 사용하는 게 정석이다. 빙어는 유영층을 빨리 파악하는 게 급선무이므로 수심이 깊을수록 채비도 긴 것을 사용해야 넓은 범위를 쉽게 파악할 수 있다. 보통 바늘 5~7개짜리는 전체 길이가 50~70cm, 10개짜리는 120~160cm인데

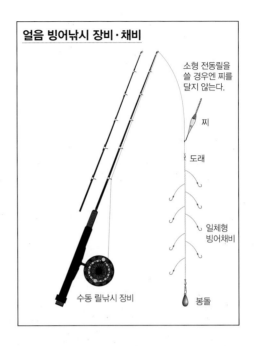

얼음 빙어낚시 장비·채비

소형 전동릴을 쓸 경우엔 찌를 달지 않는다.

찌

도래

일체형 빙어채비

수동 릴낚시 장비

봉돌

보통 3m 이내 수심이라면 5~7개짜리 채비를 사용하면 된다. 국산 제품은 2천5백~3천원, 일산 제품은 3천5백~4천5백원이다.

미끼

빙어낚시용 미끼는 구더기다. 낚시점에서 구입할 수 있고 겨울엔 온라인쇼핑몰에서도 구입할 수도 있다.

빙어의 입질을 더 많이 받고 확실한 걸림을 유도하고 싶다면 구더기를 반으로 잘라 쓰는 게 유리하다. 구더기를 자르면 몸통에서 체액이 흘러나오는데 이 냄새와 맛이 빙어의 입질을 왕성하게 만든다. 또 반으로 자른 구더기는 크기도 작기 때문에 바늘 걸림도 확실히 잘 된다.

구더기 대신 인조 미끼를 사용하기도 한다. 진짜 구더기의 80%에 달하는 미끼효과를 낼 만큼 의외로 잘 먹힌다. 바늘에 살짝 걸쳐 꿰는 웜 재질로서 구더기만큼 작고 붉은 빛을 띠고 있어 입질이 빠르다.

빙어를 더 많이 낚고 싶다면 집어제를 함께 준비해가는 게 좋다. 집어제로는 곤쟁이가 가장 효과가 뛰어나지만 곤쟁이를 구하지 못했을 때는 분말 집어제를 대체품으로 사용한다. 집어제를 사용하면 확실히 조과도 좋아지고 빙어가 오래 머무는 효과가 있다.

낚시방법

대체로 동 틀 무렵의 빙어는 깊은 수심에 머물고 있을 확률이 높다. 물골 또는 주변보다 깊은 구덩이 형태의 수중지형을 1차적으로 노려보는 것이 기본이다. 그러나 낚시터에 대한 정보가 전혀 없는 상황에서는 물골이나 구덩이를 찾기 어렵다. 이때 좋은 방법이 새물유입구를 찾는 것이다. 빙어나 피라

춘천호 서호지리의 빙어 밤낚시 풍경.

미 같은 작은 물고기들은 새물이 들어오는 곳을 유독 좋아하는데, 여기에 물속 바위나 수몰나무 같은 장애물이 있다면 금상첨화다.

빙어는 시간대에 따라 머무는 곳과 입질수심층이 달라진다. 대체로 동이 터 오는 이른 아침에는 주변보다 깊은 곳(물골)에 머물고 낮이 되면 점차 회유 반경을 넓혀간다. 그래서 이른 아침에는 깊은 곳, 낮에는 얕은 곳을 노리는 게 좋다. 그런데 깊고 얕다는 개념을 단순히 지역 이동으로 보아선 안 된다. 예를 들어 3m 바닥을 노릴 때 잦았던 입질이 뚝 끊기고 2m 수심의 포인트에서 입질이 들어온다면, 빙어들이 모두 2m 바닥의 연안으로 이동한 게 아니라 똑같은 자리에서 1m가량 떠올라 회유할 확률이 높기 때문이다. 따라서 왕성하던 입질이 갑자기 끊긴다면 포인트를 옮기기보다는 공략 수심을 먼저 얕게 조절해보는 게 올바른 순서다.

빙어는 추우면 잘 낚이지만 따뜻해지면 입질이 끊기는 특징을 갖고 있는 고기다. 만약 수면이 일부만 얼었다면 추운 날에 빙어가 잘 낚이고 푸근해지면 조황이 저조해진다. 수면 전체가 결빙됐을 때는 눈이 영향을 미치는데, 눈이 내리고 있는 상황에서 빙어가 매우 왕성한 먹이활동을 해 폭발적인 조과를 거둘 때가 많다.

별미인 빙어튀김

빙어는 낮보다 밤에 더 잘 낚인다. 낚시인 중에는 '집어등이 빙어를 유인한다, 빙어는 야행성이라 밤에 더 잘 돌아다닌다'는 주장도 있지만 가장 유력한 이유는 밤이 낮보다 조용하기 때문이다. 여느 피라미과 물고기들과 마찬가지로 빙어는 소음을 매우 경계하는 고기다. 그래서 얼음판 위에서 뛰거나 얼음끌로 쿵쿵거리면 이내 그 주변을 벗어나 버리는데 그래서 많은 사람이 한꺼번에 몰리는 휴일 조황이 평일 조황에 뒤지며, 낮 조황이 이른 아침이나 해질녘보다 크게 뒤지는 것이다. 밤에는 가족낚시객들은 모두 철수하고 전문 빙어낚시인만 남아 조용하게 낚시를 즐기므로 빙어가 쉽게 낚이는 것이다.

찌낚시와 끝보기낚시 중 어떤 게 유리한가?

찌 보는 맛을 즐길 것이냐, 초릿대의 흔들림을 즐길 것이냐의 차이일 뿐 조과 차이는 없다고 봐도 무방하다. 두 채비 모두 맨 밑에 봉돌을 달아 바닥에 가라앉힌 후 상황에 따라 수심층을 조절하는 것이기 때문이다. 다만 찌낚시를 하게 되면 봉돌 무게에 맞춰 찌맞춤을 해야 하므로 준비 과정이 추가된다.

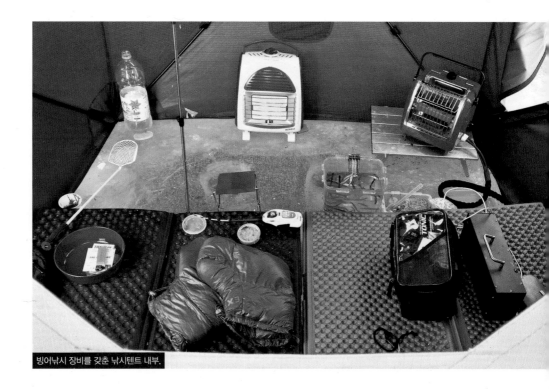
빙어낚시 장비를 갖춘 낚시텐트 내부.

입질은 오는데 걸림이 잘 안 될 때는?

초릿대가 투두둑거리는데도 걸림 확률이 낮다면 바늘이 너무 큰 것이다. 1.5호 바늘채비였다면 1호나 0.8호 바늘채비로 바꿔주면 확실히 걸림이 잘 된다.

고패질은 얼마나 자주 해주는가?

입질이 계속 오더라도 고패질은 지속적으로 해주는 게 좋다. 봉돌이 바닥에 닿으면 그냥 놔두지 말고 살짝 살짝 들었다 놨다 해줘야 빙어가 호기심을 갖고 달려든다. 단 너무 강한 고패질은 금물이다. 큰 폭으로 고패질을 하면 바닥에서 흙탕물이 생기고 소음도 발생해 빙어가 경계심을 일으킨다. 특히 바닥이 돌이나 자갈인 곳은 소음이 더 크게 발생하므로 이런 곳에서는 고패질을 약하게 해 가짓줄에 달린 구더기만 흔들리게 만들면 충분하다.

입질은 받은 후 바로 올리는 게 좋은가, 기다렸다가 더 낚는 게 좋은가?

한두 마리만 걸려도 바로 꺼냈다가 다시 채비를 투입하는 방식이 유리하다. 빙어는 입질하는 유영층이 정해져 있기 때문에 오래 놔둔다고 해서 바늘 전체에 올라타는 경우는 흔치 않다.

산천어낚시

산천어는 우리나라 계류낚시인들이 가장 선망하는 대상어다. 날렵한 몸매에 타원형과 마크가 아름다운 산천어는 한여름에도 20℃ 이상으로 수온이 오르지 않는 맑고 차가운 계류에 서식한다.

원래 야생종은 동해안으로 흐르는 영동 하천에만 분포한다. 최근 남획과 수질오염으로 인해 개체수가 급감하면서 지자체 등에 의해 영서와 내륙 등 산간계곡에도 방류되고 있다. 덕분에 서식처는 넓어지고 있지만 생태계 교란 우려도 낳고 있다.

연어과에 속하는 산천어는 '강해형'과 '육봉형'이 있는데 강해형을 '송어(영명 Cherry salmon, 일본명 사쿠라마스)', 육봉형을 '산천어'라 부른다. 바다로 나가는 송어는 최대 60cm까지 성장하지만 산천어는 대부분 30cm 안팎까지 자란다. 산란기는 10~11월이며 수생곤충과 육생곤충, 작은 물고기, 갑각류를 먹고 사는 육식성이다.

시즌과 낚시터

엄밀하게 따지면 산천어낚시는 연중 가능하다고 말할 수 있으나 겨울이면 강원북부 지방 계곡은 얼음이 얼어서 낚시할 수 없게 된다. 반면 강원남부인 삼척 오십천이나 덕풍계곡의 경우 물 흐름이 있는 본류에선 한겨울에도 얼음이 얼지 않아 낚시가 가능하다. 그리고 산천어가 산란기에 돌입하는 가을철에는 연어과 어류의 특성상 잘 낚이지 않으며, 7~8월은 물놀이객이 많아 낚시에 어려움이 있어 계류 산천어낚시를 회피하는 경향이 있다. 즉 산천어가 가장 잘 낚이는 시기는 4~6월이며, 산천어낚시가 가장 활발히 이루어지고 굵은 씨알을 낚을 수 있는 시기는 9월 초부터 10월까지다.

산천어는 동해바다와 연결되어 있는 영동계

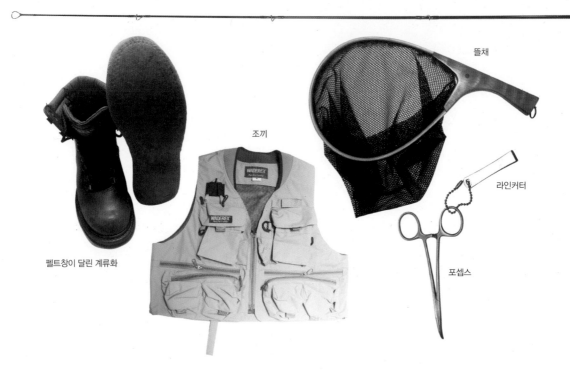

플라이낚싯대

뜰채

조끼

라인커터

펠트창이 달린 계류화

포셉스

곡에 주로 서식한다. 고성 북천, 양양 어성전천, 갈천(후천), 오색천, 강릉 연곡천, 삼척 대이리계곡, 오십천, 덕풍계곡 등이 대표적인 산천어 낚시터다. 그리고 양식장이 많은 평창 기화천도 양식장에서 탈출한 산천어가 서식하는 인기 있는 낚시터다.

산천어를 낚는 방법은 루어낚시, 털바늘·생미끼 대낚시 등 여러 가지가 있지만 여기에서는 가장 많은 낚시인이 즐기는 플라이낚시를 중심으로 살펴보도록 한다.

장비

플라이낚시는 낚싯줄의 무게를 이용해 캐스팅한다. 루어의 무게를 이용해 캐스팅하는

루어낚시와는 다르다. 낚싯줄은 낚싯줄이 통과하는 가이드의 위치와 낚싯대의 휨새가 적절히 조화를 이루어야 잘 빠져나간다.

낚싯대

좁은 계곡에서 물에 뜨는 드라이플라이와 가라앉는 님프플라이를 주로 사용하므로 기민한 캐스팅과 낚싯줄 제어 기능이 필요하다. 낚싯대 액션은 패스트테이퍼와 슬로우테이퍼 두 종류인데 앞쪽이 휘는 패스트테이퍼가 적합하다. 길이는 6~8.6ft가 좋다. 낚싯대마다 번호가 적혀 있는데 번호가 높을수록 뻣뻣하다. 산천어용은 2~4번이 알맞다.

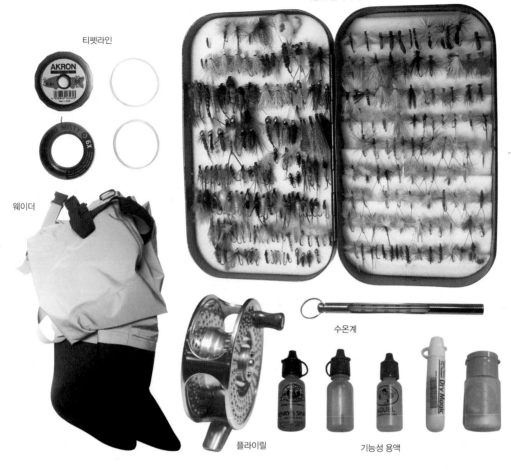

티펫라인

웨이더

다양한 플라이훅.

수온계

플라이릴

기능성 용액

릴

플라이릴은 스피닝릴 또는 베이트릴과는 구조가 다르다. 양축릴이라는 점에서 베이트릴과 비슷해 보이지만 플라이릴은 엄연히 다른 전문성을 가지고 있다. 릴의 크기는 번호를 주어 구분하는데 숫자가 클수록 크다. 산천어용 낚싯대와 마찬가지로 2~4번 라인이 감기는 것으로 선택한다.

낚싯줄

플라이낚시용 낚싯줄은 낚싯줄을 릴 스풀에 감기 전 감는 백킹라인과 원줄 역할의 플라이라인, 플라이라인에 연결하는 리더라인, 티펫라인으로 구분한다.

리더라인을 사용하는 이유는 굵은 플라이라인에 플라이훅을 직접 묶어 쓸 수 없기 때문이다. 리더라인은 보통 기성품을 쓴다. 그런데 플라이훅을 교체하다 보면 리더라인이 짧아질 수밖에 없는데 보충용으로 리더라인과 같은 호수로 연결하는 낚싯줄이 티펫라인이다.

낚싯줄은 형태에 따라 일정한 굵기를 유지하는 레벨라인, 전체 길이에서 양쪽 끝이 가늘어지는 DT라인, 낚싯줄 끝 쪽이 무거운 WF라인 등으로 나뉘는데, 일반적으로 캐스팅이 쉬운 WF라인을 자주 사용한다. 즉, 산천어 낚시에는 물에 뜨는 플로팅 타입의 WF 2F~WF 4F 라인이 적합하다. 리더라인은 플라이훅에 따라 달리한다. 리더라인의 굵기는 드라이플라이를 사용할 땐 리더라인

다양한 형태의 플라이. ①과 ②는 드라이플라이, ③은 웨트플라이, ④는 님프플라이, ⑤는 퓨퍼.

산천어의 경계심을 줄이기 위해 낮은 자세로 플라이라인을 날려보내고 있다.

멋진 루프를 그리며 날아가는 플라이라인.

은 굵기는 8X~4X, 길이는 9~12ft가 적당하고 님프플라이는 같은 굵기를 쓰되 조금 더 긴 9~16ft로 연결한다.

그밖에

물속에 들어가서 활동할 수 있는 방수의류인 웨이더와 계류화, 뜰채, 낚싯줄 절단용 라인커터, 산천어의 입에서 플라이훅을 떼어낼 때 쓰는 포셉스, 낚싯줄에 발라 뜨거나 가라앉혀 주는 기능성 용액, 플라이훅을 보관하는 플라이박스, 길이가 짧은 계류용 조끼, 수온계, 소형 낚시가방이 필요하다.

채비

플라이란 대상어가 먹이로 삼는 곤충, 애벌레 등을 본떠 만든 털바늘이다. 종류가 매우 다양하고 직접 만들어 쓰는 낚시인도 많지만 입문 단계에선 플라이낚시 전문점에서 판매용 제품을 구입해도 상관없다. 수서곤충의 애벌레를 본 떠 만든 '님프플라이', 수생곤충의 성충을 묘사해 물에 뜨는 '드라이플라이', 날벌레가 날아다니다가 수면에 떨어져 물살에 휩쓸려 떠내려가는 형상을 표현한 '웨트플라이', 소형 어류를 표현한 '스트리머' 이 네 가지가 4대 기본 패턴이다.

산천어낚시에서 드라이플라이, 웨트, 님프를 주로 사용하며 곤충의 우화 과정 중 하나를 표현한 '퓨퍼'도 자주 쓰인다. 바늘 크기는 숫자가 높을수록 바늘 크기가 작다. #8~#24가 많이 쓰인다.

낚시방법

물이 맑고 흐름이 약한 곳에서는 어떤 패턴의 플라이를 선택하느냐에 따라 조과가 좌우된다. 무엇보다 당일 수면 근처에서 활동하는 (산천어의 먹잇감이 되는)곤충의 우화 과정에 맞춰 그와 유사한 플라이를 고르는 '매치더해치' 이론에 충실할 필요가 있다. 플라이의 크기와 색상도 실제 먹잇감에 맞추도록 한다. 여기선 산천어 플라이의 대표라 할 수 있는 드라이플라이와 님프의 활용술만 살펴본다.

드라이플라이는 이른 봄에는 #14~#18, 초여름에는 #12~#14를 쓰며, 한여름에는 #12~#14 외에 #6~#10의 큰 것도 준비한

다. 님프플라이는 그 낚시터에 사는 물벌레와 비슷한 모양을 사용하되 크기는 #8~#24이 기준이다.

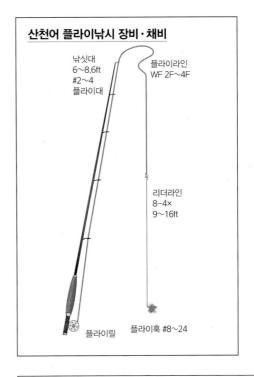

산천어 플라이낚시 장비·채비

낚싯대
6~8.6ft
#2~4
플라이대

플라이라인
WF 2F~4F

리더라인
8–4×
9~16ft

플라이릴

플라이훅 #8~24

플라이 캐스팅의 원리

플라이낚시의 기본 캐스팅 방법은 로드를 앞뒤로 흔드는 폴스캐스팅이다. '폴스(false)'란 '거짓의'라는 뜻으로 낚싯줄을 포인트에 던지기 전에 이뤄지는 헛캐스팅을 말한다.

플라이 캐스팅은 일정 기간의 연습이 필요하다. 얼마나 정확하게 포인트에 플라이를 던지느냐가 곧 조과와 직결된다. 경력이 오래 된 고수들도 캐스팅은 하면 할수록 는다고 말한다. 캐스팅을 잘하는 낚시인이 고수인 셈이다.

캐스팅은 앞으로 던지는 포워드캐스팅, 뒤로 던지는 백캐스팅을 합쳐놓은 것이다. 포워드캐스팅과 백캐스팅 모두 같은 힘으로 한다. 앞으로 던졌다가 다시 잡아당길 때 생기는 낚싯줄의 궤적도 일정해야 한다. 그렇게 앞으로 왕복운동을 하는 낚싯줄의 길이가 비슷해지면 일정한 궤적을 그리게 되는데 마지막 단계에서 백캐스팅 중 잡고 있던 낚싯줄을 강하게 잡아 당겼다가 낚싯줄의 반발력을 이용해 포인트를 향해 플라이를 던진다. 이를 슈팅이라고 한다. 플라이 캐스팅은 책이나 영상을 통해 배우는 것은 한계가 있다. 경험이 많은 선배 낚시인이나 플라이 전문 낚시점을 통해 배우는 게 실력을 키우는 방법이다.

특유의 파 마크가 아름다운 산천어.

산천어는 매우 예민한 물고기여서 플라이훅에 조금이라도 어색한 부분이 있다면 입을 닫아버릴 때가 많다. 따라서 자신이 사용하는 플라이가 얼마나 실제 곤충처럼 보이도록 모양과 흐름을 연출하느냐가 성패를 좌우한다.

드라이플라이

수면에 떨어져 흘러가는 곤충을 모방해서 만든 것이기 때문에 산천어가 수면까지 올라와 플라이를 공격하는 모습을 볼 수 있어 스릴이 넘친다. 계곡에서 가장 많이 사용되는 플라이 패턴이므로 크기와 색상별로 많은 종류를 만들어 두는 것이 좋다. 실전에서는 플라이가 흐르는 물에 아무런 제약도 없이 자연스럽게 떠내려가는 모습이 연출되도록 하는 것이 중요하다. 산천어가 수면에 움직이거나 튀어 오르는 곳이 보이면 그 상류로 캐스팅하여 낚싯줄에 저항이 걸리지 않도록 하면서 포인트로 흘러들어 가도록 하는 것이 기본이다.

님프플라이

계류어는 1년을 놓고 볼 때 곤충의 성충보다는 유충을 압도적으로 많이 먹는다. 이런 점에서 님프플라이는 수생곤충의 유충을 모방한 플라이 종류다. 바늘도 드라이플라이 종류에 비해 굵고 무거운 것을 사용하고 바늘에 납 등을 감아서 원하는 수심층으로 가라앉기 쉽도록 만든다. 님프플라이 역시 상류를 향해 캐스팅한다. 낚싯줄을 가능한 허공에 팽팽하게 유지할 수 있도록 한 상태에서 님프가 물살을 따라 흘러가게 한다.

산천어 루어낚시

루어낚시는 좁은 범위에 루어를 정확히 집어넣을 수 있어 넓은 범위를 탐색하기에 유리하다. 활성도가 높을 경우 한 자리에서 폭발적인 마릿수 입질을 거두기도 한다.

산천어낚시에 사용되는 다양한 루어들.

장비와 채비

낚싯대는 계류 폭이 좁으므로 휴대하기 간편한 5~6.6ft 울트라라이트(UL), 라이트(L) 파워를 많이 쓴다. 대가 짧고 가벼워야 좁은 포인트에서 정확히 루어를 던져 넣기에 유리하다. 1절 원피스보다 휴대하기 편리한 2절 이상이 좋고 액션은 초리 쪽이 휘는 패스트테이퍼나 허리 위쪽이 휘는 레귤러테이퍼가 좋다. 릴은 1000~2000번 소형 스피닝릴에 3~6파운드(0.8~1.5호) 원줄을 사용한다.

루어는 송어용 마이크로스푼이나 소형 미노우, 스피너, 1~2인치 길이의 그럽을 지그헤드에 꿰어 사용한다.

낚시방법

스피너가 가장 활용 폭이 넓다. 크기는 작지만 3~5g 정도로 무거운 종류가 급류에 효과적이다. 블레이드의 색상은 이른 아침과 저녁엔 금색이나 은색, 낮엔 구리색이나 검은색이 기본이 된다. 수량이 많고 깊은 포인트에서는 5g 전후의 스푼이 효과적이다. 먼저 원하는 수심까지 캐스팅한 뒤 포인트로 흘러들어가도록 한다. 스푼은 천천히 릴링해도 산천어의 입질을 유도할 동작이 연출된다.

그럽을 꿴 지그헤드리그는 많이 사용하는 루어는 아니지만 대물 산천어가 종종 걸려들 때가 있다. 굵은 산천어 자원이 많은 계류에서는 5~7cm 크기의 미노우도 써볼 필요가 있다. 싱킹 타입이 효과가 좋다.

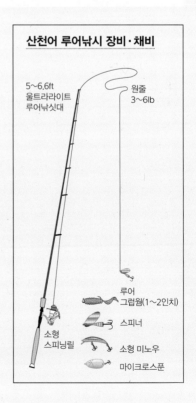

산천어 루어낚시 장비·채비

5~6.6ft 울트라라이트 루어낚싯대

원줄 3~6lb

루어 그럽웜(1~2인치)

스피너

소형 미노우

마이크로스푼

소형 스피닝릴

쏘가리낚시

쏘가리는 '강계의 왕자' 또는 '강계의 표범'이라 불리는 대형 육식어종으로 우리나라 담수계 먹이사슬의 정점에 있는 물고기다. 표범을 연상시키는 화려한 매화꽃 무늬로 낚시인들을 매료시키며 우리나라 루어낚시의 확산과 발전에 일등공신 역할을 해오고 있다. 일반인에게도 회나 매운탕으로 인기 있는 고급 물고기로 통한다.

쏘가리는 전 세계에서 우리나라와 중국에만 서식하고 있다. 흐르는 물에 주로 서식하지만 댐이나 저수지에도 쏘가리를 방류한 곳이 많다. 물살이 부딪히는 여울의 큰 돌무더기 아래에 서식하는데 작은 개체들은 먹이사슬이 잘 형성된 소 주변에 모여 있는 경우가 많다. 하지만 큰 놈들은 저마다의 영역을 지키고 살고 있다.

야행성으로 주로 밤에 먹이사냥을 나가며 수온이 낮은 초봄이나 늦가을엔 햇살이 퍼지는 오전에 먹이사냥에 나서기도 한다.

쏘가리가 30cm 이상 자라려면 5년이 넘어야 한다. 40cm 이상은 대어로 인정받으며 60cm 이상은 보기 힘들다. 법적으로 18cm 이상은 체포 금지 체장으로 정하고 있다.

시즌과 낚시터

봄부터 가을까지 활동하다가 수온이 떨어지는 겨울엔 깊은 수심의 바위 옆에서 꼼짝도 않고 머무른다. 따라서 쏘가리는 3월 말부터 11월까지가 주 시즌이다. 법적으로 금어기를 정해 어자원으로 보호하고 있는데 2021년 현재 서울, 경기, 충청도는 5월 11일~6월 10일(댐, 호소에서는 5월 10일부터 6월 20일까지), 경상도와 전라도는 4월 20일~5월 30일이다(댐, 호소에서는 5월 20일부터 6월 30일까지).

쏘가리를 노리는 낚시인.

쏘가리는 강에 많이 서식하지만 그 수가 많이 줄어들어 쏘가리의 서식 여건이 좋은 곳을 찾아가야 낚을 확률이 높다. 강 하류보다는 수중에 암반이 발달해 있고 어느 정도 유속이 유지되는 중상류에 많이 서식한다. 인적 드문 큰 댐 연안과 댐 수문 하류에도 많다.

북한강
청평호 하류가 1급 쏘가리 포인트다.

쏘가리와 미노우

쏘가리용 루어낚싯대

뜰채

헤드렌턴

계류화

스피닝릴

홍천강

홍천 개야리유원지, 남면 남노일리의 위안 터교, 모곡밤벌유원지 등이 쏘가리 포인트로 잘 알려져 있다.

남한강(영월)

관광지로 잘 알려져 있는 영월 고씨동굴 주변이 쏘가리 포인트다.

남한강(단양)

충북 단양 일대의 남한강이 유명하다. 늦실 여울이 대표적인 포인트.

금강

금강은 오래 전부터 쏘가리낚시터로 유명했

다. 금산 방우리, 무주 내도리 등이 이름난 낚시터다.

섬진강

전남 곡성, 구례, 순창, 경남 하동 일대에 쏘가리 포인트가 넓게 분포되어 있다. 큰 여울에 바위가 있는 곳이라면 노려볼 만하다. 순창 향가유원지, 구례 간전여울이 유명하다.

경호강

진양호 상류부터 경남 산청, 함양 일대에 쏘가리 포인트가 곳곳에 있다. 산청 내리교 일대는 해마다 쏘가리낚시대회가 열리는 유명한 포인트다.

이외에 소양호, 충주호, 안동호, 장성호, 합

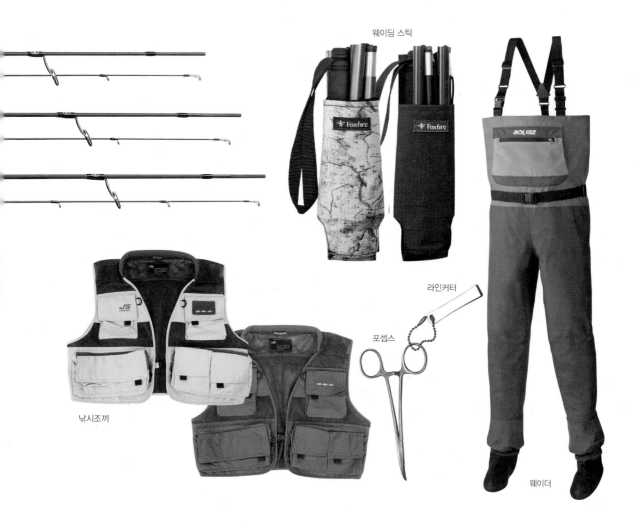

웨이딩 스틱

라인커터

포셉스

낚시조끼

웨이더

천호 등 우리나라의 큰 호수에서는 대부분 쏘가리가 낚인다. 상류의 얕은 여울, 하류 제방권이 포인트가 된다.

장비

쏘가리낚시는 물속에 들어갈 수 있는 방수용 의류, 즉 웨이더를 착용하는 게 일반화됐다. 이를 웨이딩이라고 부른다. 웨이더를 입으면 허리수심까지 들어갈 수 있으므로 그만큼 포인트 가까이에서 낚시할 수 있고 작은 개울을 건너는 등 이동하기에도 편하다. 루어는 크게 미노우와 지그헤드리그 두 가지를 사용한다고 보면 맞다. 그에 따라 장비가 조금씩 차이가 나는데, 미노우를 사용하는 쏘가리낚

시를 따로 '미노잉'이라고 부른다.

낚싯대

미노잉을 하려면 미노잉 전용 낚싯대를 산다. 미노잉은 물속에서 들어가서 낚시를 주로 하므로 낚싯대가 길면 불편하다. 5.8~6.2ft(연안 캐스팅용은 6.6~7ft가 적합) 길이의 미노잉 전용대가 판매되고 있으므로 이를 구입하면 되겠다.
지그헤드리그용 낚싯대는 미노잉 낚싯대보다 길고 더 낭창한 것이 특징이다. 미노우보다 지그헤드리그가 더 가볍기 때문에 이를 멀리 던지기 위해서는 긴 낚싯대와 탄력 있는 낚싯대가 필요하기 때문이다. 6~7ft 길이의 울트라라이트 파워의 쏘가리 전용대를

서스펜딩 미노우

구입하면 사용하는 데 문제가 없겠다.

릴

소형 스피닝릴 중 2000번이 알맞다. 2000
번 보다 작은 1000번 릴은 힘이 부족해서
적합하지 않다. 3000번은 무겁기 때문에 장
시간 낚시하기 불편하다.

낚싯줄

원줄로 0.6~0.8호 PE라인을 쓴다. PE라인

으로 원줄에 50cm 정도 길이의 쇼크리더를
연결한다. 쇼크리더용 목줄은 1~1.5호 나
일론 또는 플로로카본라인을 쓴다.

웨이더

무릎이나 허리 정도 수심의 물속에 들어갔
을 때 물이 들어오지 않도록 막아주는 방수
의류다. 허리까지 입수할 수 있는 가슴형 웨
이더가 여러 모로 편리하다.

뜰채

낚은 물고기를 담아낼 때 사용한다. 쏘가리
용은 작고 휴대하기 편리하도록 만들어졌
다.

웨이딩 스틱

웨이딩에서 이동할 때 발걸음을 옮길 때 바
닥지형을 미리 파악하는 지팡이 역할을 한
다.

포셉스

쏘가리의 이빨은 날카롭다. 낚은 쏘가리의
주둥이를 잡을 때 사용한다.

랜턴

쏘가리낚시는 이른 새벽이나 저녁 늦게까지
낚시하는 일이 많다. 머리에 쓰는 헤드랜턴이
두 손을 자유롭게 쓸 수 있게 해 편리하다.

쏘가리낚시 장비·채비

5.8~7ft
라이트 또는
미디엄라이트
(패스트 액션)
루어낚싯대

원줄 PE
0.6~0.8호

쇼크리더
나일론 또는 플로로카본
1~1.5호

그럽
(1/16~1/8온스 지그헤드+2인치 그럽)

스푼
(금색 또는 은색의 기본형 20~30개)

미노우

2000번 소형 스피닝릴

지그헤드리그

채비

미노우

40~70mm 길이의 미노우를 주로 사용한다. 일단 서스펜딩 타입을 고른다. 서스펜딩이란 물속에서 그대로 놓아두면 뜨지도 가라앉지도 않는 성질을 말한다. 색상은 형광색 등 눈에 잘 띄는 어필컬러와 실제 물고기와 비슷한 색상인 내추럴컬러 중심으로 고른다.

지그헤드리그

지그헤드에 웜을 꿴 채비를 말한다. 그럽이란 웜을 주로 꿰어 사용하는데 꼬리가 'C' 형태의 것을 가장 많이 쓴다. 보통 1/16~1/8온스 지그헤드에 2인치 그럽을 꿰어 쓴다.

낚시방법

미노우와 지그헤드리그로 나눠 살펴볼 수 있다. 미노잉은 쏘가리의 활성도가 오르는 6월부터 수온이 떨어지기 전인 9월까지 활용하면 좋은 낚시기법이다. 루어를 던지고 릴을 감는 것만으로도 입질을 받을 수 있다. 이와 비교해 지그헤드리그는 초봄부터 늦가을까지 쓸 수 있는 전천후 루어이지만. 루어를 통해 바닥을 읽거나 입질을 파악할 수 있는 테크닉이 필요하기 때문에 어느 정도 낚시 경력이 요구되는 게 사실이다. 포인트 진입요령부터 포인트 파악법, 미노잉, 지그헤드리그낚시를 살펴보도록 한다.

쏘가리 포인트와 진입요령

쏘가리를 낚으려면 물골 주변의 쏘가리 은신처를 찾아내는 것이 핵심이다. 쏘가리의 활동범위를 예측하기 위해서는 수중지형, 여울의 형태, 물의 흐름, 수온변화, 물골 위치, 물색, 용존산소량, 기압, 달빛(밤낚시의 경우) 등등 수많은 요소들을 따져봐야 하는

다양한 색상과 크기의 쏘가리낚시용 미노우.

웨이더를 입고 포인트를 이동 중인 낚시인.

데 그 일이 결코 쉽지만은 않다. 하지만 가장 먼저 따져야할 요소를 꼽으라고 하면 단연 물의 흐름이라고 말할 수 있다. 물의 흐름은 수량과 수위에 따른 유속을 말하는데, 물 흐름이 좋은 곳은 물골이 형성되어 있고 그 주변에 쏘가리 은신처가 있을 확률이 아주 높기 때문이다.

쏘가리 루어낚시는 밤낚시를 하는 일이 많다. 낮에도 마찬가지지만 특히 밤에는 쏘가리가 놀라지 않도록 최대한 정숙하면서 신속하게 강변으로 진입해야 한다. 발걸음을 최대한 가볍게 해서 땅으로 진동이 전해지지 않게 하고 랜턴도 최대한 사용하지 말아야 한다. 랜턴 불빛은 쏘가리가 연안으로 붙지 않는 가장 큰 원인이다.

웨이딩 주의사항

웨이더를 입으면 넓은 지역에서 낚시할 수 있다는 장점이 있지만 물속에서 넘어질 경우 상당히 위험하므로 주위가 필요하다. 웨이더를 입고 넘어지면 웨이더 안으로 물이 들어오는데 그 경우 웨이더와 사람 몸 사이의 공기는 다리 쪽으로 밀리면서 부풀어 올라 발이 바닥에서 떠오르는 하체부상현상이 발생한다. 그러면 머리가 바닥으로 향하게 되어 물을 먹을 수밖에 없고 이런 상황에선 얕은 곳이라도 절대로 혼자 힘으로는 일어설 수 없다.

따라서 웨이딩에 나설 때는 둘 이상이 함께 출조해야 하고 웨이더의 허리벨트는 단단히 조여야 한다. 구명조끼를 착용하면 물속에서 넘어져서 머리를 다치는 등의 위급한 상황에서도 상체가 물에 뜨므로 안전사고를 예방할 수 있다.

미노잉

쏘가리는 작은 물고기를 주로 먹는다. 강에서 작은 물고기는 곧 피라미를 의미한다. 피라미는 여울과 같이 물 흐름이 많은 곳을 좋아 한다. 쏘가리가 여울을 사냥터로 삼는 이유다. 여울은 물 흐름이 가장 빠른 중심부를 기준으로 상류를 여울머리, 하류를 여울꼬리라고 부른다. 먼저 여울머리 쪽으로 미노우를 캐스팅한다. 물 흐름에 맡겨 미노우를 흘려주는 것인데 힘이 없이 비실비실한 피

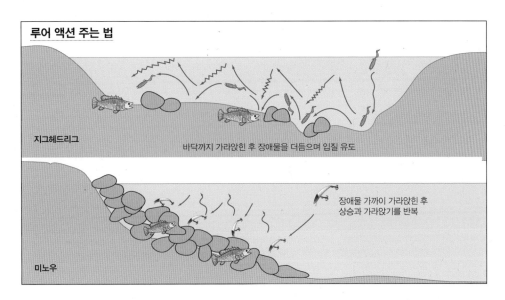

루어 액션 주는 법

지그헤드리그

바닥까지 가라앉힌 후 장애물을 더듬으며 입질 유도

미노우

장애물 가까이 가라앉힌 후
상승과 가라앉기를 반복

라미를 연출하는 것이 핵심이다.

낚싯줄의 팽팽함을 유지한 상태에서 낚싯대를 두세 번 짧게 치는 트위칭, 낚싯줄을 주욱 당겼다가 감는 저킹이 기본 액션이고 두세 번 액션을 준 뒤 가만 놓아둔다. 가만 놓아두는 이 스테이 액션에 대부분의 입질이 들어온다. 여울머리 쪽에서 입질이 없으면 다음엔 여울꼬리 쪽으로 캐스팅한다.

입질은 무언가 걸린 듯 끌려오지 않는 느낌으로 전달된다. 그럴 때엔 따로 챔질하지 않고 낚싯대를 세우고 낚싯줄을 감아준다.

지그헤드리그 기법

강 한 가운데로 가능한 멀리 던지고 바닥까지 가라앉힌 후 릴링을 하지 않고 낚싯대 끝을 이용해 가능한 한 여러 번 들었다 놓았다를 반복한다. 물 흐름에 의해 가벼운 지그헤드리그는 바닥 쪽으로 천천히 흐르게 되고 그 흐름에 의해 팽팽한 낚싯줄엔 여웃줄이 생기는데 릴 핸들을 살짝 돌리는 식으로 낚싯줄을 팽팽하게 만든 다음, 다시 낚싯대를 들었다 놓았다를 한 뒤 여웃줄을 감는 행위를 반복한다.

요리

회

쏘가리는 살이 단단해 한여름에도 쉽게 상하지 않고 씹는 맛이 별미로 꼽힌다. 포를 뜬 후 초고추장이나 고추냉이를 섞은 간장에 곁들여 먹으면 특유의 상큼한 향을 느낄 수 있다.

매운탕

풋고추, 호박, 양파, 감자 등을 썰어 넣고 고추장을 풀어 물을 끓인 후 내장을 제거한 쏘가리를 넣고 충분히 끓이면 매운탕이 완성된다. 큰 쏘가리는 회를 뜨고 남은 것으로 매운탕을 끓여도 좋다. 취향에 따라 라면이나 국수를 넣어 걸쭉한 맛을 즐기기도 한다.

쏘가리 회

은어낚시

은어낚시는 여름낚시의 백미로 꼽힌다. '놀림낚시'라는 독특한 방법을 사용하는 은어낚시는 채비법이 어렵고 장비도 고가의 수입품이어서 선뜻 입문하기 부담스러운 게 사실이다. 그러나 이 낚시는 '은어낚시에 빠지면 다른 낚시는 눈에 차지 않는다'고 말할 정도로 매력이 넘친다. 시즌이 짧고 낚시터가 한정돼 있지만 시원한 여울에 들어가 물속을 누비며 은어가 있을 만한 곳에 씨은어를 보내 먹자리은어를 걸었을 때의 성취감은 은어낚시에서만 만끽할 수 있는 쾌감이다. 은어는 맛도 일품이어서 구이, 튀김, 회, 은어밥 등 다양한 요리를 만들 수 있다.

시즌과 낚시터

우리나라에서 은어는 금어기를 지정해 보호하고 있다. 이 금어기간은 지역에 따라 다르며 각각 전반기와 후반기로 나뉘어 설정돼 있다. 강원도와 경북의 경우 전반기인 4월 20일부터 5월 20일까지, 후반기인 9월 1일부터 10월 31일까지 금어기다. 나머지 경남, 전남, 충청도는 전반기 4월 1일부터 4월 30일까지와 후반기 9월 15일부터 11월 15일까지가 금어기로 지정돼 있다. 은어는 5월 초부터 바다에서 강, 계곡으로 소상하지만 이때는 피라미만큼 씨알이 잘아 낚시 대상어로는 부적합하다. 간혹 현지민이 털바늘로 은어를 잡기도 하지만 최근엔 현지민들도 금어기를 잘 지키고 있다.

강원도 지역
고성 남천(고성군 죽왕면) 향목리~간성읍 선유실리. 금동리~탑동리 사이 여울
강릉 연곡천(강릉시 연곡면) 하류~연곡천교 구간, 중류 버들교~상류 금강교 구간
강릉 북동천(낙풍천) 강릉시 옥계면 낙풍리

섬진강 여울에서 놀림낚시로 은어를 노리는 낚시인.

~북동리 용소골 구간, 하구~낙풍교 구간
삼척 오십천(삼척시, 신기면, 도계읍) 마차
리~신기역 구간
삼척 마읍천(삼척시 근덕면 덕산리~노곡면
상마읍리) 재동 솔밭 지역과 동막리 주변 여
울
삼척 가곡천(삼척시 원덕읍 월천리~가곡면
풍곡리) 월천교~노경교와 상류 여울

경북 지역
울진 불영계곡(울진군 서면) 하류 행곡리 일
대, 중류 선유정~불영계곡 휴게소 구간, 지
류 하원리, 계전동, 대흥리 구간
영덕 오십천(영덕군 강구면, 영덕읍, 지품
면) 하류 영덕 읍내 구간, 중류 솔밭유원지
부근(대서천~신애교), 상류 용추폭포 부근,
지류 대서천(오계천) 구간

경남 지역
산청 경호강(산청군 단성면~생초면) 원지~
수산교(산청휴게소), 어천교~성심교, 상류
산청읍~생초 구간
함양 임천강(산청군 생초면, 함양군 유림·
휴천·마천면) 함양군 유림면 구간이 핵심
포인트
산청 덕천강(진주시 수곡면~산청군 시천
면) 자양~시천 앞 여울.
하동 구례 섬진강(경상남도 하동군~전라남
도 구례군) 하동군 화개 일대(검두~중기~
남도대교, 화개천, 감전교 하류 여울), 동해
~압록~침곡리 구간(동해~구례구역, 압록
유원지, 침곡리)

전남북 지역
진안 용담댐 상류(천반산 휴양림 부근) 가막

놀림낚시에 걸려든 은어. 위에 매달린 은어가 씨은어,
아래에 끌려나오는 은어가 씨은어를 공략하다 걸바늘에 걸린 먹자리은어다.

은어낚싯대

뜰채

허리벨트

로드 케이스

타이츠

계류화

은어낚시 장비를 완전하게 갖춘 낚시인.

골, 구암사 일대
곡성 보성강(전남 순천시 주암면~곡성군 준곡면) 태안사 삼거리 부근이 노른자위

장비

낚싯대

8.1~10m의 장대를 사용한다. 입문자에게 가장 무난한 길이는 9m다. 8.1m는 가볍지만 짧은 감이 있고 9m 이상은 무거워 불편하다. 11~12m 낚싯대도 있는데 길수록 낚시에는 유리하지만 너무 무겁고 바람이 강하게 부는 날엔 쓰기 어렵다.

은어낚시용 조끼

끌통

살림통

은어대는 대부분 일본산이며 액션도 일본식 표기인 황뢰, 급뢰, 조뢰 등으로 나뉜다. 황뢰는 초대물을 상대하거나 초급류에서 쓰기 좋은 가장 강한 액션이다. 급뢰는 황뢰 다음으로 강한 액션으로 강하고 빳빳해서 은어를 공중으로 띄워서 낚아내기 무난하고 두루 쓰는 범용대다. 따라서 한 대만 구입한다면 9m 급뢰 낚싯대가 가장 무난하다.

조뢰는 연질대로 시즌 초기에 어린 은어를 낚거나 가는 낚싯줄을 쓸 때 쓴다. 만약 빨리 기술을 익히고 싶다면 8.1m 조뢰 낚싯대가 적합하다.

강약 뿐 아니라 휨새 구분도 있다. 앞휨새는 1~2번대 부분이 휘어지는 것을 말하며 몸통휨새는 3번대 이후 몸통 부분이 휘어지는 것을 말한다. 앞휨새는 8대2 또는 7대3, 그리고 몸통휨새는 6대4 휨새 등으로도 부른

다.

초보자가 범용대로 구입한다면 9m에 급뢰, 선조자로 표기된 제품을 구입하면 가장 적합하다. 범용 9m대의 무게는 260~280g. 가격은 100만~150만원 수준이다. 가벼운 낚싯대는 210g 정도 하는데 가격이 500만원에 육박해 부담스럽다.

끌통

물 위로 끌고 다니는 보트 모양의 살림통이다. 낚은 은어를 임시로 보관하는 역할을 한다. 6.5리터 크기를 주로 사용하는데 이 정도 용량이면 15~20cm 은어를 20~25마리 넣을 수 있다. 유선형이라 물의 저항을 덜 받으면서 내부로 물이 잘 순환되게 제작됐다.

살림통

씨은어를 보관하는 통이다. 처음 구입한 씨은어를 낚시터 현장까지 옮기는 역할 뿐 아니라 차량으로 다른 장소로 장거리 이동할 때, 대량으로 낚은 은어를 보관할 때 사용한다. 기포기가 세트로 부착되어 있다.

조끼

은어낚시의 다양한 소품을 저장하기 위해서는 전용 조끼가 필수다. 메이커마다 주머니의 크기, 형태가 미묘하게 다르므로 자신이 사용하는 소품 케이스와 사이즈가 맞는지 살펴볼 필요가 있다.

타이츠

발목부터 가슴부위까지 올라오는 타이츠는 추위를 막아주고 물살의 저항을 줄여준다. 은어낚시 최적의 의복이자 기본 복장이다. 옷감은 0.8mm의 아주 얇은 타입부터 5mm인 두꺼운 제품까지 있는데 너무 두꺼우면 움직이기 힘들고 너무 얇으면 추우므로 계절 변화에 맞춰 두루 착용하기 좋은 3mm가 적합하다. 너무 꼭 달라붙으면 행동하기 불편하고 반대로 너무 헐렁하면 부풀어 오른 여유 공간이 물살 저항을 많이 받아 급류에서 위험하다.

웨이더

수온이 낮은 시기엔 물이 스며드는 타이츠보다 방수가 되며 보온력도 갖춘 웨이더가 좋다. 속에 보온용 내의를 입기도 하는데 체온 저하를 막아 신체를 보호해 주기 때문에 시즌 내내 사용하는 사람도 있다. 넘어지면 안쪽으로 물이 들어올 위험이 있으므로 주의해야 한다. 웨이더와 타이츠 모두 맨살에 입으면 땀이 차고, 입고 벗을 때 피부 마찰로 고생할 수 있으니 남성용 언더 타이츠를

반드시 입어줘야 한다. 여성용 팬티스타킹은 구조상 불편하다.

뜰채

바늘에 걸려든 은어를 받아낼 때 쓴다. 또 씨은어를 교체하기 위해 코걸이와 역침을 꽂을 때도 뜰채 안에서 작업해야만 은어를 놓칠 위험이 없다.

계류화

이끼 긴 바위나 자갈은 매우 미끄럽기 때문에 펠트창이 붙은 계류화는 필수다.

허리벨트

뜰채를 꽂고 살림통을 매다는 등 다양한 역할을 한다. 봉돌주머니와 재떨이 등을 고정하는 데도 필요하다.

비옷

배꼽 정도까지 내려오는 짧은 전용 우의가 편리하다. 너무 길면 벨트를 가려 뜰채를 꽂기가 어렵고 각종 소품을 꺼낼 때도 불편하다. 투습성이 좋은 고어텍스 제품이 눅눅하지 않고 쾌적해서 좋다.

바늘 케이스와 채비 케이스

바늘 케이스는 갈고리바늘용과 두바늘채비용 두 가지가 있다. 갈고리바늘 케이스에는 최소 16개의 바늘이 들어가는데 하루낚시에 16개면 충분하므로 한 개만 준비하면 된다. 또 낚시 당일 은어의 활성과 다양한 공격 패턴에 맞춰 두바늘채비도 준비할 필요가 있으므로 두바늘 채비용 케이스도 하나 더 준비한다.

라인커터와 핀온릴

채비에 문제가 생겼을 때, 다시 쓸 수 없을

때는 라인커터로 잘라낸다. 당기면 줄이 주욱 빠져나왔다가 다시 놓으면 되감기는 핀 온릴에 매달아 쓴다.

피기 위한 필수용품이다. 또 햇빛 반사가 심한 수면을 장시간 바라보며 낚시해야 되므로 눈 보호를 위해서도 필수다.

장갑
은어의 코를 꿸 때 맨손으로 만지면 자꾸 미끄러져 불편하므로 전용 장갑을 낀다. 코를 꿰는데 너무 많은 시간을 허비하면 씨은어가 일찍 힘이 빠져 제 역할을 못 한다.

편광안경
물밑 지형이나 수심, 은어의 먹자리 등을 살

채비

은어낚시 채비는 섬세하고 만들기가 매우 까다로워 부단한 연습이 필요하다. 기본 채비는 천상사-이음줄-수중사-앞줄을 차례로 연결하고 마지막에 코걸이, 역침, 갈고리바늘을 부착한 목줄 채비를 최종적으로 연결한다. 각 채비는 고리매듭으로 연결한다.

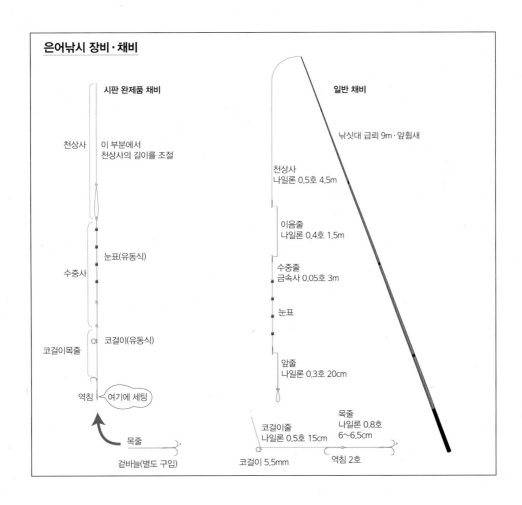

은어낚시 장비·채비

시판 완제품 채비

천상사 — 이 부분에서 천상사의 길이를 조절

수중사 — 눈표(유동식)

코걸이목줄 — 코걸이(유동식)

역침 — 여기에 세팅

목줄

겉바늘(별도 구입)

일반 채비

낚싯대 급뢰 9m·앞휨새

천상사 나일론 0.5호 4.5m

이음줄 나일론 0.4호 1.5m

수중줄 금속사 0.05호 3m

눈표

앞줄 나일론 0.3호 20cm

코걸이줄 나일론 0.5호 15cm

코걸이 5.5mm

목줄 나일론 0.8호 6~6.5cm

역침 2호

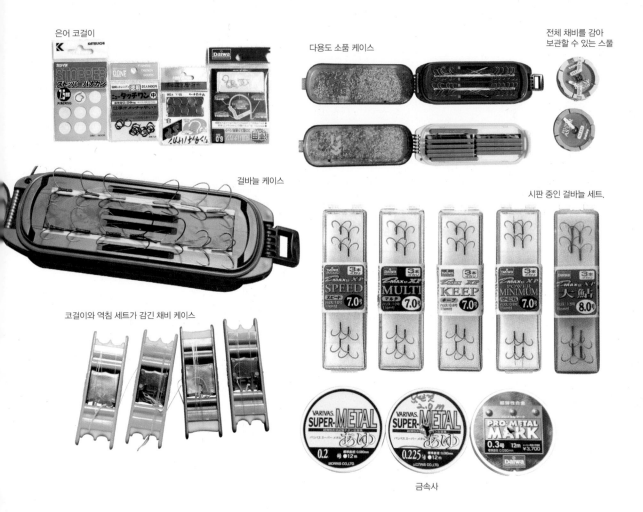

은어 코걸이

다용도 소품 케이스

전체 채비를 감아 보관할 수 있는 스풀

걸바늘 케이스

시판 중인 걸바늘 세트.

코걸이와 역침 세트가 감긴 채비 케이스

금속사

부위별 채비를 연결할 때 가는 낚싯줄끼리 직접 매듭을 지어 연결하면 끊어지기 쉽다. 이런 문제를 방지하기 위해 별도의 '접속줄 연결법'을 사용한다. 이 접속줄은 별도의 낚싯줄을 이용해 '머리땋기형식'으로 감아 붙이는데, 완성된 접속줄은 마치 수염이나 꼬리 형태를 띤다. 이 꼬리에 연결 부위를 고리매듭방식으로 접속시킨다.

천상사

채비의 맨 윗부분에 연결하는 줄이다. 한쪽은 초릿대에, 한쪽은 이음줄과 연결된다. 9m 낚싯대를 기준할 경우 4.5m 정도를 천장줄

로 사용하며, 나일론사 0.5호가 적합하다.

이음줄(공중사)

천장사와 수중사 사이에서 전체 줄 길이를 조절하는 역할을 한다. 낚싯대 길이에 딱 맞춰 쓸 때는 9m대 기준 1.5m를 쓰며 나일론사 0.4호를 쓴다. 그러나 최근엔 많은 낚시인이 줄 길이를 자유롭게 조절할 수 있는 유동식을 선호한다. 유동식은 이음줄에 편물매듭(댕기줄)이라는 것을 만들어 필요에 따라 줄 길이를 조절할 수 있는 방식이다.

수중사

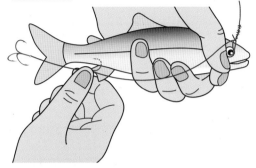

코걸이 채우는 법

안쪽 콧구멍으로부터 반대쪽 콧구멍을 향해 직선으로
밀어 넣는다.

역침 꽂는 법

야생 은어가 바늘에 걸린 순간, 역침은 씨은어로부터 빠져나와야 한다. 그
렇기 때문에 역침은 피부에 얕게 꽂아야 한다. 꽂는 위치는 뒷지느러미 후
방에 이어지는 검은 점 바로 위쪽이다.
다만 낚시를 하는 동안 역침이 빠져버리면 야생 은어가 걸려들지 않으므
로 초보자 기간에는 약간 깊게 꽂을 수밖에 없다.

이름 그대로 물속에서 활동하는 줄이다. 물
살을 직접 받고 거친 돌바닥에 긁힐 위험이
높아 최대한 가늘면서 강한 줄을 쓴다. 주로
금속사를 많이 쓰는데 9m대 기준 0.05호를
3m 가량 쓴다. 상황에 따라 카본, 나일론,
복합 금속사, PE라인 등을 쓰기도 한다. PE
라인은 부드러우면서 인장력이 없어 감도가
높은 것이 장점이다. 그러나 돌에 쓸렸을 때
보푸라기가 일고 잘 끊어지는 단점도 함께
갖고 있다.

앞줄

공중날려받기로 은어를 받아낼 때도 있지만
씨알이 큰 놈들은 앞쪽으로 끌어와 손으로
낚싯줄을 잡고 들어내야 한다. 이 역할을 앞
줄이 한다. 주로 나일론 목줄을 쓰며 0.3호
를 20cm 정도 쓴다.

코걸이줄

은어의 코에 꿸 코걸이를 연결하는 줄이다.

고정식과 유동식이 있는데 소형어 위주라면
고정식이, 시즌 중반에 중대형급을 노린다
면 유동식이 유리하다. 유동식에서는 코걸
이목줄은 0.6호 이상을 쓰는 게 좋다. 0.5호

초보자라면 시판 중인 완제품 채비로 스타트

초보자들은 은어낚시 채비를 단숨에 만들기 어렵고 시간도 많
이 걸리므로 완제품을 구입해 쓰는 게 무난하다. 완제품 채비
구입 때 유의할 점은 코걸이 크기가 7.0mm 이상이며 수중사
는 0.25호 이상인 것을 구입해야 한다는 것이다. 특히 6.5mm
이하 코걸이는 놀림낚시 입문자들은 거의 사용하기 어렵다. 시
판되는 채비들은 거의 일산인데 제품에 '완전채비' 또는 '퍼펙
트채비'로 표기된 것 중 2번을 선택하면 된다.
나일론 낚싯줄이든 플로로카본 낚싯줄이든 상관은 없다. 완제
품 채비 두 개와 수중사만 간단히 교체하는 용도의 교환채비
두 개 등 총 네 개를 준비하는 게 좋다. 익숙해지면 한 개로 하
루낚시를 할 수 있지만 처음엔 밑걸림과 채비 엉킴 등으로 잃
는 경우가 많아 네 개는 돼야 안심할 수 있다. 사용이 끝난 채
비는 깔끔하게 정돈해 감아두면 또 사용할 수 있다.
걸바늘은 품이 넓고 끝이 긴 '세발 갈고리'가 초보자에게는 적
합하다. 걸림이 잘 되고 놓칠 확률이 적기 때문이다. 7호와 7.5
호 두 가지를 준비하되 각각 열 개들이 두 세트를 준비한다. 7
호를 사용하다 은어가 자꾸 빠져나간다고 생각되면 7.5호를
사용한다. 초보자는 하루 20개까지 사용할 수 있는데, 남는 것
은 나중에 사용하면 되므로 여유 있게 준비하는 게 좋다.

걸바늘 세팅

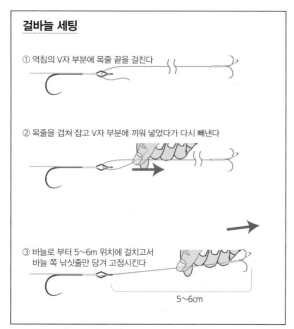

① 역침의 V자 부분에 목줄 끝을 걸친다

② 목줄을 겹쳐 잡고 V자 부분에 끼워 넣었다가 다시 빼낸다

③ 바늘로 부터 5~6m 위치에 걸치고서 바늘 쪽 낚싯줄만 당겨 고정시킨다

5~6cm

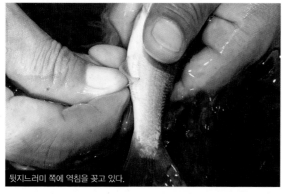

뒷지느러미 쪽에 역침을 꽂고 있다.

이하라면 밀어 올리고 내릴 때의 마찰로 인해 수축이 되어 채비를 망칠 수 있다.

코걸이목줄

코걸이줄에 연결하는 역침까지의 나일론줄이 코걸이목줄이다. 우선 은어의 꼬리 부분에 꽂는 역침을 나일론 0.5호로 곁돌리기해 묶는다. 코걸이에서 역침까지의 길이는 은어의 씨알에 맞추는데 15cm 길이라면 대충 18.5cm짜리 은어를 꿸 수 있다. 해당 낚시

터의 은어 씨알이 평균적으로 크다면 현지 은어 씨알에 맞춰 코걸이목줄도 길게 쓸 필요가 있다. 만약 씨은어가 코걸이목줄보다 4cm 이상 크다면 사용하기 곤란하므로 코걸이목줄은 씨은어로 사용할 은어 중 가장 큰 것을 기준으로 씨은어보다 3cm 짧은 길이로 맞춘다.

걸바늘(갈고리바늘)

씨은어를 쫓아내려는 먹자리은어를 걸어내는 바늘이다. 상황에 따라 두 바늘, 세 바늘, 네 바늘로 만들어 쓴다. 기계를 사용해 묶을 수도 있으며 손으로 묶어도 어렵지 않다.

낚시방법

봄에 바다에서 올라온 은어는 초여름을 지나 성어가 되어가면서 식성이 바뀌어 강돌에 끼어있는 물이끼를 핥아먹고 산다. 은어는 물이끼가 잘 발달한 일정구역을 정해놓고 그 영역을 자기만 차지하려고 하는데 이런 은어를 먹자리은어라고 부른다. 이 먹자리은어들은 영역을 침범하는 다른 은어들을 육탄공격으로 밀어내는데 바로 이 습성을 이용한 것이 씨은어 놀림낚시다. 즉 씨은어를 먹자리은어의 영역으로 보내 먹자리은어가 씨은어를 공격할 때 씨은어의 꼬리에 꽂힌 갈고리바늘에 걸려들게 하는 낚시다.

먹자리은어가 지키고 있는 영역 범위는 좁게는 직경 1m에서 넓게는 5~6m다. 큰 바윗돌이 듬성듬성 있으면 바위 하나에 서너 마리의 은어가 서로 자기 영역이라고 싸우고 있는 경우를 종종 볼 수 있다. 자갈밭이나 모래밭은 이끼가 없으므로 은어가 자리를 잡지 않는다.

씨은어를 꿰는 방법은, 씨은어의 코에 고리를 걸고 배지느러미에는 역침을, 꼬리 뒷부

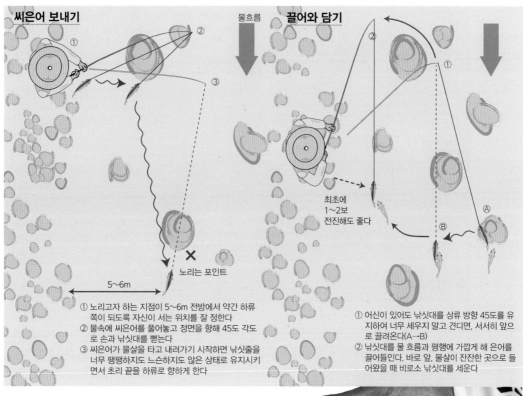

씨은어 보내기

물흐름

끌어와 담기

최초에
1~2보
전진해도 좋다

× 노리는 포인트

5~6m

① 노리고자 하는 지점이 5~6m 전방에서 약간 하류
쪽이 되도록 자신이 서는 위치를 잘 정한다
② 물속에 씨은어를 풀어놓고 정면을 향해 45도 각도
로 손과 낚싯대를 뻗는다
③ 씨은어가 물살을 타고 내려가기 시작하면 낚싯줄을
너무 팽팽하지도 느슨하지도 않은 상태로 유지시키
면서 초리 끝을 하류로 향하게 한다

① 어신이 있어도 낚싯대를 상류 방향 45도를 유
지하여 너무 세우지 말고 견디면, 서서히 앞으
로 끌려온다(A→B)
② 낚싯대를 물 흐름과 평행에 가깝게 해 은어를
끌어들인다. 바로 앞, 물살이 잔잔한 곳으로 들
어왔을 때 비로소 낚싯대를 세운다

분에는 갈고리바늘을 꿴다. 낚싯대를 세워
씨은어를 먹자리은어가 있을 만한 곳으로
밀어 보낸다. 물밑 돌 색깔이 약간 어둡고
갈색을 띠고 있는 곳이 이끼가 잘 붙어있는
곳이라고 보면 틀림이 없다.

자연산 은어의 아름다운 자태.

포인트 찾는 법
은어는 소상기인 3~4월에는 벌레를 잡아먹
기 때문에 놀림낚시가 되지 않는다. 이후 본
격적인 놀림낚시 시기를 감 잡게 만드는 징
후는 은어의 입자국이다.
편광안경을 끼고 물속을 들여다보면 바위
나 돌멩이에 은어가 이끼를 훑어 먹은 자국
이 보인다. 손가락보다 가는 굵기의 댓잎처
럼 길쭉한 자국이 여러 개 나 있는데 이게
은어가 이끼를 훑어 먹은 자국이다. 은어는
이 먹자리를 자신의 영역으로 간주하고 영

역을 침범하는 은어를 쫓기 시작한다. 이때
부터 놀림낚시 시즌이 시작된다고 보면 맞
다. 또 이 자국이 얼마나 많고 선명하며 크
냐에 따라 먹자리은어의 양과 씨알을 가늠
할 수 있다.
특히 시즌 초반에 눈여겨 두어야 할 것이 입
자국의 방향과 길이다. 만약 입자국의 방향
이 상류로 나 있고 길이가 짧다면 은어 무리
가 여전히 상류로 소상하고 있는 것으로 판

먹자리은어의 흔적. 매끈한 돌 표면의 이끼를 긁어먹으며 생기는 모양새다.

단하면 된다. 이런 곳에서는 많은 마릿수 조과를 거둘 확률은 낮은 편이다. 반대로 입자국이 길고 방향도 이쪽저쪽으로 얽혀있다면 은어가 그 주변에 많이 머물고 있다고 보면 된다. 그래서 상류로 짧게 있는 입자국을 발견하면 우선 상류까지 그냥 걸어가 보며 물속을 살펴본다. 만약 가까운 거리에 입자국이 얽혀있는 게 발견되면 그 지점부터 낚시를 시작하면 될 것이다.

영역 침범자를 공격하는 습성 이용

먹자리은어는 영역을 침범한 씨은어를 맹렬히 공격하는데 갑자기 씨은어가 요동을 치기 시작하면 먹자리은어의 공격이 시작됐다는 뜻이다. 이런 움직임은 낚싯줄과 낚싯대에도 전달되지만 원줄에 부착한 눈표에 확실하게 나타난다. 눈표의 진행 방향이 갑자기 바뀌거나 순간적인 속도 변화가 왔다면 먹자리은어가 공격한 것이다. 그러나 그 후로 아무런 반응이 없다면 걸림이 안됐다고

보면 된다. 이때는 눈표에 변화가 있던 지점으로 다시 씨은어를 유도해 먹자리은어에게 접근시킨다.

먹자리은어가 갈고리바늘에 걸려들면 낚싯대가 묵직하게 휜다. 그러면 낚싯대를 세워 은어를 발 앞까지 끌어들인 뒤 뜰채에 담는다. 신속한 처리를 위해서는 공중날려받기를 시도하는 게 유리하며 씨알이 너무 클 경우에는 천천히 끌어내는 방식이 안전하다. 은어가 뜰채에 담기면 뜰채를 물에 담근 상태에서 방금 낚은 먹자리은어와 씨은어를 교체한다. 힘이 빠진 씨은어는 살림통에 넣고 그때부터는 힘이 왕성한 먹자리은어가 새 씨은어 역할을 하는 것이다. 맨 처음 사용할 씨은어는 보통 낚시터 인근 식당에서 두세 마리를 사서 쓰거나 주변 낚시인에게 두세 마리를 빌린 뒤 낚아서 갚아준다. 식당에서 산 은어는 기포기를 튼 살림통에 보관해 낚시터까지 이동한다.

요리

은어는 소금구이, 회, 은어밥, 은어튀김, 은어초밥 등 다양한 요리로 즐길 수 있다. 가장 대표적인 게 소금구이와 튀김이다.

은어회

소금구이

① 은어는 내장째 구워야 은어 특유의 맛을 느낄 수 있다(내장을 즐기지 않는다면 빼내도 상관은 없다). 단 배 위쪽부터 항문 쪽으로 손으로 훑어 내려가며 뱃속에 있던 소화된 이끼와 불순물은 빼내야 한다.

② 은어의 머리 쪽 몸통을 약간 구부린 뒤 준비한 꼬치를 얼굴 바로 밑 정도에서 밀어 넣는다. 금속 꼬치가 아닌 굵은 대나무 꼬치라면 은어의 입을 통해 꼬치를 꿰어도 좋다.

③ 은어의 표피 부근에 꼬치 끝이 닿으면 이번에는 반대 방향으로 은어를 살짝 구부려 다시 꼬치를 밀어 넣는다. 은어를 누비듯이 꿰는 것이다. 마찬가지로 꼬치 끝이 표피 부근에 오면 멈춘다.

④ 이번에는 은어 꼬리를 반대 방향으로 구부려 다시 꼬치를 밀어 넣어 꼬치의 뾰족한 끝이 반대쪽 꼬리지느러미 위쪽으로 빠져나오게 하면 꼬치 작업은 완성이다.

⑤ 소금은 은어에서 멀리, 높은 위치에서 뿌려야 전체적으로 골고루 잘 뿌려진다. 또한 손가락 끝에 소금을 쥐고 은어의 각 지느러미에 누르듯이 골고루 발라줘야 굽는 도중 지느러미가 먼저 타는 것을 막을 수 있다.

⑥ 은어는 약한 불로 은근하게 익혀야 진미를 맛볼 수 있다. 잘 피어오른 숯불 주위에 꼬치에 꿴 은어를 꽂되, 숯불에 너무 가깝지 않도록 해야 타지 않고 고루 잘 익는다. 숯불 대신 오븐에 구울 때도 가급적 약한 불로 천천히 구워 노릇노릇 익히는 게 중요하다. 은어는 내장째 먹을 경우 특유의 쌉쌀한 맛이 나는데 이 맛을 즐기는 사람도 많다.

은어튀김

튀김 요리는 남녀노소 누구나 즐길 수 있고 만들기도 쉽다. 굵은 놈은 어슷하게 썰어 튀김옷을 입혀야 하지만, 잔 씨알은 통째로 튀김옷을 입혀 튀겨도 된다.

① 은어의 비늘을 칼로 깔끔히 벗겨낸다.

② 은어의 배를 가르고 내장을 깨끗이 제거한다. 잔 은어는 배를 가르지 않고 손가락으로 배를 훑어 항문을 통해 이물질만 빼내도 상관없다.

③ 손질을 끝낸 은어를 용기에 담고 청주를 약간 뿌려둔다.

④ 튀김용 식용유를 냄비에 넉넉히 붓고 중불로 가열해 온도가 170~180 도까지 오르도록 한다.

⑤ 기름이 가열되는 동안 튀김옷을 만든다. 밀가루, 달걀, 물을 조금씩 섞되 손을 재빨리 놀려 적당한 농도의 튀김옷을 만든다.

⑥ 튀김옷을 입힌 은어를 기름에 넣고 튀기되, 온도를 낮춘 상태로 한꺼번에 오래 튀겨도 되지만, 온도를 높여서 두 번 튀기면 뼈까지 물러져 머리부터 꼬리까지 모두 먹을 수 있어 좋다. 은어는 뜨거울 때 먹어야 특유의 향이 살아있다.

잉어낚시

잉어는 담수어 중에서 가장 대형종에 속하며 황금빛 체색이 신비로움을 준다. 시각과 후각이 발달한 영리한 물고기다. 30cm까지는 '발갱이'라 불리며 새끼 취급을 받고, 적어도 두 자(60cm)는 돼야 잉어로 대접받는다. 석 자(90cm급)가 넘어야 대물이라 할 수 있다.

잉어의 수명은 25년까지 산다고 알려져 있는데 일본 나고야 지방에서 사육됐던 잉어는 210살까지 살았다는 기록도 있다. 1년에 15~20cm 자라며 10년까지도 계속 성장한다. 우리나라 최대어는 1997년에 춘천 의암호에서 낚인 111cm다.

1970년대 초까지만 해도 우리나라 민물낚시의 주 어종은 잉어였고 파로호, 소양호, 진양호, 안동호, 옥정호(운암호)에선 잉어를 노리며 장박을 하는 낚시인들이 진을 쳤다. 70년대 중반부터 붕어낚시가 인기를 끌면서 이후 잉어는 소수 전문 낚시인들의 영역으로 축소되었다.

시즌과 낚시터

잉어는 수온이 15도가량 오르는 4~5월이면 산란을 준비한다. 붕어보다는 한 달 가량 산란이 늦어 4월 중순 이후 6~7월경에 수초나 나뭇가지에 알을 붙인다. 잉어는 사계절 낚을 수 있는데 4~6월 산란기 이후와

9~11월의 가을에 가장 잘 낚인다. 한여름의 오름수위 역시 산란철 다음의 호기로 친다. 수몰 육초대를 찾으면 대형 잉어를 만날 확률이 높다. 첫서리가 내리는 상강(霜降) 이후부터는 마릿수가 떨어지지만 대형급이 올라온다. 상강 전후에 낚이는 잉어는 체색이 황금갑옷을 두른 듯 빛이 나 이때 낚이는 잉어를 '상강 잉어'라고 부르기도 한다.

잉어는 우리나라의 모든 하천과 호수, 저수지에 살고 있다. 그러나 잉어를 전문적으로 낚으려면 잉어의 개체수가 많고 대형어들이 서식하는 곳을 찾아야 한다. 주로 대형지나 댐낚시터가 그에 해당한다.

댐낚시터로는 소양호 상류 신남 양구대교 일대, 춘천호 밤나무골, 충주호 탄금대교 아래, 나주호 등이 꼽힌다. 요즘엔 충북 괴산호, 경북 경천호도 유명한 잉어낚시터다.

강낚시터로는 북한강 청평대교 아래, 임진강 동미리, 남한강 지류인 충주 달천강이 잘 알려져 있으며 저수지로는 경기 안성 고삼지, 경북 의성 개천지, 구미 무을지, 전남 함평 동정지가 잉어낚시터로 유명하다.

장비

낚싯대

잉어낚시는 주로 릴낚시로 한다. 지금처럼 릴낚싯대를 사용한 것은 1980년대 말부터로, 그 전엔 줄낚시(방울낚시, 철치기라고 불렀다)를 했다. 릴낚시도 초창기에는 2.7m~3.6m의 민물 릴낚싯대를 이용해 50~60m 거리까지 캐스팅했으나 1990년대 이후에는 바다낚시용 원투낚싯대를 사용하면서 80m 이상 캐스팅하는 스타일로 바뀌었다. 잉어낚시인들의 말에 의하면 반도레포츠의 4.5m 슈퍼캐스터를 소양호 추곡리에서 처음 사용하면서부터 장타낚시 시대가 시작되었다고 한다. 보통 4.5m 길이의 캐스팅 전용 릴낚싯대를 5~6대 장만하면 된다.

릴

5호 줄을 150m 감을 수 있는 중형 스피닝 릴을 사용한다.

잉어낚시 채비와 미끼. 왼쪽부터 바늘꽂이, 바늘에 단 떡밥, 바늘채비, 채비를 담아 놓은 비닐 케이스.

받침틀

릴대를 받치는 받침틀은 필수장비다. 입질을 자동으로 감지해서 알려주는 센서부저를 세팅할 수 있는 받침대를 많이 쓰는 추세다. 3단부터 9단까지 있는데 5~6단을 많이 쓴다. 받침틀을 고를 때는 분해와 조립이 쉬운지 살펴야 한다. 나사식으로 되어 있어 분해를 했을 때 부피가 작은 받침틀이 좋다.

채비

바늘채비

4바늘, 5바늘, 6바늘 등을 쓰는데 바늘 수가 많아 떡밥이 깨지지 않게 잘 잡아주고 입걸림이 잘 되는 '육봉채비(6바늘채비, 일명 스이꼬미)'를 많이 쓴다. 바늘은 감성돔바늘 3~8호 또는 벵에돔바늘 13~14호를 합사 목줄에 묶어서 채비를 만든다. 낚시점에서 묶어져 있는 육봉채비를 구입해서 사용해도 된다.

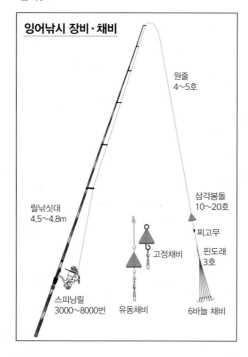

잉어낚시 장비·채비

원줄
4~5호

삼각봉돌
10~20호

릴낚싯대
4.5~4.8m

찌고무

고정채비

핀도래
3호

스피닝릴
3000~8000번

유동채비

6바늘 채비

봉돌채비

봉돌채비는 유동채비와 고정채비로 분류할 수 있다. 유동채비를 주로 쓰는데 잉어가 미끼를 먹으려 할 때 낚싯줄만 움직이고 봉돌은 움직이지 않으므로 잉어가 느끼는 이물감이 적다. 또 뻘바닥처럼 바닥이 지저분한 곳에서 떡밥이 봉돌과 함께 묻혀 버리지 않는다. 한편 고정채비는 입걸림이 잘 되고 캐스팅할 때 안정감이 있어 원투에 유리하다. 봉돌은 15~30호 구멍봉돌을 사용한다.

미끼

잉어낚시용 떡밥은 여러 곡물 분말을 섞어서 만든다. 잉어는 일정한 길목을 따라 이동하며 바닥을 훑으며 먹이활동 하므로 그 길목에 떡밥을 반복적으로 던져 풍성하게 깔아둔다. 잉어가 입질할 때는 떡밥이 적당히 풀어져 있어야 한다. 던질 때 부서지지 않을 정도로 단단하게 뭉쳐지고 물속에 들어가면 이내 풀릴 수 있을 정도로 점도를 조절한다. 떡밥의 크기는 바늘을 숨길 수 있는 정도의 크기가 적당한데 계란보다 조금 더 큰 크기로 뭉쳐 단다. 떡밥은 주로 찐깻묵, 옥수수, 보리를 각각 5:3:2 비율로 섞어 사용한다. 물을 적게 넣어서 오래 반죽할수록 공기 중에선 단단히 뭉쳐지지만 물속에 들어가면 잘 풀어지는 상태가 된다.

낚시방법

잉어는 낮에 깊은 곳에 있다가 밤과 아침, 저녁 시간에 얕은 곳까지 올라붙는다. 마사토, 자갈처럼 깨끗한 바닥을 선호하고 뻘이나 퇴적층 같은 지저분한 곳은 꺼려한다. 댐의 황토바닥이나 강계의 자갈바닥을 찾으면 잉어를 만날 수 있다.

강 잉어는 물살이 약한 곳에서 먹이활동을

한다. 강이 휘어져 내려가면서 물살이 죽는 곳, 즉 수심 깊은 소의 상류나 하류 쪽이 포인트다. 댐은 본류보다는 지류가 잉어 포인트다. 소양호 추곡리, 파로호 동촌 등이 대표적인 잉어 포인트다.

잉어는 의외로 깊은 곳에선 잘 낚이지 않는다. 댐에서는 70~80m 거리까지 얕은 수심이 완만하게 이어져서 10m를 넘지 않는 수심대에서 잉어가 붙는다. 저수지에선 깊은 물골과 인접한 중상류의 얕은 수중언덕 2~3m 수심에서 잘 낚이며 특히 초저녁과 아침에는 1m 안팎의 아주 얕은 수심에서 잘 낚인다.

입질부터 끌어내기까지

캐스팅이 끝난 뒤엔 릴낚싯대를 접어 2번대만 남겨 놓은 상태로 받침대에 올려놓는다. 캐스팅한 상태 그대로 받침대에 올려놓으면 강풍 상황에선 낚싯줄이 밀리고 받침대 자체가 넘어질 수 있기 때문이다.

잉어낚시는 기다림이 필요하다. 입질은 길면 하루 뒤에 올 수도 있다. 잉어는 무언가 새로운 미끼를 발견하면 한참을 두고 관찰할 만큼 조심스럽고 또 얕은 연안으로 올라붙는 시간대도 정해져 있기 때문이다.

입질이 오면 초릿대가 휘면서 달아놓은 방울이 크게 딸랑거리거나 입질센서부저가 울린다. 이 상태는 이미 잉어가 떡밥을 흡입한 뒤 이동하는 상태이므로 주둥이에 바늘이 박혀 있다고 보면 된다. 별도의 챔질 과정은 필요 없다. 접어놓은 낚싯대를 차례차례 편 뒤 여윳줄을 감으면 놀란 잉어가 반대나 좌우로 내달리기 시작한다. 이때 힘으로 맞서지 말고 낚싯대가 앞으로 숙여지지 않게 세우고 버티기만 한다. 40~50m, 길게는 100m까지 차고 나가던 잉어는 힘이 빠져 내달리기를 멈추는데 이때 낚싯줄을 감기

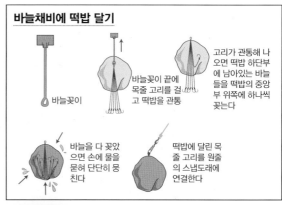

바늘채비에 떡밥 달기

바늘꽂이

바늘꽂이 끝에 목줄 고리를 걸고 떡밥을 관통

고리가 관통해 나오면 떡밥 하단부에 남아있는 바늘들을 떡밥의 중앙부 위쪽에 하나씩 꽂는다

바늘을 다 꽂았으면 손에 물을 묻혀 단단히 뭉친다

떡밥에 달린 목줄 고리를 원줄의 스냅도래에 연결한다

전용 받침대에 거치한 잉어 릴낚싯대. 부저가 달려있어 입질이 오면 소리로 알려준다.

시작하고 다시 또 차고 나가면 버티기를 반복해서 연안까지 끌어내는 것이다.

잉어는 힘이 워낙 좋고 중량이 많이 나가기 때문에 마지막 끌어내기에서 작은 실수 하나로도 원줄이 터지거나 바늘이 부러질 확률이 높다. 연안 가까이 잉어가 끌려오면 낚싯대를 세운 상태에서 잉어의 몸부림을 살펴가면서 좌우로 움직이며 입가의 여분의 바늘이 한두 곳 더 걸리도록 유도한 뒤 뜰채를 대야 한다. 뜰채를 댈 때는 잉어를 뜨는 게 아니라 뜰채망 안으로 잉어를 집어넣는다는 생각으로 한다. 뜰채를 대는 타이밍은 고기가 뒤집어져서 배가 보일 때다. 그 전까지는 고기를 갖고 논다는 생각으로 기다려야 한다. 고기가 뒤집어져서 배를 드러내면 미리 담가놓은 뜰채 쪽으로 고기를 유도해 머리부터 넣는다.

장어낚시

민물장어(뱀장어, 이하 장어로 부른다)는 깊은 바다에서 태어나(장어의 산란 장소는 베일에 가려져 있다) 강으로 거슬러 올라와 민물에서 성장한 뒤 다시 알을 낳으러 바다로 가는 물고기다. 연어와는 정반대로 회유하는 셈이다. 그래서 장어는 바닷가의 하천이나 저수지에 많다. 반면 댐에서 낚이는 장어들은 대부분 인공적으로 방류한 치어들이 성장한 것이지만 바닷가의 장어보다 씨알이 굵어서 낚시어종으로 더 큰 인기를 끌고 있다.

장어 하면 가장 먼저 오르는 것이 '보신제'다. 현대인들은 갈수록 건강에 많은 관심을 가지게 되고, 그래서 장어낚시와 같은 건강식 낚시가 점차 인기를 얻어가고 있는지도 모른다. 장어는 대단히 힘이 센 물고기여서 파워와 긴장감까지 있어 장어낚시를 즐기려는 사람들이 빠르게 늘어나고 있다.

2000년 이전까지만 해도 장어 전문꾼들은 극소수였고 소양호나 파로호에서 여름 시즌에만 잠깐 즐겼다. 그러나 지금은 낚시인들이 급증하여 전국의 많은 댐에서 봄부터 가을까지 장어낚시를 즐기고 있다.

장어는 야행성 어종인 데다 상상을 초월하는 힘 때문에 중량급 장비를 갖춰 밤낚시를 해야 한다. 그만큼 야성적인 낚시이며 장어의 신비로운 생태만큼 아직도 개척의 여지가 많은 낚시 장르다.

시즌과 낚시터

장마기를 낀 6~8월이 최고 호황기이고 9~10월도 잘 낚이는 편이다. 비 올 때보다 비 온 뒤 갠 다음날이 가장 조황이 좋다. 비가 오면 수위가 불어나면서 물속 지형이 바뀌게 되는데 장어는 은신처와 먹이사냥터를 찾아 움직이게 되고 새물을 타고 흘러드는 먹잇감을 쫓아 연안 가까이 붙는다.

우리나라 댐 장어낚시의 효시는 소양호지만 지금은 충주호와 대청호, 안동호, 장성호 등 국내의 많은 댐에서 풍족한 장어 자원이 속속 확인되고 있다. 서울시내에 속한 한강 하류, 남한강과 북한강 일부에서도 장어낚시를 하고 있다. 그 외에 바다와 인접한 모든 강의 하구와 수로, 해안지방 저수지에는 장어가 서식하고 있다.

장비

낚싯대

장어낚시에는 잉어낚시용 릴낚싯대를 주로 사용한다. 먼 곳을 노려야 하고 힘이 좋은 장어를 제압해야 하므로 경질 릴대가 적합하다. 릴대의 길이는 수심이 깊은 댐에서는 가까이 던져도 되므로 약간 짧은 3.6m 정도가 알맞고 한강 같은 곳에서는 원투가 용이한 4.5m 이상을 주로 사용한다. 시중엔 초릿대가 부드러운 장어 전용 릴대도 출시되었다. 장어의 입질이 약할 땐 미끼만 씹어 먹고 돌아서는데 일반 릴대의 초릿대로는 그런 입질을 파악하기 힘들 때가 많기 때문이다.

릴

일반 스피닝릴을 사용한다. 작은 것은 3000번부터 큰 것은 10000번의 대형 릴까지 사용하고 있다.

장어낚시용 대형 스피닝릴과 전용 낚싯대.

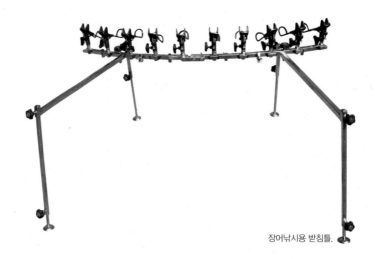

장어낚시용 받침틀.

받침틀

장어낚시 포인트는 암반지대가 많아서 받침틀이 필수다. 소재를 본다면 알루미늄과 스테인리스 두 가지가 있다. 전문 낚시인들은 무겁지만 녹이 슬지 않는 스테인리스 소재를 선호한다. 알루미늄 받침틀은 내구성에서는 떨어지지만 가벼운 게 장점이다.

채비

원줄, 바늘, 봉돌

낚싯줄(원줄)은 장소에 따라 6호부터 12호까지 사용한다.

바늘은 깔따구바늘 15~17호, 감성돔바늘 5~7호, 장어 전용 바늘 15~17호를 주로 사용하는데, 개인적인 취향에 따라 다르겠지만 지렁이를 미끼로 쓸 때는 깔따구바늘을 가장 많이 사용한다.

봉돌은 댐에선 12호~20호를 사용하지만 원투가 필요한 강에서는 20호 이상을 쓰기도 한다. 봉돌의 모양은 탄두(원투에 유리하나 흐르는 곳에서는 불리하다), 삼각추(흐름 있는 곳에서는 안정적이지만 착수음이 큰 게 단점), 둥근형(동글동글한 만큼 이물감 적고 밑걸림 적은 대신 물 흐름에 따라 이동이 심하다) 등 다양하다.

장어용 바늘과 기성 채비

유동추채비

원줄에 바로 구멍봉돌을 넣어 위아래로 자유롭게 이동하게 만든 채비다. 완충작용을 할 수 있는 구슬을 봉돌 아래에 끼우고 도래를 연결한 다음 외바늘 또는 쌍바늘을 연결하여 사용한다. 이 채비는 고기가 미끼를 먹을 때 이물감이 적다는 장점이 있지만, 대신 흔히 말하는 '자동빵(자동걸림)' 확률은 극히 적어 챔질타이밍을 잘 잡아야 한다. 참고로 유동추채비에서는 봉돌 아래에는 쿠션용으로 구슬을 넣어도 봉돌 위에는 구슬을 넣을 필요가 전혀 없다. 오히려 이 구슬에 바늘 목줄이 걸려 꼬이는 경우가 빈번하게 일어난다.

반유동추채비

유동추채비와 더불어 장어 낚시인들이 많이 사용하는 채비다.

그림 ①은 버림봉돌채비를 응용한 반유동채비다. 원줄 위에 수축튜브(지름 ⌀4)를 씌워 슬리브(일명 쌍파이프)를 끼운 뒤 니퍼로 눌러 고정시키고, 구슬-스냅도래(버림봉돌과

장어낚시 장비 · 채비

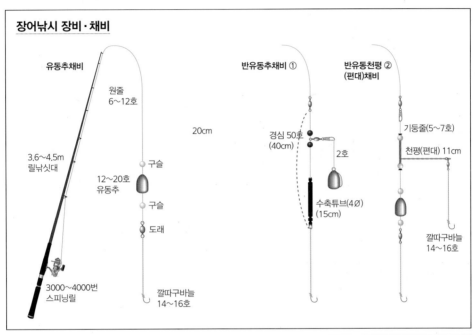

유동추채비

원줄
6〜12호

20cm

3.6〜4.5m
릴낚싯대

12〜20호
유동추

구슬

구슬

도래

3000〜4000번
스피닝릴

깔따구바늘
14〜16호

반유동추채비 ①

경심 50호
(40cm)

2호

수축튜브(4Ø)
(15cm)

**반유동천평 ②
(편대)채비**

기둥줄(5〜7호)

천평(편대) 11cm

깔따구바늘
14〜16호

버림봉돌가지채비

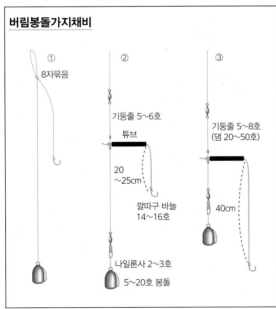

①
8자묶음

②
기둥줄 5〜6호

튜브

20
〜25cm

깔따구 바늘
14〜16호

나일론사 2〜3호

5〜20호 봉돌

③
기둥줄 5〜8호
(댐 20〜50호)

40cm

자작채비

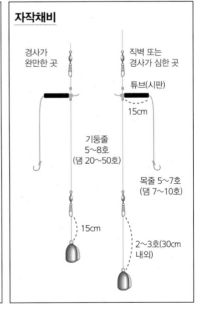

경사가
완만한 곳

직벽 또는
경사가 심한 곳

튜브(시판)

15cm

기둥줄
5〜8호
(댐 20〜50호)

15cm

목줄 5〜7호
(댐 7〜10호)

2〜3호(30cm
내외)

연결되는)-구슬을 차례로 꿰어 25cm 정도 움직일 수 있게 만들었다. 수축튜브를 사용하면 캐스팅할 때 줄꼬임이 적은 장점이 있으며 바닥 걸림도 줄일 수 있다. 버림봉돌용 목줄을 바늘이 달린 채비보다 길게 연결하면 유동가지채비가 된다. 버림봉돌과 연결하는 가짓줄을 다소 가는 나일론줄 2호 정도로 사용하면 밑걸림이 생겼을 때 쉽게 떨어져 채비 손실을 줄일 수 있다.

그림 ②는 반유동추채비에 철사편대(일명 천평)를 연결하여 만든 가지바늘채비다. 기둥줄에 철사편대를 달아줌으로써 캐스팅할 때 꼬이는 것을 방지할 수 있다. 수초에서 잘 빠져나오지만 돌부리 같은 곳에서는 잘 걸리는 단점이 있다. 대개 20호 내외 봉돌을 쓰지만 유속이 강한 곳에서 떠내려가는 것을 방지하기 위해서 최대 35호 정도까지 사용한다.

버림봉돌가지채비

밑걸림이 심한 지형에서 효과적인 채비들이다. ①은 경상도 지방에서 종종 쓰이는 채비로 채비가 간단해 만들기 쉽다. ②와 ③은 회전하는 플라스틱 고리를 사용해 줄꼬임 문제를 해결한 일종의 가지바늘채비다. 날씨가 더운 여름에 특히 평지형 저수지에서 많이 쓴다. 미끼의 높이를 조절할 수 있어 잡어 성화를 덜 수 있다. 시판되는 제품이어서 쉽게 사서 쓸 수 있는 장점도 있다.

장어낚시 가방에서 낚시장비를 꺼내고 있는 낚시인.
장어낚시는 보통 8대 이상으로 다대편성한다.

댐에서 호젓하게 입질을 기다리고 있는 낚시인.

낚시방법

장어는 대개 6~8m 이상의 깊은 수심을 공략해야 낚인다. 댐에서는 수심이 뚝 떨어지는 급경사 지대가 대표적인 포인트다. 바다와 연결된 강과 수로, 저수지에선 최소 2~3m 이상 수심을 노려야 한다.

장어는 많이 회유하지 않고 은신처 주변에서 먹이활동을 벌인다. 곳곳의 포인트를 노리기 위해서는 다대편성을 해야 한다. 한 사람이 보통 10대 정도를 던진다.

미끼가 싱싱하게 움직이는 모습을 연출하려면 가지바늘의 줄꼬임을 방지해야 한다. 이를 위해 편대채비를 사용한다.

포인트는 바위지대 직벽, 고사목 등 장애물 등이 주를 이룬다. 댐의 경우 돌무더기, 고사목 등을 노리고 저수지는 물골이나 제방 석축을 노린다. 강과 수로는 수문과 다리 교각이 포인트가 된다.

국내 최고 기록은 126cm
세계 최고 생존기록은 106년

장어 부문 역대 국내 최대어는 1989년 춘천의 윤창호 씨가 1999년 8월 17일 소양호 작은산막골에서 낚은 123cm로 무게는 3.6kg이 나갔다. 새벽 4시경 산지렁이 미끼로 낚았다.
장어는 오래 사는 물고기로도 유명하다. 유럽산 장어의 경우 최고 88년으로 기네스북에 올라와 있으며 뉴질랜드산 장어는 최대 수명이 60년인 것으로 알려져 있으며 106년까지 살았다는 기록도 있다. 우리나라 장어도 50년 이상 살 수 있는 것으로 추정하고 있다.

장어 미끼 총정리

장어낚시에서 가장 많이 사용하는 대표적인 미끼는 지렁이다. 청지렁이가 가장 많이 쓰이고 산지렁이, 줄지렁이(붉은지렁이) 순으로 사용한다. 기타 피라미, 참붕어 등과 같은 어류와 땅강아지, 귀뚜라미 같은 곤충도 미끼로 쓰인다.

청지렁이
청지렁이는 지렁이 중 가장 질긴 게 장점이다. 10cm 전후를 많이 쓴다. 낙동강변에 많이 서식하며 이곳에서 채취한 지렁이를 쇼핑몰을 통해 구입할 수 있다.

산지렁이(참지렁이 또는 밭지렁이)
흔히 산지렁이라 부르는 지렁이는 참지렁이와 밭지렁이 두 종류가 있다. 길이가 10~15cm로 길고 갈색을 띤다. 청지렁이보다 살이 연해서 입질 빈도가 높다. 비가 많이 오는 여름에 산이나 하천변을 캐면 채취할 수 있다. 산지렁이 중에서도 큰 것을 낚시인들은 '말지렁이'라 부른다. 비온 뒤 갈대밭이나 뻘에서 채취되는 녀석 중엔 환대 윗부분이 까만 6~7cm 길이의 지렁이가 채취되는데 이를 '꺼먹지렁이'라 부른다. 산지렁이에 비해 끊어지지 않아서 입질이 예민할 때 특효 미끼로 통한다. 비 온 후 강변이나 갈대밭 뻘에서 채취되는 녀석으로서 한강이나 태화강에서 효과가 좋다고 한다.

줄지렁이(붉은지렁이)
낚시점에서 판매하는 일반 지렁이다. 초봄이나 겨울처럼 미끼를 구하기 힘들 때만 사용한다. 감성돔바늘 3~5호에 10마리 정도 꿰어서 사용한다.

물지렁이
한강에서 가장 효과가 좋은 미끼로 통한다. 미끼를 찾는 낚시인이 많다 보니 용산구 한남동의 낚시점 등에서 직접 채취해 판매하고 있다.

장어낚시 특효 미끼인 청지렁이(좌)와 산지렁이.

땅강아지

장어 어부들이 주낙용 미끼로 쓰는 미끼다. 잡어에 강하고 장어만 골라 잡힌다 하여 유명해진 미끼이나 실제 사용해보면 강에서는 입질이 잘 들어오지만 댐에서는 효과가 떨어진다. 머리와 다리, 날개를 떼어내고 배 부분이 바늘 바깥쪽으로 향하게 꿰어서 쓴다. 원투를 할 경우 작은 지렁이를 바늘 끝에 꿰면 땅강아지가 바늘에서 빠지는 일이 없다.

거머리

논에서 흔히 잡히는 청거머리는 효과가 없고 돌 밑에 서식하는 빨간색의 돌거머리가 미끼로 쓰인다. 장어는 물론 메기에도 특효다. 등 부분의 껍질 부분만 살짝 꿰어 놓으면 한 달이 지나도 살아 있다. 댐과 한강에서 효과가 좋다.

미꾸라지

댐, 저수지, 강에서 두루 먹히는 미끼다. 새끼손가락 크기의 작은 미꾸라지가 효과가 좋으며 입질이 들어왔을 때는 최대한 기다린 뒤 챔질하는 게 입걸림 확률이 높다.

새우

잡어에 약한 게 흠이지만 잡어가 없을 때는 사용할 만하다.

말조개

조개는 장어낚시에 비장의 미끼로 종종 거론된다. 바다의 담치를 닮은 '민물담치'가 특효라는 말도 있고, 한강에서 오분자기를 잘라 사용하는 낚시인도 있다. 말조개는 강이나 저수지에 많이 서식하는 조개인데 껍질을 부수고 속살만 누벼 꿰어 사용한다.

물고기류

은어, 황어, 피라미, 참붕어 등을 포를 떠서 사용한다. 민물과 바닷물이 만나는 기수역에서 애용되는 미끼다. 특히 동해에서는 포를 뜬 은어가 효과가 좋다. 작은 피라미나 참붕어는 통으로 꿰어 사용한다.

줄지렁이

물지렁이

새우

참붕어

목줄꿰기

누벼꿰기

여러마리꿰기

3단 입질에서 마지막 입질에 챔질

장어는 가까운 곳에서 물기 때문에 멀리 던질 필요는 없다. 저수지나 수로의 경우 10~15m, 댐은 30~50m가 일반적인 캐스팅 거리다. 낚시를 하다가 입질이 들어오는 낚싯대가 있으면 그와 비슷한 거리에 채비를 던져 넣는다.

입질 시간대는 해가 지고 그림자가 길게 늘어지는 초저녁에 집중된다. 밤 8시부터 12시까지는 간간이 장어가 낚이고 자정을 넘어서는 입질 빈도가 급격히 떨어진다. 대신 이 시간대에 낚이는 장어는 씨알이 굵다. 보통 새벽 1~2시까지 낚시를 하고 지렁이를 모두 교체해 달아준 다음 수면을 취한다. 아침에 일어나보면 자동으로 입걸림(일명 자동빵)되어 장어가 걸려 있는 경우가 간혹 있다. 아침 입질은 거의 들어오지 않는다고 보면 맞다.

장어의 입질은 보통 세 번에 걸쳐 나타나는 3단 입질 형태로 나타난다. 장어가 미끼를 물면 일단 좌우로 흔드는데 이때 초릿대가 좌우로 탁탁 흔들린다. 이때 챔질하면 모두 헛챔질이다. 장어가 미끼를 물고 뒤로 물러날 때 초릿대가 5cm 정도 숙여진다. 이때도 챔질하면 안 된다. 장어가 먹잇감을 물고 자신의 은신처를 가져가려 할 때 초릿대가 10cm 정도 숙여지는데 이때가 챔질타이밍이다. 대물은 낚싯대 끝이 더 큰 폭으로 앞으로 숙여지고 아예 올라오지 않는 경우도 있다.

챔질에 성공했다면 장어가 장애물에 박고 들어가지 않도록 무조건 대를 세우고 릴링을 한다. 장어의 꼬리는 사람으로 치자면 손과 같기 때문에 돌 틈에 박히거나 고사목 등을 감으면 뽑아내기 힘들다. 장어가 힘을 쓰면 뒤로 물러나면서 버텨야 하는데 씨알이

지렁이 꿰기

목줄꿰기
지렁이 속에 목줄을 관통시키는 방법이다. 꼬챙이처럼 생긴 지렁이꽂이를 사용해 꿴다. 지렁이꽂이로 지렁이 환대를 꿰어 지렁이 한쪽 끝까지 빼낸 뒤 다시 지렁이꽂이 끝에 바늘을 걸어 거꾸로 빼낸다.

누벼꿰기
말지렁이 같이 큰 지렁이를 사용할 때 쓴다. 세 번 정도 걸쳐 꿰는데 입질할 때 이물감이 적어 헛챔질이 적다는 게 장점이다.

여러마리꿰기
지렁이가 작을 때 활용. 서너 마리 지렁이의 허리를 꿰어서 쓴다.

서서히 동이 터오는 낚시터. 이 시간대가 되면 장어 입질은 종료된다.

충주호에서 낚은 대형 장어를 들어 보이고 있는 낚시인.

보트를 타고 포인트로 향하고 있는 낚시인들.

1kg 이상이 되면 처음엔 꿈쩍도 않는 경우가 많고 끌어내는데 몇 분이 소요되기도 한다. 연안으로 끌어낸 장어는 목줄만 끊어서 보조가방(살림통)이나 살림망에 넣어둔다. 살림망은 양파망 같이 그물코가 작은 것을 쓴다. 붕어용 살림망을 쓰면 빠져나가기 쉽다. 보조가방에 보관할 때는 장어 몸체가 살짝 잠길 정도만 물을 부어준다. 물을 너무 많이 부으면 오래 살지 못한다. 바늘을 삼킨 장어는 알아서 바늘을 뱉어 놓는다.

300~800g이 평균 씨알, 1.5kg 이상은 대물급

낚은 장어는 길이보다는 굵기를 두고 씨알을 표현하곤 한다. 박카스병 씨알은 장어의 몸통 굵기가 박카스병 만하다는 것이다. 보통 릴자루(손잡이대)는 200~300g, 박카스병은 700~800g, 캔커피는 1kg, 소주병은 1.6kg, 캔맥주는 2kg 정도 된다. 릴자루 씨알은 40cm급, 박카스병은 50~60cm, 캔커피 씨알은 70~80cm, 소주병 씨알은 1m급, 캔맥주 씨알은 1m~1.2m 정도의 길이가 되며 소주병 이상 씨알을 두고 대물이라고 말한다.

장어는 좀처럼 죽지 않는다. 그래서 물기만 있는 통에 보관해 온다면 대략 4시간 정도 살릴 수 있다. 또 물을 적신 신문지에 돌돌 말아 보관해도 오랜 시간 살릴 수 있다.

장시간 이동할 때는 기포기를 사용하거나 비닐에 물을 조금 넣은 후 산소를 불어 넣어주면 24시간 정도까지 살릴 수 있다.

택배로 장어를 보낼 때는 수건에 물을 적셔 장어를 돌돌 말아 싸고 얼린 생수 한 병을 넣어 스티로폼 박스로 포장하면 배달되는 동안 죽지 않는다.

요리

장어는 최고의 건강식품이다. 그러나 시중에 판매되는 것들은 대부분 양식산으로, 자연산 장어는 구하기 어려워 낚시인이 아니면 맛보기 어렵다. 탕으로 끓여먹는 방법이 있으며 소금구이와 양념구이 그리고 회로 먹기도 한다. 한의원에서는 '가미쌍금탕' 처방을 받아 한약과 같이 끓여먹기도 한다. 그 외 장어깐풍기, 장어죽 등 여러 가지 요리가 있다.

장어탕   장어구이
장어죽   장어 맑은탕

탕
장어와 산도라지, 마늘 30쪽, 생강을 함께 푹 고면 냄새가 제거되고 맛도 좋다.

소금구이
먹기 적당한 크기로 자른 뒤 굽는다. 이때 프라이팬에 식용유를 뿌려둬야 눌러 붙지 않고 타지 않는다. 중간 중간 맛소금을 뿌려주면서 노릇노릇하게 구워지면 참기름장이나 간장에 찍어 먹는다.

양념구이
생강, 된장, 간장, 소금으로 버무린 양념장에 양파, 사과를 잘라 넣고, 살을 제거한 뒤 남은 장어의 머리, 등지느러미 가시를 양념장에 넣은 뒤 물을 넣고 아주 약한 불에 오랜 시간(6시간) 끓인다. 걸쭉한 상태가 될 때까지 끓이면 양념소스가 완성된다. 그 소스에 구이용 장어를 재워둔다. 약한 불에 양념소스를 발라 노릇하게 굽고 꺼내어 양념소스를 또 발라 다시 굽는다. 세 번 정도 구우면 제대로 양념소스가 밴 양념구이 완성.

회
장어 회는 그냥 먹으면 그 맛이 너무 아리다. 레몬즙이나 소금을 뿌린 후 냉장고에 2시간 정도 재워두면 아린 맛을 줄일 수 있다. 겨자를 섞은 초고추장에 찍어 상추나 깻잎에 싸먹으면 독특한 풍미를 즐길 수 있다.

피라미낚시

피라미는 우리나라 어느 곳이든 강이나 계곡에서 쉽게 만날 수 있으며 여울이 있는 곳이라면 어디서든지 낚을 수 있다. 낚시채비만 만들어주면 아이들도 쉽게 낚을 수 있고 무슨 요리를 해놓아도 맛있는 물고기여서 가족낚시에 최적의 어종이라 할 수 있다.

시즌과 낚시터

피라미낚시는 연중 즐길 수 있지만 가족이 함께 나들이를 겸해 떠날 수 있는 피서철이 제철이다. 장마 전후로 활기를 띠지만 장마 이후 뒤집힌 물이 점차 가라앉아 맑은 물빛을 회복할 시기에 조과가 가장 뛰어나다. 가을에는 굵은 피라미가 잘 낚인다. 겨울철 얼음낚시에서도 빙어와 함께 피라미가 낚이지만 빙어의 인기에 뒤진다.

피라미는 전국의 호수와 저수지, 강, 수로 등에 서식하지만 물이 맑은 호수나 계곡지, 강이 대표적인 낚시터다. 춘천호(지암리, 원평리, 고탄리, 인람리, 오월리 등), 소양호, 파로호, 의암호가 피라미낚시터로 유명하며

혼인색을 띤 수컷(위, 불거지) 피라미와 암컷 피라미.

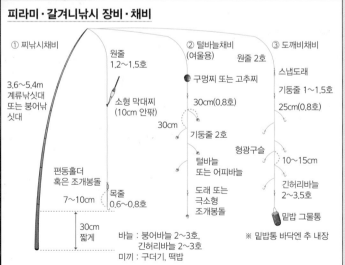

피라미·갈겨니낚시 장비·채비

① 찌낚시채비

3.6~5.4m 계류낚싯대 또는 붕어낚싯대

편동홀더 혹은 조개봉돌
7~10cm

원줄 1.2~1.5호

소형 막대찌 (10cm 안팎)

30cm

목줄 0.6~0.8호

30cm 짧게

바늘 : 붕어바늘 2~3호, 긴허리바늘 2~3호
미끼 : 구더기, 떡밥

② 털바늘채비 (여울용)

구멍찌 또는 고추찌

30cm(0.8호)

기둥줄 2호

털바늘 또는 어피바늘

도래 또는 극소형 조개봉돌

③ 도깨비채비

원줄 2호

스냅도래

기둥줄 1~1.5호

25cm(0.8호)

형광구슬

10~15cm

긴허리바늘 2~3.5호

밑밥 그물통

※ 밑밥통 바닥엔 추 내장

피라미 털바늘채비를 세팅한 낚싯대(왼쪽)와 바늘, 찌, 채비가 일체형으로 판매되는 도깨비채비(오른쪽).

밑밥망이 달린 피라미채비.

여름철이면 홍천강, 남한강, 섬강에서 나들이객들이 피라미낚시를 즐긴다.

장비와 채비

낚싯대
3.6~5.4m 길이의 붕어낚싯대 한 대만 있으면 된다. 여기에 채비를 연결해 찌낚시, 털바늘낚시, 도깨비채비낚시 등을 즐길 수 있다.

털바늘채비
보통 한 봉지에 4개가 들어 있으며 5천원 정도 한다. 비싼 털바늘은 한 봉지에 1~2개만 든 것도 있다. 털바늘에 목줄이 연결돼 있어

원줄에 묶기만 하면 된다. 강가와 가까운 낚시점에서 구입할 수 있다.

도깨비채비
도깨비채비란 소형 밑밥망에 5~6개의 바늘이 묶인 채비를 말하는데 밑밥망 안에 떡밥만 넣으면 바늘에 따로 미끼를 달지 않아도 피라미가 주렁주렁 매달려 올라온다. 채비하나에 2~3천원. 거의 모든 낚시점에서 팔고 있다.

낚시방법

피라미를 낚는 방법은 ①여울에서 하는 털

바늘에 걸린 피라미가 수면에서 끌려 나오고 있다.

강가 여울에서 피라미낚시를 즐기는 가족들.

피라미와 갈겨니

피라미보다는 갈겨니가 좀 더 상류의 맑고 차가운 물에 산다. 그래서 갈겨니는 강 중상류와 계곡에서 많이 볼 수 있고, 피라미는 강 중하류와 저수지, 댐에서도 볼 수 있다. 확실한 구분 기준은 눈이다. 피라미는 눈의 흰자위 상단에 마치 뾰족한 송곳에 찔려 피가 난 것처럼 붉은 점이 있다. 하지만 갈겨니 눈의 흰자 위에는 아무것도 없고 깨끗하다.

체색도 다르다. 피라미는 은백색을 띠는 반면 갈겨니는 배 쪽에 적황색을 띠고 꼬리지느러미 쪽으로 청색의 세로 줄무늬가 길게 나있다.

1년 중 6~8월이 되면 피라미와 갈겨니는 모두 산란기를 맞아 화려한 혼인색을 띤다. 피라미 수컷(불거지)은 열대어처럼 붉고 푸른 강렬한 혼인색을 띠고, 갈겨니 수컷도 배쪽의 노란색이 더욱 짙어진다.

갈겨니

바늘낚시, ②여울에서 구더기를 미끼로 쓰는 견지낚시, ③수심 깊은 소에서 하는 도깨비채비낚시가 있다. 견지낚시는 이 책의 견지낚시 편을 참고하기 바란다.

털바늘낚시

중부지역에선 견지낚시로 피라미를 많이 낚지만 구더기를 구하기 어려운 남부지역에선 털바늘낚시를 많이 즐기고 있다. 한국적 '플라이'라고 할 수 있는 털바늘은 파리 유충을 본떠 만든 것이다. 그래서 흔히 '파리낚시'라고 한다. 털바늘을 끌어주거나 튕겨주면서 입질을 유도해야 하기 때문에 2칸~3칸 민낚싯대를 사용한다. 털바늘낚시는 낮보다 수면이 어두워지는 해거름에 가장 입질이 활발하다. 전문 낚시인의 경우 100여 마리는 어렵지 않게 낚는다.

털바늘낚시의 조과는 일단 털바늘의 품질에서 좌우된다. 비싼 고급 바늘을 쓰면 확실히 잘 낚인다. 털바늘은 여러 색깔이 있는데 낮에는 흑색이나 갈색처럼 어두운 색이 좋고 해거름에는 밝은 적색이나 황색 바늘에 잘 낚인다. 대개 한 채비에 색색의 털바늘을 4개 정도 묶어두면 시간별로 잘 낚이는 바늘이 달라진다. 해거름의 피라미는 소나기 입질을 보이므로 주둥이에서 쉽게 뺄 수 있는 미늘 없는 바늘이 좋다.

털바늘을 구입하면 2호 기둥줄에 3~5개의 털바늘을 30cm 간격으로 단다. 이때 털바늘이 묶

털바늘낚시 테크닉

여름철이면 자갈이 깔려 있는 여울 어디든 피라미 털바늘낚시의 포인트가 된다. 단 유속이 너무 빠르거나 느린 여울은 피하고 모래바닥도 피해야 한다.

털바늘낚시 포인트는 무릎 수심 정도가 가장 좋다. 단 한낮에는 약간 깊은 허벅지 수심을 노리는 것이 좋고 해거름에는 피라미들이 얕은 여울로 올라붙기 때문에 아주 얕은 발목 수심을 노린다. 낚시구간을 정한 다음 상류에서부터 천천히 하류로 내려가면서 낚시한다.

털바늘낚시 기법은 크게 '옆끌기'와 '팅기기' 두 가지 낚시방법이 있다. 두 방법 모두 낚싯대를 조작하며 털바늘에 액션을 주어 빠르게 입질을 유도하는 것인데, 낚싯대를 가만히 들고 털바늘을 물살에 방치해 두면 낱마리밖에 낚을 수 없다.

옆끌기

그림과 같이 낚싯대를 옆으로 90도 각도로 던진 다음 앞으로 끌어들이면 줄의 각도가 60~45도에 이를 때 입질이 오게 된다. 낚싯줄이 정면에 오기까지 입질이 없으면 다시 반대편 옆으로 던져 이 동작을 반복한다. 이 옆끌기 동작은 기둥줄을 직선으로 펴주어 피라미가 털바늘을 발견할 수 있는 반경을 넓혀주는 데 목적이 있다. 피라미가 물면 '퍼더덕'하고 느낌이 오므로 찌를 특별히 볼 필요는 없다. 여기서 찌는 채비를 던지기 위한 무게를 주기 위해 달 뿐이다.

팅기기

옆끌기에 비해 다소 테크닉을 요하나 숙달되면 옆끌기를 능가하는 조과를 거둘 수 있는 낚시방법이다. 채비를 정면으로 던진 다음 낚싯대를 살짝 치켜들면서 '탁~탁~탁' 목줄을 팅겨 올려주는 식으로 낚싯대를 조작한다. 이 경우 수면을 흐르던 털바늘이 수면 위로 통통 튀게 되는데 이때 피라미가 맹렬히 공격한다. 입질이 없으면 한 발씩 하류로 이동하거나 옆으로 이동하면서 같은 동작을 반복한다. 역시 피라미가 뛰어 물면서 자동적으로 입걸림이 된다.

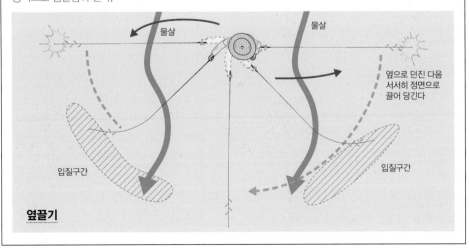

계곡에서 피라미낚시를 즐기는 낚시인들.

인 가짓줄 길이는 3cm 정도가 적당하다. 입질을 파악하기 위해 작은 막대찌를 쓰기도 한다.

상류에서 채비를 흘리면 '토독'하는 입질 후 곧이어 '퍼드덕'하는 피라미의 손맛을 느낄 수 있다. 좌우로 채비를 던져 앞으로 끌어주거나 살짝 수면에 튕겨주면 입질을 더 자주 받을 수 있다.

입이 작은 피라미는 털바늘에서 잘 떨어지기 때문에 살림망 위에서 고기를 따야 한다. 예전엔 종다래끼라고 해서 짚이나 대나무로 만든 바구니를 사용했는데, 그게 없으면 붕어낚시용 살림망에 줄을 연결해 가슴팍에 걸고 낚시하면 된다. 바늘을 툭툭 털어주면 손쉽게 피라미를 떼어낼 수 있다.

물속에서는 반드시 신발을 신어야 미끄러지지 않는다. 슬리퍼는 절대 금물이며 운동화나 계류화가 필요하다. 피라미는 깊은 여울에 들어가서 낚을 필요가 없다. 피라미는 얕은 여울을 거슬러 올라 먹이사냥을 벌이기

때문이다. 무릎 수심만 들어가도 피라미의 앙칼진 손맛을 충분히 볼 수 있고 수면이 어두워지는 해거름엔 아주 얕은 발목 수심에서 입질이 잘 들어온다. 털바늘낚시는 하루 종일 하는 게 아니라 보통 오후 3~4시에 시작해 해거름까지 한다.

도깨비채비낚시
도깨비채비 가지바늘의 바늘귀엔 형광색의 작은 구슬이 달려 있다. 피라미는 밑밥망에서 흘러내려온 떡밥을 받아먹다가 바늘귀의 구슬을 떡밥으로 착각하고 입질한다. 구더기나 지렁이를 달 필요가 없으므로 여성이나 아이들도 쉽게 사용할 수 있고 민낚싯대, 견짓대에 모두 쓸 수 있다는 게 장점이다. 채비는 반드시 상류 쪽으로 던진다. 그 이유는 밑밥망이 바늘보다 상류에 떨어지게 하기 위해서다. 밑밥망이 상류에 있어야 떡밥이 풀리면서 자연스럽게 바늘로 입질이 이어지기 때문이다.

요리

도리뱅뱅

피라미를 일단 튀기고 그 튀김은 도리뱅뱅으로 해먹으면 가장 맛있다. 도리뱅뱅은 프라이팬에 손질한 고기를 동그랗게 둘러놓는다는 의미의 '도리'와 익은 고기를 떼어낼 때 엉겨 붙은 피라미들이 통째로 '뱅뱅' 도는 모습을 보고 붙인 독특한 이름이다. 뜨거운 기름으로 튀겨서 뼈까지 바삭해진 다음에 양념장으로 바짝 졸이며 익히기 때문에 튀김과 조림의 맛을 동시에 맛볼 수 있다.

비늘과 내장을 제거한다.

깔끔하게 장만한 고기들.
20마리 정도가 적당하다.

고기들이 서로 겹치지 않도록 프라이팬에
동그랗게 둘러놓고 식용유를 붓는다.

5분 정도 튀겨 노릇노릇해지면
식용유만 덜어낸다.

고추장 한 수저, 설탕 반 수저, 고춧가루 한 수
저, 참기름 한 수저를 넣어 양념장을 만든다.

고루 저어 만든 양념장을
고기 위에 적당히 바른다.

다시 식용유를 적당히 부운 뒤

양념장이 고기 살에 잘 배어들도록
3분 정도 센 불로 다시 한 번 튀긴다.

고명으로 쓸 양파, 고추, 파는
가급적 잘게 써는 게 좋다.

고명을 올려 보기 좋게 장식한
도리뱅뱅.

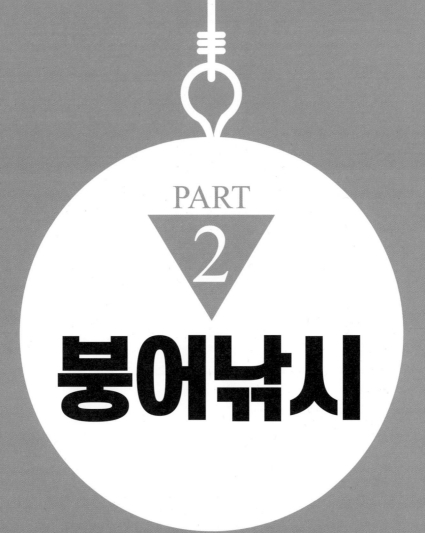

PART

2

붕어낚시

대물낚시

대물낚시는 원래 새우나 참붕어를 주 미끼로 억센 수초대를 공략하여 월척 이상 40cm에 달하는 붕어를 낚는 것이 궁극의 목표다. 과거 붕어낚시는 마릿수를 추구하는 떡밥낚시 위주였으나 90년대 초부터 대구, 경북을 중심으로 '큰놈 한 마리'를 지향하는 새우낚시가 새로운 유행을 선도하기 시작했고, 그 후 참붕어, 콩이 월척 미끼로 뜨고 2000년대 들어서는 글루텐, 지렁이, 옥수수에도 월척 붕어가 많이 낚이기 시작했다. 그래서 초창기에는 '대물낚시=새우낚시'라는 인식이 강했으나 지금은 새우 외에 다른 미끼들에도 대물이 잘 낚이는 상황으로 변모했다.

아무튼 이런 변화를 촉진한 것은 배스와 블루길의 확산이다. 외래종의 침입으로 붕어 자원은 줄고 살아남은 붕어 체형은 커지면서 '걸면 월척'인 낚시터가 증가해 자연스레 대물낚시로 전환한 측면도 있다.

특히 대물낚시는 '도전'과 '탐험'이라는 이미지로 젊은 층에게 어필하면서 20~30대를 붕어낚시 시장으로 끌어들이는 데 크게 기여했는데 확충된 도로망과 인터넷 광통신망, 내비게이션을 통한 정보의 전국적 교류도 원정낚시를 축으로 삼는 대물낚시의 확산을 부채질했다.

대물낚시는 단순한 트렌드에 그치는 것이 아니라 '한국적 붕어낚시의 재발견'으로 평가받고 있다. 낚시인들은 "대물낚시를 통해 그동안 몰랐던 토종붕어의 면모를 발견했다"며 놀라고 있다. 생미끼를 덮치는 토종붕어의 거친 식성과 무거운 찌맞춤이 별 문제되지 않을 만큼 찌를 선명하게 올려주는 토종붕어의 기운찬 입질은 대물낚시가 시도되기 전에는 상상하지 못했다.

초창기 대물낚시는 생미끼 대물낚시라는 의미와 함께 쓰였으나 2010년 이후 대물낚시는 글루텐떡밥, 옥수수 등에 더 많은 월척과 4짜가 낚이면서 생미끼만 고집하는 경우는 줄어들었다.

한편 2010년 후반부터 배스 자원이 줄면서 생미끼 대물낚시가 과거의 영화를 다시 찾을 것으로 예상했으나 그런 예상은 빗나가고 있다. 붕어의 식성이 동물성에서 식물성으로 변하면서 배스가 없어도 새우나 참붕어 미끼가 과거보다는 덜 먹히고 있기 때문이다.

시즌과 낚시터

대물낚시 시즌이 따로 있는 것은 아니다. 얼음만 얼지 않으면 사철 가능하다. 그러나 대물붕어 출현빈도가 높은 시기라면 산란기를 전후한 2~4월과 산란 후부터 장마철까지의 초여름, 그리고 붕어가 겨울나기를 준비하는 10~11월이다.

허리힘이 강한 대물낚싯대.

대물가방

살림망

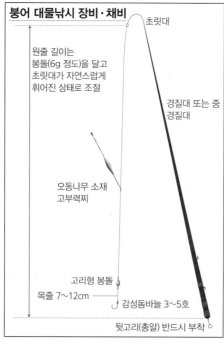

붕어 대물낚시 장비·채비

초릿대

원줄 길이는
봉돌(6g 정도)을 달고
초릿대가 자연스럽게
휘어진 상태로 조절

경질대 또는 중
경질대

오동나무 소재
고부력찌

고리형 봉돌

목줄 7~12cm

감성돔바늘 3~5호

뒷고리(총알) 반드시 부착

보통 가을을 대물낚시의 피크 시즌으로 알고 있지만 사실은 잘못된 인식이다. 점차 수온이 낮아지며 잔챙이는 줄고 굵은 씨알 위주로 낚이다보니 대물 시즌으로 오인되고 있는 것일 뿐 실제론 장마철을 전후한 무더운 여름에 가장 많은 월척과 대물이 올라온다. 다만 너무 더워 낚시인들이 고생하다보니 대물 시즌이라는 인식을 하지 못하는 것이다.

대물낚시터도 역시 따로 있는 게 아니다. 그러나 강이나 댐보다는 4짜붕어 확률이 높은 저수지나 수로에서 대물낚시가 성행한다.

장비

낚싯대

대물대는 거친 장애물 속으로 파고드는 대

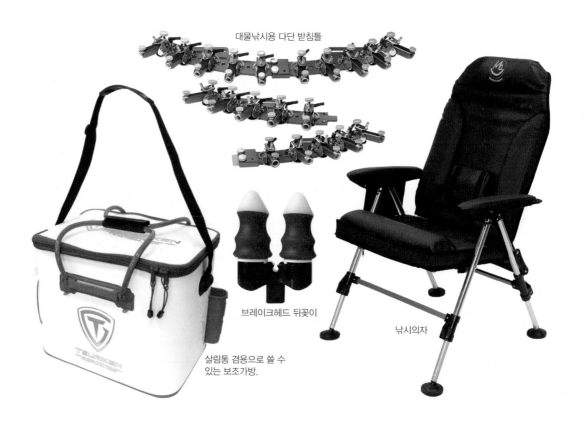

대물낚시용 다단 받침틀

브레이크헤드 뒤꽂이

낚시의자

살림통 겸용으로 쓸 수 있는 보조가방.

물붕어를 단시간에 제압해 수면으로 띄워야 하고 때로는 수초를 휘감은 붕어를 끌어내야 하므로 강한 허리힘(반발력)과 쉽게 부러지지 않는 질긴 강도가 필요하다. 또한 밤중에 앞치기로 좁은 수초구멍에 정확히 던져 넣을 수 있는 조작성도 요한다.

대물낚시는 월척이 다니는 길목에 생미끼를 깔아놓고 기다리는 낚시이므로 적게는 4~6대, 많게는 7~10대까지 펴는 다대편성을 취한다. 따라서 많은 낚싯대가 필요하다.

대물낚싯대의 길이 단위는 회사마다 다르다. 1.5칸, 1.9칸, 2.2칸…으로 가거나 1.7칸, 2.1칸, 2.5칸…으로 간다. 최근엔 0.2칸 단위로 더 세분화해 올라가기도 한다. 어떤 식이든 가장 짧은 1.5칸 대부터 긴 5.0칸 대까지는 각 한 대씩 기본적으로 있어야 하고 자주 쓰는 2.5칸~4.0칸대는 두 대씩 있어야

각 포인트에 맞춰 최적의 대편성을 할 수 있기 때문에 기본적으로 10~20대의 많은 낚싯대가 필요하다.

총알과 브레이크

다대편성을 하는 대물낚시에선 졸음이 밀려오는 새벽녘에 입질을 미처 보지 못해 붕어가 낚싯대를 끌고 가는 경우가 많다. 그래서 총알과 뒤꽂이는 필수다.

총알이란 낚싯대 손잡이 끝에 다는 일종의 안전핀이다. 생김새가 총알을 닮아 '총알'이란 속어로 많이 쓰인다. 총알과 연결된 고무줄은 적당히 짧아야(6~7cm가 적합) 뒤꽂이에 잘 걸린다. 총알이 너무 가벼우면 뒤꽂이에 부닥쳤다 튕기기 때문에 금속이 내장된 총알을 나무로 깎아서 만들거나 바다낚시용 수중찌를 소재로 자작해 쓰는 사람도

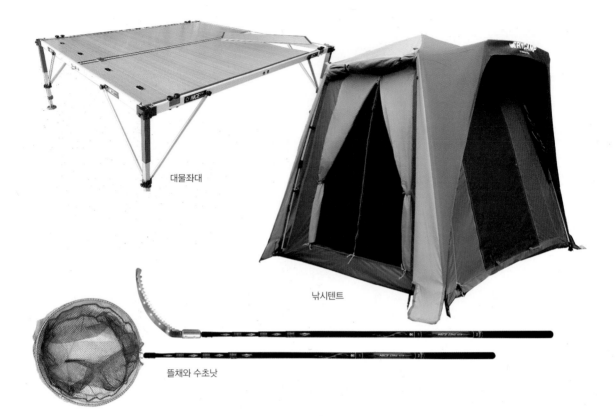

대물좌대

낚시텐트

똘채와 수초낫

있다.

브레이크는 뒤꽂이에 달린 낚싯대 조임틀을 말한다. 과거 제품은 대 끝이 밑으로 처박히면 간혹 손잡잇대가 브레이크에서 위로 튕겨 나가는 수가 있고, 4.5칸 이상 긴 대는 손잡잇대가 굵어 브레이크 사이에 들어가지도

않았다. 그러나 최근에는 크고 악력이 강한 제품이 속속 출시돼 그런 불편이 사라졌다. 브레이크를 사용할 땐 낚싯대에 수축고무를 감아주어야 순간 당김에 손잡이대가 브레이크에서 미끄러지지 않는다. 그리고 총알을 쓸 때와는 달리 대 끝을 브레이크에서 10~20cm 뒤로 빼놓아야 빠지더라도 중간에 멈추고 채기도 편하다.

수초제거기

수초제거용 낫, 이른바 수초제거기는 대물낚시에 없어서는 안 될 장비다. 밀생한 마름이나 말풀을 적당량 걷어낼 때, 채비 투입을 방해하는 갈대나 부들을 잘라낼 때 요긴하게 쓰인다. 그러나 수초대는 인위적으로 건드릴수록 대물의 확률은 떨어지므로 부득이한 경우에만 사용해야 한다. 수초제거기는

대물낚시용 찌

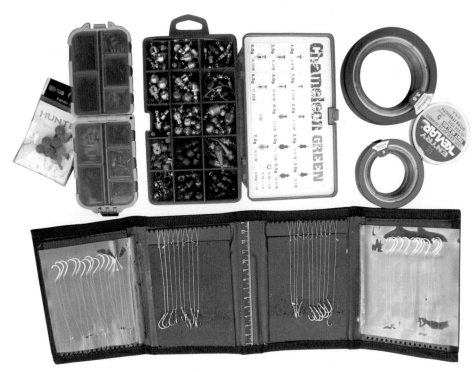

대물낚시에 사용되는 각종 소품들.

9m 길이가 가장 많이 쓰이며 낚의 날은 매끈하면 수초에 닿았을 때 미끄러져 버리므로 톱날 모양이어야 한다.

받침틀

대물낚시에선 8단 또는 10단 받침틀이 주로 쓰인다. 12~16단짜리도 있다. 받침틀은 예전엔 석축이나 딱딱한 바닥에서 쓰이는 낚시장비라 여겼지만 지금은 장소를 막론하고 상시적으로 쓰이는 추세다. 성능에는 별차이가 없으나 멋진 디자인 때문에 비싼 가격에 팔리는 제품도 있다. 받침틀의 기능은 메이커마다 엇비슷하다. 일단 들어 보아 가볍고 사용이 간편한 제품이 가장 좋다. 받침틀은 자립다리와 연결해 쓰는 일명 '섶다리형'이 있고 좌대에 클램프로 연결해 쓰는 방식도 있다. 최근에는 거의 좌대를 쓰기 때문

에 섶다리형보다는 받침틀만 단독으로 구입하는 추세다. 만약 발판이 좋아 굳이 좌대를 펼 필요가 없을 때는 섶다리형이 유리하지만 둘 다 갖고 다니기엔 부피가 크고 이중지출이 되어 금전적으로 부담이 된다.

낚시텐트와 파라솔텐트

밤 기온이 찬 10월~4월에는 낚시텐트가 훌륭한 보온장비가 된다. 낚시텐트가 안락하지만 설치하기 간편한 파라솔텐트도 많이 쓰인다. 겨울엔 텐트만 가지고는 보온이 완벽하지 않으므로 가스히터와 모포를 준비해야 한다.

기타 장비

살림망은 그물 올이 비단처럼 고운 망이 좋다. 망이 고울수록 붕어의 비늘과 지느러미

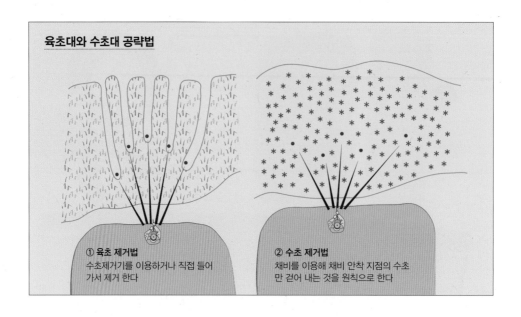

육초대와 수초대 공략법

① 육초 제거법
수초제거기를 이용하거나 직접 들어 가서 제거 한다

② 수초 제거법
채비를 이용해 채비 안착 지점의 수초 만 걷어 내는 것을 원칙으로 한다

가 상하지 않고 망 속으로 거머리가 들어오는 것도 막을 수 있다. 기온이 낮은 10월~4월에는 살림망 대신 비닐바구니에 물을 담아 붕어를 살려도 밤새 살아 있다.

랜턴은 모자에 달 수 있는 극소형 전등과 큰 손전등 두 개가 필요하다. 극소형 전등은 밤낚시 도중 채비를 교체할 때, 큰 전등은 밤에 수초 포인트를 식별하거나 이동할 때 필요하다.

의자는 오랜 기다림의 낚시인 대물낚시에서는 크고 편안한 것이 반드시 필요하다. 네 다리 높낮이가 각각 조절되는 의자라야 다양한 지형에서 편하게 낚시할 수 있다.

파라솔은 비바람과 밤이슬을 막아주는 장비로 대물낚시의 필수품이다. 50인치짜리 대형이 인기를 끌고 있다.

파라솔 각도기는 파라솔 밑 공간을 널찍하게 쓰기 위한 장비이다. 파라솔 가운데에서 90도 각도로 두 번 꺾인 구조라 파라솔 밑 공간을 최대한 활용할 수 있다.

밀생수초 공략 해결사 '유동채비'

유동채비는 찌와 봉돌이 동시에 수면에 착수, 봉돌이 수직으로 가라앉기 때문에 거칠고 좁은 수초 구멍을 노리는데 대단히 편리하다. 그러나 계곡지나 수심이 깊은 일반적인 포인트에서는 장점이 두드러지지 않는다.

채비

대물찌

떡밥찌의 역할이 예민한 어신 전달에 있다면 대물찌의 역할은 정확한 포인트 침투에 있다. 특히 새우, 참붕어 등을 미끼로 쓸 때는 수초 등 장애물을 뚫고 미끼를 가라앉혀야 하므로 대물찌의 부력이 커야 하고, 얕은 수심을 자주 노리므로 너무 길어선 불편

앞치기로 포인트에 채비를 던져 넣고 있는 낚시인.

하며, 튼튼하게 만들어져 장애물과의 부딪침 속에서 잘 버텨야 한다. 그래서 대물찌의 보편적 사양은 '9~12호 부력에 전체 길이 35~45cm, 찌톱 굵기 1.2~2mm, 몸통 소재 오동목'으로 정리할 수 있다. 그러나 대물찌라고 해서 너무 둔해서도 안 된다. 잡어의 공격 유무를 감지해서 미끼 교체시기를 알려줘야 하고, 간혹 미약한 대물붕어의 입질도 잡아내야 하기 때문이다.

원줄과 목줄

대물낚시에선 4~5호로 굵은 원줄을 쓴다. 물론 2~3호 줄로도 4짜 이상 붕어를 끌어낼 수는 있다. 그러나 대물낚시는 수초나 장애물 지대를 주로 노리기 때문에 장애물 속에서 대어를 끌어낼 수 있는 강한 줄이 필요한 것이다. 또 20대 이상씩 휴대한 낚싯대의 원줄을 작은 흠집이 났다고 해서 매번 갈아줄 수는 없는 노릇이므로 일부러 강한 줄을 쓴다.

목줄도 합사 대신 단사(홑줄=모노필라멘트, 흔히 경심이라고 부른다)를 쓴다. 합사는 부드럽지만 수초에 잘 엉키는 폐단이 있다. 목줄은 장애물에 걸리면 끊어져서 원줄과 낚싯대를 보호해야 하므로 원줄보다는

한 단계 가는 3~4호를 쓴다. 짧은 대에는 3호, 4칸 이상 긴 대에는 4호 목줄이 좋다. 긴 대에 더 굵은 목줄을 쓰는 이유는 챔질 순간 긴 대의 충격이 강하기 때문이다. 40cm 붕어가 걸렸을 때 4칸~4.5칸 대를 강하게 채올리면 순간적으로 3호 목줄이 허무하게 날아가는 사례가 실제로 있다.

대물낚시용 바늘채비는 외바늘채비를 원칙으로 하며, 목줄 길이는 수초가 밀생한 곳에선 6~7cm로 짧은 목줄이, 일반적인 곳에선 10~12cm로 긴 목줄이 유리하다.

낚싯바늘

감성돔바늘은 새우 배꿰기에 좋다. 몸체가 둥글고 허리 품이 넓어 둥글게 말린 새우 등을 따라 꿰기 좋다. 소형 새우(2.5cm)-5호, 중형 새우(3~3.5cm)-6호, 대형 새우(4cm)-7호, 특대형 새우(4.5~5cm)-8호를 쓴다. 다만 새우를 등꿰기로 할 때나 참붕어나 메주콩을 쓸 때는 4~5호 바늘로 충분하다.

이두메지나바늘은 참붕어, 떡밥, 새우 등꿰기에 좋다. 이두메지나는 일본 이즈(伊豆) 반도에서 벵에돔(메지나)바늘로 개발된 것인데 우리나라에선 향어바늘로 많이 쓰였

원줄 길이 맞추기

4칸 이상 긴 대의 원줄 길이는 기본적으로 대 길이보다 50cm 이상 짧아야 한다. 낚시인에 따라서는 채비를 단 상태에서 낚싯대를 수직으로 세워 봉돌이 손잡잇대 끝에서 30cm 위에 오게끔 조절한다(이 경우 낚싯대를 수평으로 놓고 재면 봉돌이 손잡잇대 끝에서 1m 위쯤에 위치한다). 최근에는 낚싯줄을 길게 써 투척 거리를 늘리려는 욕심보다 정투에 더 심혈을 기울이는 추세다. 그래서 보통은 봉돌이 낚싯대의 두 번째 마디가 시작되는 부분에 오도록 조절하는 경우가 늘어났다. 이래야 앞치기 때 낚싯대의 탄성이 좋아져 정투가 잘 되기 때문이다.

바늘집에 꽂아놓은 대물낚시용 바늘채비.

다. 감성돔바늘보다 가볍고 바늘 끝이 안으로 구부러져 있지 않아 챔질이 잘 된다. 배스가 많아 식물성 떡밥으로 승부해야 할 때, 붕어의 먹성이 약할 때 쓰면 좋다. 13호를 주로 쓴다.

구레바늘은 참붕어, 콩, 새우 등꿰기에 좋다. 구레바늘은 이두메지나바늘과 같이 벵에돔바늘로 개발됐는데 강선이 더 굵어서 뻗지 않는다. 그래서 감성돔바늘보다 작은 크기를 써도 더 높은 강도를 발휘한다. 작은 구레바늘은 붕어 주둥이에서 바깥으로 많이 노출되지 않아 붕어가 수초 속으로 파고들어도 바늘 끝이 수초줄기에 잘 걸리지 않는 장점이 있다. 그래서 질긴 수초대에서 애용되는 바늘이다.

미끼

새우

새우는 가장 대표적인 대물붕어 미끼로 밤낚시 필수 미끼다. 낮보다 밤낚시에 효과적이며 큰 붕어가 낚일 확률이 높다. 다만 월척급은 잘 낚여도 4짜급은 드물게 낚이는 특징이 있다. 참붕어가 잘 먹히는 곳에서도 밤에는 새우에 입질이 활발하다. 특히 1m 미만의 얕은 수심에서 최고의 효력을 발휘한다. 그러나 저수온기에 약한 면모를 보이며 배스나 블루길이 유입된 곳에선 효과가 떨어진다.

참붕어

참붕어는 새우보다 낮에 잘 먹히는 미끼로서 특히 해거름과 동 틀 무렵에 꼭 써볼 필요가 있다. 새우에도 잔챙이 붕어가 달려드는 곳에선 5cm 이상의 큰 참붕어를 쓰면 준척 이상만 골라 낚을 수 있다. 특히 참붕어의 산란기인 4~6월에 가장 잘 먹힌다. 새우

물통에 보관한 대물붕어.

는 찌올림이 느긋해 챔질타이밍 잡기가 쉽지만 참붕어는 약간 까다롭다. 새우와 지렁이 찌올림의 중간 느낌인데, 챔질 타이밍이 늦으면 놓치는 경우가 잦기 때문에 입질을 잘 주시해야 한다.

지렁이

지렁이는 겨울과 초봄의 저수온기에 필수적인 미끼다. 또 수초대에서 낮낚시를 할 때는 계절 불문하고 최상의 미끼다. 오름수위 때 흙탕물에서도 잘 먹힌다. 특히 처음 가본 저수지의 붕어 활성을 체크하는 탐색용 미끼로는 지렁이가 으뜸이다. 그밖에 수온 저하 또는 수위 변화로 붕어의 생활리듬에 급격한 변화가 왔을 때 다른 미끼는 안 먹혀도

대물낚시용 미끼인 참붕어.

미끼별 최적 상황

지렁이	산란기 낮낚시 수초 직공낚시 초겨울 저수온기 오름수위 흙탕물 생자리 탐색 얼음낚시
글루텐 	유료낚시터 떡붕어 노릴 때 배스, 블루길 많은 곳 동절기 저수온기 산란 후 휴식기 유속 있는 수로
곡물떡밥 	계곡지와 댐 강낚시 대물 건탄낚시 외래어종 덤빌 때 맨바닥 마릿수낚시
새우 	계곡지 갓낚시 새물 유입 때 새끼 새우 많을 때 대물 선별할 때 간척지, 해안가
참붕어 	참붕어 산란기 참붕어 서식지 초저녁, 새벽에 낮낚시 씨알 선별 겨울 섬낚시
옥수수	배스, 블루길 많은 곳 옥수수 학습된 곳 연밭 또는 늪지 잔 붕어 속 씨알 선별 준계곡지 마릿수낚시 해빙기~초봄
메주콩 	새우에도 잡어 덤빌 때 배스, 블루길 많은 곳 밭작물 유입된 곳 연밭 또는 늪지 붕어 씨알 선별 때 초저녁 동자개 설칠 때

지렁이는 먹힌다.

특히 배스터에서의 이른 아침낚시에 위력적이다. 단점은 씨알 선별력이 떨어진다는 것이며 대체로 계절 불문 밤에는 덜 먹힌다.

떡밥

떡밥은 마릿수 미끼로 분류되지만 배스나 블루길, 동사리 등 동물성 미끼를 공격하는 육식어종이 많은 곳에선 붕어만 골라 낚을 수 있는 대물 미끼로 사용된다.

글루텐과 토종 곡물떡밥으로 분류해서 사용한다. 감탕바닥에서 건탄낚시를 할 때는 신장떡밥류의 곡물떡밥을 쓴다. 글루텐은 배스 또는 블루길이 많은 곳에서 특효 미끼다. 그런 곳엔 잔 붕어가 없기 때문에 곡물떡밥보다 부드럽고 입질이 빠른 글루텐떡밥이 유리하다. 글루텐떡밥은 바늘에 오래 붙어있는 점착력이 최고의 장점인데 그래서 수초대에서도 효과적이다.

메주콩

메주콩은 감탕이 많은 평지형 소류지, 연밭에서 잘 먹힌다. 잡어 성화에 가장 강하여 잡어가 많이 달려드는 곳에서 비상용 미끼로 좋다. 그러나 메주콩을 즐겨 쓰는 경북지방에서도 옥수수가 보편화되면서 갈수록 사용 빈도가 줄고 있다.

옥수수

2000년대 이후 사용 빈도가 가장 높아진 미끼다. 구입과 휴대가 편하고 씨알과 마릿수 조과를 동시에 거둘 수 있는 미끼로 인정받고 있다. 옥수수의 등장으로 다양한 대물 미끼들의 입지가 좁아지고 있다. 특히 옥수수를 많이 사용한 곳에서는 붕어의 입맛이 옥수수에 길들여지기 때문에 옥수수 효과는 시간이 갈수록 강하게 나타난다. 잡어와 잔챙이 붕어가 많은 토종터에서는 크고 단단한 옥수수, 배스가 서식하고 붕어의 입질이 예민한 곳에서는 부드러운 옥수수가 잘 먹힌다.

낚시방법

대물낚시는 크게 두 가지 패턴으로 나뉜다. 첫째, 다양한 씨알의 토종붕어가 혼재한 곳에서 새우, 참붕어, 메주콩 등의 크고 딱딱한 미끼로 준척 이상의 큰 붕어만 선별해서 낚는 패턴이다.

둘째, 배스나 블루길이 유입되어 큰 붕어만 서식하는 곳에서 지렁이, 떡밥, 옥수수, 새우 중에서 가장 입질이 빠른 미끼를 선택하여 붕어를 낚는 패턴이다.

그중 엄밀한 의미의 대물낚시는 전자에 해당하지만, 최근엔 후자의 패턴이 외래어종 확산에 의해 '어쩔 수 없이' 늘어나고 있다. 그리고 다대편성을 바탕으로 잦은 미끼 교체 없이 불빛과 소음을 줄인 정숙 속에 대물붕어의 입질을 진득하게 기다린다.

대물붕어는 개체수가 적고 먹이사냥 시간이 짧기 때문에 그 '입질시간대'를 정확히 예측하는 것이 일종의 테크닉인데, 입질시간대는 먼저 낚시한 꾼들의 정보를 통해 알 수도 있으나 물색, 수온, 수심, 계절을 토대로 예측할 수 있어야 고수라고 할 수 있다. 수많은 변수가 존재하지만 대체로 본 각 조건별 입질시간대는 다음과 같다.

첫째, 물색이다. 물이 맑을수록 깊은 밤이나 새벽에 입질이 잦고, 물이 흐릴수록 초저녁과 아침~오전에 입질이 잦다.

둘째, 수온이다. 적서수온에 가까울 때는 초저녁과 새벽~아침에 입질이 잦고, 수온이 낮거나 반대로 너무 높을 때는 한밤중과 아침 또는 한낮에 입질이 잦다.

셋째, 수심이다. 수심이 얕은 곳에선 초저녁과 새벽~아침에 입질이 잦고, 수심이 깊은 곳에선 한밤중이나 낮에 입질이 잦다.

넷째, 계절이다. 봄에는 오후~초저녁에 입질이 잦고, 여름과 가을엔 한밤~새벽에 입질이 잦고, 겨울엔 한밤~새벽과 낮에 입질

이 잦다.

포인트 고르기

대물낚시 포인트 선정의 3요소는 물, 지형, 수초다. 이 세 가지 중 적어도 두 가지는 맞아야 대물붕어와 상면할 수 있고 세 가지가 모두 어우러지면 완벽한 명당이 된다.

첫째, 물. 붕어는 보통 1~3m 수심권에 서식하지만 대물은 수초 여건이 좋은 1.2m 이내의 얕은 수심대에서 속출하는 경우가 많다. 붕어의 적정수온은 18~23도로 알려져 있지만 산란을 하기 위한 적정수온은 17~20도 정도이다. 이는 각 서식처별 환경에 따라 다소간의 차이가 있을 수 있다. 수심과 수온이 적당하다면 다음은 물색이다. 같은 수심이라면 탁한 물색이 더 안정감을 줄 수 있다. 탁한 물에도 플랑크톤의 광합성 작용이나 부유물질의 확산으로 전체가 뿌옇게 흐린 경우가 있고, 차갑고 탁한 새물이 흘러들어 바닥 또는 저층부만 탁한 경우가 있으며, 일조량이 많은 경우 표층부터 물이 데워져 상층부에서만 플랑크톤의 광합성이 일어나면서 상층부만 흐린 경우도 생길 수 있다. 이 중에서 대물낚시에 가장 유리한 물

거친 수초밭에서 대물붕어와 파이팅을 벌이고 있다.

수초로 둘러싸인 포인트에서 입질을 기다리고 있는 낚시인.

색은 전체가 뿌옇게 흐려 잿빛 색깔을 내는 경우다.

둘째, 수초. 수온·수심·물색의 3요소가 다 갖추어져도 수초와 지형지물이 제대로 갖춰져야 대물을 낚을 수 있다. 특히 수초는 대물 포인트 선정의 핵심 요소다.

육초대는 오름수위의 포인트가 된다. 육초대는 질기게 밀생할 때가 많기 때문에 대물

독립수초대+연안수초대 공략법

독립수초대   연결수초대   연안수초대

독립수초대는 언저리와 중심 부분을 노린다

의 이동과 채비 안착을 어렵게 만든다. 따라서 제거작업을 해야 한다. '수초를 심하게 건드리면 고기가 붙기 어려워진다'는 상식을 육초대에서 만큼은 버려야 한다.

말풀류의 침수수초대는 가능한 한 수초제거기를 사용하지 않고 자연스럽게 바늘로 걸어 내어 채비를 넣을 공간만 확보하는 것이 효율적이다. 또 침수수초가 밀생한 곳에선 수초대 언저리를 공략하는 것도 한 방법이다.

지나치게 빽빽한 밀집 수초대에선 우선 대물이 들어올 수 있는 통로가 있는가를 점검해야 한다. 그리고 그 통로가 끝나는 지점에 대를 편성하며 통로가 시작되는 입구엔 1~2대만 펴서 붕어의 이동길목을 차단하지 않도록 한다.

연안에서 멀리 떨어진 독립수초대가 있다면 1급 포인트다. 긴 대를 이용해 공략해야 한다. 또 독립수초대와 밀집된 수초가 이어져 만나는 경계지점은 대물 출현 빈도가 높다.

침수수초와 정수수초가 어우러진 곳은 연안엔 말풀이 들어차 있고 수면 쪽으로는 갈대

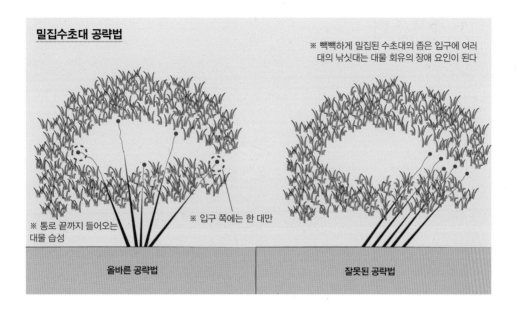

밀집수초대 공략법

※ 빽빽하게 밀집된 수초대의 좁은 입구에 여러 대의 낚싯대는 대물 회유의 장애 요인이 된다

※ 통로 끝까지 들어오는 대물 습성

※ 입구 쪽에는 한 대만

올바른 공략법

잘못된 공략법

와 부들이 있는 곳(일반적인 수초 형성 순서와는 반대 현상)이 대물 포인트로 손색이 없는 곳이다. 특히 갈대와 부들이 변색하는 가을에는 변색된 정수수초가 효력을 발휘한다.

셋째, 지형지물. 서식처의 지형지물은 대물 붕어의 서식이나 은신, 산란처, 회유로와 밀접한 관련이 있다. 지형지물 자체가 독립적 포인트를 형성하기도 하고 수초를 더하여 특급 대물 포인트가 되기도 한다.

제방과 무넘기는 배수기와 갈수기, 여름철 고수온일 때 포인트가 된다. 제방권의 3~4m 수심에서 포인트가 형성될 수 있다.

물골과 유입 수로는 새물찬스 시기의 포인트다. 물골은 붕어가 회유할 때, 또는 새물이 들어올 때 길목을 지키는 포인트다. 야간이나 붕어가 활발히 활동하는 시기엔 연안 접근성이 확보되며 물골의 끝 지점은 본바닥에 은신하던 붕어가 먹이에 접근하기 용이하다.

콧부리는 수면으로 돌출돼 있어 붕어가 회유하는 길목을 노리기에 적당하다. 콧부리와 이어지는 돌아앉은 자리는 회유하던 붕어가 자연스럽게 지체하는 곳이며 콧부리 정면에 장애물과 수초가 있다면 최상의 포인트가 된다.

급경사이면서 깊은 음지인 골자리는 여름철 고수온 때나 산란 후 회복기, 배수기의 포인트가 된다. 수심이 얕거나 양지라면 봄철 먹이활동 장소가 되고 특히 장마철 첫 오름수위 때 좋은 포인트가 된다.

완경사와 급경사가 만나는 턱진 지점은 깊은 곳과 얕은 곳을 동시에 공략할 수 있다는 장점이 있다. 먹이활동이 왕성한 시기와 밤 시간에는 얕은 둔덕이 포인트가 되고, 먹이활동이 저조한 시간과 낮 시간에는 깊은 곳이 포인트가 된다. 특히 독립수초대를 형성하고 있는 둔덕은 아주 좋은 포인트다.

수몰된 고사목, 잡목 등은 대물의 훌륭한 은폐·엄폐물이 된다. 돌무더기와 바윗돌 지역도 좋은 포인트다. 돌 틈 사이로 채비가 걸릴 수 있지만 밑걸림을 불사하고라도 바위 옆으로 붙이는 것이 유리하다.

갓낚시

갓낚시란 물가의 가장자리를 노려 붕어를 낚는 기법을 말한다(갓이란 도로의 갓길처럼 중심에서 벗어난 가장 바깥쪽 공간을 의미한다). 대물낚시 고수 서찬수(작고) 씨가 창안한 낚시방법이다.

원래 자연 상태의 모든 물고기는 얕은 연안을 따라 회유하고 먹이활동하는 것을 즐긴다. 그러나 낚시터는 늘 낚시인들로 붐비기 때문에 유명 낚시터일수록 붕어는 평소 깊은 수심에 은신해 있고 인적이 뜸한 상황에만 얕은 곳으로 나와 먹이활동을 하는 게 일반적인 특징이다. 특히 연안 회유가 가장 활발한 시간대는 초저녁으로 이때부터 깊은 수심에 있던 붕어들이 얕은 연안으로 나와 낚시에 걸리는 것이다.

빠르면 해지기 30분~1시간 전부터 붕어들의 얕은 연안 회유가 시작되며 해지고 한두 시간 정도까지가 최고의 입질 피크 시간이라고 할 수 있다. 대체로 오후 7시경 날이 어두워진다면 밤 10시 무렵까지가 가장 입질이 활발한 시간대라고 할 수 있다.

그러나 갓낚시가 잘 되기 위해서는 전제조건이 필요하다. 가장 기본이 되는 사항은 낚시인의 손길을 덜 탄 낚시터야 한다는 점이다. 그런 곳은 붕어들의 경계심이 적기 때문에 초저녁 갓낚시가 매우 잘 된다. 반면 매일 낚시인들이 드나드는 유명낚시터는 갓낚시 조황이 크게 떨어지는데 그만큼 붕어들이 낚시인들이 몰리는 얕은 연안으로의 접근을 꺼리기 때문이다. 갓낚시가 잘 되기 위한 조건은 다음과 같다.

초저녁 입질이 그날 입질의 7할 이상 차지해

앞서 언급했듯이 갓낚시는 해질녘부터 밤 10시 이전까지가 최고의 입질 피크이다. 이 시간대에 그날 입질의 7할 이상이 들어온다고 해도 과언이 아니다. 밤 10시가 넘어가면 입질은 뜸해진다. 먹이활동을 마친 붕어들이 다시 깊은 곳으로 들어갔기 때문이다. 따라서 이때부터는 갓으로 편 낚싯대보다 낚시터 중앙을 향해 펼친 낚싯대에 더 잦은 입질이 들어올 확률이 높다.

평지형지보다는 계곡형지가 유리

깊은 곳은 생각보다 붕어의 먹잇감이 많지 않다. 그래서 계곡형지 붕어들은 초저녁이 되면 얕은 곳으로 나와 먹이활동을 한다. 그래서 수심이 완만해 어디에나 먹잇감이 많은 평지형지보다는 수심차가 현저하게 큰 계곡형지에서 갓낚시가 잘 되는 편이다.

계곡형 소류지에서 갓낚시로 연안을 노리고 있다.

대형지보다는 소류지가 입질 확률 높아

대형지보다 소류지에서 월척 확률이 높은 이유는 간단하다. 규모가 작다보니 포인트가 한 정적이기 때문이다. 쉽게 말해 수심 깊은 소류지라면 최고의 포인트는 가장 얕은 상류권이 될 것이다. 그런 소류지는 많아야 한두 자리 밖에는 포인트가 안 나오는 경우가 대부분이 다. 그만큼 초저녁에 연안으로(갓으로) 올라붙는 붕어를 만날 확률이 높다.

다듬어지지 않은 생자리를 노려라

앞서 얘기했듯이 갓낚시는 인기척이 많은 곳에서는 효과가 떨어진다. 그래서 갓낚시 전문 가들도 서너 번 정도 재미를 본 뒤 포인트가 소문이 나면 그 낚시터는 한동안 찾지 않는 경우가 대부분이다. 즉 붕어가 이미 '이 연안은 위험한 구간'이라는 사실을 체감하고 있기 때문이다. 그래서 갓낚시는 제방 무넘기 앞, 급경사지대에서 갑자기 얕아지는 중류권 연안 등 평소 일반적으로 노리지 않던 생자리에서 더 잘 되는 특징을 갖고 있다. 물론 그 낚시터가 평소 낚시인들이 찾지 않던 미답지라면 다대편성을 해도 갓으로 편 낚싯대에 가장 먼저 초저녁 입질이 들어올 확률이 높다.

최대한 정숙하게 낚시해야

갓낚시는 얕은 연안으로 접근한 붕어를 노리기 때문에 정숙이 생명이다. 그래서 거추장스러운 대좌대를 펴거나 다대편성하는 것은 오히려 손해다. 많아야 4~5대의 낚싯대만 얕은 연안을 향해 편성하는 것이 바람직하며, 물가에서 몇 미터 정도 뒤로 물러나서 낚시하면 더욱 유리하다. 그런 이유로 갓낚시 전문가들은 파라솔도 펴지 않는 경우가 많다. 어차피 밤 12시 이전에 낚시를 끝내는 경우가 많기 때문에 파라솔은 오히려 거추장스럽다.

짧은 대보다는 긴 대가 유리해

물가를 노리니 짧은 대가 좋을 것 같지만 실제로는 그 반대다. 연안에서 멀리 떨어져 낚시하려면 긴 대가 유리하다. 또 물가에 바짝 접근해 낚시할 수밖에 없는 경우도 있는데 이때 역시 낚싯대가 길어야 좌우의 얕은 수심대를 먼 거리에서, 인기척을 전달하지 않으면서 낚시할 수 있다. 그래서 갓낚시에서는 4칸대 이상의 긴 낚싯대가 많이 사용된다.

갓낚시 시간대별 입질 지점

초저녁 입질 지점

한밤중 입질 지점

떡밥낚시

떡밥낚시는 붕어낚시의 기본이 되는 낚시다. 찌올림이 부드럽고 정갈해 찌 보는 맛을 최고로 꼽으며 붕어낚시의 예신, 본신, 챔질 타이밍에 대한 감을 익히는 데 가장 적합한 장르다. 또 떡밥은 생미끼와 달리 여러 가지 형태와 점성으로 만들어 쓸 수 있고 냄새가 고소하여 여성과 어린이들도 쉽게 접할 수 있다.

새우, 콩, 옥수수, 참붕어 등을 쓰면 씨알은 굵게 낚일지 몰라도 입질이 너무 뜸해 지루하지만 떡밥낚시는 집어만 되면 연속 입질을 받을 수 있어 초보자도 쉽게 재미를 느끼고 빠져든다.

근래 배스가 많은 곳에서는 떡밥에도 월척이 자주 올라오므로 낚시터 여건에 따라서 떡밥이 대물 미끼로도 변신한다. 이처럼 붕어 떡밥낚시는 찌를 사용하는 모든 민물낚시의 기본이자 교과서적인 낚시로서 붕어낚시에 입문하고자 하면 떡밥낚시부터 익혀야 한다.

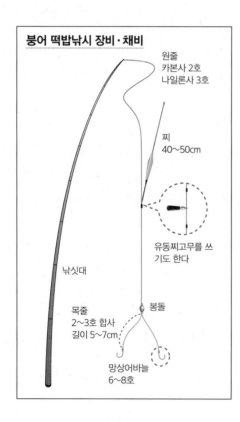

붕어 떡밥낚시 장비·채비

원줄
카본사 2호
나일론사 3호

찌
40~50cm

유동찌고무를 쓰기도 한다

낚싯대

목줄
2~3호 합사
길이 5~7cm

봉돌

망상어바늘
6~8호

시즌과 낚시터

과거엔 겨울~봄엔 지렁이낚시를 주로 하고 떡밥낚시는 여름~가을낚시로 한정하는 경우가 많았으나 최근엔 사철 떡밥낚시가 이루어지고 있다. 특히 글루텐떡밥이 등장하면서 수온이 낮은 초봄, 심지어 얼음낚시에도 떡밥으로 붕어를 낚는 낚시인들이 부쩍 늘어났다. 특히 유료낚시터에서는 사철 떡밥낚시로 붕어를 낚는다.

떡밥낚시가 잘 되는 낚시터는 바닥 여건과 밀접한 관련이 있다. 계곡지의 마사토처럼 바닥이 깔끔하고 단단한 곳이 최고다. 이런 곳은 떡밥이 이물질에 묻히지 않아 눈에 잘 띄며 붕어의 흡입 때 불쾌감을 주지 않아 찌올림도 깔끔하다. 반대로 바닥이 감탕인 곳에서는 떡밥이 감탕에 묻혀 붕어 눈에 잘 띄지 않게 된다. 감탕 바닥인 곳에서 떡밥낚시할 때 찌올림이 시원하지 못한 것은 이런 이

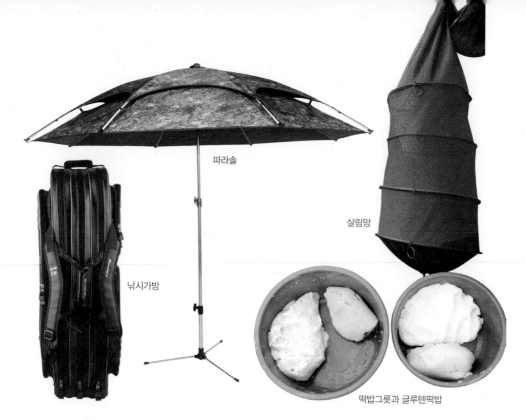

파라솔

살림망

낚시가방

떡밥그릇과 글루텐떡밥

유 때문이다.

그러나 낚시터의 겉모양만 보고 물속 바닥 상황을 속단해선 안 된다. 평소 감탕 바닥으로 알고 있는 수로나 간척호도 바닥이 단단한 곳이 의외로 많기 때문이다. 그러나 연밭 낚시터의 경우 연안 가까운 곳의 바닥은 단단할지 몰라도 연이 밀생한 곳 바로 아래는 감탕일 확률이 매우 높다. 이런 곳에서는 녹아내리는 떡밥보다는 단단한 옥수수, 콩, 새우, 참붕어 같은 미끼가 감탕에 잘 묻히지 않고 붕어 눈에 잘 띌 수 있어 유리하다. 떡밥이 잘 먹히는 낚시터를 순서대로 나열하자면 (준)계곡형지–평지형지–수로와 간척호 순이다. 그러나 이것은 개괄적 구분일 뿐 실제 떡밥이 잘 먹히는지의 여부는 직접 낚시를 해보아야 알 수 있다.

장비

낚싯대
붕어낚싯대는 1칸(1.8m)부터 5.5(10.2m) 칸까지 다양한데 입문자라면 가장 많이 쓰

이는 길이를 서너 대가량 구입하는 게 좋다. 일반 자연지와 유료낚시터에서 가장 보편적으로 사용하는 낚싯대는 2.9칸(5.3m)과 3.2칸(5.8m)이다. 이 길이는 한 손으로 앞치기할 때 채비가 잘 날아가고, 무게에 대한 부담이 적으며(3.5칸부터는 무거워진다), 손맛 보기도 딱 좋은 길이다. 그 외에 2.5칸, 2칸을 더 구입하면 적합하다. 물론 이후 계속 낚시를 다니다보면 이 네 대만으로는 부족함을 느끼게 된다. 그때마다 필요한 길이의 낚싯대를 추가로 구입하면 된다.

또 떡밥낚시에선 같은 길이의 낚싯대를 2대 이상 펼칠 경우도 많다. 예를 들어 2.9칸 대 거리에만 포인트가 넓게 형성된다면 다른 길이의 낚싯대는 필요 없으므로 2.9칸 대를 두세 대 펼치는 것이다. 이 경우 일정 포인트에 많은 떡밥이 쌓이게 되어 집어력은 더 높아진다. 특히 유료터의 경우 입질이 잦은 거리에 동일 길이 낚싯대 두 대만 펼쳐 집어력을 높일 때가 많다. 그것을 흔히 '쌍포낚시'라고 부른다. 따라서 낚싯대를 사 모으다 보면 가장 많이 쓰는 길이의 낚싯대는 두 대

떡밥낚시 다대편성. 입질이 뜸한 배스터에서는 다대편성을 주로 한다.

이상 장만하게 된다.

받침대

받침대는 낚싯대 길이에 맞춰 구입한다. 2.1칸 대 이하는 2절, 2.5~3.2칸 대는 3절, 3.5~4.0칸 대는 4절, 4.5~5칸 대는 5절 받침대가 알맞다. 다만 요즘은 받침틀에 꽂아 쓰는 짧은 1단 내지 2단 앞받침대 사용이 보편화됐다. 앞받침대가 짧지만 뒤꽂이의 악력이 세기 때문에 손잡이대를 꾸욱 눌러 놓으면 위로 빠져나오지 않는다.

다만 1단 받침대에 긴 대를 올려놓을 경우에는 앞쏠림이 심하고 뒤꽂이에서 손잡이대가 빠지는 경우가 종종 생긴다. 그러나 2단 받침대를 쓰면 웬만해선 뒤꽂이에서 손잡이대가 빠지지 않으며, 3.2칸 대까지는 그냥 올려놔도 낚싯대가 앞으로 넘어가지 않는다.

그러나 받침틀을 쓰지 않고 여전히 땅에 받침대를 꽂아 쓴다면 맨 처음 설명한 내용을 참고할 필요가 있다. 받침대를 땅에 꽂아 쓰는 경우 뒤꽂이는 낚싯대 개수에 맞춰 구입

하되 한두 개를 더 여유 있게 구입한다. 한 개는 살림망 걸이용으로, 한 개는 쓰레기봉투를 매달거나 채집망 걸이용으로 쓰는 등 뒤꽂이의 용도는 매우 다양하다.

낚시가방

입문용으로는 낚싯대 3~4대, 받침대 3~4대, 뒤꽂이 3~4대가 들어갈 수 있는 작은 2단 가방이 적당하다. 그러나 낚시를 하다보면 찌통, 랜턴, 떡밥그릇, 수건 등 각종 소품을 함께 넣어 갖고 다닐 필요가 있으므로 처음부터 너무 작은 크기를 구입하는 것은 바람직하지 않다. 따라서 처음부터 수납공간이 최소 3개로 나뉜 3단 가방이 무난한 선택이다. 요즘 유행하는 칸막이 없는 일명 '짬낚가방'이라면 중 크기부터 구입하는 것이 좋다.

살림망

낚은 붕어를 보관하는 망이다. 그물코가 조밀한 일명 '거머리망'이 좋다. 그물코가 크면 붕어의 지느러미 가시가 잘 걸려 붕어가

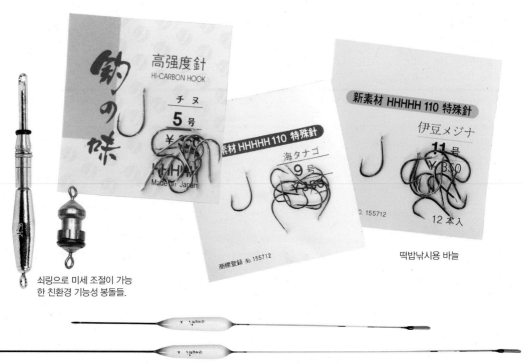

쇠링으로 미세 조절이 가능
한 친환경 기능성 봉돌들.

떡밥낚시용 바늘

찌톱이 길고 가는 떡밥낚시용 찌.

빨리 상하고 간혹 거머리가 그물코 사이로
들어와 붕어의 피를 빨아 먹는다.
살림망은 최소 3단으로 된 긴 제품이 좋다.
2단짜리 짧은 살림망을 쓰면 얕은 곳에선
살림망이 물에 충분히 잠기지 않아 붕어들
이 계속 철퍼덕거리며 소란스럽다. 또 낚시
자리보다 훨씬 아래쪽(특히 급경사진 지형)
에 물이 있는 곳에서는 긴 살림망을 써야 편
리하다.

떡밥그릇
떡밥을 반죽하는 그릇이다. 떡밥그릇은 반
죽용 그릇과 손을 씻을 수 있는 물그릇용으
로 두 개를 구입하는 게 좋다. 매번 손을 씻
기 위해 물가에 내려갈 수 없는 노릇이니까.

낚시의자
크고 안락하며 앞뒤 높낮이 조절이 가능한
낚시의자가 편리하다. 낚시터 연안은 대개

경사가 져서 의자 놓기가 불편한 곳이 많은
데 이때 높낮이 조절 기능이 있으면 매우 편
리하다.

파라솔
붕어낚시는 장시간 한 자리에 앉아 입질을
기다려야 하므로 햇빛을 피할 수 있는 파라
솔은 필수다. 파라솔은 비나 밤이슬, 바람까
지 막아준다.

채비

찌
떡밥낚시용 찌는 예민성이 필요하다. 찌몸
통의 형태로 보면 몸통 위쪽이 두툼하고 아
래로 내려갈수록 가늘어지는 유선형이 좋
다.
찌가 솟구칠 때의 물속 저항은 막대형 찌가
유선형보다 작지만 무게 중심이 몸통 전체

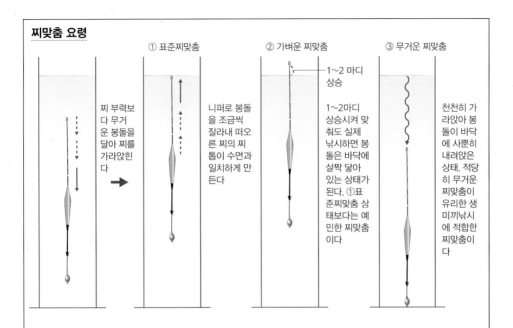

찌맞춤 요령

① 표준찌맞춤

찌 부력보다 무거운 봉돌을 달아 찌를 가라앉힌다

니퍼로 봉돌을 조금씩 잘라내 떠오른 찌의 찌톱이 수면과 일치하게 만든다

② 가벼운 찌맞춤

1~2 마디 상승

1~2마디 상승시켜 맞춰도 실제 낚시하면 봉돌은 바닥에 살짝 닿아 있는 상태가 된다. ①표준찌맞춤 상태보다는 예민한 찌맞춤이다

③ 무거운 찌맞춤

천천히 가라앉아 봉돌이 바닥에 사뿐히 내려앉은 상태. 적당히 무거운 찌맞춤이 유리한 생미끼낚시에 적합한 찌맞춤이다

떡밥낚시에서 표준찌맞춤이란 찌에 봉돌만 달고 수조에 넣었을 때 일단 수면 아래로 내려간 찌가 서서히 상승해 찌톱이 수면과 일치하는 상태를 말한다. 이 상태에서 바늘과 원줄을 연결하고 다시 수조에 넣어보면 서서히 가라앉아 봉돌이 바닥에 살포시 안착하게 된다. 입질이 왔을 때 찌가 가장 보기 좋게 상승하며 예민성도 충분하다.

그러나 최근에는 표준찌맞춤보다 약간 더 예민하게 찌맞춤하는 추세다. 즉 같은 과정을 거치되 케미꽂이 고무의 하단, 즉 가늘었다가 넓어지는 부분이 수면과 일치하게 맞추는 것이다. 이 정도로 맞추면 적당히 안정적이고 예민성도 살릴 수 있다(실제로 현장에서 원줄을 달고 낚시하면 원줄이 살짝 잠기는 무게가 더해지는데 이 상태가 표준찌맞춤 상태 정도가 된다).

이것 이상으로 채비를 가볍게 맞추면 봉돌이 바닥에서 뜰 수 있는데 봉돌이 바닥에서 떠버리면 오히려 찌올림 폭이 작아져서 챔질타이밍을 잡기 어렵다. 즉 낚시인은 위로 솟아오르는 찌올림을 원하는데 봉돌이 바닥에서 떠있으면 위로 솟는 찌올림보다 좌우로 흔들리거나 깔끔하지 못한 찌놀림이 나타난다. 너무 민감한 찌맞춤보다 약간 '안정적'인 찌맞춤이 멋진 찌맛을 선사하며 정확한 챔질타이밍을 가져다준다.

로 분산돼 있어 찌가 기우는 단점이 있다. 찌올림에는 문제가 없지만 서는 모습이 예쁘지 않아 큰 인기는 없는 형태다.

한편 '오뚜기형'으로 불리는 구형 찌는 부력점이 가운데 쏠려 있어 발딱 선 뒤 천천히 내려가서 보기는 좋지만 찌올림이 좀 경박한 게 단점이다. 부력점이 여러 곳으로 나뉘어져 있는 이중, 삼중 부력 찌도 있으나 몸통 각각이 찌올림 때 물의 저항을 받는 구조여서 정확한 찌올림이라고는 볼 수 없다.

떡밥낚시용 찌 부력은 5~8호가 적당하다. 중국붕어나 떡붕어를 방류한 곳에서는 5~6호, 토종붕어를 대상으로 한다면 7~8호를 많이 쓴다. 수심이 깊은 계곡형지나 댐에선 9~10호 부력 찌를 쓸 때도 있다. 또 낚싯대 길이에 따라 찌의 부력 선택이 달라질 수도 있는데 긴 대일수록 부력 센 찌를 쓴다. 예를 들어 4칸 대에 5호 부력의 찌를 쓰면 봉돌이 너무 가벼워 멀리 던지기 어렵다.

찌의 재질은 오동나무, 발사나무, 코르크,

집어용 보리떡밥

다양한 곡물떡밥들

글루텐떡밥

해조류 성분 떡밥

스티로폼 등 다양한데 주된 재료는 오동나무와 발사나무다.

밤낚시 때는 찌톱 맨 위에 전자케미나 케미컬라이트를 달아 쓴다. 전자케미 중에는 입질이 오면 색상이 변해 입질 여부를 알려주는 제품도 있으며 아예 찌톱에 불이 들어오는 전지찌도 판매 중이다. 전지찌는 밝고 눈에 잘 띄지만 아무래도 일반찌보다는 둔감한 게 단점이나 사용상의 편리성 때문에 사용자가 늘고 있다.

봉돌
원줄과 목줄에 팔자매듭을 지어 수시로 탈착할 수 있는 고리봉돌이 편리하다. 떡붕어낚시에 주로 쓰는 편동을 사용하기도 한다. 편동은 미세한 무게 조절이 편리하다. 최근에는 친환경 소재 봉돌에 와셔 방식의 추를 끼워 넣는 추가 인기가 높다. 상황에 맞춰 수시로 무게 조절을 할 수 있기 때문이다. 비바붕어의 해결사 유동봉돌, 군계일학의

황금봉돌 등이 좋은 예이다.

바늘
떡밥낚시에서 가장 많이 쓰이는 바늘은 망상어(우미다나고)바늘이며 6~7호를 주로 쓴다. 만약 붕어 씨알이 잘면 5호, 대형 붕어를 노릴 때는 8~9호를 쓴다. 망상어바늘은 가늘고 가벼워 붕어 입에 잘 걸린다. 그 다음으로 많이 쓰는 바늘이 벵에돔(이두메지나)바늘인데 떡밥낚시용으로는 8~9호가 적당하다. 떡밥을 딱딱하게 뭉쳐 사용하는 건탄낚시에서는 10~12호까지도 쓴다.

원줄
강도가 강한 카본사라면 2호, 강도가 카본사보다 떨어지지만 비중이 가볍고 부드러운 나일론사는 2.5~3호를 쓴다. 그러나 원줄을 가늘게 쓸수록 찌올림이 좋아지므로 더 가는 원줄을 쓰는 낚시인들도 많다. 카본사 1호, 나일론사 1.5호라도 장애물만 없다면

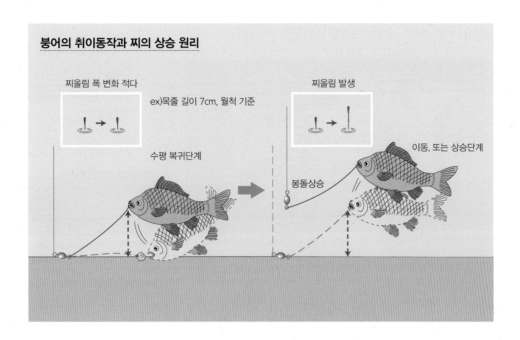

붕어의 취이동작과 찌의 상승 원리

찌올림 폭 변화 적다

ex)목줄 길이 7cm, 월척 기준

수평 복귀단계

봉돌상승

찌올림 발생

이동, 또는 상승단계

월척 붕어를 문제없이 끌어낼 수 있다.

목줄

떡밥낚시용 목줄은 부드러워야 붕어의 흡입 때 바늘이 입속으로 잘 빨려 들어가므로 합사를 주로 사용하고 있다. 합사는 데이크론, 케블라, PE 등 다양한데 떡밥낚시에서는 데이크론과 케블라 합사를 많이 쓴다. 주로 2호, 월척급 대형어를 노릴 때는 3호를 쓴다.

미끼

글루텐떡밥

원래 일본에서 떡붕어낚시용으로 개발된 떡밥인데 우리나라에선 토종붕어낚시용으로도 많이 쓰이고 있다. 주성분은 감자플레이크(약 60%)와 글루텐(약 30%)이다. 글루텐만 가지고는 끈기가 부족해 감자플레이크 가루를 섞는다. 글루텐떡밥의 가장 큰 특징은 물속에 들어가면 금방 부풀어 오르고 부

드러워 붕어가 쉽게 먹는다는 점이다. 또 글루텐 특유의 끈기 덕에 바늘에 끈적하게 붙어있어 붕어가 떡밥의 일부만 흡입해도 바늘이 함께 입속으로 빨려든다. 붕어의 식욕이 떨어진 동절기나 저수온 상황, 입질이 예민할 때 잘 먹혀 인기가 높다. 특히 배스터 붕어의 미약한 입질을 받아내기에 유리해 갈수록 인기가 높아가고 있다. 딸기글루텐, 옥수수글루텐, 어분글루텐 등 다양한 성분의 제품이 출시되어 있다.

물속에서 분해 중인 깻묵떡밥(좌)과 보리떡밥.

글루텐떡밥으로 먹이떡밥 만들기

1 종류가 다른 떡밥 3종
  (일명 3합. 토종붕어용)
2 1대1대1 비율로 떡밥(300cc)을 담는다.
3 물 200cc를 붓고 손가락으로 치댄다.
4 꾹꾹 눌러 기포를 뺀다.
5 완성된 미끼떡밥.

곡물떡밥으로 집어떡밥 만들기

1 곡물 위주의 떡밥과 어분 성분 떡밥 3종
2 신장떡밥 2, 어분떡밥(아쿠아텍 II) 1, 보
  릿가루(항맥) 1 비율로 총 300cc를 준비
  한다.
3 물 300cc를 부어 잘 섞는다.
4 손가락으로 치대어 10분 방치.
5 사용할 때만 조금씩 떼어서 바늘에 단다.

곡물떡밥

콩가루, 보리보리, 찐버거 등으로 불리는 보리떡밥(실제로는 밀기울가루 또는 밀껍질), 깻묵가루 등이 곡물떡밥인데, 단독으로 쓰거나 두 가지 이상을 혼합해서 만든다.

어분

정어리 등 바닷고기를 분쇄하여 말린 것이 어분의 원료다. 어분은 원래 양식어류 사료로 개발된 것이라 양식 후 방류된 중국산 붕어, 잉어, 잉붕어들이 잘 먹는다. 그러나 미끼용 어분은 30%만 순수 어분이고 나머지는 대두, 소맥 등 곡물 성분이 차지하고 있다. 후각적 집어효과가 좋아서 토종붕어낚시에도 곡물떡밥에 어분을 약간씩 섞어 주면 효과가 좋다.

낚시방법

떡밥낚시 테크닉의 핵심은 찌맞춤과 챔질 타이밍에 있다. 우선 찌맞춤에 있어 떡밥낚시는 지렁이, 새우, 참붕어 같은 생미끼를 쓰는 대물낚시와 달리 예민한 찌맞춤을 요한다. 미끼가 부드럽고 금방 녹아내리는 성질을 갖고 있다 보니 한 번의 본신에 챔질을 못하면 떡밥이 바늘에서 이탈해버려 상황이 종료되기 때문이다. 찌맞춤이 무거우면 짧고 예민한 입질은 간파하지 못할 수도 있다. 반대로 생미끼는 붕어가 흡입하고, 씹고, 내뱉는 과정에서도 미끼 형태가 장시간 유지되므로 너무 예민한 찌맞춤은 필요 없다. 오히려 적당히 무겁게 찌맞춤해야 붕어가 미끼를 완전히 삼킨 타이밍을 제대로 잡을 수 있다.

떡밥을 투척할 때는 앞치기로 살짝 던져 넣는다. 앞치기는 착수 소음과 충격이 가장 작아 떡밥 착수 때 깨질 확률이 낮기 때문이

다. 채비가 착수되면 낚싯대를 앞받침대에 올려놓은 뒤 채비가 가라앉는 동안 손잡잇대를 살짝 들어 초릿대를 물속에 담근다. 수면에 늘어진 원줄을 미리 가라앉히기 위한 동작인데, 찌가 제자리를 잡은 뒤 원줄의 가

집어떡밥(왼쪽)과 미끼떡밥을 함께 단 두바늘채비.

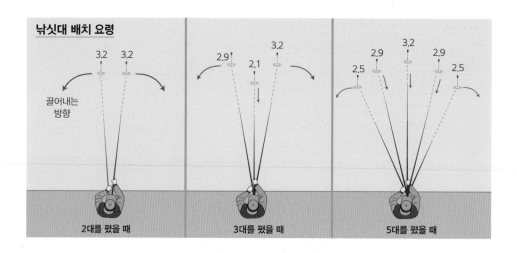

낚싯대 배치 요령

3.2   3.2

끌어내는
방향

2대를 폈을 때

2.9   2.1   3.2

3대를 폈을 때

2.5   2.9   3.2   2.9   2.5

5대를 폈을 때

라앉는 무게가 찌를 누르는 것을 막기 위해
서다. 뒤꽂이의 높이는 무릎 부근이 적당하
다. 팔을 뻗었을 때 바로 낚싯대를 잡아 빠
른 챔질을 할 수 있는 높이다.

떡밥낚시의 입질은 예신과 본신으로 나뉜
다. 생미끼의 경우 수차례의 예신이 전해지
다가 본신이 들어오지만 떡밥은 한 번의 예
신 후 본신으로 이어지는 경우가 많다. '깜
박'하는 예신 후 찌가 두 마디에서 세 마디
상승했을 때 챔질하면 가장 걸림 확률이 높

낚싯대 편성 방법

낚싯대 편성 방법은 개인의 취향에 따라 다양하
지만 가급적 끌어내기에 유리하도록 배치하는
게 중요하다. 두 대만 편다면 어떤 식으로 배치해
도 상관은 없다. 챔질 후 좌우 방향으로 각각 붕
어를 끌어내면 되기 때문이다. 그러나 세 대 이상
되면 가운데 낚싯대가 문제가 된다. 그때는 가운
데에 가장 짧은 대를 펴고 양 옆으로 긴 대를 펼
치는 게 좋다. 만약 2.5, 2.9, 3.2칸 대를 폈다면
3.2칸 대가 가운데 오는 것은 피한다. 3.2칸 대의
붕어가 끌려오면서 양 옆의 2.5칸 대와 3.0칸 대
채비를 감아버릴 수 있기 때문이다. 그러나 2.5
칸 대가 가운데 있으면 챔질 순간 이미 양 옆의
찌보다 전방으로 끌어내버리므로 옆 채비를 감
을 위험이 없다.

다. 찌가 솟는다는 건 붕어가 미끼를 물고
상승하면서 봉돌도 함께 떠오르는 것이므
로, 사실 반 마디나 한 마디 상승 때 채도 걸
림이 될 수 있다.

이게 흔히 말하는 '반 박자 빠른 챔질'인데
붕어의 활성이 떨어졌을 때 이 챔질법이 잘
먹힐 때가 많다. 그러나 반 마디나 한 마디
상승 때는 붕어가 떡밥을 입속에 완전히 넣
은 게 아니라 입 끝으로 물고 있을 수도 있
으므로 헛챔질이 될 수 있다.

물론 5~6마디 상승 때 챔질해도 걸림은 된
다. 그러나 찌가 올라오는 것을 너무 오래
놔두면 분명 올라오는 도중 챘음에도 헛챔
질로 끝나는 경우가 종종 있다. 이런 경우는
찌올림에 가속이 붙으면서 붕어가 미끼를
뱉었음에도 관성에 의해 찌가 여전히 솟구
치는 과정으로 볼 수 있다.

챔질은 짧고 간결하게 한다. 낚싯대를 위로
들든, 뒤로 잡아 빼든, 옆으로 채든 간에 원
줄은 찌를 거쳐 가기 때문에 바늘채비는 찌
를 향해 수직으로 이동한다. 그래서 바늘은
대부분 붕어의 윗입술에 박힌다. 따라서 손
잡이대를 잡고 짧고 간결하게 치켜세워주는
것만으로 챔질은 충분하다.

스위벨채비

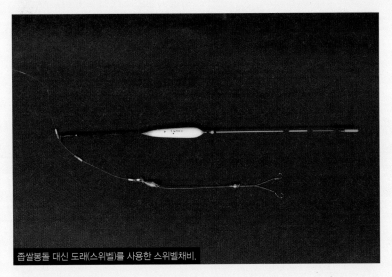

좁쌀봉돌 대신 도래(스위벨)를 사용한 스위벨채비.

이 채비는 봉돌(본봉돌) 밑에 작은 좁쌀봉돌 하나를 더 부착한 것으로 크고 무거운 본봉돌 대신 무게를 분산한 작고 가벼운 좁쌀봉돌이 바닥에 닿게 만든 것이다. 구체적인 채비 형태는 다음과 같다.

〈그림〉에서 보듯 바늘 위 5cm 지점에 좁쌀봉돌을 부착한다. 입질이 오면 곧바로 좁쌀봉돌이 들리면서 전체 채비가 솟구치는 구조다. 작은 좁쌀봉돌만 들면 되니 시각적 위화감도 적고 무게로 인한 이물감도 덜하다.

만약 커다란 본봉돌 하나만 사용하고 목줄을 5cm로 사용하면 어떨까? 이 경우엔 커다란 봉돌이 5cm 앞에서 떠오르므로 붕어가 놀라 이물감을 갖게 될 것이다. 그런데 간혹 좁쌀봉돌채비의 예민성을 전적으로 '붕어가 작은 좁쌀봉돌만 끌어올리므로 큰 본봉돌을 들어 올릴 때보다 힘이 덜 든다. 그래서 민감하다'고 생각하는 경우가 있는데 전혀 그렇지 않다. 이 채비의 찌맞춤은 이미 수조나 현장 찌맞춤에서 결정된 것이므로 붕어가 수직적으로 8호 봉돌 하나를 들어 올릴 때와 7.5호+0.5호로 나눈 좁쌀봉돌 채비를 들어 올릴 때의 힘은 동일하게 적용된다. 즉 붕어가 모든 걸 들어 올리는 게 아니라 붕어가 약간의 힘만 가하면 찌몸통의 부력이 봉돌 전체를 들어올리기 때문이다.

초기에는 소형 좁쌀봉돌을 목줄에 물리는 형태였으나 지금은 도래(스웨벨)가 달린 봉돌에 목줄을 연결한다고 해서 스위벨채비라는 이름이 더 익숙하다. 군계일학 성제현 대표가 대중화한 채비다.

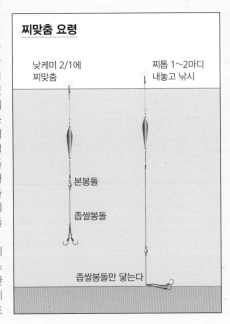

찌맞춤 요령

낮케미 2/1에 찌맞춤

찌톱 1~2마디 내놓고 낚시

본봉돌

좁쌀봉돌

좁쌀봉돌만 닿는다

보트낚시

드넓은 호수에서 내 마음 내키는 대로, 내가 가고 싶은 곳으로 갈 수 있는 보트낚시는 연안낚시에선 맛볼 수 없는 호젓한 낭만이 있다. 손길을 타지 않은 저수지 안쪽의 생자리를 노릴 수 있어 좋고, 타인의 방해를 받지 않고 나만의 낚시를 즐길 수 있어서 좋다. 반면 그런 자유로움이 자칫 다른 연안낚시인에게 피해를 주지 않도록 조심해야 하겠다.

보트낚시에 입문하기에는 서울 등 수도권의 여건이 가장 좋다. 수도권에는 보트낚시 노하우를 20년 넘게 쌓은 전문 낚시점이 많아 보트낚시의 전 과정을 지도받을 수 있기 때문이다. 보트낚시 인터넷 동호회를 찾는 방법도 있다. 다음카페 보트낚시방, 입큰붕어 보트낚시교실, 비바붕어 등이 있다.

시즌과 낚시터

보트낚시 시즌도 연안낚시 시즌과 다를 바 없다. 즉 봄철의 붕어 산란기에 가장 잘 되고 여름철 오름수위와 늦가을 붕어의 월동준비 기간에 호황을 보인다. 그러나 연안낚시가 거의 막을 내리는 겨울에도 보트낚시는 얼음만 얼지 않으면 붕어가 은신한 깊은 물골과 연안에서 떨어진 수초대를 노려서 굵은 붕어를 낚을 수 있다.

오히려 보트낚시가 가장 안 되는 시기는 여름으로 장마철의 반짝 오름수위 찬스를 제외하면 6월부터 9월까지는 큰 호황을 만나기 힘든 비수기에 해당한다. 그 이유는 보트낚시의 주 무대인 수초 많은 평지지가 여름엔 고수온과 잦은 탁수, 모기 성화로 악조건에 처하기 때문이다.

보트낚시터는 연안낚시터와 약간 다르다. 연안낚시가 잘 안 되는 곳이 보트낚시의 명당인 경우가 많다. 보트낚시가 잘 되는 곳은 5만평 이상의 큰 저수지나 간척호, 댐 같이 넓은 수면이다. 오름수위의 충주호와 소양호, 춘천호, 의암호, 대호, 평택호, 부남호, 부사호, 보전호, 군내호, 사초호, 고흥호, 완도호 같은 서남해안의 간척호가 대표적인 보트낚시 명소이다.

겨울~초봄의 동절기엔 전남 해안지방의 개초지, 봉암지(진도), 백포지, 둔전지, 점암지 등이 보트낚시 명당으로 떠오른다. 1만평 이하의 소류지나 좁은 수로는 보트낚시터가 아니다. 설령 그런 곳에서 보트낚시가 잘 될지라도 연안낚시에 피해를 줄 수 있기 때문에 삼가는 게 좋다. 그런 곳이 아니라도 보트낚시를 즐길 장소는 많다.

텐트를 씌운 붕어낚시용 보트.

장비

보트 가격에는 에어매트리스, 텐트, 앞치마, 링, 폴대, 노가 기본 세트로 포함돼 있다. 에어펌프, 받침틀(밥상) 등은 별매 사양인 옵션 품목이다.

보트

붕어낚시 보트 본체는 공기를 주입하여 펼치고 공기를 빼면 접어서 차 트렁크에 실을 수 있다. 트레일러 없이는 운반하기 어려운 배스보트나 바다낚시용 보트와는 다른 점이다.

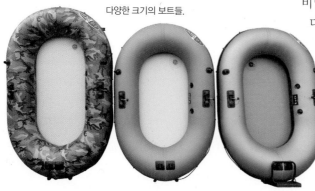
다양한 크기의 보트들.

값싼 제품도 있기는 하지만 가장 널리 쓰이는 하이파론 제품의 경우 소형급은 기본세트 300만~400만원, 중형급은 기본세트 400만~600만원, 대형급은 기본세트 600만~800만원이다. 거기에 받침틀, 에어펌프 등의 옵션을 추가하면 100만원 이상이 추가로 드는 비싼 장비이므로 선배 낚시인이나 인터넷 동호회를 통해 구매정보를 충분히 얻은 다음 무엇을 살 것인지 결정하는 게 좋다.

보트의 가격은 원단에 따라 달라지는데 하이파론(Hypalon)이 가장 비싸고, 폴리염화비닐(PVC), 합성고무(CR) 제품 순으로 싸다. 튼튼하고 안전한 하이파론 보트가 대세를 이루고 있다. 합성고무 제품은 장애물에 부딪치면 잘 찢어지며 뜨거운 여름에 공기가 팽창하면 보트의 튜브가 터질 수 있어 위험하다.

작은 보트는 가벼워서 운반하기 편하지만 공간이 좁아서 피로감을 느낀

보트에 사용되는 기본 장비들.

다. 반면 너무 큰 보트는 무겁고 바람을 많이
타는 게 단점이다. 일단 보트의 크기는 바닥
에 누웠을 때 자신의 키보다 조금 넉넉해야
낚시하다가 편하게 수면을 취할 수 있다.

텐트

텐트는 비바람과 추위, 햇볕을 막아주는 장
비다. 각 보트 회사마다 텐트의 모양과 성능
이 다른데, 텐트 천이 두꺼워서 열 차단효과
가 뛰어나고 텐트 내부가 넓어서 보트에서
자유롭게 움직일 수 있는 모델을 사는 것이
좋다.

폴대

보트를 고정하는 폴대는 알루미늄 제품과
두랄루민 제품이 있는데 강풍에도 휘어지
지 않는 두랄루민 제품이 좋다. 직경 25mm
기준 알루미늄 폴대는 10개 한 세트에 20
만~26만원, 두랄루민 제품은 10개 한 세트
에 35만~40만원이다. 직경 30mm짜리는

25mm 폴대보다 10만원 정도 더 비싸다.
폴대는 안전과 직결되는 제품이므로 가급적
두랄루민 제품을 사기 바란다. 알루미늄 폴
대는 강풍에 크게 휘면 링에 걸려서 뽑히지
않는 사고가 종종 발생하는데 그 상황에서
강풍을 계속 받으면 보트가 전복될 위험도
있다.
폴대는 약 100cm 길이 10개(양쪽 5개씩 2
조 구성)가 기본 사양으로 구성되어 있다.
그러나 바람이 강할 땐 폴대를 3조 또는 4조
씩 박아야 보트가 흔들리지 않으므로 최근
에는 기본 사양 외에 추가로 폴대를 구입하
고 있다.

링

보트 튜브에 끼운 후 폴대를 끼울 수 있도록
만든 장비다. 링 2개는 기본 사양에 포함돼
있지만 강풍에 대비해 링을 추가로 구입하
는 게 좋다. 보트의 튜브 직경에 따라 추가
2조에 20만~40만원이다.

보트에서 전기를 사용할 때 쓰는 배터리(왼쪽 위, 아래는 파워뱅크)와 구명조끼.

리를 사용하는 모터펌프는 콤프레셔(마지막 단계에서 고압으로 바람을 넣는 기능) 기능이 있는 것으로 중국산과 유럽산 공히 16만~20만원, 배터리 내장형은 22만~24만원이다. 콤프레셔 기능이 없고 배터리도 내장이 안 된 제품은 4만~6만원이다. 콤프레셔 기능이 없으면 마지막 과정에 발펌프로 추가로 압력을 가해야 돼 매우 불편하다. 처음부터 발로 주입하는 발펌프가 기본 사양에 포함돼 있지만 발펌프로 공기를 주입하기는 대단히 고되기 때문에 에어펌프는 사실상의 필수품이다.

매트리스

보트의 기본세트에 포함돼 있다. 체중을 받쳐주고 안정감 있는 낚시를 할 수 있게 해주는 중요한 요소이므로 꼼꼼히 살펴보아야 한다. 매트리스를 절단해보면 수만 가닥의 실이 위아래 원단을 붙잡고 있는데 그래서 바람이 들어가면 얇고 평평하면서도 빳빳한 형태를 유지할 수 있다. 이 매트리스가 없다면 바닥이 출렁거려 낚시를 할 수가 없다. 매트리스는 방바닥과 같은 역할을 한다. 각종 이물질이 떨어지고 낚시의자의 하중과 마찰을 받는 부분이므로 재질이 튼튼하고 두께가 충분히 두꺼워야 한다.

에어펌프

보트에 공기를 주입하는 장비다. 12V 배터

밥상과 받침틀

보트의 앞쪽에 낚싯대를 거치하고 미끼와 소품을 놓는 판으로 보트낚시의 모든 것이 이 '밥상' 위에서 이뤄진다. 취사와 식사도 이 판에 놓고 하므로 흔히 '밥상'이라고 부른다. 저가 제품 중에는 나무판에 8~10대를 거치할 수 있는 대물낚시용 받침틀이 세팅돼 있다. 나무판의 질과 받침틀의 가격에 따라 10만원부터 40만원까지 있다. 최근 많이 쓰는 알루미늄 밥상은 30만~35만원, FRP 소재 밥상은 18만~26만원이며 여기에 받침틀을 추가하면 된다.

받침틀은 8구보다는 10구가 좋다. 그 이유는 낚싯대를 10대씩 펼치기 위해서가 아니라 4~5대만 사용할 경우에도 10구짜리의 간격이 넓어서 대를 다루기 편리하기 때문

보트 혼자 들고 나르기

완전히 세팅을 마친 보트는 무거워서 보통은 둘이 함께 들어 물에 띄우지만, 혼자서도 지그재그로 들어서 물가로 옮길 수 있다. 즉 처음엔 꽁무니만 들어서 물가 쪽으로 끌어다 옮기고 다음엔 머리 쪽만 들어서 끌어다 옮기기를 반복하면 10m 거리는 쉽게 옮길 수 있다.

보트를 들고 이동 중인 낚시인.

연안에서 보트를 조립하고 있는 낚시인.

이다. 보통 8단~10단이 50만~100만원이다.

구명조끼

구명조끼는 보트를 살 때 반드시 구입해야한다. 안전이 최우선이며 더불어 수상레저안전법 제17조에 의해 구명조끼를 입지 않고 보트를 타면 100만원 이하의 과태료를물기 때문이다. 구명조끼는 유사시 가스튜브를 터뜨려서 팽창시키는 팽창식이 있고,부력재가 안에 들어 있는 고정식이 있는데,착용하기엔 팽창식이 편하지만 갑작스런 사고에 대처하는 안전성에선 고정식이 낫다.가격은 팽창식이 10만~20만원, 고정식은 2만원부터 30만원까지 다양하다.

배터리

보트낚시에서 배터리는 필수품이나 다름없

다. 대부분 전동펌프를 쓰는 데다 전기방석,전기요를 보트 바닥에 깔고, 전기모터(트롤링모터)를 달기도 하는데 이것들은 모두 배터리가 있어야 사용할 수 있다. 여름에는 소형 선풍기도 사용하고 스마트폰을 계속 사용하므로 핸드폰 충전을 위해서도 배터리는늘 보트에 싣고 다닌다. 용량이 큰 배터리가 좋지만 너무 무거우면 싣기 부담스러우므로 보트 크기에 맞는 배터리를 구입해야한다. 전동펌프, 핸드폰 충전 등에만 쓰려면15A(암페어) 용량이면 충분하지만 전기방석이나 전기모터를 가동하려면 60~100A용량의 배터리가 필요하다. 15암페어 제품가격은 6만~7만원, 60암페어 제품 가격은8만~9만원.

파워뱅크

파워뱅크는 배터리의 단점, 즉 무겁고 크며

포인트 이동을 위해 받침틀에 달린 일명 '대포'에 거치한 낚싯대.

노젓기

노가 물속에 깊이 잠기게 노질을 하면 힘만 들고 보트가 잘 나가지 않는다. 또 너무 얕게 잠기게 하면 힘은 덜 들지만 추진력이 떨어져 역시 잘 나가지 않는다. 적당한 노의 깊이는 노의 70~80%가 잠기게 노질할 때 가장 힘이 덜 들면서도 빠르게 나간다. 다만 심한 바람을 안고 이동할 경우나 물흐름을 거슬러 이동할 때는 노를 깊게 넣어서 저어야 한다. 그 경우 차의 1단 기어를 넣는 것처럼 속도는 느리지만 강한 추진력을 얻어서 쉽게 전진할 수 있다.

앞으로 젓기

뒤로 젓는 것보다 속도는 느리지만 시야가 확보되기 때문에 근거리 이동이나 야간 이동 때 사용하는 방법이다. 상체를 많이 움직이지 말고 팔과 어깨를 이용해 가볍게 노질하는 것이 편하다.

뒤로 젓기

장거리 운항이나 강풍에 대응할 때 강한 추진력을 얻기 위해 사용하는 방법이다. 상체를 숙이면서 팔을 쭉 뻗어 노를 최대한 뒤로 보낸 다음 팔을 당긴다기보다 상체를 뒤로 시원스레 젖히면서 노를 앞으로 밀어 추진력을 얻는다.

방향 전환하기

원하는 방향의 반대쪽 노를 저으면 보트의 방향이 원하는 쪽으로 전환된다. 더 빠른 방향 전환을 원하면 반대쪽 노를 저으면서 원하는 방향 쪽의 노는 물속에 담그면 저항이 발생하여 더 빠른 방향 전환이 가능하고, 한쪽 노는 앞으로 젓고 반대쪽 노는 뒤로 엇갈리게 저으면 제자리에서 팽이처럼 회전도 가능하다.

수명이 짧은 점을 보완한 제품이다. 모든 면에서 배터리보다 우수하지만 비싼 것이 흠이다. 차량용 배터리보다 5~10배 비싸지만 한 번 장만해놓으면 1000번 이상 충전해 사용할 수 있으므로 거의 반영구적이라 할 수 있다.

파워뱅크도 두 가지 종류가 출시되는데 리튬이온 파워뱅크와 인산철 파워뱅크다. 인산철이 리튬이온에 비해 안전도가 높지만 너무 비싸고 무게가 무거우므로 인산철보다

올바른 노젓기

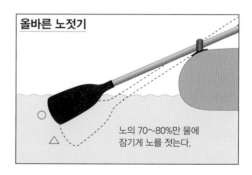

노의 70~80%만 물에 잠기게 노를 젓는다.

노를 저어 수초 포인트로 진입하고 있다.

는 리튬이온 파워뱅크를 사용하는 것이 무난하다. 전압이 13.5V 이상 올라가지 않게 전압조절장치가 된 파워뱅크를 구입해야 과전압으로 인한 모터, 펌프 작동 시 고장이 나지 않는다.

채비

보트낚시에선 수초직공낚시와 스윙낚시를 병행하는데 그 비율은 대략 5:5다. 직공낚시를 주로 하는 이유는 역시 수초 속에 큰 붕어가 많기 때문이다. 그러나 수초대라도 부들, 연, 마름에선 수초구멍을 노려 직공낚시를 하지만, 뗏장수초, 갈대처럼 외곽에서 입질이 잦은 수초대에선 스윙낚시도 많이 한다. 또 수초가 없는 맨바닥에선 당연히 스윙낚시를 즐긴다.

그래서 낚싯대는 수초직공낚시용과 스윙낚시용을 따로 준비하는 게 좋다. 보트를 수초대 포인트에서 맨바닥 포인트, 다시 수초대 포인트로 옮길 때마다 일일이 채비를 바꿀

폴대를 이용해 수심 측정하기

폴대 1개의 길이가 약 100cm이기 때문에 1.5m 이내의 수심을 주로 노리는 보트낚시에선 폴대 3개(300cm×3=3m)를 가장 많이 세팅한다. 폴대 3개 길이 3m가 1.5m 수심보다 1.5m 더 길지만 땅속에 박히는 폴대 길이가 10~50cm쯤 되고 수면 위에 드러난 길이가 1m는 되어야 하기 때문이다. 만약 2m 수심이라면 폴대 3~4개가 필요하며, 3m 수심이라면 폴대 4~5개가 필요하다. 그러나 폴대를 6개씩 연결하여 쓰는 경우는 많지 않다. 즉 3.5~4m 이상의 수심을 보트로 노리는 경우는 거의 없는 것이다.

폴대를 쓸데없이 길게 쓰면 휘청거림이 많아져 보트의 좌우 요동이 심해진다. 폴대 내부의 공기가 부력으로 작용해 바닥에서 폴대가 잘 빠지기 때문이다. 한편 1m 안팎의 얕은 수심에선 폴대 2개만 있어도 충분하지만 그때도 3개를 쓰는 게 좋다. 수초대에선 노 대신 폴대로 물속 땅을 밀고 들어가는 경우가 있는데 그때 폴대가 3개는 되어야 긴 삿대 역할을 할 수 있기 때문이다.

장마로 물에 잠긴 육초대에 몰려든 보트. 사진은 장마철에 오름수위를 맞은 충주호 구단양 포인트.

맨바닥의 보트낚시 포인트 선정

① 1순위터

1~2m 수심

X
감탕 바닥

O
단단한 마사토 바닥
• 완경사가 넓을수록 좋다
• 밤낚시터로도 좋다

② 2순위터

△
경사면
• 씨알 좋으나 마릿수는 적다
• 지나친 급경사는 피할 것

③ 3순위터

2.5~3.5m 수심

X
깊은 물골(감탕 바닥)
• 봄·가을엔 피해야 할 포인트
• 그러나 겨울엔 월척 포인트로 변모
• 바닥에 말풀이 자라면 금상첨화

수는 없기 때문이다.

수초직공낚시용은 3칸~4.5칸대로 8대 정도, 스윙용은 3칸~4.5칸으로 8대 정도 준비하면 적합하다. 보트에서 스윙낚시를 할 때 짧은 대는 금물이다. 맨바닥의 붕어는 보트에 경계심을 가지므로 보트 가까이 접근하지 않는다. 그러나 수초대의 붕어는 보트 바로 앞에서도 입질할 만큼 보트에 대한 경계심이 약하다. 보트에선 5칸대 이상은 잘 쓰지 않는다. 먼 포인트라도 보트로 접근하면 되기 때문에 굳이 무거운 대를 쓸 필요성은 없다.

보트는 잦은 이동이 따르는 낚시이므로 지나친 다대편성은 금물이다. 스윙낚시와 수초직공낚시 모두 6~7대가 적당하다.

낚시방법

보트낚시는 연안에서 멀리 떨어져 있는 붕어 은신처 바로 앞까지 접근할 수 있다. 하지만 그것이 단점이 될 수도 있다. 보트가 접근할 때의 파장과 노를 젓는 과정의 소음, 육중한 폴대가 바닥에 떨어질 때의 진동은 오히려 붕어를 쫓아낼 수 있다. 따라서 보트낚시의 성공은 '조용한 운항과 은밀한 침투'에서 출발한다.

일단 보트에 올라 운항하기 전 짐을 정리하고 받침대까지 펼쳐서 꽂은 다음 낚싯대만 펴면 바로 낚시가 가능한 상태로 만든다. 노는 물속 깊이 넣지 말 것. 노 주걱은 1/3만 물속에 넣어야 보트가 잘 나간다.

이동할 땐 바람을 등지고 가야 포인트에 정확히 자리 잡을 수 있다. 따라서 노리고자 하는 포인트보다 바람의 상류 쪽으로 먼저 이동한 다음 바람을 등지고 천천히 미끄러지듯이 포인트로 진입한다. 바람이 강하면 바람을 덜 타는 가장자리를 끼고 이동하는

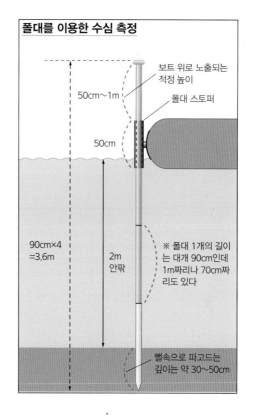

폴대를 이용한 수심 측정

보트 위로 노출되는 적정 높이

50cm~1m

폴대 스토퍼

50cm

90cm×4 =3.6m

2m 안팎

※ 폴대 1개의 길이는 대개 90cm인데 1m짜리나 70cm짜리도 있다

뻘속으로 파고드는 깊이는 약 30~50cm

게 편하다.

포인트에 접근해서는 노 젓는 소리가 나지 않도록 주의한다. 붕어는 노 젓는 소리에 크게 놀라기 때문이다. 수초가 밀생한 곳에선 노 대신 폴대를 빼내 물속에 집어넣고 삿대질을 하듯이 밀면서 들어가면 소리가 나지 않을 뿐 아니라 웬만한 밀생 수초대도 쉽게 넘어갈 수 있다.

포인트에 접근하면 폴대를 내려 보트를 고정시킨다. 센 바람을 등지고 갈 땐 포인트에 약간 못 미친 지점에서 먼저 한쪽 폴대를 내리고 보트의 방향을 정돈한 다음 다시 폴대를 올려 조용히 다시 진입한다. 폴대를 내릴 때는 손으로 살짝 브레이크를 걸어서 "쿵"하고 바닥을 찍지 않도록 조심한다. 폴대가 바닥을 찍는 진동에 붕어들이 크게 놀라기 때문이다.

보트를 타고 수초 주변을 공략하고 있다.

줄풀, 연, 부들, 뗏장수초, 갈대 순으로 공략

'보트낚시＝수초낚시'라 할 정도로 보트낚시에서는 거의 수초를 노린다. 그런데 수초도 노려야 할 순서가 있다. 보통 깊은 수심의 수초부터 얕은 수심의 수초 순으로 노리는데 그 이유는 보트는 연안낚시와 반대로 저수지 안쪽에서 가장자리로 이동하기 때문이다.

보통 줄풀, 연, 부들, 뗏장수초, 갈대 순으로 수심이 얕아지기 때문에 공략순서도 그에 따른다. 이때 어떤 수초든 수초 중앙부부터 노리지 말고 수초 외곽부터 서서히 야금야금 탐색해 들어가는 게 중요하다. 처음부터 성급히 수초 중앙부부터 노리면 외곽의 붕어들은 달아나버리므로 공략 포인트가 축소된다. 더구나 밀생한 수초 중앙부보다 듬성한 수초 외곽에서 낚이는 붕어 씨알이 더 굵다. 갈대나 연보다는 줄풀과 부들 속의 붕어 씨알이 굵다. 그리고 뗏장수초는 수초대 안쪽보다 외곽 언저리에서 씨알과 마릿수 모두 우세하다. 두 종류의 수초가 만나는 접경지점은 대개 상급 포인트다.

한편 수초대의 수심에 따라 보트를 놓는 방향을 달리해야 한다. 수초대의 수심이 80cm~1m 이상으로 깊다면 큰 붕어들이 수초 안에 있을 공산이 크기 때문에 수초대 밖에 보트를 놓고 수초대 안을 바라보며 낚시하는 게 좋다. 그러나 수초대의 수심이 30~50cm로 얕다면 큰 붕어들이 수초 안에 있지 않고 수초 밖의 깊은 맨바닥에 있다가 먹이를 찾으러 수초대 끝선으로 접근할 가능성이 크기 때문에, 보트를 수초 안으로 깊숙이 밀어 넣고 반대로 돌려서 수초 바깥쪽을 보고 낚시하는 것이 낫다. 특히 밤낚시에선 후자의 포인트와 낚시방법이 잘 먹힌다.

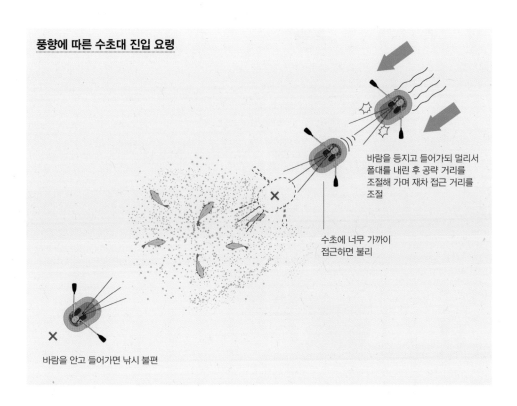

풍향에 따른 수초대 진입 요령

바람을 등지고 들어가되 멀리서
폴대를 내린 후 공략 거리를
조절해 가며 재차 접근 거리를
조절

수초에 너무 가까이
접근하면 불리

바람을 안고 들어가면 낚시 불편

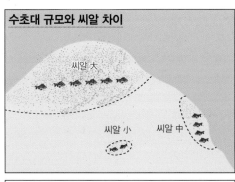

수초대 규모와 씨알 차이

씨알 大

씨알 小

씨알 中

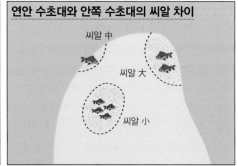

연안 수초대와 안쪽 수초대의 씨알 차이

씨알 中

씨알 大

씨알 小

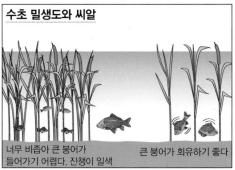

수초 밀생도와 씨알

너무 비좁아 큰 붕어가
들어가기 어렵다. 잔챙이 일색

큰 붕어가 회유하기 좋다

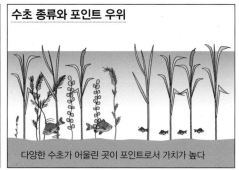

수초 종류와 포인트 우위

다양한 수초가 어울린 곳이 포인트로서 가치가 높다

폴대 끝에 수초낫을 달아 수초제거작업을 하고 있다.

폴대 안 박히는 마사토 바닥을 찾아라

보트낚시는 연안낚시에 비해 포인트가 넓기 때문에 포인트 탐색시간도 길어진다. 연안낚시
는 물가를 따라 평면적으로만 이동하지만 보트낚시는 연안을 따라 횡으로 이동하는 것 외에
중심부까지 종으로 오가면서 포인트를 입체적으로 탐색해야 하기 때문이다.

보트낚시 포인트의 입체적 탐색에서 가장 큰 기준은 바닥의 '토질'과 '경사도'다. 보트낚시
에선 폴대가 낚시인의 더듬이 역할을 한다. 폴대를 내렸을 때 부드럽게 들어간다면 뻘바닥,
"퍽"하는 느낌이 들 정도로 딱딱하면 마사토 바닥이다. 그 경우 마사토 바닥이 포인트라고
생각하면 거의 틀림없다. 수초 주변은 으레 뻘바닥이지만 그중에도 단단한 마사토 바닥이
섞여 있다. 마사토 포인트는 퇴적물이 적고 바닥이 깨끗하기 때문에 입질이 잦고 찌올림도
좋다. 특히 밤낚시에선 마사토 포인트의 조과가 두드러진다.

바닥 경사도 역시 폴대로 파악할 수 있다. 폴대가 갑자기 쑥 들어가는 지역은 물골이다. 그
런 물골에 도착하면 긴 낚싯대로 사방을 돌아가며 던져보아서 각 방향의 수심을 파악하면
경사도를 읽을 수 있다.

물골지역에선 중심보다 가장자리를 노린다. 붕어가 깊은 물골에선 잘 낚이지 않고 가장자리
의 벽을 타고 움직이기 때문이다. 그러나 수심 편차가 큰 물골 주변보다 야트막한 평지가 넓
게 분포한 곳, 즉 수중의 평탄한 고원지대가 보트낚시에선 좋은 포인트가 된다.

보트낚시에 입문하면 대개 눈에 보이는 수초대만 공략하는 경우가 많은데 대박은 오히려 수
초대보다 맨바닥에서 자주 터진다는 것을 유념하고 늘 눈에 보이지 않는 수심과 토질을 점
검하는 습관을 들이는 것이 좋다.

포인트 선정법

보트낚시의 장점은 내가 원하는 포인트에 맘껏 진입할 수 있다는 것이다. 그러나 그 장점을 살리기 위해선 다양한 포인트를 효율적으로 탐색하는 '스케줄링'이 필요하다. 아무데나 내키는 곳에서 낚시하다가 입질이 없으면 이리저리 옮겨 다니는 식의 낚시를 해선 실패하기 십상이다.

먼저 보트를 띄우기 전에 차를 타고 돌면서 저수지 전역의 포인트를 충분히 숙지하는 것이 중요하다. 10만 평 이상의 큰 수면이라면 보트를 타고 가로지르기엔 쉽지 않은 거리다. 처음부터 포인트 주변에서 보트를 띄우는 게 중요하다. 특히 바람이 불 때는 더욱 그러하다. 일단 보트부터 띄우고 싶어서 허겁지겁 들어갔다가 엉뚱한 지역에서만 낚시를 마감하는 경우가 많다.

보트낚시도 저수지 한가운데선 잘 안 된다는 것을 알아둘 필요가 있다. 붕어는 오히려 깊은 중앙부보다 얕은 물가에 더 많기 때문이다. 그러므로 연안의 포인트부터 파악해야 한다. 가령 물가지만 연안낚시의 사정거리를 살짝 벗어난 수초대, 수풀과 잡목이 우거져서 연안낚시인이 진입하기 힘든 물가가 명당이다.

일단 보트를 띄우면 수심과 바닥의 경사도부터 파악한다. 연안부터 15m-30m-45m 거리의 수심을 폴대로 각각 체크해보면 물속 경사도를 알 수 있다. 수심이 완만하다면 연안에서 멀리 떨어진 안쪽에서 붕어가 낚일 가능성이 크지만 수심이 급격히 깊어진다면 오히려 연안으로 붙어야 승산이 있다. 그래서 깊은 계곡지에선 보트낚시가 잘 안 되는 것이다. 보트낚시에 가장 적합한 수심은 1~1.5m 수심이다. 다만 한여름이나 겨울엔 2~3m 수심에서 호황을 만날 수 있다.

오후, 밤, 아침 포인트를 미리 선정

어떤 포인트부터 노릴까? 일단 수초가 있으면 수초부터 노리는 게 좋다. 그러나 수초대 수심이 너무 얕거나 물색이 맑으면 큰 씨알은 기대하기 어렵다. 그때는 얕은 수초대는 밤낚시터로 미뤄두고 낮에는 깊은 물골을 찾아 공략해보는 것이 좋다.

보트낚시는 이동을 전제로 한 낚시임을 염두에 두고 미리 오후낚시터, 밤낚시터, 내일 아침낚시터를 선정한 뒤 각각의 포인트를 둘러본 다음에 낚시를 시작한다. 통상적으로 낮낚시터는 깊은 수심이나 밀생수초대 안쪽이 해당되며, 밤낚시터는 얕은 수심이나 성근 수초대 또는 수초 외곽선이 해당된다.

만약 밤낚시 예정지가 밀생 수초대라면 낮에 미리 수초제거작업을 해두는 게 좋다. 이처럼 노릴 포인트가 많기 때문에 보트낚시는 연안낚시보다 더 부지런함을 요한다.

만약 이른 아침에 저수지에 도착했다면 전체적 탐색은 뒤로 미루고 가장 확률이 높아 보이는 포인트부터 들어간다. 수초가 없는 저수지라면 1~1.5m 수심의 상류 완경사지역부터 공략하고, 수초가 있는 저수지라면 1m 정도의 수심이 확보되는 부들, 줄풀, 뗏장수초대부터 공략한다. 겨울에는 1.5~2.5m로 깊은 수심에 바닥말풀이 자라는 곳이 명당이다.

연안낚시는 밤에 잘 되지만 보트낚시는 낮에 잘 된다. 그 이유는 붕어들이 낮에 저수지 안쪽에 있다가 밤에 연안으로 접근하기 때문이다. 그중 피크타임은 계절 불문하고 아침이다. 아침엔 한 포인트에서 20분 이상 입질이 없으면 바로 옮겨야 한다. 여러 명이 한 저수지에 들어갔을 경우엔 한 곳에 몰리지 말고 다양하게 흩어져야 붕어 어군이 형성된 지역을 빨리 찾을 수 있다.

영암 양장리수로에서 보트낚시로 거둔 월척 조과를 보여주는 낚시인.

수초직공낚시

수초직공낚시란 말 그대로 '수초 사이를 수직으로 공략(직공)하는 낚시'를 말한다. 일명 '들어뽕' 또는 '뻥치기'라고도 한다. 토종붕어는 떡붕어와 달리 주로 수초 주변에 은신하고 있기 때문에 수초대를 노리는 것이 가장 효과적인 낚시방법이다.

문제는 수초 속의 좁은 공간을 노리기가 쉽지 않다는 것이다. 일반 스윙낚시로는 밀생하고 좁은 수초구멍에 찌를 세우기 어렵고, 설령 찌를 세웠다 해도 월척급의 큰 붕어를 걸면 당겨내다가 수초에 채비가 걸려 터뜨릴 위험성이 높다. 그래서 나온 해결책이 수초직공낚시다. 수초직공낚시는 원줄에 찌다리와 찌톱을 수직으로 고정하여 수초구멍 바로 위에서 내리므로 아무리 좁은 수초구멍에도 정확히 미끼를 넣을 수 있고, 챔질과 동시에 위로 당겨 올리므로 대물붕어도 안전하게 끄집어낼 수 있다. 단순하지만 가장 강력한 붕어 사냥술이라 할 수 있다.

특히 붕어들이 수초대로 많이 모여드는 봄 산란기와, 수초가 삭으면서 수초대 붕어들이 활발하게 움직이는 가을~겨울에 위력을 발휘한다. 최근엔 계절에 관계없이 수초직공낚시를 즐기는 낚시인들이 부쩍 늘었고 직공낚시 기법에도 많은 변화가 일고 있다.

시즌과 낚시터

수초직공낚시가 가장 유리한 시기는 봄, 3~4월이다(남부지방은 2~3월). 산란기를 맞은 붕어들이 알을 붙일 수초대로 몰려드는 이때가 연중 가장 굵은 붕어를 마릿수로 낚아낼 수 있는 찬스다. 그 다음 찬스는 가을 시즌으로 이때는 여름내 너무 무성해 노리지 못했던 수초구멍을 공략할 수 있어 제2의 전성기로 불린다.

그러나 최근엔 그런 통념도 점차 사라지고 있다. 가을~봄 사이에만 즐기던 '동절기낚시'에서 벗어나 사철낚시로 각광받고 있는 것이다. 수초가 무성한 여름의 경우 수초직공 외에는 수초밭을 효율적으로 공략할 수 있는 기법이 없기 때문이며, 또 대물낚시인들이 월척이 깃든 수초구멍을 놔두고 굳이 스윙만 고집할 필요가 없다는 현실론이 대두되면서 사철낚시로 진화했다.

그래서 수초가 많은 서해안 지역의 당진·서산·태안·보령·서천과 서남해안 지역의 무안·신안·진도·해남·장흥·고흥에서는 1년 내내 수초직공낚시가 성행하고 있다. 대물낚시가 활성화된 경북지방에서도 이러한 변화가 감지된 지 오래다. 밤낚시철이 끝나는 12~2월에는 경북에서도 낮에 수초가 밀생한 저수지 중상류를 노려서 직공낚시로 많은 양의 붕어를 낚아내고 있다.

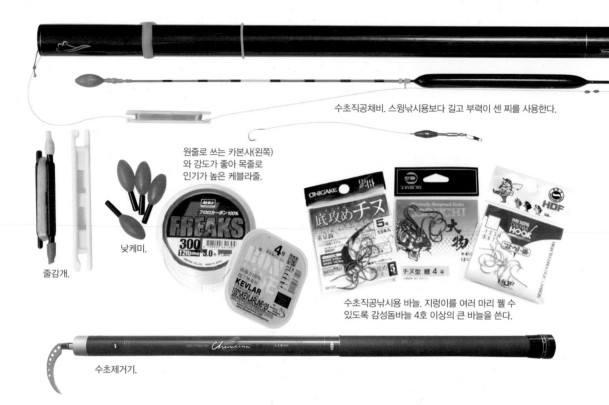

수초직공채비. 스윙낚시용보다 길고 부력이 센 찌를 사용한다.

원줄로 쓰는 카본사(왼쪽)와 강도가 좋아 목줄로 인기가 높은 케블라줄.

낮케미.

줄감개.

수초직공낚시용 바늘. 지렁이를 여러 마리 꿸 수 있도록 감성돔바늘 4호 이상의 큰 바늘을 쓴다.

수초제거기.

장비

낚싯대

수초직공낚시는 낚싯대 길이가 곧 공략거리이기 때문에 스윙낚시 때보다 공략거리가 절반가량으로 줄어든다. 2.5칸(약 4.5m) 대 스윙낚시로 노릴 수 있는 거리(8~8.5m:찌 투척거리까지는 총 9m지만 수심이 깊을수록 공략거리가 짧아지므로)를 직공낚시로 노리려면 4.5칸~5칸(8.3~5.2m) 대가 필요하다는 얘기다. 따라서 수초직공용 낚싯대는 최소한 3.5칸 대부터 6칸대 까지 긴 대가 필요하다.

가장 요긴한 길이의 낚싯대는 5칸 대다. 이 길이면 웬만한 범위는 대부분 커버할 수 있고 근거리를 노릴 때는 접어서 쓰면 되기 때문이다. 체력만 뒷받침된다면 6칸 대, 6.5칸 대가 강력한 무기가 될 수 있다. 붕어는 인기척을 많이 타는 물고기여서 수초직공낚시에서도 1~2m만 더 앞쪽으로 나가면 큰 놈이 입질할 때가 많은데 이때 6칸, 6.5칸 대

를 한 대씩 갖고 있으면 대단히 유리하다. 만약 풀세트로 장비를 마련한다면 3.5칸 2대, 4칸 2대, 4.5칸 2대, 5칸 3대, 5.5칸 3대, 6칸 1대, 6.5칸 1대로 총 14대를 갖추는 것이 최상의 조합이며, 구입비용이 부담스러워 6~7대만 갖춰 쓰고 싶다면 4칸 1대, 4.5칸 1대, 5칸 2대, 5.5칸 2대, 6칸 1대 정도를 권한다.

한편 수초직공낚시에서는 민물용 단절대보다 바다용 장절대가 유리하다는 주장도 있다. 붕어낚시용으로 설계된 단절대는 대부분 중경질이라 약간만 바람이 불어도 낚싯대가 심하게 낭창댄다. 그래서 수초직공낚시 전문가들 중에는 경질의 바다용 장절대를 선호하기도 한다. 특히 장절대는 마디가 길어 단절대보다 펴고 접는 시간이 절약되어서 좋다.

그러나 보트에서 수초직공낚시를 할 때는 장절대가 불편하다. 좁은 보트 안에서 낚싯대를 접을 때는 장절대가 성가시기 때문이

다. 또 보트낚시는 어차피 수초대로 근접 공략하므로 5칸 이상의 긴 대는 잘 쓰지 않는다.

수초제거기

수초직공낚시는 좁은 구멍에도 채비를 투입할 수 있으므로 스윙낚시에 비해 수초제거기가 많이 쓰이지는 않는다. 그러나 부들이나 갈대처럼 수초가 높이 솟아있는 포인트는 주변 수초에 찌가 가려 입질 파악이 힘들 경우가 종종 있어 수초제거기는 필수품이라 하겠다. 기왕이면 5칸 대와 길이가 비슷한 10m 길이의 제품이 유리하다.

채비

수초찌

수초직공낚시에 쓰는 찌를 '수초찌'라 부르며 대물찌와 비교해 부력과 기본 형태는 비슷하다. 다만 찌톱에 원줄을 관통할 수 있는 고리가 달려있다. 찌를 수직으로 내리기 위해서는 찌다리 뿐 아니라 찌톱까지 원줄과 한 몸이 되도록 끼워줘야 하기 때문이다.

수초찌는 물속에도 늘어져 있는 수초 속을 뚫고 내려가야 하므로 부력이 센 것이 좋고, 수면 위로 높이 솟은 갈대나 부들 사이에서도 찌톱이 잘 보여야 하므로 찌톱이 충분히 길고 또 굵어야 한다. 부력 10~12호, 전체 길이 45~55cm, 찌톱 굵기 1.5~2mm가 가장 실전적인 수초찌라 할 수 있다.

그러나 최근엔 이런 수초찌 대신 일반 찌에 '야간 줄잡이'를 끼워서 원줄에 찌톱을 탈착하는 스타일도 유행하고 있다. 이 경우 떡밥찌 등 자신이 스윙낚시에 즐겨 쓰던 아무 찌나 수초직공낚시에 사용할 수 있어서 떡밥을 미끼로 직공낚시 하기에도 편리하다. 특히 배스나 블루길이 유입된 곳에선 수초구

멍 속에서도 지렁이보다 글루텐떡밥에 월척 붕어가 잘 낚이는 경우가 늘어나면서 저부력의 예민한 떡밥찌로 수초직공낚시를 하는 것이다.

또 최근엔 스윙낚시 채비처럼 찌를 유동식으로 쓰는 낚시인들이 늘어나고 있다. 만약 수심이 60~70cm로 얕은 곳이라면 기존의 고정식을 사용해도 큰 불편은 없으나 수심이 1.5m 이상으로 깊거나 바람이 강하게 부는 상황에서는 봉돌과 찌가 일체가 되어 좁은 구멍에 입수시키기 편한 유동식 직공채비가 편리하다.

낚싯줄

수초직공낚시에선 스윙낚시보다 배 이상 굵은 낚싯줄을 써야 한다. 그 이유는 첫째 원

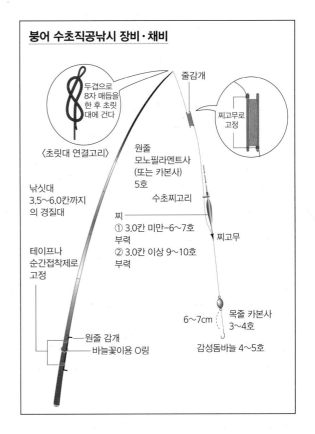

붕어 수초직공낚시 장비·채비

두겹으로 8자 매듭을 한 후 초릿대에 건다

〈초릿대 연결고리〉

줄감개

찌고무로 고정

낚싯대 3.5~6.0칸까지의 경질대

테이프나 순간접착제로 고정

원줄 모노필라멘트사 (또는 카본사) 5호

수초찌고리

찌
① 3.0칸 미만-6~7호 부력
② 3.0칸 이상 9~10호 부력

찌고무

6~7cm

목줄 카본사 3~4호

감성돔바늘 4~5호

원줄 감개
바늘꽂이용 O링

밀집한 수초 사이에 세운 찌. 수초 포인트는 간격이 적당히 넓은 곳이 좋다.

줄이 가늘면 수초줄기에 잘 감겨 여러모로 불편하기 때문이며, 둘째 원줄이 짧고 낚싯대는 길다보니 챔질 순간 엄청난 하중이 낚싯줄에 전달되어 대물붕어를 걸었을 때 어이없이 터져버리는 일이 잦기 때문이다. 그래서 원줄은 카본사 5~6호, 목줄은 카본사

수초직공낚시 찌맞춤

수초직공낚시의 찌맞춤 요령은 '채비는 무겁게, 찌맞춤은 예민하게'다. 즉 고부력찌에 무거운 봉돌을 사용하면서도 전체적인 찌맞춤은 떡밥낚시와 별 차이가 없게 맞추면 된다. 간혹 낚시인 중에는 "수초대의 토종붕어는 입심이 좋아서 무겁게 찌맞춤해도 입질 받는 데 아무런 지장이 없다"고 말하지만, 그 말은 늦봄~초가을처럼 수온이 좋고 붕어 활성이 높은 시기에는 맞지만 늦가을~초봄에 이르는 동절기 때는 맞지 않다. 수온이 내려가서 붕어의 활성이 떨어지면 아무리 수초대 속의 붕어라도 찌올림이 약해질 수밖에 없다. 그래서 수초직공낚시라도 찌맞춤은 예민하게 해주어야 한다.

그러나 수초직공낚시에선 수초를 뚫고 내리기 위해 무거운 봉돌이 필요하며 그에 따라 그에 맞는 고부력 찌가 필요하다. 그런데 무거운 봉돌은 채비 하강 도중 물속에 잠긴 수초들을 누르고 통과하기 위한 '돌파'가 목적이지 바닥에 있는 수초를 누르기 위한 목적은 아니다. 봉돌이 바닥 수초를 눌러봤자 목줄 채비는 여전히 수초 위에 놓이기 때문이다.

그래서 봉돌은 무거운 걸 쓰되 찌맞춤은 예민하게 해서 돌파할 땐 봉돌의 무게로 쉽게 내려가고, 입질을 받았을 땐 예민하게 솟을 수 있도록 하는 것이 최선의 수초직공낚시 찌맞춤이다.

찌 밑에 봉돌과 바늘을 모두 단 상태에서 케미꽂이와 수면이 일치되게끔 찌맞춤을 하면 되겠다. 얼핏 '수초직공낚시용 찌맞춤치고는 너무 가볍게 맞추는 게 아닌가' 싶겠지만 사실 이 방법도 현장에서는 '충분히 무거운' 찌맞춤에 해당한다. 원줄을 연결하고 지렁이를 5~6마리 꿰어 던지면 비중이 무거운 카본줄의 무게와 미끼(지렁이)의 무게, 수압 등이 고루 작용해 수면 아래로 '쑤욱~' 내려간다(실제로는 찌톱을 서너 마디 이상 올려놓은 상태로 찌맞춤해도 현장에서는 '적당' 또는 '그래도 무거운' 찌맞춤일 때가 많다). 계절적으로는 봄~가을의 하절기 때는 붕어 활성도가 좋기 때문에 다소 무겁게 찌맞춤해도 입질 받는 데는 무리가 없다.

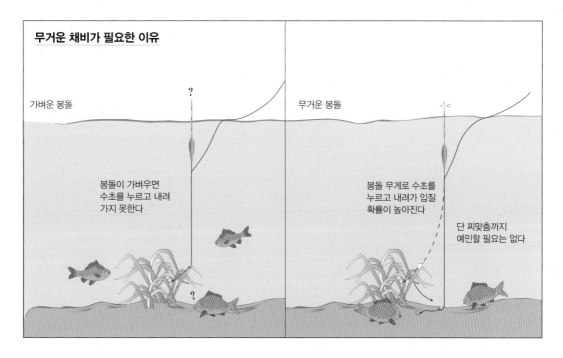

무거운 채비가 필요한 이유

가벼운 봉돌

?

봉돌이 가벼우면
수초를 누르고 내려
가지 못한다

?

무거운 봉돌

봉돌 무게로 수초를
누르고 내려가 입질
확률이 높아진다

단 찌맞춤까지
예민할 필요는 없다

3~4호가 적당하다.

'스윙낚시에 비해 지나치게 투박한 것 아니냐. 원줄이 그렇게 굵어서 약한 어신이 찌에 전달되겠느냐'는 의문이 들겠지만 수초 속 붕어는 경계심이 적고, 봉돌과 찌 사이의 짧은 원줄이 수직으로 연결돼 있어 입질이 곧바로 전달되므로 큰 문제가 못 된다.

목줄 강도를 높이기 위해 카본사 대신 케블라류의 합사로 쓰는 이들도 많은데 합사는 카본 단사보다 유연해 수초 장애물에 쉽게 엉키고 이끼 같은 이물질도 잘 달라붙어 불편하다. 특히 큰 붕어가 걸리자마자 수초를 휘감았을 때 매끄러운 카본사는 쉽게 빠져 나오지만 합사는 그렇지 못해 결국 놓칠 공산이 크다.

낚싯바늘

수초직공낚시는 90% 동물성 미끼를 사용하고 거친 장애물 속에서 대어를 끌어내는 낚시이므로 바늘이 커야 한다. 지렁이, 새우,

참붕어를 미끼로 쓸 때는 감성돔바늘 4~6호 또는 이두메지나바늘 13~14호가 좋다. 이보다 작으면 4~5마리의 지렁이를 한꺼번에 꿰기 어렵고 오히려 걸림도 잘 안 되는 단점이 있다. 한편 떡밥이나 옥수수를 미끼로 쓸 때는 망상어바늘 7~8호, 감성돔바늘 1~2호가 적합하다.

낚시방법

물빛이 적당히 탁해져 있는 상황이라면 붕어가 얕은 연안까지 접근하므로 가장 연안에 있는 수초부터 차근차근 노리고 들어가

1, 2번대를 통초릿대로 교체하는 건 좋지 않다

수초직공낚시에서 초리 부분을 빳빳하게 하기 위해 1, 2번대를 빼내고 통초릿대를 교체 삽입해 쓰는 경우가 많다. 그러면 통초릿대와 3번 대의 밸런스(두께 및 강도)가 맞질 않아 3번대가 부러지는 경우가 종종 있다. 차라리 1번대를 절반 길이로 잘라버리고 쓰는 게 낫다.

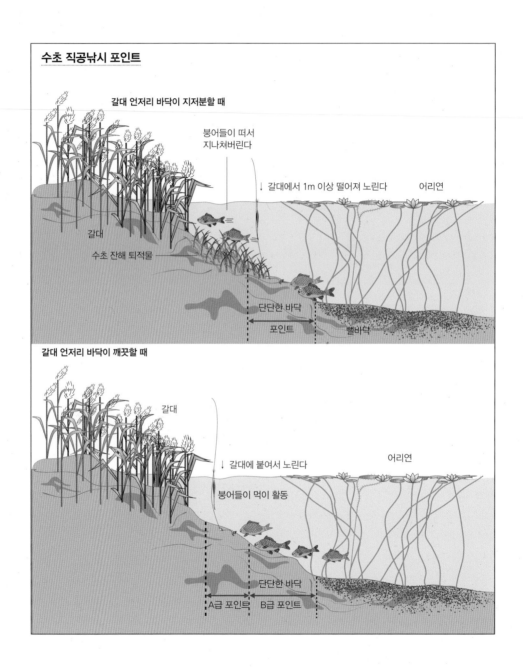

수초 직공낚시 포인트

갈대 언저리 바닥이 지저분할 때

붕어들이 떠서
지나쳐버린다

↓ 갈대에서 1m 이상 떨어져 노린다   어리연

갈대

수초 잔해 퇴적물

단단한 바닥

포인트   뻘바닥

갈대 언저리 바닥이 깨끗할 때

갈대

↓ 갈대에 붙여서 노린다   어리연

붕어들이 먹이 활동

단단한 바닥

A급 포인트   B급 포인트

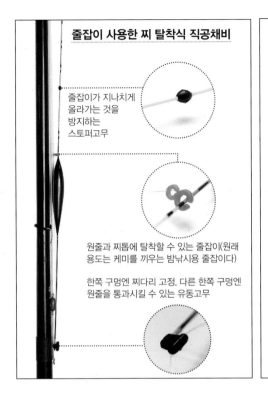

줄잡이 사용한 찌 탈착식 직공채비

줄잡이가 지나치게 올라가는 것을 방지하는 스토퍼고무

원줄과 찌톱에 탈착할 수 있는 줄잡이(원래 용도는 케미를 끼우는 밤낚시용 줄잡이다)

한쪽 구멍엔 찌다리 고정. 다른 한쪽 구멍엔 원줄을 통과시킬 수 있는 유동고무

튜닝법

간단한 소품 몇 개를 이용하면 고정식 수초찌를 유동찌로 개조할 수 있다. 사진에서 보듯이 낚시점에서 판매중인 유동찌고무(고리가 달린 일반 유동찌고무도 상관없다)의 좁은 구멍에는 찌다리를 끼우고 넓은 구멍에는 원줄을 관통시키면 수초찌의 상하 이동이 자유롭다.

찌톱 고정은 밤낚시용 케미줄잡이를 이용한다. 케미줄잡이의 한 쪽 구멍에 원줄을 통과시키고, 틈을 벌릴 수 있는 다른 한쪽 구멍에는 찌톱을 끼워 사용하는 방식이다. 이렇게 하면 찌톱이 수초에 걸려 힘이 가해질 때 케미줄잡이의 틈이 벌어지며 찌톱이 '툭' 하고 빠진다. 찌톱이 부러지는 단점을 없앨 수 있는 것이다.

케미줄잡이가 찌톱의 하단에 있어야 찌톱의 직립성이 좋아지므로 줄잡이가 높이 올라가는 것을 방지키 위해 찌톱 하단에 스토퍼 고무를 미리 삽입해 두면 좋다. 수초가 없는 곳에서 스윙낚시를 할 때는 고리만 떼어내면 된다. 이 찌톱 탈착식 채비는 박현철 씨가 고안해 널리 퍼졌다.

는 것이 순서다. 정수수초 중에서는 가장 얕은 곳에서 자라는 갈대, 그 다음 깊은 곳에서 자라는 부들 주변이 먼저 노려볼 포인트이며 만약 이 수초대에서도 입질이 없다면 좀 더 깊은 수심에서 자라는 줄풀이나 뗏장 주변, 말풀을 노리면 된다. 반대로 물빛이 맑은 상황이라면 반대 순서로 노린다.

수초가 너무 **빽빽한** 곳을 노릴 필요는 없다. 그런 곳은 보기에는 그럴듯해보여도 막상 낚시를 해보면 별다른 재미가 없는데, 큰 붕어일수록 그런 좁고 거친 이동로를 좋아하지 않기 때문이다. 오히려 스윙낚시로도 집어넣을 수 있을 정도로 듬성한 수초구멍에서 월척급 붕어가 잘 낚인다.

챔질타이밍은 스윙낚시 때와 동일하다. 다만 붕어는 사방이 트인 맨바닥에서 입질할 때보다 수초 속에서 입질할 때 훨씬 여유롭게 찌를 밀어 올리므로 찌올림을 충분히 감상하다가 챔질해도 늦지는 않다. 단 너무 강한 챔질은 금물이다. 스윙낚시는 긴 줄과 낚싯대의 휨새가 챔질 충격을 완화하지만 수초직공낚시는 챔질 충격이 고스란히 채비와 낚싯대에 전달되어 목줄이 맥없이 터지기도 하고 초릿대가 뽑히거나 낚싯대가 부러질 수 있다. 따라서 손잡이를 살짝 드는 것만으로도 바늘은 빠른 속도로 이동하므로 붕어 입에 바늘이 박히는 것은 문제가 없다.

붕어를 수면 위로 띄웠다면 앞쪽으로 당기면서 낚싯대를 차곡차곡 접어 들인다. 그러나 만약 월척이 넘는 대물붕어가 걸렸을 때는 낚싯대를 접지 말고 일단 좌우 연안으로 내팽개치듯 들어내는 게 안전하다. 차곡차곡 낚싯대를 접는 사이에 월척의 중량과 요동치는 힘이 더해져 바늘이 빠지거나 채비가 터지기도 하고 붕어가 수초를 감아 버리는 등의 경우가 종종 발생하기 때문이다.

얼음낚시

붕어 얼음낚시는 겨울낚시의 꽃이다. 얼음낚시는 빙판에 올라 미끄럼을 타며 동심으로 돌아가는 즐거움, 평소에 눈길만 주던 저수지 한가운데서 낚시할 수 있다는 설렘, 얼음구멍을 새로 뚫고 채비를 내릴 때의 두근거리는 기대감, 차가운 물 속에서도 힘차게 찌를 밀어 올리는 붕어의 생명력에 대한 경이로움이 어우러지는 매력적인 낚시다. 해가 갈수록 따뜻한 겨울이 이어지면서 얼음낚시 기회가 갈수록 줄어들고 있는 게 아쉽지만 여전히 얼음낚시는 사계절 낚시 중 가장 아기자기한 재미를 선사한다.

시즌과 낚시터

중부지방 기준으로 12월 중순경에 결빙되기 시작하여 12월 25일 전후에 첫 얼음낚시가 시작되고 보통은 1월 말이나 2월 초에 마감한다. 과거에는 길게는 3월 초까지도 얼음을 탔지만 지구온난화 이후로는 2월 중순이면 시즌이 마감되고 있다.

얼음낚시터는 겨울 기온이 낮은 중부 이북에 편중된다. 남부지방은 한겨울에도 낚시인이 올라설 만큼 두껍게 결빙되지 않기 때문이다. 얼음낚시를 하려면 얼음 두께가 7cm는 되어야 하고 최하 5cm는 되어야 올라설 수 있다. 얼음낚시가 잘 되는 저수지나 수로는 강화도, 경기도 서해안, 서산과 태안 등 충남 서해안에 집중 분포하며, 충북과 강원도는 결빙이 빠르지만 계곡지가 많아 호황 낚시터가 많지 않다.

평소에 연안낚시보다 보트낚시나 릴낚시가 잘 되던 곳이 얼음낚시터로 유망하다. 그런 곳은 붕어들이 저수지 가운데에 몰려 있는 곳이기 때문이다. 소류지보다는 대형지, 계곡지보다는 평지지, 물이 맑은 곳보다 평소에 혼탁한 곳이 얼음낚시가 잘 되는 편이다.

장비

낚싯대

과거엔 견짓대나 릴대를 쓰기도 했지만 지금은 일반 낚싯대를 그대로 쓴다. 2.5칸부터 4칸대까지 6~10대를 준비한다. 계곡지에서 하류의 5~9m 수심을 노릴 땐 견짓대나 릴대가 편리하게 쓰일 수도 있다. 그러나 그렇게 깊은 곳에서는 낚시가 썩 잘 되지 않는다. 수심이 얕을수록 얼음구멍에서 멀리 떨어져 앉는 것이 유리하므로 3~4칸의 긴 낚싯대를 많이 쓴다. 대 끝에는 수심 조절을 위해 줄감개를 부착한다. 즉 물낚시의 수초직공채비와 똑같다. 수심에 맞춰 줄감개에 감긴 원줄을 풀거나 감아서 쓴다.

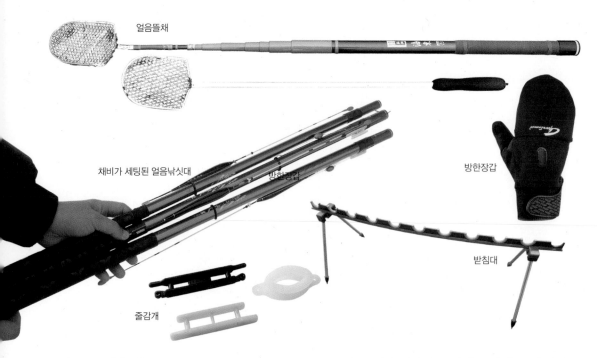

얼음뜰채

채비가 세팅된 얼음낚싯대

방한장갑

받침대

줄감개

얼음끌

얼음낚시의 필수품이다. 끌이 나쁘면 구멍을 팔 때 체력소모가 심하므로 좋은 제품을 구입해야 한다. 3만~5만원대 제품이면 무난하다. 끌이 무거워야 좋은 것은 아니다. 가벼워도 날만 예리하면 쉽게 구멍을 뚫을 수 있다. 날 끝이 일자인 것보다 반달형으로 가운데가 약간 파인 제품이 얼음이 잘 깨진다.

얼음뜰채

끌로 파낸 얼음구멍의 얼음 부스러기들을 걷어내는 데 필요하다. 최초에 큰 얼음덩이를 퍼내는 짧은 뜰채와 더불어 멀리 떨어져서 살얼음을 떠낼 수 있는 긴 뜰채를 준비한다면 매우 편리하다.

얼음낚시용 받침대

다양한 제품이 시판되고 있는데, 바람에 넘어지지 않게 낮고 묵직한 제품이 좋다.

방한화

빙판 위에서는 따뜻하게 보온이 되고 방수가 완벽한 방한화를 신어야 한다. 얼음낚시용 방한화의 가격은 3만~5만원이다.

채비

찌

얼음낚시용으로 특별한 찌가 필요하지는 않다. 낚시인들은 톱이 가늘고 부력이 약한 찌를 얼음낚시용으로 선호하는데, 오히려 찌톱이 적당히 길고 굵으며 부력이 좋은 수초낚시용 찌가 어신을 간파하기 좋아서 더 실전적이다. 빙판 밑의 붕어라도 6치만 넘으면 고부력의 찌도 시원스럽게 밀어 올린다. 다만 찌맞춤은 예민하게 맞춰줘야 한다. '줄잡이'를 사용하면 스윙낚시용 일반 찌도 얼음낚시에 쓸 수 있다.

줄감개

얼음낚시에 반드시 필요하다. 여러 종류가 있지만 간단히 두 번 훑쳐매서 고정하는 방식의 것이 편하다. 이 줄감개만 있으면 스윙낚시채비도 현장에서 바로 감아 얼음낚시용 채비로 만들 수 있다.

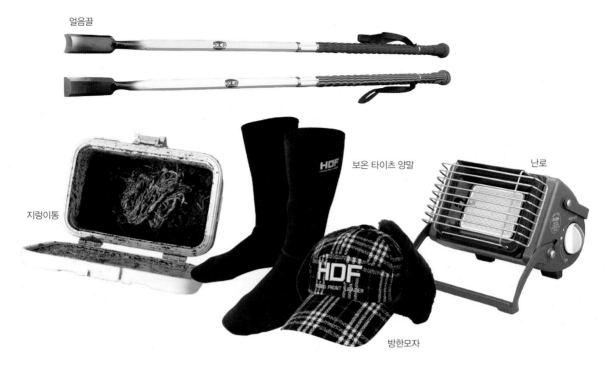

얼음끌

지렁이통

보온 타이츠 양말

난로

HDF

방한모자

원줄과 목줄

얼음낚시는 수초직공낚시와 마찬가지로 원줄이 수직으로 내려가기 때문에 원줄 무게가 찌올림에 큰 영향을 미치지 않는다(스윙낚시에선 찌-낚싯대 사이에 길게 늘어진 원줄의 무게가 찌올림에 장애요소가 된다). 그러므로 현장찌맞춤만 해주면 4호 이하의 원줄일 경우 찌에 나타나는 어신은 거의 동일하며, 특별히 가는 원줄로 바꿀 필요 없다. 목줄은 카본사 1.5~2호가 적당하다. 합사는 엉킴이 잦으므로 모노필라멘트(경심) 줄을 쓴다.

낚싯바늘

얼음낚시에서 너무 큰 바늘은 부적합하다. 가볍고 챔질이 잘 되는 망상어바늘 7~8호가 알맞다.

미끼

붕어 얼음낚시 미끼는 지렁이다. 낚시할 때 지렁이를 얼지 않게 잘 보관하는 것이 중요하다. 현지에서 1박을 할 때는 지렁이통을 차에서 꺼내 얼지 않는 곳에 두어야 한다.

지렁이는 두 마리나 세 마리를 꿰되 두어 번 누벼서 끝이 축 처지지 않게 동글동글 말아준다. 너무 작고 가는 것보다 굵고 통통한 것을 2~3마리 바늘에 걸쳐 꿰는 게 좋다. 그러나 큰 지렁이를 너무 많이 꿰는 것은 활성도가 낮은 얼음 속 붕어에게 맞지 않다. '지렁이는 자주 갈아줄수록 좋다'고 하지만, 너무 자주 갈아줄 필요는 없다. 지렁이는 따뜻한 물보다 찬 얼음물 속에서 더 오래 살기 때문에 잔 입질이 없으면 30분에 한 번꼴로 갈아주어도 된다. 다만 고패질은 자주 해주어야 한다.

얼음낚시라고 해서 붕어 입질이 특별히 약하지는 않다. 그러나 전반적 조황이 부진할 때는 확실히 찌올림이 약한 경우를 종종 만나게 된다. 이런 상황에서는 바늘 크기도 줄이고 지렁이도 짧고 가는 놈으로 한 마리만 꿰는 게 유리하다. 이렇게만 해도 없던 입질이 갑자기 나타날 때가 많다. 특히 붕어 씨알이 7치 이상을 넘기지 못하는 잔챙이터라면 작은 지렁이 한 마리꿰기에 훨씬 잦고 선명한 입질이 들어온다.

낚시방법

얼음낚시는 포인트 선정이 가장 중요하다. 빙판 밑의 붕어들은 회유하지 않고 일정지역에 모여 있기 때문에 '오글오글 모인 포인트'를 찾는 것이 무엇보다 중요하다.

일단 빙판 위를 둘러볼 때 많은 낚시인이 모여 있는 곳이 포인트라 생각하면 된다. 얼음낚시 엔 "10분 동안 입질이 없으면 미련 없이 옮겨라"는 격언이 있듯이, 잦은 이동을 염두에 두고 한 번에 들고 움직일 수 있을 만큼 짐이 간단해야 한다.

반면 낚시인 중에는 10대 이상의 다대편성 후 한 자리를 고수하는 걸 좋아하는 낚시인도 있 다. 만약 붕어가 여기저기서 산발적으로 낚인다면 잦은 이동 스타일이 유리하지만 전반적으 로 입질이 부진하다면 한 자리 고수 스타일이 유리할 수도 있다.

어자원은 많은데 물낚시 덜 되던 곳은 얼음낚시 호황

지령이 오래 되어 붕어는 많은데 물낚시 조황이 신통찮던 곳, 수초(특히 말풀)가 밀생한 곳, 배스와 블루길 성화에 하절기 낚시가 어려운 곳, 피라미 성화가 심하던 곳은 얼음낚시에 대 박을 터뜨릴 확률이 높다.

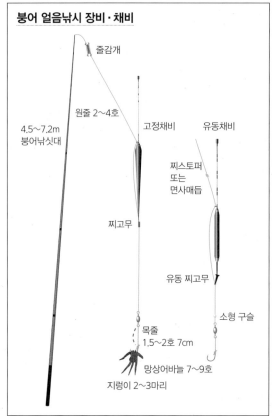

붕어 얼음낚시 장비·채비

줄감개

원줄 2~4호

4.5~7.2m 붕어낚싯대

고정채비

유동채비

찌스토퍼 또는 면사매듭

찌고무

유동 찌고무

소형 구슬

목줄 1.5~2호 7cm

망상어바늘 7~9호

지렁이 2~3마리

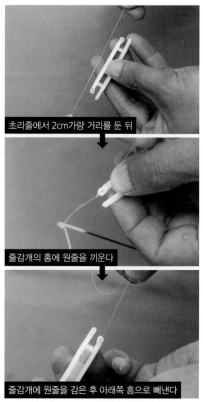

줄감개에 원줄감기

초리줄에서 2cm가량 거리를 둔 뒤

줄감개의 홈에 원줄을 끼운다

줄감개에 원줄을 감은 후 아래쪽 홈으로 빼낸다

대박은 첫탕! 아직 얼지 않은 저수지를 눈여겨보라

얼음낚시는 늘 첫탕에 대박이 터진다. 따라서 이미 한 차례 호황을 겪은 저수지라면 큰 재미를 보기는 어렵고 가장 최근에 결빙된 곳을 찾아야 한다. 단 눈이 덮이지 않은 상태라야 호황을 맛볼 수 있다.

잘 나온다고 소문난 곳으로 가라

물낚시 때는 번잡하지 않은 포인트(낚시터)를 찾는 게 유리하지만 얼음낚시 때는 '잘 나온다고 소문난 곳'을 찾는 게 좋다. 이유는 간단하다. 물낚시에 비해 얼음낚시는 잘 되는 곳이 한정적이기 때문이다. 하절기에는 씨알도 잘고 별 볼일 없던 곳이 얼음낚시 때는 명낚시터로 떠오르고 씨알도 굵게 낚이는 경우도 많다. 따라서 사람이 몰려도 현재 가장 조황이 좋은 낚시터를 찾되, 기왕이면 출조를 서둘러 좋은 포인트를 먼저 선점하는 게 얼음낚시에서는 유리하다. 단, 이런 곳은 사람이 몰리는 3, 4일 후에는 조황이 급감하므로 가급적 초반에 들어가는 것이 좋다.

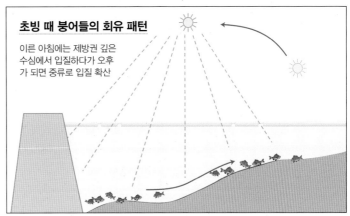

초빙 때 붕어들의 회유 패턴

이른 아침에는 제방권 깊은 수심에서 입질하다가 오후가 되면 중류로 입질 확산

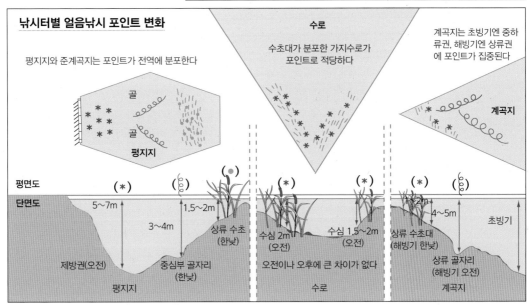

낚시터별 얼음낚시 포인트 변화

평지지와 준계곡지는 포인트가 전역에 분포한다

수로
수초대가 분포한 가지수로가 포인트로 적당하다

계곡지는 초빙기엔 중하류권, 해빙기엔 상류권에 포인트가 집중된다

골
골
평지지

계곡지

평면도

단면도

5~7m
1.5~2m
3~4m
상류 수초
(한낮)
제방권(오전)
중심부 골자리
(한낮)
평지지

수심 2m
(오전)
수심 1.5~2m
(오전)
오전이나 오후에 큰 차이가 없다
수로

1.5~2m
4~5m
초빙기
상류 수초대
(해빙기 한낮)
상류 골자리
(해빙기 오전)
계곡지

수초밭 주변에서 얼음낚시를 즐기는 낚시인들.

출조 전날 눈 오면 불황 맞을 확률 높다

제 아무리 붕어가 잘 낚이던 상황이라도 전날 많은 눈이 내리면 조황은 뚝 떨어진다. 정확한 원인은 알 수 없지만 눈이 덮이면 물속이 갑자기 어두워지기 때문에 붕어들이 경계심을 느낀다는 분석이 지배적이다. 예보된 적설량이 소량이라면 몰라도, 만약 밤새 얼음판이 완전히 덮일 정도로 수북이 눈이 왔다면? 그날은 아예 한 마리도 안 낚이는 경우가 흔하기 때문에 경험 많은 낚시인들은 아예 출조를 포기하는 경우도 있다.

너무 추운 날은 입질도 끊긴다

얼음낚시에 알맞은 조건은 낮 기온이 영상을 회복하는 날이다. 예를 들어 밤에는 영하 7~8도로 떨어졌어도 햇살이 비추면 영상 내지 영하 1~2도 수준의 기온을 보일 때 입질이 왕성하다. 반면 한낮에도 영하 7~10도 수준으로 추운 날은 입질 빈도가 뚝 떨어지므로 좋은 조과를 기대할 수 없다. 특히 낮 기온이 영하 5도 이하면 얼음구멍에 빠른 속도로 살얼음이 얼기 때문에 제대로 된 낚시가 힘들다.

바람 극복법

얼음낚시 최대의 적은 바람. 바람이 불면 조황이 급감하므로 서해상에 폭풍주의보가 내린 날은 출조를 자제하는 게 좋다. 바람이 빙판을 휩쓸면 낚싯대가 이리저리 날리는데 그때 얼음구멍에서 나온 얼음조각을 2번대 옆에 놓아두면 바람에 밀리지 않아 편리하다.

첫탕에는 상류보다 깊은 하류를

얼음이 얼기 직전의 붕어들은 강추위를 피하여 깊은 수심대로 피해 있는 경향이 짙다. 따라서 얼음낚시 첫탕엔 아직 중하류 중앙부에 모여 있을 붕어들을 예상하고 깊은 수심을 노리는 것이 유리하다. 이때는 차를 상류보다 제방 쪽에 대고 진입하는 것이 빠르다. 이후 붕어들은 점차 상류 또는 연안 쪽으로 이동하여 해빙기엔 상류의 조과가 하류보다 앞서곤 한다.

수로에선 정치망 주변이 명당
큰 수로나 간척호에 정치망이 도처에 깔려 있는데 붕어들이 의외로 정치망 주변에 많다. 정치망은 촉고와 달리 그물코에 지느러미가 걸리지 않기 때문에 붕어들이 접근을 두려워하지 않으며 오히려 정치망 자체를 은신처로 삼는다.

말풀수초를 찾아라
얼음낚시의 최고 명당은 말풀수초다. 말풀은 깊은 수심에서 자라고 겨울에 새순이 돋기 때문에 겨울붕어들이 가장 좋아하는 포인트가 된다. 특히 씨알이 굵어 월척 확률이 높다. 얼음 밑으로 말풀이 보이거나 바늘에 말풀이 걸려 올라오는 곳은 집중적으로 노려봐야 한다.

얼음은 맑고 물색은 탁해야
빙판이 투명할수록 햇빛이 쉽게 투과되어 수온 상승이 빠르고 붕어 활성도가 높아진다. 그래서 햇빛이 쨍한 날 얼음낚시가 잘 되고, 빙판 위에 눈이 덮이면 조황이 급락한다. 그러나 수심 얕은 곳에선 오히려 약간 탁한 얼음이 장막 역할을 하여 붕어의 경계심을 줄여주기도 한다. 한편 물색은 탁해야 좋다(특히 얕은 곳에선). 만일 물색이 맑으면 깊은 수심을 노리는 게 유리하다.

맨바닥에 대를 편 낚시인.

바람은 등지고 햇빛은 비스듬히 안아라
아침에 바람이 없더라도 낮부터 북서풍이 불 것에 대비해 북쪽을 등지고 낚시하는 게 좋다. 해는 45도 각도로 비스듬히 안고 낚시해야 따뜻하고 내 그림자가 얼음 밑으로 투과되지 않아 붕어의 경계심을 줄여준다. 햇빛을 정면으로 안으면 따뜻하긴 하지만 찌가 잘 보이지 않는다.

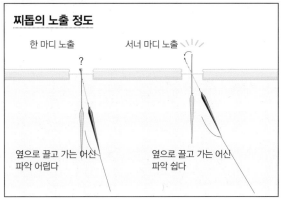

찌톱의 노출 정도

한 마디 노출   서너 마디 노출

?

옆으로 끌고 가는 어신 파악 어렵다   옆으로 끌고 가는 어신 파악 쉽다

아침엔 깊은 중앙, 오후엔 얕은 연안
수심 차가 큰 곳은 얼음 속 붕어들은 밤새 깊은 수심에 머물러 있다가 낮에 햇살이 퍼지면 얕은 상류나 연안으로 이동하는 경향이 뚜렷하다. 따라서 아침엔 깊은 중앙부를 노리고, 오후엔 얕은 연안을 노리는 게 좋다.

잦은 고패질이 입질을 부른다

얼음낚시에서 잦은 입질을 유도하는 최고의 방법은 고패질이다. 간혹 입질이 없을 때 싱싱한 지렁이로 갈아 꿰어 넣으면 곧바로 입질이 오는 경우가 있는데, 그 경우 역시 고패질 효과의 연장선으로 볼 수 있다. 특히 겨울 붕어는 움직임을 최소화하기 때문에 시각적인 유인 효과로 입맛을 자극해야 하므로 고패질은 필수다. 계곡지보다는 수초나 장애물이 많은 평지지와 수로 같은 곳은 물속 장애물에 미끼가 가리는 경우가 많기 때문에 고패질의 중요성은 더욱 커진다.

수심 깊은 계곡지는 오전보다 오후 조황 쏠쏠

얼음낚시의 피크타임은 오전 8시~11시지만 낚시터에 따라 또 날씨에 따라 오후낚시가 더 잘 되는 경우도 많다. 대개 아주 깊은 계곡지가 그러한데, 중점 입질시간대를 미리 알고 가면 한층 유리하다.

정수수초대는 가급적 깊은 곳을 노려라

부들, 연 등의 정수수초대는 말풀보다는 못하지만 1~1.5m로 약간 깊은 수심이 유지된다면 좋은 포인트가 된다. 독립된 수초보다 빽빽하게 밀집된 곳이 유리하며, 밀집된 수초대의 중앙부가 좋고 시작과 끝 지점은 가급적 피해야 한다.

헌 구멍보다 새 구멍에서 입질 잦다

얼음낚시의 특징 가운데 하나다. 전날 잘 나왔던 구멍이라도 이튿날 재차 노리면 조과가 크게 떨

얼음구멍 위로 올라온 붕어.

찌톱 뒤로 댄 얼음조각.
이렇게 하면 찌가 선명하게 보인다.

얼음 뚫는 요령과 대편성

얼음낚시에 가장 알맞은 구멍 크기는 25cm 내외다. 이보다 작으면 얼음구멍에 채비를 넣을 때 불리하고, 너무 크게 뚫으면 조황에 좋지 않은 영향을 미친다. 얼음구멍은 직경이 20cm만 되도 35cm 이상 월척까지 문제없이 끌어낼 수 있지만 얼음구멍이 작으면 멀리서 채비를 떨어뜨릴 때 정확성이 떨어지기 때문에 불편하다. 간혹 큰 고기를 쉽게 뽑아내겠다는 생각에 장난삼아 얼음구멍을 50cm 이상으로 크게 뚫는 경우가 있는데 이 경우에는 입질 빈도가 크게 떨어진다. 이에 대해 얼음낚시 전문가들은 차가운 외기가 물에 전달돼 악영향을 미친다. 넓어진 얼음구멍 때문에 물속이 너무 밝아져 붕어들이 경계심을 일으킨다는 등의 분석을 내놓고 있다.

얼음낚시의 대편성은 탐색 시엔 2~3대, 완전히 자리 잡은 후엔 5~6대가 좋다. 너무 많이 뚫으면 붕어의 경계심을 자극한다. 특히 입질이 활발한 아침에 많은 대를 펼치면 놓치는 입질이 더 많다. 구멍끼리의 간격은 1m 이상 유지하고 가급적 조그맣게 뚫어야 입질이 활발하다.

얕은 곳에선 붕어의 경계심을 줄이기 위해 3칸 이상 긴 대를 사용하는데, 이 경우 일자형으로 뚫어야 대를 펼치기 좋다. 한편 깊은 곳에선 짧은 대를 사용해도 되므로 여러 찌를 한 눈에 볼 수 있는 지그재그형 편성이 편리하다.

어진다. 그만큼 겨울 붕어의 회유 범위가 좁다는 증거일 것이다. 실제로 얼음이 두껍게 얼었을 때, 얼음 깨는 게 힘들다는 생각에 전날 밤에 살짝 얼은 구멍을 깨고 낚시해보면 십중팔구 빈작일 때가 많다. 이런 구멍은 최소 며칠이 지난 후 공략하는 게 유리하다.

터가 센 곳은 장기전, 마릿수터는 게릴라전

낚시를 마칠 때까지 한 포인트를 고수할 것인지, 수시로 이동하며 어군을 찾아낼 것인지는 낚시터의 특징, 낚시 당일 조황과 밀접한 관계가 있다. 즉 겉면 씨알이 굵지만 워낙 터가 센 곳이라면 한 자리 고수가 유리하며, 원래 마릿수 조과가 좋았던 곳이라면 부지런히 포인트를 이동하는 게 좋다. 다만 마릿수터라도 나만 못 낚고 다른 낚시인들은 잘 낚는다면 이동해야 하지만 전부 입질을 못 받는 상황이라면 굳이 포인트를 옮길 필요가 없다. 그 경우는 옮긴다고 해서 입질이 살아나지 않기 때문이다.

안전수칙과 방한

해마다 얼음낚시에서 한두 건의 익사사고가 발생하는데 익사자는 대개 초보자보다 경험자다. 즉 빙질에 대한 과신, 자신의 판단력에 대한 자만이 부르는 사고임을 알 수 있다. 초빙(갓 결빙된 얼음)은 단단하므로 5cm만 되면 얼음낚시를 할 수 있다는 게 정설이긴 하지만 상중하류의 얼음 두께가 다르고 특히 수초대는 얼음이 얇기 때문에 처음 진입한 곳의 얼음이 두껍다고 해서 전 수면이 그리리라고 단정해선 안 된다. 모르는 곳은 반드시 남들이 이동한 경로를 따라서 이동하고, 처음 진입하는 지역은 끌로 얼음을 깨보고 두께를 확인하면서 전진해야 한다.

초빙기 안전 빙질은 7cm다. 그러나 해빙기엔 얼음 밑부터 녹기 시작하고 얼음의 결정이 푸석푸석해지기 때문에 15cm 두께에도 내려앉을 수 있다. 특히 정수초대는 햇빛에 데워진 수초가 얼음을 더 빨리 녹이므로 빙질이 약하다. 해빙기엔 연안부터 녹기 시작하는데 아침엔 안전했어도 오후에 철수할 때 물 가장자리에서 얼음이 깨지는 경우가 많으니 조심할 것.

안전을 위해 반드시 2인 이상 출조해야 한다. 혼자 낚시 갔다가 얼음물에 빠지면 얕은 물에 빠졌더라도 얼음을 헤치고 나오기 어렵다. 허리 깊이로 빠지면 혼자서는 얼음 위로 올라올 수 없어 저체온증으로 위험에 처할 수 있다. 또 두터운 방한복에 물이 스며들면 손발을 제대로 움직일 수 없게 된다.

대개 점심시간을 넘기면 기온이 영상으로 회복되면서 얼음이 녹기 시작한다. 얼음이 깨질 땐 밑으로 서서히 내려앉는 느낌이 먼저 드는데, 의자 밑의 빙판 위로 물이 고이기 시작하면 빙판이 내려앉고 있다는 증거다. 그때는 지체 없이 철수하여야 한다.

체온 유지를 위해선 목도리나 모자가 달린 후드재킷을 입어서 목 뒷덜미를 따뜻하게 감싸야 한다. 또 출조 전 발을 깨끗이 씻어서 습기를 제거하고(발에 땀이 나지 않게 조심한다) 깨끗한 양말 두 개를 겹쳐 신은 다음 품이 넉넉하고 방수성이 확실한 방한화를 신는다. 여분의 양말을 미리 준비했다가 땀이 나서 발이 시릴 때 갈아 신으면 좋다. 양말 밑에 얇은 핫팩을 붙이는 것도 좋다.

낚싯대 앞에 놓은 방한용 난로.

얼음낚시 장비를 챙겨 포인트로 향하고 있는 낚시인.

옥내림낚시

옥수수내림낚시(이하 옥내림)는 옥수수를 미끼로 사용하는 내림낚시의 일종이다(긴 목줄이 스키장의 슬로프처럼 늘어진다고 해서 옥수수 슬로프낚시로도 불린다). 토종붕어낚시용 목줄로는 매우 긴 20~30cm 길이의 목줄을 사용한다.

언뜻 보면 미끼만 옥수수를 쓸 뿐 떡붕어 전층채비와 비슷해 보이지만 그렇지 않다. 전층낚시용찌 대신 케미꽂이가 달린 슬림형 찌를 사용하고 한 대가 아닌 여러 대를 펴는 다대편성을 한다. 2009년 무렵부터 낚시춘추와 온라인을 통해 알려졌는데 뛰어난 입질 감도와 탁월한 조과가 확인되면서 급속도로 퍼져나가 현재는 토종붕어낚시의 한 분야로 자리 잡았다.

옥내림낚시의 장점은 ①무거운 찌맞춤을 하는 대물낚시에서 잡아내기 어려운 약한 입질을 표현해주는 감도 ②예민한 채비에 의한 뛰어난 마릿수 조과 ③배스와 블루길이 많은 저수지의 생미끼 대체 효과 ④초보자도 쉽게 배울 수 있는 낚시방법 등이다.

하지만 단점도 있다. ①목줄이 길기 때문에 수초대에선 밑걸림 때문에 사용하기 어렵다 ②채비가 가볍기 때문에 강풍에선 캐스팅하기 힘들고 물 흐름이 있는 곳에선 채비가 흐른다, ③씨알 선별력이 없다 ④1m 이하의 얕은 수심에선 채비가 자주 엉킨다 등이다.

놀림낚시, 물찌 내림낚시, 바닥내림낚시, 옥수수 슬로프낚시 등 여러 이름으로 불리다가 현재는 옥내림낚시라는 이름으로 자리 잡았다.

시즌과 낚시터

옥내림낚시가 잘 되는 시기는 의외로 길다. 옥내림낚시가 처음 시작됐던 2010년 이전만 해도 적어도 5월 중순은 넘겨야 낚시가

옥수수 미끼를 단 옥내림채비.

잘 됐으나 현재는 4월 중순~4월 말에도 왕성한 입질을 받을 수 있는 상황이다. 이후 여름~가을까지 꾸준히 잘 돼다가 늦겨울이 되면 확실히 입질 빈도가 떨어진다. 보통 12월 한 달까지는 가을과 별 차이 없이 잘 돼다가 길게는 1월 중순까지도 낚시가 이뤄진다. 그러나 수온이 급락하는 1월 말부터는 확실히 효과가 떨어진다. 보통 2월 초~4월 초를 옥내림낚시가 가장 덜 되는 시기로 꼽는다. 옥내림낚시가 잘 되는 낚시터의 특징을 살펴보면 아래와 같다.

옥내림낚시의 미끼인 옥수수.

①평소 옥수수 미끼로 효과를 발휘했던 곳, 옥수수 미끼를 많이 써온 곳에서 당연히 조황이 보장된다. 반면 옥수수를 덜 썼거나 아예 써보지 않은 낚시터에서는 입질이 더디다.

②배스터. 배스가 서식하고 있는 저수지의 붕어는 입질이 매우 약한 특성을 보이는데 이런 곳에서 옥내림낚시가 효과를 본다. 투박한 대물 채비에는 이물감을 느끼는 것이다.

③블루길, 피라미 등 잡어 성화 심한 곳. 식물성 미끼인 옥수수는 생미끼보다 블루길이나 피라미 성화가 덜하다. 다만 살치는 옥수수를 써도 완벽하게 극복하기 어렵다.

④듬성한 수초대나 맨바닥. 목줄이 긴 채비 특성상 밀생한 수초대에선 사용하기 어렵다. 수초대를 노린다면 수초대 경계선 앞에 찌를 세워야 한다.

장비

낚싯대

일반 붕어낚싯대를 그대로 사용하되 너무 뻣뻣한 대는 피하는 게 좋다. 옥내림낚시는 보통 2호 이하의 가는 원줄과 목줄을 사용하기 때문에 너무 뻣뻣한 대는 챔질 시 충격

이나 끌어내는 도중 채비를 터뜨릴 염려가
있다. 낚싯대 편성은 많게는 7대, 적게는 3
대 정도를 기본으로 한다. 옥내림낚시는 채
비가 가벼워 바람과 대류에 잘 밀리는 단점
이 있다. 그래서 일반 대물낚시처럼 10대
이상 펴기보다는 많아야 7~8대 편성이 적
당하다.

뜰채

가는 목줄을 쓰기 때문에 뜰채가 있어야 한
다. 1절보다는 2~3절 제품이 좋다. 목줄이
30cm 정도로 길기 때문에 붕어를 발밑 가
까이 다 끌어냈다 하더라도 여전히 고기는
물속에서 퍼덕이는 경우가 많다. 이때 월척
이상 씨알은 뜰채에 담아내는 게 바람직하
다. 2.5m 정도의 긴 뜰채를 준비해서 받침
대 거리 정도에 붕어가 끌려왔을 때 안전하
게 뜰망에 담는 게 좋다.

채비

찌

길이 30cm 전후, 4~7푼 부력의 슬림형 찌
를 사용한다. 갖고 있는 찌 중에서 이러한
조건을 갖추고 있는 찌가 있으면 그대로 사
용하면 되겠다. 시중엔 옥내림낚시 전용 찌
가 많이 판매되고 있으므로 이를 사용해도
좋다. 찌몸통이 굵은 오뚜기형 찌는 저부력
이라 하더라도 슬림형 찌보다 찌놀림이 경
박하다. 특히 겨울처럼 붕어의 입질이 약한
상황에선 입질을 제대로 표현해주지 못할
수 있다.

낚싯줄

원줄은 나일론사 2~2.5호를 쓴다. 대물을
노릴 때는 3호 이상도 쓰지만 그럴 경우 바
람, 파도, 대류 영향을 많이 받아 불리하다.

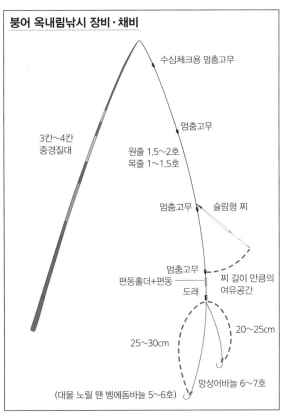

붕어 옥내림낚시 장비·채비

수심체크용 멈춤고무

멈춤고무

3칸~4칸
중경질대

원줄 1.5~2호
목줄 1~1.5호

멈춤고무

슬림형 찌

멈춤고무
편동홀더+편동

찌 길이 만큼의
여유공간

도래

20~25cm

25~30cm

망상어바늘 6~7호

(대물 노릴 땐 벵에돔바늘 5~6호)

목줄채비집.

옥수수를 꿴 상태의 옥내림채비.

바늘

월척 붕어를 노린다면 망상어바늘 6~7호가 무난하다. 망상어바늘은 가볍고 가늘어 붕어에게 이물감을 덜 주며 입에도 잘 박힌다. 그러나 배스가 서식하는 낚시터에서 4짜 이상의 대물을 노릴 때는 굵고 강한 뻥에돔바늘이 적합하다. 작게는 5호, 보통은 6호, 크게 쓸 때는 7호를 쓴다.

특히 낮밤의 기온 차가 심한 계절엔 수온 변화가 많이 일어나면서 미세한 대류 현상이 발생하는데 이때 굵은 낚싯줄이 밀리면서 멀쩡히 있던 찌톱이 오르락내리락하기도 한다. 가라앉는 카본사는 찌맞춤과 입질에 영향을 줄 수 있다.

목줄은 1.5~2호를 사용하고 주로 두 가닥을 쓴다. 단차는 20~25/25~30cm가 기본이다. 밑걸림이 심한 곳에서는 바늘 하나만 쓸 수도 있다.

미끼

미끼용 옥수수는 낚시점이나 슈퍼마켓에서 판매하는 식용 캔옥수수를 쓴다. 알이 꽉 찬 알갱이를 골라 바늘에 꿰어 쓴다. 바늘에 옥수수를 꿸 때는 알갱이가 바늘을 감싸고 바늘 끝만 살짝 드러나도록 한다. 바늘 끝이 너무 길게 옥수수 밖으로 삐져나오면 찌에서 튕기는 듯한 찌놀림이 자주 나타난다. 붕어가 이물감을 느끼고 입에 넣었다가 뱉어낸다는 얘기다.

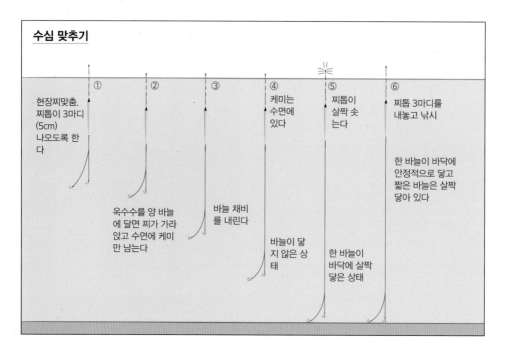

수심 맞추기

① 현장찌맞춤. 찌톱이 3마디(5cm) 나오도록 한다

② 옥수수를 양 바늘에 달면 찌가 가라앉고 수면에 케미만 남는다

③ 바늘 채비를 내린다

④ 케미는 수면에 있다 / 바늘이 닿지 않은 상태

⑤ 찌톱이 살짝 솟는다 / 한 바늘이 바닥에 살짝 닿은 상태

⑥ 찌톱 3마디를 내놓고 낚시 / 한 바늘이 바닥에 안정적으로 닿고 짧은 바늘은 살짝 닿아 있다

찌맞춤과 수심 맞추기

수조찌맞춤

찌맞춤을 할 때는 수조에서 먼저 하고 현장에서 다시 해보는 게 좋다. 수심이 얕은 곳은 모르겠지만 1.5m 이상으로 깊은 곳은 수압이나 물의 밀도 때문에 부력 차가 날 수 있기 때문이다. 일단 미끼는 빼고 바늘부터 케미까지 모두 단 찌를 수조에 넣고 찌톱 상단에서 3마디(길이는 5cm 정도)가 솟게끔 찌맞춤한다. 주의해야 할 것은 찌맞춤한 채비에서 케미를 바꾸거나 다른 굵기의 목줄로 바꾸지 말아야 한다는 것이다. 가령 3mm 케미를 3mm보다 더 굵거나 무거운 것으로 바꾼다면 찌맞춤 상태가 달라진다.

현장찌맞춤

수조찌맞춤을 한 채비는 낚시터 현장에서 다시 한 번 찌맞춤을 한다. 수조와 낚시터 현장은 수심과 물의 밀도 등에 의해 찌맞춤 상태가 달라질 수 있기 때문이다. 한 가지 알고 있어야 할 것은, 바닥이 평평한 유료터에서의 현장찌맞춤과 저수지나 수로 등 자연지에서 하는 현장찌맞춤은 차이가 난다는 것이다. 또 전층낚시 찌맞춤 방법으로 옥내림낚시 찌맞춤하는 것도 오차가 크다. 따라서 자연지에서 하는 현장찌맞춤과 수심맞추기는 약간의 오차가 정도는 무시한다고 생각하는 게 좋다. 그 정도 오차로 조과가 뒤바뀌지는 않는다.

수심맞추기

옥수수를 바늘에 달고 캐스팅한다. 정확한 수심을 찍기 위해서는 미끼에 긴 목줄의 바늘과 짧은 목줄의 바늘을 모두 꽂은 상태로 던져 넣는다. 이 경우 짧은 목줄이 기준이 될 것이다. 그리고 수심이 얕다면 찌가 벌러덩 누울 것이고 반대라면 옥수수 무게 탓에 찌가 꼬르륵 ~ 가라앉을 것이다. 이 상태에서 수면에서의 찌톱 높이를 위, 아래로 조절해 찌톱이 수면 위로 나오게 만든다. 찌톱이 최초 찌맞춤인 3마디를 기준으로 했을 때 3눈금보다 적게 나왔다면 (이론상)봉돌이 약간 뜬 것이고, 3마디보다 많이 나왔다면 바닥에 닿았거나 닿을랑 말랑한 상태일 확률이 높다.

입질 상태에 따른 찌톱 조절

여기서 너무 복잡하게 생각하지 말고 미끼 하나에 모두 꽂았던 바늘을 빼내 각각의 바늘에 옥수를 달아 던진다. 이 상태에서 (또 이론상)3눈금보다 찌톱이 수면에 적게 나올수록 짧은 목줄의 바늘(미끼)는 바닥에서 뜨고 긴 목줄의 바늘(미끼)는 바닥에 닿게 된다. 반대로 3마디보다 찌톱을 높게 수면에 내놓으면 봉돌은 더 내려가므로 짧은 목줄의 바늘(미끼)도 바닥에 닿게 된다.

만약 붕어의 입질이 약하다면 봉돌이 바닥에서 뜨도록 찌톱을 3마디보다 내려주면 될 것이고, 찌가 계속 팅기는 듯한 찌놀림이 나오거나 입걸림이 안 된다면 찌톱을 더 올려(수심을 더 깊이 주어) 목줄의 각도를 낮춰준다. 그래야 목줄이 누워 붕어의 흡입 시 이물감을 덜 주게 된다. 따라서 찌톱의 높이(목줄 경사도)는 낚시를 하면서 상황에 맞춰 조절해나가면 되겠다.

수면 위에 솟은 옥내림찌. 3~4눈금을 내놓아야 입질 파악이 쉽다.

옥내림낚시로 낚은 대물붕어.

배스가 서식하고 있는 낚시터에서는 가급적 부드러운 옥수수가 좋다. 배스터 붕어들은 입질이 미약하기 때문이다. 일부러 약간 터트려 바늘에 꿰는 것도 좋은 방법이다.

토종붕어만 서식하고 있는 낚시터에서는 크고 단단한 게 유리하다. 그래야만 잔챙이들이 쉽게 먹지 못하고 큰 붕어가 먹을 때까지 시간을 벌 수 있어 유리하다. 간혹 크고 단단해야 큰 붕어가 입질한다는 얘기도 있지만 붕어가 옥수수를 가리지는 않는다. 그보다는 잔챙이 붕어나 잡어 성화에 오래 견딜 수 있다는 점이 더 정확한 설명이다.

찌 주변에 옥수수를 뿌려주는 것은 효과가 있다. 단, 적당한 타이밍에 적당량을 뿌려주어야 한다. 옥수수 밑밥은 너무 과해도, 부족해도 안 된다. 만약 낮 12시에 대편성이 끝났다면 각각의 찌가 있는 곳에 밑밥을 뿌리는데 찌 한 곳당 밑밥주걱으로 두세 번 정도 넣어주는 것이 적당하다. 이후 밤낚시에 돌입하기 전에 또 한 번, 그리고 초저녁 입질 피크타임이 끝난 밤 10시경 한 번 더 품질한다. 이후 동 틀 무렵 또 한 번 뿌려주면 적당하다.

옥수수꿰기. 바늘이 옥수수 속에 완전히 묻혀야 좋다.

밑밥을 언제, 얼마나 줄 것인가는 개인 견해 차가 크다. 낚시인 중에는 찌의 위치에 관계없이 넓은 범위에 많은 양을 흩뿌리는 경우도 있다. 한 번 들어온 붕어 떼가 오래 머물게 만들겠다는 계산이다. 그리고 실제로 좋은 조과를 올리기도 한다. 또 다른 견해는 입질이 한창 올 때는 밑밥을 줘서는 안 된다는 견해다. 입질 도중 밑밥을 뿌리면 그 소음에 붕어가 놀라고, 떨어지는 밑밥에 현혹돼 미끼를 멀리한다는 주장이다. 둘 다 일리가 있는 주장이므로 처음에는 앞서 설명한 방법으로 낚시하다가 점차 자

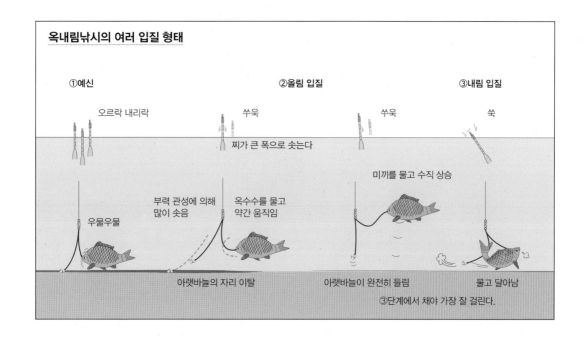

옥내림낚시의 여러 입질 형태

①예신　　　　　　　　　②올림 입질　　　　　　　③내림 입질

오르락 내리락　　　　　　쑤욱　　　　　쑤욱　　　　쑥

찌가 큰 폭으로 솟는다

미끼를 물고 수직 상승

부력 관성에 의해
많이 솟음

옥수수를 물고
약간 움직임

우물우물

아랫바늘의 자리 이탈　　아랫바늘이 완전히 들림　　물고 달아남

③단계에서 채야 가장 잘 걸린다.

신만의 밑밥 운용방법을 익혀나가면 되겠다.

낚시방법

포인트에 도착하면 주변 지형지물을 살핀다. 목줄이 길기 때문에 밑걸림이 발생할 수 있는 장애물이 어디에 있는지, 바닥상태는 어떤지 충분히 살펴봐야 한다. 수초 포인트에는 너무 가까이 채비를 붙이지 말고 수초대의 경계 지점을 노린다. 또 1m 이하의 얕은 수심은 채비가 엉킬 수 있다는 점을 감안한다.

찌맞춤과 수심맞추기를 모두 끝냈다면 찌가 선 곳 주변에 한두 차례씩 밑밥을 뿌려준다. 활성도 높은 붕어가 있는 곳이라면 얼마 안 있어 찌에 반응이 나타날 것이다. 찌놀림은 찌톱이 두세 마디 오르락내리락 하다가 수면 아래로 사라지는 형태로 많이 나타난다. 찌가 수면에서 사라질 때가 챔질타이밍이다. 찌가 수면으로 사라지지 않고 정점에서 끄떡대다가 옆으로 흐르는 경우도 있는데 이때도 붕어가 옥수수를 삼킨 경우이므로 역시 챔질을 해야 한다.

찌가 솟는 과정은 붕어가 채비 옆에서 움직일 때의 울렁거림 탓일 확률이 높다. 따라서 찌가 천천히 솟거나 울렁거릴 때는 기다리다가 옆으로 끌고 가거나, 옆으로 사선으로 잠기는 동작에 챔질하면 된다. 이때 너무 강한 챔질은 금물이다. 원줄과 목줄 모두 가늘게 쓰기 때문에 강한 챔질을 하면 충격에 터질 위험이 높기 때문이다.

또한 옥내림낚시는 채비가 약하기 때문에 천천히 붕어를 달래며 끌어내야 하므로 붕어가 저항하며 돌아다니는 범위가 넓다. 그렇기 때문에 일반 대물낚시 때보다 대편성을 적게 하는 것이 좋다.

유료터낚시

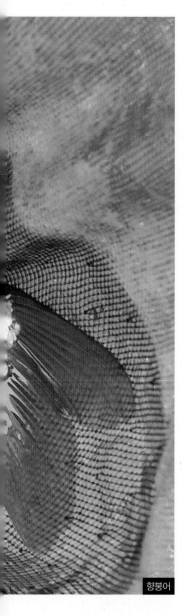
향붕어

유료낚시터(이하 유료터)는 일정액의 돈(입어료, 입장료, 낚시비)을 내고 낚시하는 곳을 말한다. 양어장은 규모가 1천~2천평 규모인 소류지 또는 인위적으로 땅을 파거나 과거 양식장이었던 곳에 붕어를 방류하고 영업을 하는 곳을 말한다. 정확히는 고기를 기르는 곳이 아니므로 양어장이라는 표현이 맞지 않지만, 유료낚시터 운영 초기에 '고기를 잡아다(또는 사다) 넣은 낚시터'를 양어장이라 불러온 터라 지금도 양어장이라는 이름이 가장 친숙하다. 쉽게 말해 '이번 주말에는 비도 오는데 멀리 가지 말고 그냥 양어장에 가서 손맛이나 즐기고 오자'고 하면 고기를 방류한 소규모 유료낚시터에 가자는 얘기다.

수천~수만 평에 이르는 대형 저수지도 입어료를 받기 때문에 크게 보면 유료터다. 그러나 이런 곳은 방류한 붕어와 자생 붕어가 같이 서식하고 낚시 스타일도 양어장식 소형 유료낚시터와는 다르다. 오히려 돈을 받지 않는 자연지(무료터)와 비슷한 특징을 갖고 있다. 유료터는 고기를 가져갈 수 있는 잡이터와 손맛만 보고 놔주는 손맛터로 나뉘는데 보통은 손맛터보다 잡이터가 1만원가량 입어료가 더 비싸다. 잡이터는 2만5천원~3만원, 손맛터는 1만5천원~2만원의 입어료를 받는다.

여기 소개하는 유료터낚시는 도심과 가까운 소규모 양어장식 낚시를 말하는 것이다. 2015년 이전에는 중국에서 수입한 중국붕어가 유료터의 대표 어종이었으나 이후 향붕어라는 고기로 대체됐다. 식용으로 수입되고 있는 중국붕어에 대한 검역 기간 장기화 등의 여파로 수급이 지연되고 그 영향으로 가격도 뛰었기 때문이다. 그래서 일부 저수지에서는 국내산 토종붕어를 방류하는 곳도 많은데 국내산 토종붕어도 구입 가격이 비싸고 수급이 원활치 않은 상황이다.

향붕어는 향어와 붕어의 교잡종이다. 향붕어는 힘이 중국붕어나 토종붕어보다 훨씬 좋아 손맛이 대단하다. 잉어류 어종들의 특징처럼 바늘에 걸린 후 뜰채에 담길 때까지 지치지 않아 장사붕어로까지 불린다. 다만 힘이 강한 것에 비해 입질이 미약해 중국붕어나 토종붕어를 상대할 때보다 세심한 테크닉이 요구된다.

시즌과 낚시터

향붕어는 사철 낚시가 가능하다. 겨울에도 물펌프를 쏴서 결빙을 막는 낚시터가 많기 때문이다. 겨울에는 실내에서 낚시를 할 수 있는 하우스낚시터들이 문을 열어 겨우내 낚시가 가능하다. 가장 조황이 떨어지는 시기는 역시 겨울, 그중에서도 1월 중순~2월 중순이다. 이때는 수온이 최저로 떨어지는 시기로 하우스낚시터 역시 조황이 부진해진다.

유료터는 전국 각지에 영업을 하고 있다. 작게는 몇 백 평, 크게는 몇 만 평에 이르는 곳들이 있다. 다만 이제 막 낚시에 입문한 초보자라면 대형지보다는 소형지를 추천한다. 대형지는

유료낚시터에서 입질을 기다리고 있는 낚시인.

아무래도 입질을 받기가 쉽지 않다. 일단 낚시터가 넓다보니 붕어를 방류해도 낚시에 걸려들 확률이 적은 것이다.

반면 규모가 작은 소형지, 흔히 양어장으로 불리는 곳들은 좁은 공간에 많은 붕어를 방류하기 때문에 흔히 말하는 공간 대비 밀집도가 높다. 그만큼 입질 받을 확률이 높은 것이다. 대형지에 비해 주기적인 방류가 이루어지는 점도 빼놓을 수 없다.

장비

유료터낚시용 장비는 자연지낚시보다 단출하다. 자연지에서는 5~10대 가량의 다대편성이 유행이지만 유료터에서는 흔히 말하는 쌍포낚시(동일 길이 낚싯대 2대로 낚시하는 것)가 일반적이다. 그 이유는 향붕어가 인위적으로 양식된 고기이다보니 여러 대의 낚싯대를 펴기보다는 동일 길이 낚싯대 2대로 꾸준히 떡밥을 투척해 고기를 불러 모으는, 즉 '집어낚시'가 유리하기 때문이다.

낚싯대

보통 3.2칸 대를 가장 많이 쓴다. 낚시인들은 가급적이면 긴 낚싯대를 선호하는데 연안에서 멀수록 고기가 느끼는 경계심이 적기 때문이다. 그러나 낚싯대가 길어질수록 무겁고 다루기도 힘들다. 그래서 가볍고 다루기 쉬우며 손맛도 좋은 길이를 추구하다 보니 3.2칸 대가 최적의 길이로 꼽힌 것이다.

또 하나의 결정적 배경은 무게다. 어느 회사를 막론하고 3.2칸을 넘어서면 급격히 무거워지는 게 가장 큰 이유다. 3.6칸만 돼도 초보자는 (길어서)앞치기가 어렵고 낚싯대가 육중한 느낌이 든다. 간혹 2.8칸 대를 쓰는 사람도 있는데 주변 낚시인들이 모두 3.2칸 대를 쓸 때는 입질 확률이 그만큼 떨어진다. 연질 낚싯대를 쓸 것인지 경질 낚싯대를 쓸 것인지는 개인 취향에 달려있다. 과거에는 연질대로 손맛을 즐기는 낚시인들이 많았지만 힘 센 향붕어가 방류된 후로는 제압이 쉬운 경질대를 선호하는 편이다.

받침틀과 받침대

낚싯대를 거치하기 위해서는 받침대와 받침틀이 필요하다. 과거에는 땅 또는 발판에 박아 놓은 고무 밴드에 받침대를 일일이 꽂아 썼지만 요즘은 받침틀을 고정한 후 그곳에 받침대를 꽂아 쓴다. 쌍포를 쓰는 유료터에서는 2단이 알맞지만 기왕이면 3단을 구입하는 게 좋다. 하나는 뜰채를 거치해 놓는 용도다.

소좌(소형 좌대)

소좌란 탁자 형태의 등받이 없는 의자를 말한다. 부피가 작고 앞쪽에 간단히 받침틀을 고정할 수 있어 편리하다. 유료터에서 소좌가 편리한 이유는 부피도 적지만 챔질에 유리하기 때문이다. 일반 낚시의자는 크고 넓고 뒤로 약간 젖힐 수도 있어 편하지만 입질이 오면 다시 몸을 앞으로 숙여야 돼 순간적인 빠른 챔질에는 불리하다. 반면 소좌는 거의 허리를 세운 상태로 앉기 때문에 손을 늘 낚싯대 가까이 놓을 수 있어 입질이 들어오면 빠르게 챔질할 수 있다. 만약 소규모 유료터를 주로 다닐 생각이라면 소좌를 구입하는 것도 좋은 선택이 될 수 있다.

뜰채

모든 낚시의 필수품이지만 유료터에서는 특히 필수다. 요즘의 유료터 붕어는 월척에 가까운 씨알이 많기 때문에 뜰채 없이는 떠내기 힘들다. 특히 잉어처럼 큰 고기를 걸었을 때 빨리 떠내지 않으면 옆 낚시인 채비까지 감아버릴 수 있으므로 반드시 준비해야 될 품목이다. 2단보다는 3단이 좋다.

살림망

살림망은 가급적 그물코가 작은 일명 '고운망'이 좋다. 그물코가 크면 지느러미의 가시가 걸려 고기를 쏟을 때 잘 걸린다. 한 번 걸리면 빼내기도 힘들다. 반면 그물코가 조밀한 고운망은 그런 불편이 적고 지느러미도 상하지 않는다. 흔히 거머리망이라고도 부르는데 그물코가 조밀해 거머리가 침투하지 못하기 때문이다(거머리가 많은 곳에서는 거머리가 살림망 안으로 들어와 붕어의 피를 빨아먹기도 한다). 길이가 너무 짧으면 붕어가 자주 퍼덕거려 소란스럽다. 길이로 볼 때 1.5m 이상의 중형이 알맞다.

동일한 길이 낚싯대 두 대로 붕어를 노리고 있다. 일명 쌍포낚시.

채비

유료터낚시 채비는 떡밥낚시 채비의 연장선으로 이해하면 된다. 가장 기본은 바닥낚시이며 최근에는 봉돌을 두 개로 분할할 일명 스위벨채비를 많이 쓰고 있다. 스위벨채비는 일종의 분할봉돌채비로 대상어의 초기 입질 시 무게로 인한 이물감을 덜어준다.

스위벨채비

최근 가장 보편적으로 사용하는 분할봉돌 형태의 채비는 일명 스위벨채비다. 스위벨은 도래를 뜻하는데 본봉돌 아래에 다는 작은 봉돌의 위, 아래에 낚싯줄을 연결할 수 있도록 만든 것이다. 봉돌과 도래가 일체화된 작은 도래를 쓴다고 해서 스위벨채비라는 이름이 붙었다.

원줄

향붕어낚시용 원줄은 중국붕어용보다 강하게 쓴다. 중국붕어낚시에서 나일론사 1호를 썼다면 향붕어용은 1.2~1.5호를 쓰는 게 안전하다. 유료터 중국붕어의 평균 무게는

유료낚시터용 어분떡밥.

250g 전후이나 향붕어는 700~800g이 많고 간혹 1kg짜리도 낚인다. 여기에 힘도 몇 배로 강하다보니 가는 낚싯줄로는 버티기 어렵다.

목줄

스위벨 아래쪽 고리에는 목줄을 연결하는데 유료터에서는 목줄 두 가닥에 바늘이 각각 달린 두바늘채비를 쓴다. 한 바늘에는 고기를 불러 모으는 집어떡밥, 한 바늘에는 입질을 받아내는 미끼떡밥을 달아 쓴다. 두바늘채비에서는 합사 목줄을 많이 쓴다. 2~3호를 6~10cm 길이가 알맞다.

바늘

유료터에서는 미늘이 없는 무미늘바늘을 많이 쓴다. 무미늘바늘은 미늘이 없는 만큼 바늘 빼기가 쉬운데 잦은 입질이 들어오는 유료터에서는 고기 처리가 빨라 유용하다. 혹시 미늘이 없어 고기를 놓치지 않을까라는 걱정도 들지만 고기와 낚싯대 사이의 낚싯줄이 팽팽하게만 유지되면 거의 바늘이 빠지지는 않는다. 특히 자연지에서는 붕어 낚기가 어렵기 때문에 한 번 걸은 고기를 확실하게 걸어낸다는 차원에서 미늘 있는 바늘을 사용한다. 반면 유료터는 붕어 개체수가 많아 입질 확률이 높은 만큼 무미늘바늘을 선호한다. 보통 붕어바늘 6~7호를 많이 쓰며 입질이 약한 겨울에는 4~5호도 많이 쓴다.

찌

유료터용 찌는 자연지용 찌와 별반 차이는 없으나 부력이 약간 더 약하고 긴 찌를 쓰는 게 특징이다. 부력은 3.2칸 대 기준 3~4.5g(3호~5호, 8푼~12푼)짜리를 많이 쓴다. 길이는 45~70cm로 자연지용 찌보다 다소 긴 편이다. 유료터는 대부분 수심이 2m 내외로 깊기 때문에 긴 찌를 서도 상관이 없고 긴 찌가 서고 가라앉을 때의 시각적 재미도 크다. 기능적인 면에서의 입질 표현도 빼놓을 없다. 즉 찌가 짧으면 찌톱이 모두 솟아 몸통까지 드러나는 순간 찌올림이 멈추게 된다. 그와 동시에 입질도 멈출 때가 많다. 반면 찌가 길면 그 길이만큼 솟을 때가 많기 때문에 그만큼 챔질타이밍에 여유를 가질 수 있는 것이다. 찌가 길다고 늘 찌톱 길이만큼 모두 솟는 것은 아니지만, 붕어가 전달하는 찌올림을 최대한 전달한다는 것은 분명한 장점이다. 그밖에도 찌의 입수 때 하강 속도라 느리면 그만큼 채비 정렬에도 유리한 장점이 있다.

미끼

떡밥을 주로 사용하며 집어떡밥과 먹이떡밥을 구분해 쓴다.
집어떡밥은 어분 성분이 많이 함유된 고비중 제품을 쓴다. 경원F&B의 아쿠아텍 시리즈가 대표적인 제품이다. 어분 성분의 집어떡밥은 비중이 무겁고 점도가 높아 포인트에 가라앉을 때 확산이 덜 된다. 그만큼 온전히 바닥에 가라앉아 바닥층에 향붕어를 집어하기에 유리하다. 반면 확산성 집어제를 쓰면 불리해진다. 내려가며 확산되기 때

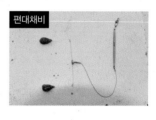

미끼떡밥과 집어떡밥을 단 두바늘채비.

문에 향붕어가 전 수심층으로 퍼질 수 있기 때문이다. 그밖에도 중국붕어나 토종붕어낚시 때 사용하던 보릿가루도 향붕어를 떠오르게 만들 수 있으므로 많이 사용하지 않도록 주의해야 한다.

집어떡밥을 갤 때도 요령이 있다. 다른 어종을 노릴 때는 가급적 푸석하게 개 내려가면서 확산이 잘 되게 만드는 게 좋다. 반면 향붕어를 노릴 때는 물을 많이 부어 차지게 만드는 게 좋다. 그래야 하강 도중 부스러기가 떨어지지 않기 때문이다. 바늘에 달 때도 작고 둥글게 달아준다. 그래서 하강 도중 물과의 저항이 작아 부스러기가 덜 날리기 때문이다.

미끼떡밥 역시 어분류에 확실히 반응이 빠르다. 간혹 글루텐떡밥에도 입질을 잘 할 때가 있지만 그리 많지 않다. 미끼 역시 바늘에 달 때 작고 둥글게 달아주는 게 유리하다.

낚시 방법

기본적이 낚시방법은 떡밥낚시와 같다. 단, 향붕어를 주로 상대해야 하기 때문에 그에 맞는 떡밥 운용술이 필요하다 하겠다.

유료터 향붕어낚시의 가장 큰 특징이자 키 포인트는 집어다. 향붕어는 중국붕어와 달리 떠서 유영하는 특징이 강하기 때문에 집어를 할 때 각별한 주의를 요한다(향붕어는 양식 때 부상사료를 먹이로 주는데 그러다 보니 떠 있는 먹이에 습성이 적응돼 있어 무언가 수면에 떨어지는 소리만 들려도 잘 떠오른다).

다른 붕어들은 대부분 바닥에서 유영하기 때문에 어떤 집어떡밥을 써도 주로 바닥에서 먹이 활동을 하지만 향붕어는 확산성 집어떡밥을 사용하면 중층 이상으로 떠버리게

된다. 따라서 입질 자체가 뜸해지고 내려가는 미끼를 건들거나 입질이 와도 어신이 지저분해 챔질타이밍 잡기가 쉽지 않다. 따라서 일단 집어떡밥의 선택부터 신중할 필요가 있다.

향붕어의 입질은 '짧고 빠르다'로 표현할 수 있다. 대체로 토종붕어는 찌올림이 점잖고 느리고 중국붕어는 그보다는 약간 빠른 게 특징이다. 반면 향붕어는 향어의 습성을 그대로 갖고 있어 입질이 지저분하다. 따라서 향붕어를 상대할 때는 예신이 오면 반드시 낚싯대에 손을 얹은 상태로 대기할 필요가 있다. 때로는 반 마디 정도 솟았다 내려갈 때도 있는데 이 순간도 놓치지 말고 챔질해야 될 때도 많다.

유료터낚시용 채비들

편대채비
가운데 봉돌이 달려있고 양 옆으로 길쭉한 철사가 뻗은 채비를 말한다. 편대 덕분에 양쪽 목줄끼리 엉키지 않는 게 장점이다. 편대채비를 사용하는 낚시를 편대낚시라고 부른다. 편대낚시 마니아들은 붕어가 입질할 때 한쪽의 편대만 들면 돼 붕어의 입질 시 초기 이물감이 적은 '시소 기능'을 장점으로 꼽기도 한다.

사슬채비
본봉돌 아래 작은 사슬(일종의 소형 쇠사슬)이 길게 달리고 그 끝에 작은 봉돌이 달린 채비다. 사슬낚시를 즐기는 낚시인들은 붕어의 초기 입질 시 바닥에 닿은 소형 사슬이 들리는 만큼 찌가 솟는다는 것을 장점으로 꼽는다.

얼레벌레채비
저부력 찌에 목줄을 20~30cm로 길게 사용한 채비다. 목줄이 길면 붕어가 입질할 때 봉돌 무게가 바로 전달되지 않기 때문에 이물감이 적은 게 특징이다(목줄은 늘 일자로 펴지며 가라앉지 않기 때문). 이 말은 곧 붕어가 바늘을 삼켜도 찌에 어신이 늦게 나타나므로 일명 '자동빵' 걸림이 자주 나타난다는 얘기다. 낚시인에 따라 봉돌을 띄우기도, 바닥에 닿게 만들기도 하는데 아무튼 '붕어가 얼렁뚱땅 낚인다'는 의미에서 얼레벌레라는 이름이 붙었다.

PART

3

바다낚시

가자미낚시

가자미는 대표적인 원투낚시 어종이자 생활 낚시 어종이다. 낚시방법이 어렵지 않아 초보자도 쉽게 접할 수 있다. 가자미는 종류가 많은 만큼 동서남해 곳곳에서 다양한 낚시 방법으로 만날 수 있다.

원투낚시는 동해안엔 참가자미, 남해안엔 도다리(정식 명칭은 문치가자미), 서해안엔 돌가자미가 낚인다. '봄 도다리 가을 전어' 라는 말처럼 도다리와 가자미는 봄에 가장 잘 낚이지만 원투력을 갖추고 깊은 물골을 공략하면 여름과 가을에도 풍족한 조과를 거둘 수 있다.

배낚시는 동서남해 모두 출조 인프라가 잘 갖춰져 있다. 특히 동해북부 출항지에서는 배에 비치된 낚시 장비를 그대로 이용할 수 있어 편리하다. 동해에서는 어구가자미와 참가자미, 남해에서는 도다리(문치가자미) 가 주대상어다.

여기선 가장 대중적인 인기를 얻고 있는 참가자미·도다리·돌가자미 원투낚시와 도다리, 어구가자미 배낚시를 살펴보도록 한다.

시즌과 낚시터

원투낚시

참가자미·도다리는 3월부터 6월까지 시즌이 형성되며 5월에 최고의 피크를 맞는다. 남해안에서는 3월 초부터 진해 내만, 통영 내만, 고흥 내만, 신안군과 해남군 내만 등에서 가자미와 도다리 원투낚시가 시작되며, 비슷한 시기에 동해는 부산, 울산, 영덕, 울진, 동해, 양양에서 가자미 어신이 시작되고, 서해 역시 3월 중순이면 보령과 태안에서 돌가자미 원투낚시가 시작된다.

돌가자미는 타 어종에 비해 시즌이 긴 편이다. 저수온에 강하기 때문에 2월부터 낚이기 시작하며 4월 중순부터 피크 시즌을 맞아 6월 초까지 이어진다. 2월 말부터 보령 대천해수욕장에서 먼저 낚이고 3월 중순 이후엔 서산 삼길포, 태안 학암포, 만리포, 꾸지나무골해수욕장 등에서 돌가자미가 올라온다.

배낚시

어구가자미는 찬 수온에 서식하는 어종이다. 그래서 주로 강원도 북쪽인 대진, 거진, 공현진, 강릉 등지의 바다에서 잘 낚이고 시즌도 겨울로 한정된다. 어구가자미는 일명 용가자미, 물가자미로도 불린다. 이 중 물가자미는 회를 뜨면 몸에서 물이 많이 나온다고 해서 붙여진 이름이다. 12월에 시즌이 열려 이듬해 4월 초 정도까지가 어구가자미 시즌이다. 그중 피크 시즌은 2~3월 두 달을 꼽는다.

참가자미는 강원북부부터 울진, 삼척 등지에서 잘 낚인다. 가자미 중 도다리(문치가자미)와 더불어 가장 맛있다. 배 테두리를 따라 노란색이 둘러져 있어 현지에서는 노랑가자미로도 부른다. 수온이 오르는 5월이면 동해중부와 동해북부 전 연안에서 낚이기 시작하는데, 25~30m 수심의 깊은 모래밭에 서식하기 때문에 배낚시로 낚아야 한다. 어구가자미(용가자미)보다 마릿수는 뒤지지만 맛이 좋아 인기가 더 높다. 6월 이후엔 백사장에서 원투낚시로도 낚을 수 있다.

도다리(문치가자미)는 동해남부에서도 잘 낚이지만 주로 남해중서부 근해의 배낚시 대상어로 인기가 높다. 대표적인 곳이 진해, 여수, 목포 등지다. 매년 12월 1일부터 이듬해 1월 31일까지는 금어기. 3~4월에 피크를 맞으며 이때가 씨알도 굵고 먹성이 좋아 누구나 쉽게 낚을 수 있다. 길게는 6월 초까지도 입질이 이어진다. 출항지에서 10분 거리의 가까운 근해가 주요 포인트가 된다.

카드채비에 주렁주렁 달린 가자미.

장비와 채비

원투낚시

롱캐스팅이 가능한 원투대를 쓴다. 가자미는 힘이 센 고기가 아니어서 일반 민물 릴대로도 낚아낼 수 있지만, 많이 낚으려면 30호 무게의 봉돌을 원투해야 하고 그러기 위해서는 허리가 경질인 원투 전용 릴대가 적합하다.

릴은 3~5호 나일론 원줄이 200m 이상 감기는 백사장 원투 전용 릴을 사용한다. 80~90m의 원투가 필요한 시즌 초반에는 대형 릴이 필수다. 하지만 본격 시즌이 돼 50m 안쪽의 근거리에서 가자미가 입질할 때는 3000번 내외 크기의 일반 스피닝릴을 써도 낚아낼 수 있다.

원줄의 경우 나일론사보다 가는 합사가 원투에 유리하다. 가자미는 미끼를 입에 넣은

가자미를 낚기 위해 백사장을 찾은 원투낚시인들.

후 멀리 달아나지 않고 10~20cm만 움직이기 때문에, 인장력이 없는 합사를 쓰면 짧은 당김이 대 끝에 확실하게 표시가 난다.

채비는 고리봉돌 2단채비나 구멍봉돌 유동채비를 사용한다. 바늘을 여러 개 달아 쓸 경우에는 윗바늘과 아랫바늘 간격보다 목줄 길이를 짧게 해야 바늘끼리 엉키는 것을 방지할 수 있다. 채비를 직접 만들지 못하는 초보자들은 낚시점에서 판매하는 기성 제품을 구입해 사용하되, 바늘은 2개 내지 3개만 달린 제품을 고른다.

배낚시

어구가자미는 중형 전동릴을 사용한 외줄 카드채비로 낚는다. 보통 50~80m의 깊은 수심을 노리고 봉돌도 100호 가까운 무거운 것을 쓰기 때문에 수동릴로는 낚시가 힘들

다. 여기에 한 번 입질이 오면 5~10마리씩 어구가자미가 매달리기 때문에 그 무게가 상당해 힘 좋은 중형 전동릴이 필수적이다. 원줄은 PE라인 4~5호를 쓴다. 채비는 어피 바늘이 7~10개 달린 카드채비를 연결해 사용한다.

참가자미는 장비와 채비가 간소하다. 주로 20~30m 깊이의 수심에서 낚시하기 때문에 우럭용 외줄낚싯대를 그대로 써도 되고 민물용 일반 릴대를 써도 되며, 배에서 그냥 빌려주는 자새를 써도 된다. 원줄은 5~6호를 쓴다.

채비는 십자편대를 많이 쓴다. 편대 끝마다 목줄이 2개 또는 4개가 달렸다. 봉돌은 50호를 많이 쓴다. 어구가자미는 중층까지 떠오르지만 참가자미는 철저하게 바닥에서 물기 때문에 수직 형태로 다루는 바늘 10개

뽑기식 원투낚싯대

합사 원줄

아이스박스

스피닝릴

짜리 카드채비보다는 바닥을 툭툭 두드리기 좋은 십자편대채비가 유리하다.
도다리는 배 위에서 근투를 할 수 있는

2~3m 길이의 짧고 유연한 릴대와 릴이면 어떤 것이든 상관없다. 수심과 조류 세기에 따라 5~20호 무게의 봉돌을 쓰기 때문에

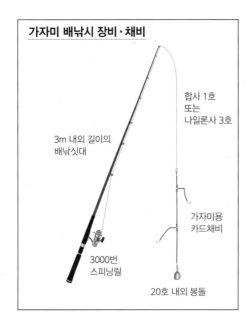

가자미 배낚시 장비·채비

3m 내외 길이의
배낚싯대

합사 1호
또는
나일론사 3호

가자미용
카드채비

3000번
스피닝릴

20호 내외 봉돌

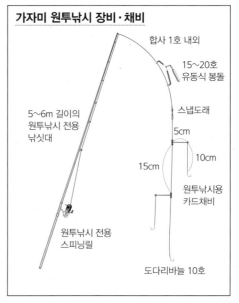

가자미 원투낚시 장비·채비

합사 1호 내외

15~20호
유동식 봉돌

5~6m 길이의
원투낚시 전용
낚싯대

스냅도래

5cm

15cm

10cm

원투낚시용
카드채비

원투낚시 전용
스피닝릴

도다리바늘 10호

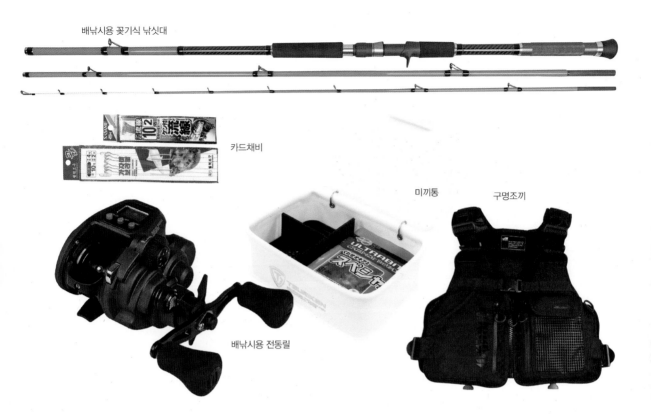

배낚시용 꽂기식 낚싯대

카드채비

미끼통

구명조끼

배낚시용 전동릴

낭창한 릴대도 상관이 없다. 원줄은 나일론
사 또는 합사 3~4호가 감겨 있으면 무난하
다. 채비는 5~20호 구멍봉돌을 원줄에 꿴

후 그 아래에 도래를 묶고 목줄을 연결한 방
식이다. 목줄 길이는 30cm 내외면 충분하
며 바늘은 목이 긴 깔따구바늘을 쓴다. 바

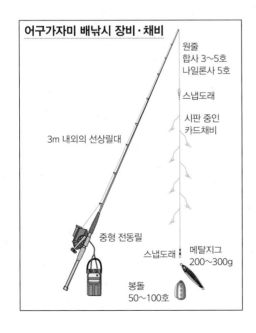

어구가자미 배낚시 장비·채비

원줄
합사 3~5호
나일론사 5호

스냅도래

시판 중인
카드채비

3m 내외의 선상릴대

중형 전동릴

스냅도래

메탈지그
200~300g

봉돌
50~100호

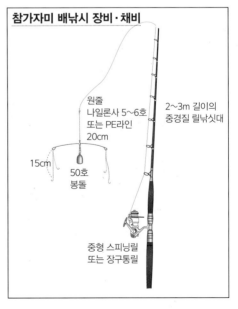

참가자미 배낚시 장비·채비

원줄
나일론사 5~6호
또는 PE라인
20cm

15cm

50호
봉돌

2~3m 길이의
중경질 릴낚싯대

중형 스피닝릴
또는 장구통릴

방파제에서 원투낚시를 즐기고 있는 낚시인들.

늘 크기는 10~13호가 적당하다. 어구가자미와 참가자미를 노릴 때는 1인당 1대씩의 낚싯대를 쓰지만 도다리를 노릴 때는 1인당 서너 대를 쓸 때가 많다.

미끼

원투낚시용 미끼는 청갯지렁이와 참갯지렁이(혼무시)를 쓰는데 아무래도 비싼 참갯지렁이가 값어치를 한다. 청갯지렁이는 작은 종이곽 1곽에 3천원, 참갯지렁이는 1곽에 1만원 정도 하는데, 참갯지렁이만 가지고 하루 종일 낚시하려면 500g(6만~8만원)은 있어야 하므로 가격 부담이 상당하다. 동해와 남해에서는 참갯지렁이, 서해에서는 청갯지렁이를 많이 쓴다.

배낚시용 미끼는 청갯지렁이가 가장 많이 사용하는 미끼다. 청갯지렁이는 너무 늘어지지 않게 꿰는 게 효과적이며 바늘 끝에서 1~2cm만 길게 꿰면 충분하다. 다만 남해안 도다리 배낚시는 참갯지렁이도 많이 쓴다. 참갯지렁이는 모든 어종이 좋아하는 '맛난' 미끼여서 도다리낚시 때는 원투와 배낚시 모두에서 효과를 보인다.

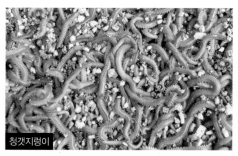
청갯지렁이

참갯지렁이

낚시방법

원투낚시

가자미낚시는 챔질 타이밍을 여유롭게 가져 갈수록 유리하다. 가자미는 차츰차츰 미끼를 삼키고, 가만히 놔두면 목구멍까지 삼키므로 예신이 와도 그냥 놔뒀다가 원줄이 추욱 늘어질 때 챔질하면 놓칠 일이 없다.

입질은 크게 두 가지 패턴이다. 하나는 대 끝을 '투두둑' 하고 당기는 것이고 또 하나는 팽팽했던 원줄이 늘어지는 경우다. 다른 원투낚시 어종에 비해 유독 가자미낚시에서 원줄 늘어짐이 잦은 이유는 가자미의 당기는 힘이 약하기 때문이다. 무거운 봉돌과 줄을 끌고 낚시인의 반대편으로는 도망가기 힘들어 표시가 안 나고 앞이나 옆으로 이동할 때 원줄이 늘어지는 것이다.

가자미는 습성상 움직이는 미끼에 강한 반응을 보인다. 따라서 채비를 던진 후 5~10분 안에 입질이 없다면 채비를 살살 끌어주며 입질을 유도할 필요가 있다.

배낚시

어구가자미는 어군이 유영하는 수심층에 채비를 맞춰주는 것이 관건이다. 포인트에 도착하면 선장이 어탐기를 통해 어군의 유영층을 확인하고 방송으로 낚시인들에게 알려준다. 그 수심층에 맞춰 낚시하면 된다. 보통은 어구가자미도 바닥층에서 먹이활동을 할 때가 많으므로 일단은 바닥층부터 탐색한다. 어구가자미는 탐식성이라 별도의 고패질은 불필요하다. 특징은 한 번 '투둑' 하고 입질을 보내온 어구가자미는 더 이상은 저항하지 않는다는 점이다. 따라서 두 번 '투둑'했다면 2마리, 5번 '투둑'했다면 5마리가 걸린 것으로 파악하면 된다. 입질이 계속 오면 기다리고, 더 이상 오지 않는다면 채비

편대채비에 낚인 참가자미.

를 올려 고기를 떼어내면 된다.

참가자미는 채비 가운데 달린 봉돌로 바닥을 쿵쿵 찍는 게 유일한 테크닉이다. 봉돌로 바닥을 찍어 모래먼지가 날리면 이 모습을 보고 참가자미가 다가와 미끼를 물기 때문이다. 입질은 '투둑'하는 느낌으로 손에 전달되는데 그때마다 챔질할 필요는 없다. 참가자미는 탐식성이 강해 가만 놔두면 목구멍까지 바늘을 삼킨다. 여유있게 한두 번 더 입질을 기다렸다가 채비를 올리면 된다.

도다리는 미끼를 꿴 채비를 근거리에 투척한 후 입질을 기다린다. 배낚시는 갯바위나 방파제와 달리 파도 영향을 받기 때문에 원줄이 늘어졌다 끌려오기를 반복하는데 그런 특징 때문에 고기가 걸렸는지 파악하기 쉽지 않기 때문이다. 입질은 대 끝을 당기는 경우도 있지만 갑자기 축 늘어지는 경우도 잦다. 이 경우는 도다리가 미끼를 물고 낚시인 쪽으로 다가갔을 때의 현상이다.

가자미의 종류

문치가자미(도다리)
동해부터 남해, 서해에 이르기까지 가장 넓게 분포하는 가자미다. 맛이 좋기로 소문나서 참가자미보다 비싸게 팔린다. 체형이 둥글고 통통하며 등이 매끈하고 배 쪽에 아무 무늬도 없으면 문치가자미로 보면 된다.

돌가자미
비늘이 없고 등에 양쪽 지느러미를 따라 돌기가 토돌토돌 나 있기 때문에 쉽게 구분할 수 있다. 찬물에 서식하는 종으로 초봄에 일찍 낚이며 수온이 낮은 서해안에서는 8:2의 비율로 도다리보다 많이 낚인다.

강도다리
하천수가 유입되는 기수역에서 주로 낚이는 강도다리는 동해안에만 서식하는데 지느러미에 검은 줄무늬가 있어서 단번에 구별할 수 있다. 또 특이하게 광어처럼 눈이 왼쪽으로 쏠려 있다.

참가자미
동해안에서만 주로 낚이는 어종이다. 도다리보다 약간 깊은 바다의 모래바닥에 서식한다. 배 쪽에 노란 띠가 양쪽 지느러미 부위에서 꼬리 쪽으로 이어져 있다. 그래서 배만 뒤집어 보면 바로 구별할 수 있다. 용가자미나 물가자미보다 맛있는 고급 가자미다.

용가자미(어구가자미)

몸통이 마름모꼴인 것이 가장 큰 특징이다. 냉수성, 심해성 가자미로 참가자미나 도다리와 달리 군집을 이루며 연안으로 잘 나오지 않기 때문에 배낚시에 많이 낚이고 원투낚시에는 거의 낚이지 않는다.

넙치(광어)

가자미낚시 도중 광어가 종종 걸리는데 외양이 흡사해 대형 도다리인 줄 착각하는 사람들이 많다. 광어는 입이 크고 이빨이 있는 게 가장 큰 특징이다. 또 '좌광우도'라는 말처럼 눈이 왼쪽으로 치우쳐 있다.

줄가자미

심해성 어류로 수심 150~1000m의 바닥이 진흙이나 모래인 곳에서 서식한다. 주로 거미불가사리를 먹으며, 그 밖에도 저서성 갑각류나 갯지렁이류도 먹는다. 피부는 거칠고 등은 암자색을 띠며 크고 작은 원추형 돌기들이 빽빽이 나 있는 것이 특징이다. 살이 차지고 맛있어서 남해에서 '이시가리(정식 일본명 이시가레이)'로 불리며 비싼 값에 거래되고 있다.

물가자미

수심 200m 이내의 바닥이 모래나 뻘로 된 곳에 서식한다. 산란기는 1~6월이며, 몸길이 23cm 정도의 4년생이 되면 산란을 시작한다. 몸에 6개의 점이 있어서 다른 가자미와 쉽게 구분할 수 있다. 낚시에도 간혹 낚이지만 주로 저층 트롤선으로 어획하며 맛이 좋아 반찬거리로 인기 있는 종이다.

기름가자미

수심 40-700m의 해역에 서식하며 주로 남해와 동해에서 낚인다. 다른 가자미에 비해 몸이 심하게 측편되어 있는 것이 특징이며 눈은 몸의 오른쪽에 치우쳐 있다. 3년 이상 자라야 체장이 11cm가 넘는 소형어이며 국내에서는 주로 동해에서 낚여 말려서 먹는다.

갈치낚시

갈치낚시는 배낚시와 연안 루어낚시로 대별되는데 그중 대표적인 것은 배낚시다. 갈치 배낚시는 뱃삯만 20만원 안팎으로 총 출조비가 30만원 이상 드는 비교적 고가의 낚시지만 시장에서 보기 힘든 대형 갈치를 푸짐하게 낚아올 수 있어 '금치'라 불릴 만큼 비싼 갈치 값을 감안하면 오히려 가장 경제적인 낚시라 할 수 있다. 흔히 낚시로 갓 잡아 은빛 비늘이 온전한 갈치를 은갈치라고 부르고, 그물로 잡아 운반하면서 비늘이 많이 벗겨진 갈치를 먹갈치라 부르지만, 실은 다 같은 갈치 한 종류일 뿐이다.

갈치는 농어목 갈치과의 물고기다. 납작하고 긴 체형이 칼의 형태와 닮았다고 해서 '칼치'라고 부르기도 한다. 전어, 꽁치 등 작은 물고기는 가리지 않고 잡아먹는 육식성 어종이다. 갈치는 대중적이면서도 가격이 만만치 않은 고급 어종인데 길이는 중간 씨알만 돼도 1m에 육박한다. 그러나 갈치 크기를 표현할 때는 길이보다 체고(폭)를 말한다. 흔히 손가락의 수에 비유해서 크기를 말하는데, 그 폭이 네 손가락이나 다섯 손가락 크기에 해당하는 4~5지(指) 크기면 대형어에 속한다. 시장에서 볼 수 있는 대형 갈치는 기껏해야 4지 정도 크기지만 배낚시에선 5지 갈치를 쉽게 낚을 수 있다.

시즌과 낚시터

갈치낚시는 6월부터 12월까지 이뤄지며 7월 1일부터 31일까지 한 달간은 금어

기여서 잡을 수 없다.

먼 바다 배낚시와 근해 또는 연안낚시의 시즌이 약간 다르다. 먼 바다 배낚시는 남해 먼 바다의 수온이 17℃를 넘어가기 시작하는 6월부터 본격적으로 시작되며 7월 금어기가 끝난 후 8월부터 12월까지 시즌이 이어진다. 시즌 초반엔 제주도 주변에서 낚이다가 수온이 더 오르면 남해안 가까이 포인트가 형성된다. 8~10월이 피크 시즌으로서 이때는 4~5지급 갈치를 마릿수로 낚을 수 있다.

근해·연안 갈치낚시는 먼 바다에 비해 시즌이 조금 짧다. 목포의 경우 8월 중순부터 10월 말까지로 볼 수 있다. 시즌 초반에 낚이는 갈치는 손가락 2개 정도 굵기의 '풀치'가 주종을 이루지만 갈수록 씨알이 굵어져 늦가을에는 4지급이 낚인다.

대형 갈치를 낚으러 나가는 심해 갈치배낚시 주요 출항지는 남해의 여수, 완도, 통영과 제주도다. 매년 갈치 배낚시가 인기를 더해가고 있어서 남해 주요 항포구에선 갈치배낚시 손님을 끄는 현수막을 어렵지 않게 볼 수 있다. 최근엔 서해에서도 남해 못지않은 갈치 어군이 발견되어 새로운 갈치낚시터로 뜨고 있다.

심해 갈치 배낚시가 주로 이뤄지는 시기는 8월부터 12월까지다. 전문 갈치잡이 선장들은 기상만 괜찮다면 겨울에도 가능하다고 한다. 하지만 겨울엔 낚시터가 육지에서 너무 멀리 떨어져서 출조하기가 쉽지 않다. 최근 조황 추이를 살펴보면 8월부터 12월까지가 성수기다. 일단 갈치낚시가 시작되면 어느 달이 제일 좋다고 할 수 없을 만큼 시즌 내내 조황이 꾸준한 편이다. 수온이 급하게 낮아지는 12월 중에 시즌을 마감한다.

근해 배낚시터는 8월 중순부터 10월까지 갈치 어군이 형성되는데 목포, 진해, 삼천포가 대표적 근해 갈치배낚시 출항지다. 대개 오후 늦게 출항해 항구에서 30분 안팎의 잔잔한 근해에서 밤낚시를 하며 씨알은 2지 안팎으로 잘지만 남녀노소 누구나 즐길 수 있어 가장 대중적인 낚시라 할 수 있다.

연안 루어낚시터는 갈치의 주요 먹이인 멸치나 작은 물고기를 따라 움직이는 특성이 있으므로 먹이고기들이 많이 머무는 곳을 찾는 게 중요하다. 작은 물고기 떼가 많이 출몰하는 항만, 방파제, 갯바위가 포인트라 할 수 있는데 여수, 삼

꽂기식 갈치 전용대

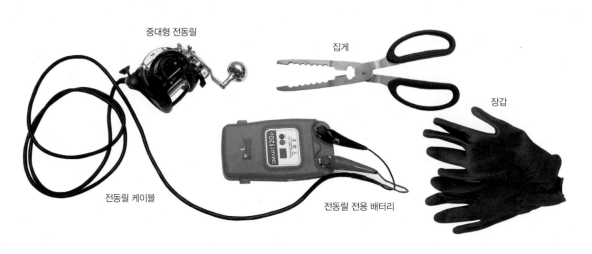

중대형 전동릴

집게

장갑

전동릴 케이블

전동릴 전용 배터리

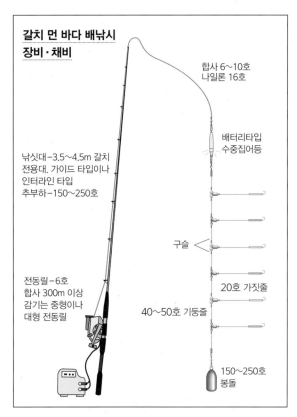

갈치 먼 바다 배낚시
장비 · 채비

합사 6~10호
나일론 16호

배터리타입
수중집어등

구슬

20호 가짓줄

40~50호 기둥줄

150~250호
봉돌

낚싯대-3.5~4.5m 갈치
전용대. 가이드 타입이나
인터라인 타입
추부하-150~250호

전동릴-6호
합사 300m 이상
감기는 중형이나
대형 전동릴

천포, 통영 해안에 주로 낚시터가 형성된다.

장비

먼 바다 배낚시

낚싯대는 갈치 전용 낚싯대를 쓴다. 추부하 200호 정도, 4m 내외의 갈치전용대가 알맞다. 추 무게와 갈치의 입질 저항을 적절히 받아들이는 부드러운 허리힘의 낚싯대가 추가 입질을 받는 데 유리하다. 손으로 들고 하는 낚시가 아니라 거치대에 장착하고 하는 낚시여서 낚싯대의 무게는 중요하지 않다.

릴은 전동릴이 선택이 아닌 필수사양이다. 갈치낚시터의 수심은 보통 70~80m에 이르고 깊은 곳은 100m 이상 되는데다 일정 수심에서 입질을 기다리는 낚시가 아니라 계속해서 채비를 오르락내리락해야 하므로 수동 장구통릴로는 한계가 있다.

전동릴용 배터리도 필요하다. 배에 비치된

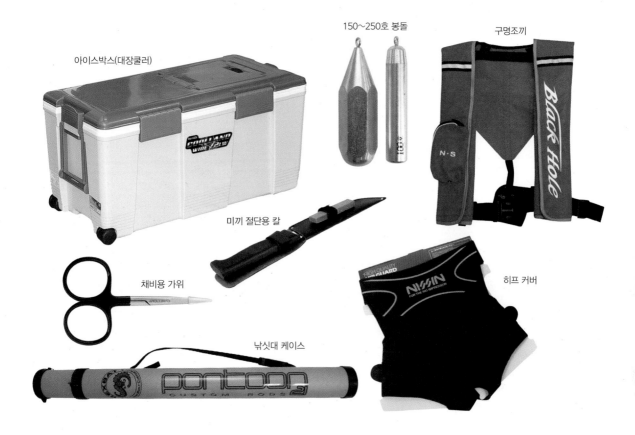

아이스박스(대장쿨러)

150~250호 봉돌

구명조끼

미끼 절단용 칼

채비용 가위

낚싯대 케이스

히프 커버

배터리도 있으나 성능이 좋은 개인 배터리를 휴대하는 꾼들이 늘어나고 있다. 배낚시 중 전동릴을 가장 많이 사용하는 낚시가 갈치배낚시다. 우럭배낚시에서 보통 2~4암페어의 전류를 쓴다고 보면 갈치배낚시에서는 최소 두 배 이상 소요된다.

낚싯줄은 굵고 어두운 단색의 PE라인(합사)이 주로 쓰인다. 1kg에 달하는 봉돌을 사용하기 위해 8호 이상의 비교적 굵은 합사가 필요하다. 봉돌이 워낙 무겁기 때문에 줄이 굵어도 조류 영향을 크게 받지 않는다. 따라서 더 안정적인 채비 운용을 원한다면 10호 내외의 굵은 합사를 쓰는 것도 좋다. 만약 우럭배낚시와 갈치배낚시를 교대로 다니는 사람이라면 공통으로 쓸 수 있는 6호 합사가 적합하겠다.

합사 색상은 녹색 계열의 어두운 색이 적합하다. 갈치낚시 도중 삼치나 고등어 떼를 만나는 경우가 흔한데, 밝은 색 원줄은 녀석들이 자주 공격해 끊길 확률이 아주 높기 때문이다.

최근엔 잡어 떼의 공격으로부터 완전히 자유롭다는 이유 때문에 나일론사를 쓰는 사람이 늘어나고 있다. 나일론사는 20호 이상되어야 편안한 감을 주는데, 20호 나일론사는 중형 전동릴에 100여 m밖에 안 감기는 문제가 있어 150m 정도를 감을 수 있는 16호 나일론사가 표준으로 자리잡아가고 있다. 합사와 달리 나일론사는 쉽게 늘어나므로 한두 번 다녀오면 교체해야 한다.

근해 배낚시

근해 갈치배낚시가 이뤄지는 곳은 수심이 얕은 편이다. 먼 바다 갈치배낚시가 수심 100m내외에서 이뤄지는 것과 달리 근해 갈치 배낚시는 깊어야 10~20m이다. 아주 깊다고해도 30m가 넘지 않는다. 그래서 전동릴이나 갈치 전용 릴대 같은 전문 장비가 필요 없다. 그 대신 감성돔용 릴찌낚싯대나 바다용 민장대로 갈치를 낚는데 현장에서는

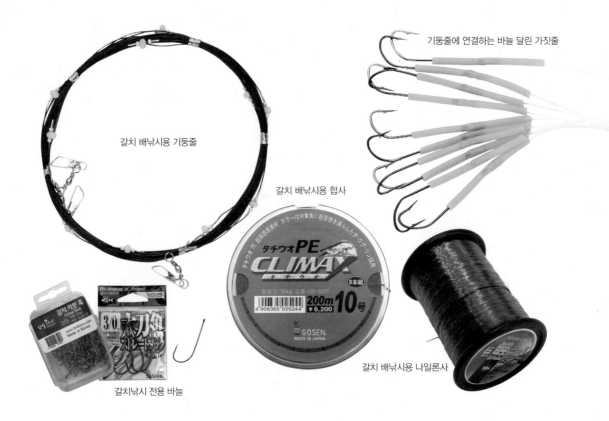

기둥줄에 연결하는 바늘 달린 가짓줄

갈치 배낚시용 기둥줄

갈치 배낚시용 합사

갈치 배낚시용 나일론사

갈치낚시 전용 바늘

다소 허름하다고 할 정도의 장비도 사용하고 있다. 릴찌낚싯대 대신 루어낚싯대를 사용해도 좋은데, 볼락루어대처럼 초리가 낭창해서 갈치가 입질할 때 초리가 그대로 쑤욱 내려가는 유연한 낚싯대라야 좋다. 릴은 1000~3000번 소형 스피닝릴을 쓰며 3호 내외의 나일론 원줄을 감으면 된다. 합사라면 1호면 충분하다.

기둥줄 위에 연결하는 배낚시용 집어등.

연안 루어낚시
갈치 루어낚시엔 6.6ft, 미디엄라이트 파워의 낚싯대와 2500번급 소형 스피닝릴을 사용한다. 낚싯줄은 0.4~0.6호 합사를 사용하고 날카로운 갈치의 이빨에 줄이 잘리는 것을 방지하기 위해 쇼크리더로 20lb 전후의 나일론사

나 플로로카본사를 1~1.5m로 연결해 사용한다.

채비

먼 바다 배낚시
20m 길이의 어부식 채비가 일반적으로 쓰인다. 이 채비는 굵은 50호 기둥줄에 7개의 바늘이 2~3m 간격으로 달려있다. 바늘이 많다보니 낚시 도중 채비가 자주 엉킨다. 한번 엉켜서 다시 채비를 준비하려면 30분 이상이 소요되므로 엉키지 않도록 신경 써서 다루는 게 기술이다. 낚싯배에서 나눠주는 채비를 써도 무방하지만 전문 낚시인들은 채비 간격을 조절하고 도래를 보강한 자작 채비를 쓴다.
갈치채비는 특히 바늘이 중요한데, 품이 좁고 허리가 긴 갈치 전용 바늘을 사용한다. 갈치배낚시 출항지 낚시점에서 바늘채비 10개에 1만원이면 구입할 수 있다. 낚시를

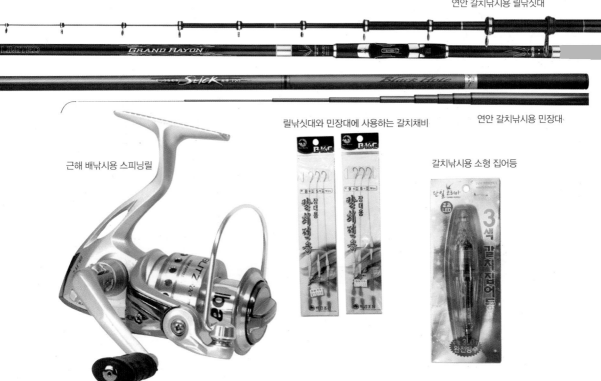

연안 갈치낚시용 릴낚싯대

릴낚싯대와 민장대에 사용하는 갈치채비

연안 갈치낚시용 민장대

근해 배낚시용 스피닝릴

갈치낚시용 소형 집어등

하다가 톡톡거리는 느낌만 있고 입걸림이 안 된다면 바늘이 무뎌진 것이므로 새 바늘 채비로 교체해줘야 한다.

미끼는 배에서 나눠주는 냉동 꽁치를 잘게 썰어서 쓴다. 꽁치는 비린내가 많이 나고 살이 부드러워서 최고의 갈치 미끼로 치지만 잘 떨어지기 때문에 자주 갈아주어야 한다. 손님고기로 올라오는 고등어를 썰어서 미끼로 써도 좋고 작은 갈치를 썰어서 미끼로 쓰면 잘 떨어지지 않고 큰 갈치만 낚이기도 한다. 다만 갈치살 미끼는 육질이 단단하므로 집어가 완전히 이뤄지고 활성도가 높아졌을 때 사용하는 것이 좋다.

근해 배낚시

원줄에 3~15호 고리봉돌을 달고 고리봉돌에 와이어로 묶은 외바늘 채비를 연결한다. 와이어로 직접 제작해서 쓰는 사람도 있지만 대부분 와이어로 만들어 판매하는 것을 사용한다. 와이어채비는 낚시점에서 '갈치

외바늘채비'로 불리는데 3개들이 한 봉지에 3천원이며 한 봉지면 밤새 쓸 수 있다.

갈치채비에 가장 중요한 요소가 바로 케미컬라이트다. 갈치가 배의 집어등 불빛에 직접 반응하기도 하지만, 남해안 내만의 경우 물색이 아주 탁하기 때문에 갈치의 눈에 잘 띌 수 있는 불빛을 수중에서 내기 위해 목줄에 케미컬라이트나 집어등을 달아주어야 한다. 예전에는 4mm 케미컬라이트를 주로 사용했지만, 최근에는 갈치 배낚시 전용으로 출시된 LED 전구로 만든 소형 집어등이 인기를 끌고 있다.

연안 루어낚시

갈치용 루어는 지그헤드에 웜을 단 지그헤드리그를 사용하는데, 바늘 끝이 위로 향해 있는 일반 지그헤드와 달리 바늘 끝이 아래로 향해 있거나 트레블훅을 달아 쓰는 갈치 전용 지그헤드리그를 사용한다. 바늘 끝이 아래로 향해야 하는 이유는 물속에서 위를

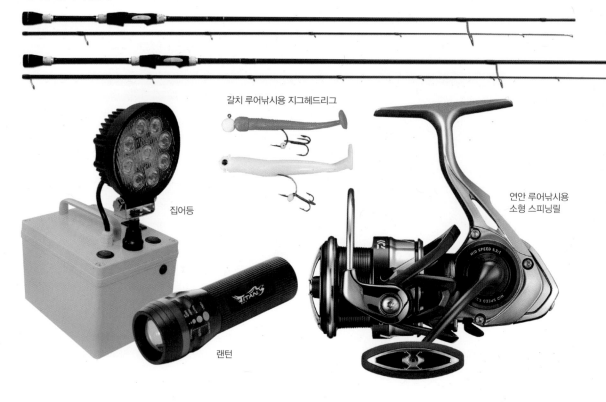

갈치 루어낚시용 지그헤드리그

집어등

랜턴

연안 루어낚시용
소형 스피닝릴

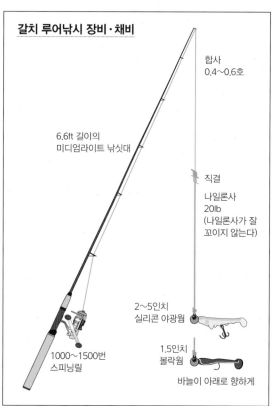

갈치 루어낚시 장비·채비

합사
0.4~0.6호

6.6ft 길이의
미디엄라이트 낚싯대

직결

나일론사
20lb
(나일론사가 잘
꼬이지 않는다)

2~5인치
실리콘 야광웜

1.5인치
볼락웜

1000~1500번
스피닝릴

바늘이 아래로 향하게

보고 있다가 먹이를 덮치는 갈치의 습성 때문이다. 지그헤드의 무게는 1/16~3/8온스가 알맞다. 웜은 1.5인치 볼락웜이나 3인치 그럽을 사용하는데 야광 색상이 효과가 좋다. 연안에서 3지 이상의 갈치가 낚이는 8월 이후엔 9cm 정도의 소형 미노우나 4~5인치 웜을 사용하면 굵은 씨알이 낚인다. 한편 해거름이나 동틀 무렵엔 스푼에도 갈치가 잘 낚인다.

낚시방법

먼 바다 배낚시

갈치배낚시는 주로 먼 바다에서 이뤄지므로 전문 낚시인의 영역이라 생각하기 쉽지만 사실은 경험이 전혀 없고 장비도 없는 초보자도 즐길 수 있다. 갈치배에서 모든 장비를 대여해주고 선장 외에 사무장과 선원들이 같이 타서 초보자들에게 낚시요령을 가르쳐주기 때문이다. 갈치 배낚시에는 굳이

갈치채비를 멀리 던져 넣고 있는 낚시인.

연안에서 낚이는 2~3지 씨알의 갈치.

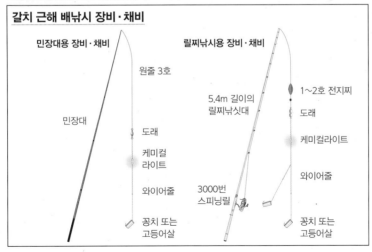
갈치 근해 배낚시 장비·채비

민장대용 장비·채비

릴찌낚시용 장비·채비

민장대

원줄 3호

5.4m 길이의
릴찌낚싯대

1~2호 전지찌

도래

도래

케미컬
라이트

케미컬라이트

와이어줄

3000번
스피닝릴

와이어줄

꽁치 또는
고등어살

꽁치 또는
고등어살

고급 낚시복을 입을 필요가 없다. 미끼와 갈치의 비린내가 옷에 많이 배기 마련이라 세탁하기 쉬운 간편한 복장이 오히려 더 적합하다. 어부들이 주로 입는 비닐 비옷을 착용하는 것도 좋은 방법이다. 낚은 갈치는 스티로폼박스에 담아 오면 된다. 현지 출조점에서 저렴하게 구입할 수 있는데 배에 따라서는 서비스로 나눠주기도 한다.

첫 출조길엔 장비를 빌려 쓰는 게 좋다. 배를 예약하면서 장비렌탈이란 옵션을 선택하면 배에 준비된 낚싯대와 전동릴을 사용할 수 있다. 렌탈 비용은 2만원선. 우럭대 등 다른 낚시에 쓰는 짧은 선상 낚싯대는 채비가 긴 갈치낚시에 불편할 때가 많으므로 차라리 빈 몸으로 떠나서 장비를 빌려 쓰는 것이 낫다.

갈치낚싯배의 승선비는 15만~20만원. 이 승선비에는 저녁·아침식사와 기본 채비, 미끼, 얼음 등이 포함된다. 갈치 배낚시 요령은 다음과 같다.

① 전동릴이 장착된 낚싯대를 배 난간의 받침대에 거치한다.
② 원줄에 채비를 연결한다. 먼저 채비 상단에 집어등을 달고 기둥줄채비를 연결한다.
③ 기둥줄채비는 자연스럽게 원을 그린 상태로 발밑에 가지런히 놓아서 밟지 않도록 주의하고 채비에 연결된 7개의 바늘은 난간에 고무로 만들어진 '정렬판'에 꽂아둔다.
④ 미끼용 냉동 꽁치를 반으로 갈라 내장과 등뼈를 제거한 다음 손가락 길이가 되게끔 비슷한 크기로 잘라 준비한다.
⑤ 미끼를 꿴 후 순서대로 정렬판에 놓아둔다. 이때 채비의 윗바늘이 낚싯대와 가까운 쪽이 되어야 한다(봉돌은 낚싯대 끝에서 제일 멀리).
⑥ 선장의 '낚시 개시' 신호가 떨어지면 전동릴의 클러치를 'ON'상태로 풀어놓고 봉돌을 잡고 최대한 멀리 던진다.
⑦ 약간 사이드 캐스팅 스타일로 던져야 바

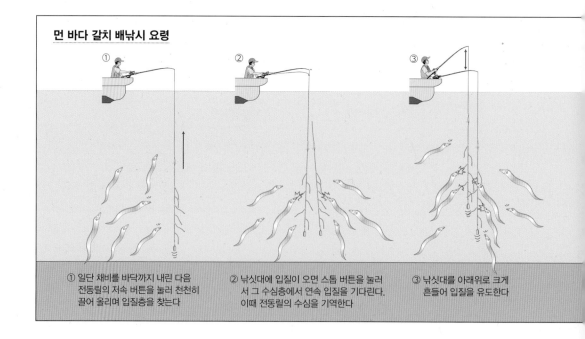

먼 바다 갈치 배낚시 요령

① 일단 채비를 바닥까지 내린 다음 전동릴의 저속 버튼을 눌러 천천히 끌어 올리며 입질층을 찾는다

② 낚싯대에 입질이 오면 스톱 버튼을 눌러서 그 수심층에서 연속 입질을 기다린다. 이때 전동릴의 수심을 기억한다

③ 낚싯대를 아래위로 크게 흔들어 입질을 유도한다

늘이 낚싯대에 부딪히는 것을 방지할 수
있다.

갈치낚시의 매력은 다수확에 있다. 바늘마
다 몽땅 갈치가 달려 올라오게 하려면 채비
를 감아올리는 속도가 중요하다. 갈치의 활
성도가 높을 때는 입질층에 이르렀을 때 평
소보다 더 천천히 올리는 것이 좋다. 전동릴
의 경우 미니멈 스피드(아주 천천히 동일 속
도로 감아 올리는 기능) 유지가 중요하다.
보급형 전동릴은 미니멈 스피드 유지가 힘
들어 갈치낚시에선 고파워 전동릴을 선호하
는 경향이 짙어지고 있다.

낚은 후에는 빨리 갈치를 떼어내고 미끼를
새로 달아 재입수시켜야 하는데 한 번 사용
한 미끼는 이상이 없더라도 바꿔주는 것이
낫다. 마릿수는 많은데 씨알이 잘다면 질기
고 큰 미끼를 사용해 본다. 작은 갈치를 잘
라 사용해도 좋고, 삼치나 만새기가 낚였다
면 그 껍질 부분을 다듬어 사용하면 큰 갈치
가 낚이는 경우가 많다.

미끼로 쓸 꽁치를 썰고 있다.

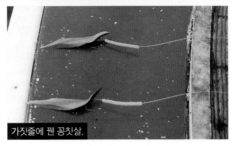
가짓줄에 꿴 꽁칫살.

간혹 미끼만 없어지고 갈치가 바늘엔 잘 안
걸리는 경우가 있다. 이때는 한동안 채비를
정지했다가 다시 조금씩 움직이는 동작을
반복해본다. 미끼가 움직이는 순간 갑자기
달려들어 무는 경우가 잦기 때문이다. 한 마

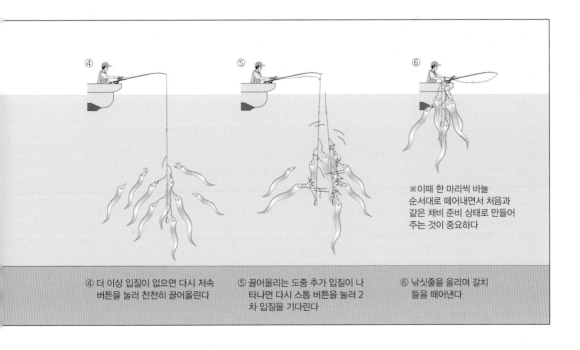

④ 더 이상 입질이 없으면 다시 저속
버튼을 눌러 천천히 끌어올린다

⑤ 끌어올리는 도중 추가 입질이 나
타나면 다시 스톱 버튼을 눌러 2
차 입질을 기다린다

⑥ 낚싯줄을 올리며 갈치
들을 떼어낸다

※이때 한 마리씩 바늘
순서대로 떼어내면서 처음과
같은 채비 준비 상태로 만들어
주는 것이 중요하다

웜리그를 물고 나온 갈치.

리가 물면 천천히 감아주다 멈추길 수차례 반복하는 식으로 연속 입질을 유도한다. 천천히 감을 때도 입질층 수심을 파악하며 감는 것이 필요하다. 다음에 채비를 내릴 때는 그 수심층만 집중 공략하는 것도 활성도 낮을 때의 대처 요령 중 하나다.

근해 배낚시

릴대와 민장대를 적절히 활용하는 것이 중요하다. 낚싯배에 자리를 잡고 릴낚싯대 2대를 펴거나 릴낚싯대 한 대와 민장대 한 대를 펴는 것이 보통이다. 이렇게 릴낚싯대와 민장대를 함께 펴는 이유는 갈치가 입질하는 수심층을 빨리 파악하기 위해서다.

민장대는 5m 내외를 노린다. 릴낚싯대는 바닥까지 채비를 내릴 수 있으므로 더 깊은 곳을 노려준다. 민장대로 수심 5m 내외를 노린다면, 릴대로 수심 10m 내외를 노리는 식이다. 민장대가 없다면 릴대 2대로 다른 수심을 노려주면 된다.

근해 갈치는 바닥에서 입질하는 경우가 드물고, 특히 낚싯배에서 집어등을 밝혀주기 때문에 갈치가 중층으로 떠오른다고 믿고 낚시를 시작하는 편이 낫다. 낚시를 시작했을 당시에는 바닥에서 입질이 들어오더라도 바닥 입질은 금방 끝나고 마는데, 갈치가 중상층으로 부상했기 때문이다. 이는 갈치의 입질층이 수시로 바뀌기 때문에 입질이 오다가 끊기면 부지런히 다른 수심층을 찾아야 한다.

민장대가 필요한 이유는 갈치가 중상층으로 피어올랐을 때 릴낚싯대보다 더 빨리 입질을 파악하고 빨리 걷어 올리기 쉽기 때문이다. 민장대는 여성이나 초보자도 쉽게 다룰 수 있다. 처음 낚시를 할 땐 중층을 노리다가 중층에서 입질이 없으면 릴낚싯대 채비를 서서히 바닥으로 내려 본다. 반대로 민장대는 조금씩 들어 올려서 상층에 갈치가 있는지 탐색한다. 그렇게 해서 먼저 입질을 받는 쪽에 낚시를 집중하면 된다.

갈치는 길고 가는 주둥이에 달린 강한 이빨로 먹이를 쪼아서 먹기 때문에 아주 약한 입질이 계속해서 들어오는 경우가 많다. 마치

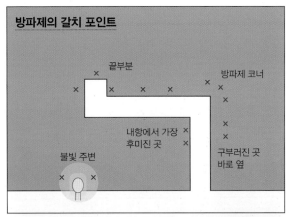

갈치 회

칼로 고기를 난도질한 후에 삼키는 것과 같다고 할 수 있는데, 이렇게 갈치가 고기를 썰고 있을 때 챔질을 하면 거의 100% 헛챔질로 이어진다. 헛챔질을 하지 않기 위해서는 갈치가 미끼를 완전히 삼킬 때까지 기다려야 한다. 초리가 톡톡 하며 움직일 땐 챔질하지 말고 초리가 완전히 아래로 쑤욱 내려갔을 때 살짝 챔질해서 갈치를 들어 올리면 된다.

연안 루어낚시

갈치가 어군을 형성하는 해거름~초저녁이나 새벽 어스름이 깔릴 때는 방파제나 연안 갯바위에서 루어로 쉽게 낚을 수 있다. 갈치는 공격성이 강한 물고기라 단순히 루어를 던져서 감는 액션만 해도 입질이 들어오는데 표층부터 하층까지 차례로 탐색해 나가면서 갈치의 유영층을 찾아내는 게 중요하다.

미노우나 스푼, 큰 웜을 사용할 때는 멀리 캐스팅한 뒤 중층 정도로 가라앉힌 뒤 로드를 툭툭 치는 정도의 저킹이나 트위칭을 섞어가며 루어를 감아 들인다.

감성돔낚시

지느러미를 곧추세운 늠름한 은빛 자태와 힘차게 저항하는 짜릿한 손맛! '바다의 백작'으로 불리는 감성돔은 우리나라 바다낚시인들이 가장 선호하는 어종이다. 감성돔 찌낚시는 장비, 채비, 밑밥, 테크닉에서 갯바위낚시의 기초를 이룬다. 붕어가 민물낚시의 대표어종이라면 감성돔은 바다낚시의 대표어종이다.

감성돔은 서해, 남해, 동해에 모두 서식하며 내만, 근해, 원도에서 모두 만날 수 있어 낚시꾼들과 친숙한 '돔'이다. 또 봄부터 겨울까지 꾸준히 낚여 계절에 맞춰 다양한 낚시터에서 다양한 기법으로 즐길 수 있다는 점도 감성돔낚시의 매력이다. 그래서 감성돔낚시는 최고의 하이테크인 동시에 최대 입문코스로 각광받고 있다.

시즌과 낚시터

감성돔낚시의 주 무대는 남해안이다. 동쪽의 부산부터 서쪽의 목포까지 연중 감성돔을 낚을 수 있다. 감성돔의 산란기를 전후한 5~6월은 지역에 관계없이 연중 씨알이 가장 굵게 낚일 때다. 이때는 50cm급이 흔하게 올라온다. 그러나 5월 한 달은 '산란감성돔을 보호하자'는 취지에서 금어기로 지정되어 낚시를 할 수 없다.

이후 7~8월에 접어들면 잠시 씨알이 잘아진 뒤(근해를 벗어난 중거리섬이나 원도에서는 뒤늦게 굵은 산란감성돔이 올라오는 곳도 있다) 9~10월부터 마릿수 위주의 가을 감성돔낚시가 시작된다. 이후 초겨울인 11~12월이 감성돔낚시의 피크시즌이다.

특히 원도에서 12월 한 달을 '초등감성돔철'이라고 부르는데 씨알과 마릿수 모두 가장 탁월한 시기다. 1~4월은 연중 최저수온을 보이는 시기인데 감성돔의 씨알은 굵지만 마릿수는 저조하다. 그중 2~3월을 '영등감성돔철'이라 부르기도 한다.

서해는 5월 중순부터 10월 말까지가 시즌이다. 12월부터 4월까지는 강한 북서풍과 10도 미만의 저수온 탓에 감성돔낚시가 불가능하다.

동해는 연중 감성돔이 낚이지만 4~5월과 12~1월에 호황을 보인다.

장비

낚싯대

5.3m 길이의 1호 릴대를 사용한다. 1호보다 연질의 0.8호 릴대나 경질의 1.2호 릴대도 좋다. 국내 낚싯대 제조업체에서 최고가의 낚싯대(40만~90만원대)는 모두 감성돔 낚시용으로 만든 것이라 그런 모델을 구입하면 최상의 선택이다. 입문자용으로는 5만~10만원 가격대도 있다. 일본 제품의 경우 벵에돔용으로 만든 낚싯대가 우리나라에선 감성돔낚시용으로 많이 쓰이는데 가격은 엔화로 5만~10만엔이다.

릴

3호 원줄이 150m 감기는 2500번(또는 3000번) 크기의 스피닝릴이 적합하다. 감성돔낚시용 릴은 가볍고도 강하고 정교한 드랙 성능을 필요로 하므로 처음부터 고급품을 사는 것이 좋다. 30만~40만원대가 무난한 선택이다.

스피닝릴은 대어가 걸려 낚싯줄의 인장강도 이상의 힘이 가해지면 스풀이 역회전하며 줄터짐을 방지하는 장치인 드랙의 종류에 따라 드랙릴(일반 릴)과 LB릴이 있다. 드랙릴은 자동, LB릴은 수동으로 드랙을 조절하는 것인데 요즘은 LB릴이 대세이긴 하지만 입문자라면 드랙릴이 좋다. 드랙릴은 특히 큰 고기를 상대하기에 좋아 전문꾼들도 드랙릴을 종종 쓰고 있다. 입문자가 LB릴을 사용하면 50cm 이상의 감성돔을 걸었을 때 당황한 나머지 지나치게 원줄을 많이 풀거나 풀어야 할 때 잡아버림으로써 줄을 터뜨리기 쉽다.

뜰채

감성돔낚시의 필수 장비다. 감성돔 찌낚시는 가볍고 낭창한 릴대와 가는 줄을 사용하므로 수면에 뜬 물고기를 갯바위로 들어낼 때는 뜰채를 사용해야 한다. 5m 길이를 가장 많이 사용하며 5m 뜰채가 닿지 않는 직벽 포인트나 방파제에선 6m 뜰채도 쓴다. 가볍고 빳빳한 제품이 좋다. 약간 무거운 것은 상관없으나 휘청거리는 뜰채는 피해야 한다. 가격은 5만원부터 80만원까지 다양하다.

3000번 스피닝릴

감성돔낚시 채비에 사용하는 구멍찌와 소품.

구멍찌낚시로 올린 감성돔과 릴찌낚시 장비.

감성돔낚시 장비·채비

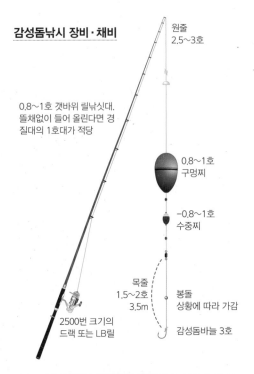

원줄
2.5~3호

0.8~1호 갯바위 릴낚싯대.
뜰채없이 들어 올린다면 경
질대의 1호대가 적당

0.8~1호
구멍찌

-0.8~1호
수중찌

목줄
1.5~2호
3.5m

봉돌
상황에 따라 가감

2500번 크기의
드랙 또는 LB릴

감성돔바늘 3호

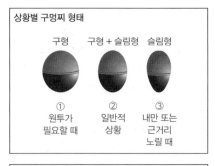

상황별 구멍찌 형태

구형	구형 + 슬림형	슬림형
①	②	③
원투가 필요할 때	일반적 상황	내만 또는 근거리 노릴 때

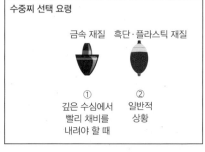

수중찌 선택 요령

금속 재질	흑단·플라스틱 재질
①	②
깊은 수심에서 빨리 채비를 내려야 할 때	일반적 상황

반유동채비

반유동채비와 전유동채비

찌낚시채비엔 매듭을 묶어 수심하한선을 설정하는
반유동채비와 매듭 없이 낚시인의 감각으로 채비를
가라앉히는 전유동채비가 있다. 반유동채비는 바닥
층을 노리는 속공채비로서 무거운 수중찌와 봉돌을
사용하고, 전유동채비는 상중하층을 모두 차근차근
노리는 지공(遲攻)채비로서 가벼운 봉돌을 사용한
다. 따라서 바닥층에서 주로 낚이는 감성돔낚시엔
반유동채비가 유리하고, 상중하층을 활발히 오르내
리는 벵에돔, 부시리, 참돔을 낚을 땐 전유동채비도
많이 쓰인다. 사용하는 찌도 완전히 달라서 반유동
채비엔 0.8~3호의 고부력찌가 주로 쓰이고 전유동
채비엔 3B 이하의 저부력찌가 주로 쓰인다.

전유동채비

갯바위신발

구명조끼

밑밥주걱

역시 필수장비로서 특히 고급품을 쓰는 게 좋다. 밑밥주걱이 나쁘면 원하는 지점에 밑밥을 정확히 던질 수 없어 낚시 자체가 힘들어진다. 주걱은 컵보다 대(샤프트)가 중요하다. '가볍고 빳빳해야' 밑밥을 멀리 정확히 던질 수 있다. 대가 길다고 원투가 잘 되는 건 아님에 주의할 것. 파도가 치거나 바람이 부는 날엔 밑밥주걱이 물에 떨어질 위험이 있으므로 유실방지용 끈을 달아서 사용하는 게 좋다. 저가품은 5천~1만원, 고급품은 6만~15만원이다.

밑밥통

40리터가 표준이며 이보다 큰 50리터짜리도 있다. 40리터와 50리터 두 개를 구입해 밑밥을 넣은 40리터 통을 50리터 통에 넣어 갖고 나가면 편리하다. 갯바위에서 50리터 밑밥통을 고기살림통으로 쓸 수도 있고 짐이 많을 때 보조가방으로 활용할 수 있기 때문이다.

낚싯대 가방과 보조가방

낚싯대 가방은 자기 낚싯대의 길이에 맞는 것을 구입하되 지나치게 큰 것은 불편하다. 낚싯대 2대와 뜰채가 들어갈 수 있는 크기면 충분하다. 보조가방은 릴이나 소품, 의류, 버너와 코펠, 간식 등을 넣어 다닐 수 있는 가방을 말한다. 뚜껑 안쪽에 바늘, 목줄, 찌 등 수시로 꺼내 쓸 수 있는 소품용 수납공간이 마련된 제품이 편리하다.

갯바위신발

갯바위신발은 단화와 장화 두 가지가 필요하다. 단화는 여름용이며 장화는 겨울용이다. 만약 한 개만 구입한다면 장화가 낫다. 스파이크 밑창과 펠트 밑창 두 종류가 있는데 물에 젖은 갯바위에서도 잘 미끄러지지 않는 펠트 밑창이 좋다. 최근 제품들은 스파이크와 펠트가 혼합된 제품이 많다.

구명조끼

물에 빠지는 만약의 사태에서 생명을 지켜주는 구명조끼는 각종 소품을 수납하는 역할도 한다. 메이커에 따라 가격이 천차만별이나 기본 성능에는 별 차이가 없다. 디자인과 수납의 편의성을 꼼꼼히 따져본 뒤 마음에 드는 제품을 선택하면 된다.

크릴 크기에 맞는 바늘 크기

크릴 외에 사용하는 미끼들

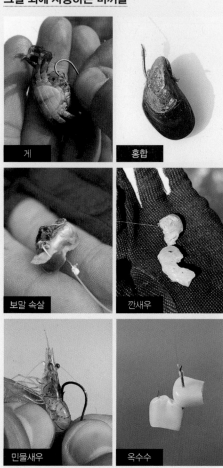

게

홍합

보말 속살

깐새우

민물새우

옥수수

채비

구멍찌

감성돔낚시용으로 가장 많이 사용되는 구멍찌 호수는 0.8호, 1호(1.2호), 1.5호다. 이 호수는 남해안 감성돔 포인트의 평균 수심인 8~12m 수심을 반유동 채비로 노리기 적당한 부력이다. 만약 수심 5~6m에서 낚시할 때는 0.5호의 저부력 찌가 맞지만 조류가 세거나 파도가 높으면 채비를 더 빨리 가라앉히기 위해 0.8~1호 찌를 쓰기도 한다. 마찬가지로 수심 8~12m라 해도 조류가 빠르거나 원투가 요구되는 상황, 맞바람이 세게 불 경우에는 1.5~2호 찌를 써야 될 때도 있다.

수중찌(수중봉돌)

채비를 물속으로 빨리 내려 보내고 급류에 떠밀리지 않게 고정하는 닻 역할을 한다. 동시에 조류가 약할 때 수중조류를 받아서 채비를 원활히 흘러가게 만드는 돛 역할도 한다. 닻의 기능에 충실하려면 작고 무거운 금속(납이나 황동)으로 만든 수중봉돌(순간수중이라 부르기도 한다)이 좋고, 돛의 기능에 충실하려면 크고 가벼운 목재나 플라스틱으로 만든 수중찌가 좋다. 대체로 0.5호 이하의 저부력 찌를 사용할 땐 수중찌가, 1호 이상의 고부력 찌를 사용할 땐 수중봉돌이 알맞다. 그 이유는 저부력찌는 조류가 약한 곳에서 쓰고 고부력찌는 조류가 빠른 곳에서 주로 쓰기 때문이다.

잡어 퇴치용 미끼

크릴이 가장 좋은 감성돔낚시 미끼인 것은 분명하지만 전갱이, 고등어 같은 잡어가 덤빌 때는 크릴이 견디지 못한다. 그때 쓰는 미끼가 크릴경단, 게, 옥수수, 깐새우 등이다. 크릴경단은 크릴을 갈아 만든 떡과 같은 미끼다. 콩만 하게 동그랗게 말아 바늘에 달아 쓰는데 크릴이 주 성분이다 보니 간혹 잡어들이 덤비지만 순수 크릴을 썼을 때보다는 확실히 덜 달려드는 게 특징이다. 게는 감성돔이 좋아하는 갑각류 미끼로 잡어들은 먹지 못한다. 잡어가 많은 가을에는 낚시점에서 판매하며 낚시 전날 갯벌에서 돌을 들추어 미리 채집해도 된다. 등딱지가 엄지손톱 크기의 작은 게가 적당하다. 한편 갯바위에 돌아다니는 게는 너무 단단해서인지 미끼로 잘 안 먹힌다. 옥수수는 2~3개를 바늘에 꿰어 쓴다. 동물성 미끼로 잡어 극복이 어려운 상황에서 효과적이다. 깐새우는 겨울철 망상어가 설치는 원도에서 많이 쓰인다.

빠른 채비 하강을 위해 나무 소재 수중찌 대신 사용하는 금속 재질의 수중봉돌.

감성돔낚시용 나일론 원줄

원줄

감성돔낚시용 원줄은 강도보다 조작성을 중요시한다. 주로 물에 뜨는 플로팅 줄을 사용한다. 수중의 원줄보다 수면의 원줄이 더 잘 미끄러지기 때문에 플로팅 줄을 써야 가벼운 채비로도 원활하게 가라앉힐 수 있고 원줄을 들어서 옮기는 조작도 쉽게 할 수 있다. 그런데 수면 아래 약간 잠기는 세미플로팅 줄을 선호하는 이들도 있다. 세미플로팅 줄은 수면 아래 살짝 잠겨 바람이 강하게 불어도 쉽게 밀리지 않는 것이 장점인데, 포말이나 와류대에서 너무 깊이 잠기는 단점도 있다. 싱킹 줄은 잠수찌를 사용하는 선상찌낚시 외엔 쓰이지 않는다.

그러나 포장지에 적힌 '플로팅' '세미플로팅' 원줄이 완벽하게 그 성능을 발휘하지 못하는 경우도 많기 때문에 일단 여러 회사의 원줄을 사용해보고 자신이 가장 잘 컨트롤할 수 있는 원줄을 골라 나가는 게 좋다. 원줄이 맘에 들지 않으면 찌낚시를 제대로 구사하기 어렵다. 남의 릴을 가지고 낚시하면 어색한 이유도 릴 때문이 아니라 원줄이 다르기 때문이다.

찌낚시용 봉돌의 종류와 무게

	종류	무게
좁쌀 봉돌	G8	0.07g
	G7	0.09g
	G6	0.12g
	G5	0.16g = 7번+8번
	G4	0.20g = 7번X2
	G3	0.25g = 6번X2
	G2	0.31g = 5번X2
	G1	0.40g = 4번X2
B단위 봉돌	B	0.55g = 2번+3번
	2B	0.75g = B+4번
	3B	0.95g = B+1번
	4B	1.20g = 1호X3
	5B	1.85g = B+1번
	6B	2.65g
구멍 봉돌	0.3호	1.13g
	0.5호	1.85g = 5B
	0.8호	3.00g
	1호	3.75g

원줄의 굵기는 3호가 표준이며 가늘게 쓸 때는 2.5호나 2호까지도 내려 쓴다. 원줄은 가늘수록 채비 조작이 수월해지며 2호 원줄이라도 쉽게 터지지는 않는다. 다만 원줄을 가늘게 쓰기 어려운 이유는 목줄보다 약하면 밑걸림 때 원줄이 끊어져 구멍찌와 수중찌를 몽땅 잃어버릴 수 있기 때문이다. 재질의 특성상 목줄용 카본사가 원줄용 나일론사보다 더 강하기 때문인데, 대략 3호 원줄로 2호 목줄까지는 견딜 만해도 2.5호 목줄이라면 3호 원줄이 먼저 끊어질 확률이 높다.

목줄

목줄은 강도가 높고 비중이 커서 빨리 가라앉는 카본사를 쓴다. 1.5~1.7호가 근해에서 가장 많이 사용하는 호수이나 원도에서 50~60cm 감성돔을 노릴 땐 2~3호 목줄도 쓴다. 또 내만에서 30cm급을 노릴 땐 1~1.2호 목줄도 많이 쓴다. 그러나 감성돔의 씨알과는 무관하게 수중여가 거친 여밭에선 2호 목줄도 쉽게 끊어질 수 있다. 따라서 현장 여건이 어떨지 모르는 상황에서는 다양한 호수의 목줄을 갖고 다녀야 한다. 대체로 1.5, 1.7, 2호 정도를 갖고 다니면 큰 무리가 없다.

기타 소품

바늘은 감성돔 3호 바늘이 기본 사이즈다. 저수온, 청물, 저기압 탓에 감성돔의 입질이 예민해진 상황에서는 작은 바늘이 유리할 수 있어 2호를 쓰기도 한다. 또 원도에서 50cm 이상의 대형급을 노리거나 깐새우 같은 큰 미끼를 쓸 때는 4~5호까지 쓸 때도 있다.

봉돌은 감성돔낚시용으로는 G1, B, 2B 정도의 봉돌(좁쌀봉돌)이 필요하다. 감성돔은 주로 바닥층에서 활동하는 고기여서 뱅에돔낚시보다 무거운 봉돌을 사용한다. 즉 G2~G7 사이의 작은 봉돌은 감성돔낚시에서는 쓸 일이 거의 없다.

도래는 원줄과 목줄을 연결할 때 사용한다. 사이즈는 8번이나 10번이 적합하다.

면사매듭은 반유동채비에서 원줄에 묶어 찌밑수심을 결정하는 실이다. 찌구슬은 면사매듭과 찌 사이에 끼운다.

쿠션고무는 구멍찌와 수중찌 사이, 수중찌와 도래 사이에 각 한 개씩 끼워 찌들이 부딪칠 때의 충격을 방지한다. 쿠션고무가 없으면 원줄에 상처가 생겨 끊어질 수가 있다.

낚시방법

감성돔낚시의 핵심 기법은 바닥층 공략에 있다. 감성돔은 주로 바닥층에서 입질하기 때문이다. 그러나 때로는 감성돔이 바닥에서 2m 이상 떠서 입질할 때도 있다. 수온이 높고 활성도가 좋은 초여름~초겨울에 조류가 원활하게 흐르는 곳에선 밑밥에 유혹된 감성돔들이 떠서 낚이기도 하지만 잦은 현상은 아니다. 그러므로 '바닥에서 1m 이상 미끼가 뜨지 않게' 하는 것이 중요하며 '바닥에 최대한

채비를 캐스팅하고 있는 낚시인.

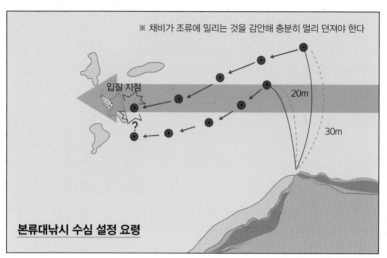

본류대낚시 수심 설정 요령

※ 채비가 조류에 밀리는 것을 감안해 충분히 멀리 던져야 한다

입질 지점

20m

30m

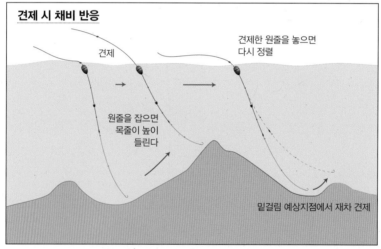

견제 시 채비 반응

견제

견제한 원줄을 놓으면
다시 정렬

원줄을 잡으면
목줄이 높이
들린다

밑걸림 예상지점에서 재차 견제

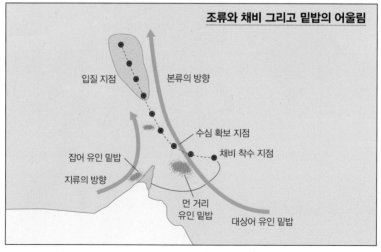

조류와 채비 그리고 밑밥의 어울림

입질 지점

본류의 방향

수심 확보 지점

잡어 유인 밑밥

채비 착수 지점

지류의 방향

먼 거리
유인 밑밥

대상어 유인 밑밥

근접하여 미끼를 흘리거나 때로는 바닥을 살짝살짝 짚어주되 바늘이 바닥에 걸리지는 않게 하는' 것이 최고의 테크닉이다.

1단계_바닥수심 맞추기

가장 먼저 공략할 곳의 바닥수심 파악을 제대로 하는 게 중요하다. 대체로 감성돔은 바닥층 가까이에서 잘 낚이기 때문이다. 우선 원줄에 묶은 찌매듭을 올려가면서 수심을 조금씩 깊게 줘보면 언젠간 밑걸림이 발생하면서 구멍찌가 스르르 잠기게 된다. 그러면 실제 수심보다 채비 길이가 더 길다는 얘기다. 이 시점에서 찌매듭을 다시 약간 내린 뒤 캐스팅해 채비가 밑걸림 없이 흘러가는 수심을 찾으면 기본적인 수심 맞춤은 끝난 셈이다.

물론 변수가 있을 수 있다. 물속 지형은 항상 평탄할 수만은 없으므로 멀리까지 흘리다보면 밑걸림이 생기는 곳이 나타날 수 있다. 따라서 채비가 그곳으로 흘러가면 밑걸림이 생긴다는 것을 예상하고 근처에 도달하면 채비를 신속히 거둬들이거나 뒷줄을 잡아(원줄을 더 이상 풀어주지 않고 잡고 있는 동작) 채비가 떠오르게 만드는 요령이 필요하다.

만약 수심에 대한 아무런 사전정보 없이 포인트에 내렸다면 기본수심인 8m부터 탐색한다. 내 채비 수심을 8m에 맞추는 요령은 낚싯대를 펼친 상태로 찌가 초리 끝에 닿았을 때 릴 바로 위 원줄에 면사매듭을 묶는 것이다. 그러면 '손잡이 부분을 뺀 낚싯대 길이 5m+목줄 길이 3m=8m'가 된다.

2단계_봉돌 테크닉

감성돔낚시용 반유동채비에서 입질을 받고 못 받는 차이를 결정짓는 중요한 요소가 목줄에 다는 좁쌀봉돌의 개수와 위치다. 봉돌을 많이 달고 바늘 가까이에 달수록 미끼는 바닥층에서 안정되고, 봉돌을 적게 달고 바늘에서 멀리 달수록 미끼는 자연스럽게 유영한다. 따라서 급류나 파도 등 바다가 거친 조건에선 미끼 안정에 주력하고, 잔잔한 상황에선 미끼의 자연스런 유영에 주력하는 봉돌 테크닉을 발휘하면 더 잦은 감성돔의 입질을 받을 수 있다. 아주 잔잔할 땐 봉돌을 아예 떼버리는 것도 효과적이다.

3단계_흘림과 견제

감성돔낚시는 일단 조류가 흐르지 않으면 입질을 보기 어렵다. 감성돔은 조류가 흐르는 곳에서 조류가 흐르는 시간에 먹이활동을 하기 때문이다. 너무 빠르지 않고 너무 느리지도 않은 조류를 찾아서 내 채비가 항상 그런 적정 조류 속에 위치하게 하는 것이 감성돔낚시의 핵심 테크닉이다. 그리고 그를 위해서 반복하는 조작이 '흘림'

소품케이스에서 좁쌀봉돌을 고르고 있다.

감성돔은 '베이스 밑밥'이 중요

감성돔낚시는 끈기와 기다림의 낚시라고 할 수 있다. 벵에돔은 물때에 맞춰 포인트로 몰려온 무리를 밑밥으로 불러 모아 띄워 낚는 반면 감성돔은 예상 포인트의 바닥에 미리 밑밥을 뿌려놓고 밑밥띠 주변으로 어군이 몰려오기를 기다리는 낚시이기 때문이다. 그래서 감성돔낚시는 제 물때가 찾아오기 전에 미리 밑밥을 충분하게 주는 것이 유리하다. 예를 들어 중들물부터 입질이 오는 포인트라면 초들물부터 꾸준하게 품질을 해두어야만 감성돔 무리가 들어왔을 때 오래 머물게 할 수 있다. 이처럼 제 입질 타이밍보다 훨씬 앞서 품질하는 밑밥을 '베이스 밑밥'이라고 한다. 특히 이른 새벽과 해질녘, 주의보 뒤끝 같은 때는 감성돔이 물때와 관계없이 포인트로 몰려오는 경우가 있는데 이럴 때 베이스 밑밥을 충분히 투입해 놓았다면 의외의 행운을 맛볼 수 있다.

새벽에 포인트에 도착했다면 최소 5분의 1 정도의 밑밥을 베이스밑밥으로 뿌려놓은 뒤 채비를 하는 것이 유리하며, 낚시 도중엔 채비를 거둬들일 때마다 서너 주걱 이상의 밑밥을 꾸준하게 품질하는 버릇을 들이는 게 좋다. 그래야만 조류에 의해 서서히 유실되는 밑밥을 계속 보충할 수 있다.

품질 지점은 조류의 세기와 방향에 따라 달라진다. 만약 조류가 멈춘 상황이라면 찌가 떠 있는 지점에 바로 품질하면 될 것이다. 그러나 조류가 빠르게 흐르는 상황이라면 입질 지점보다 훨씬 상류 쪽에 품질해야 한다. 그래야만 밑밥이 흘러내려가며 포인트에 쌓이기 때문이다. 또한 감성돔낚시용 밑밥에는 압맥이나 옥수수 같은 고비중 곡물 미끼를 섞어 쓰면 많은 도움이 된다. 밑밥 전체의 비중을 무겁게 만들어 멀리 날아가고 물에 떨어진 직후에도 빠르게 가라앉기 때문이다. 또 크릴과 집어제는 가라앉으면서 조류에 흘러가버리더라도 압맥과 옥수수는 그대로 바닥에 가라앉아 꾸준한 집어 역할을 한다. 낚은 감성돔의 배를 갈라보면 크릴과 집어제는 없고 이들 곡물류만 잔뜩 들어있는 경우를 종종 볼 수 있다. 특히 수심이 12m 이상으로 깊고 조류가 빠른 곳이라면 이런 곡물 밑밥이 매우 효과적이다.

과 '견제'다.

'흘림'이란 조류에 채비를 태워서 자연스럽게 흘려주는 것이다. 일단 조류의 중심부까지 찌를 던져서 이후 뒷줄만 풀어주면 미끼가 밑밥과 함께 흘러가면서 감성돔의 입질을 받는다. 그러나 조류를 따라 10m-20m-30m-40m…로 흘러가는 도중에도 입질 확률이 높은 구간이 있다. 가령 도중에 수중여가 있다거나 조류의 유속이나 방향이 살짝 바뀌거나 다른 조류가 만나는 조경지대가 형성되는 곳에서 감성돔이 잘 낚인다. 그렇다면 그런 구간에선 채비가 좀 더 오래 머물러줘야 입질 확률이 높아질 것이다. 그를 위해 입질예상지점에선 뒷줄을 잡아서 찌를 더 이상 못 흘러가게 수 초 혹은 10초 이상 붙잡아주는데 그런 조작을 '견제'라고 한다. 그런데 견제가 심해지면 채비가 속 조류에 밀려 떠버리거나 찌가 조류에서 끌려나와 버릴 수도 있다. 따라서 자연스런 흘림 속에 적절한 견제조작을 가할 때 최고의 입질 확률을 높일 수 있다.

4단계_원투 후 바닥 긁기

한편 갯바위낚시를 하다 보면 조류가 약한 곳에 내릴 때도 있고 또 저수온기엔 조류가 원활한 곳보다 미약한 만입부에서 더 많은 감성돔이 낚이기도 한다. 그런데 조류가 없으므로 흘림과 견제에 의한 조작은 불가능하다. 그렇다고 찌를 한 곳에 둥둥 띄워놓고 밑밥만 계속 뿌려준다면 잡어만 달려들고 감성돔을 낚기는 어렵다.

이때 사용하는 낚시기법이 '원투 후 감아 들이며 바닥을 더듬는' 것이다. 내가 노리고자 하는 지점이 전방 25m 거리의 수중여 사이라면 일단 밑밥은 25m 거리에 던져놓고 찌는 그보다 훨씬 멀리 35~40m 원투한다. 그리고 채비가 완전히 내려가 정렬된 상황에서 천천히 뒷줄을 감아 들이면 35m-30m-25m…로 접근하면서 밑밥이 바닥에 쌓인 예상 포인트 위를 크릴 미

감성돔용 밑밥. 침강속도를 빠르게 하기 위해 옥수수, 보리 같은 곡물을 섞는다.

밑밥이 수면에 떨어진 직후 확산되고 있는 모습.

하루낚시용 밑밥 양은?

보통 하루낚시라고 하면 아침부터 철수 시점인 오후 2시까지, 7~8시간 가량을 말한다. 그동안 쓰기에 적합한 밑밥의 양은 대략 1.5kg짜리 크릴 5장에 집어제 2봉, 압맥 1봉이 다. 그러나 조류 흐름이 빠른 본류대에 내렸다면 밑밥 유실분이 많아 평소보다 많은 양이 필요하다. 또 잡어가 많은 상황에서는 잡어 분리용 밑밥도 많이 든다. 그때는 두 배 더 많은 밑밥이 필요할 수도 있다.

반대로 동해안처럼 오후 3~4시에 출조해 해질녘에 철수하는 경우는 낚시 시간이 두세 시간으로 짧으므로 크릴 3장만 있어도 충분히 낚시를 즐길 수 있다.

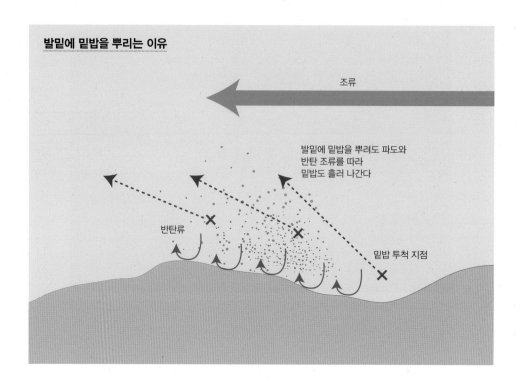

발밑에 밑밥을 뿌리는 이유

조류

발밑에 밑밥을 뿌려도 파도와
반탄 조류를 따라
밑밥도 흘러 나간다

반탄류

밑밥 투척 지점

끼가 서서히 '인위적으로' 이동할 것이다. 또 뒷줄을 감아 들이는 과정에서 채비가 팽팽하게 긴장되어 견제조작의 입질유도 기능도 발휘되며 미약한 입질에도 찌가 선명하게 빨려든다. 이때 찌밑수심은 25m 거리에 맞춰 놓기 때문에 20m 이상 앞으로 끌어들이면 밑걸림이 발생한다. 즉 예상 포인트를 지나면 다시 회수하여 원투 후 감아 들이는 조작을 반복한다.

감성돔의 입질 형태로 본 활성도 파악
① 찌가 순식간에 사라진다
감성돔의 활성이 매우 좋거나 미끼가 바닥에서 높이 떠 있었을 경우에 이런 입질이 잦다. 특히 여러 마리의 감성돔 간에 미끼 쟁탈전이 벌어졌을 경우엔 서로 먼저 미끼를 먹으려는 욕심 때문에 이런 시원한 입질이 나타날 수 있다. 조류가 빠른 본류대낚시에서도 이런 형태의 입질이 자주 나타난다.
② 찌가 멈칫하고 쑤욱 잠기는 경우
감성돔 입질의 대표적 유형이다. 대체로 찌밑수심이 적당하게 맞아 떨어졌을 때 이런 형태의 입질이 많이 나타난다. 제일 처음 찌가 멈칫한 경우는 감성돔이 미끼를 최초로 문 상태로 볼 수 있으며 그 다음 쑤욱- 하고 사라지는 것은 미끼를 물고 어디론가 이동하는 과정으로 볼 수 있다. 이 경우에는 찌가 완전히 시야에서 사라지는 두 번째 동작에 챔질하는 게 확실한 걸림을 유도할 수 있다.
③ 찌가 스멀스멀 사라지는 경우

감성돔을 뜰채에 담고 있는 낚시인.

중대형급 감성돔이 입질할 때 주로 나타난다. 잔챙이들은 미끼를 문 뒤 급격하게 이동하는 반면 중대형급 감성돔은 느리고 여유 있게 이동하기 때문이다.

감성돔 끌어내기

감성돔이 걸려들면 침착하게 대를 세우고 버티기에 들어간다. 감성돔은 챔질 초기에 가장 강력한 힘을 쓰면서 도주하므로 너무 급하게 끌어내기를 시도하면 줄이 끊어질 수 있다. 낚싯대를 최대한 90도로 세워 낚싯대의 탄력으로 감성돔의 저항에 맞서다 보면 계속 차고 나가던 감성돔의 질주가 멈추는 시점을 만난다. 이때부터 본격적인 파이팅에 들어갈 단계다. 요령은 낚싯대를 뒤로 주욱 재끼며 감성돔을 당겨낸 뒤 낚싯대를 앞으로 숙이면서 릴을 감는다. 그리곤 같은 방법으로 또 낚싯대를 뒤로 젖히며 감성돔을 당긴다. 이 과정 중에 감성돔이 다시 차고 나가면 맞당기지 말고 드랙이 풀려나가도록 내버려둔다.

감성돔을 수면 가까이 끌고 왔을 때도 성급히 올리지 말고 감성돔의 힘이 빠져 수면에 완전히 드러누울 때까지 뜰채를 대지 말고 기다려야 한다. 감성돔이 여전히 물속에서 저항하고 있는 상황에서는 뜰채를 보고 놀라 더욱 줄행랑을 치기 때문이다. 감성돔의 얼굴이 완전하게 수면 위로 노출된 상태에서, 몸부림이 잠시 멈춘 순간에 재빨리 뜰채를 내려 감성돔을 망에 담는 것이다.

뜰채를 올릴 때는 릴의 베일을 젖혀 팽팽했던 원줄을 약간 풀어준 뒤 낚싯대를 가랑이 사이에 끼운 뒤 뜰채를 들어 올리지 말고 차곡차곡 접어 들인다.

갑오징어 에깅

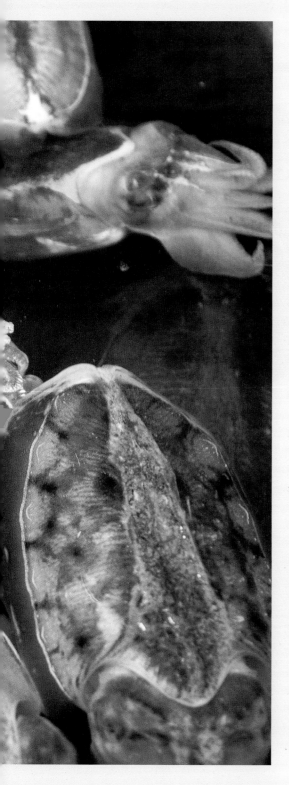

갑오징어(표준명은 참갑오징어)는 서해와 남해에 에깅 열풍을 몰고 온 주역이다. 에깅이 국내에 도입된 직후 많은 낚시인들이 무늬오징어를 노렸으나 테크닉이 미흡했던 까닭에 무늬오징어는 거의 낚지 못하고 갑오징어를 낚게 된 것이 시초가 되었다. 이곳저곳에서 갑오징어가 낚이면서 서해와 남해에는 전역에 걸쳐 풍부한 갑오징어 자원이 확인됐다. 특히 서해에서는 갑오징어 배낚시 열풍이 불어 많은 사람들이 낚시에 입문하는 계기가 되었다. 갑오징어 배낚시는 낚시인의 테크닉 차이에 따라 조과 차도 크게 벌어진다. 주꾸미와 문어는 낚시 방법이 단순하고 쉬워 누구나 쉽게 즐길 수 있지만 갑오징어는 일단 루어를 많이 가리고 입질도 예민한 편이이어서 잦은 출조로 감각을 익혀둘 필요가 있다.

시즌과 낚시터

갑오징어는 서해와 남해 전역에서 낚인다. 서해는 4월부터 본격적인 시즌을 맞이하며 11월 말까지 계속되는데 일부 지역에서는 12월에도 큰 씨알의 갑오징어를 낚을 수 있다. 산란을 하는 4~5월에 큰 씨알이 낚이고 시즌이 끝나는 무렵인 11~12월에도 씨알이 크게 낚인다.

남해는 2월을 제외하고 거의 연중 갑오징어 에깅을 할 수 있다. 배낚시는 3월부터 시작해서 이듬해 1월까지 시즌이 이어지며 연안에서도 비슷한 시즌을 유지한다. 남해안의 먼 바다 섬으로 출조하면 1월에도 연안에서 갑오징어를 낚을 수 있으며, 서해와 마찬가지로 봄과 겨울에 큰 씨알이 낚인다. 수온이 올라가는 8월 전후에는 연안에서 낚시가 잘 되지 않고 작은 씨알이 낚이기 때문에 배낚시 출조를 하는 경우가 많다.

동해에서는 포항, 경주 일대 중 바닥이 모래와 암초로 이뤄진 구간에서 갑오징어를 만날 수 있다. 낚이는 양이 적어 배낚시 출조는 잘 하지 않고 연안에서 알음알음 포인트를 찾아서 낚는 경우가 많

배낚시용 갑오징어 루어낚싯대

연안낚시용 갑오징어 루어낚싯대

연안낚시용 스피닝릴

배낚시용 베이트릴

다. 대표적인 포인트로 포항의 양포방파제가 있다.

장비

연안낚시

예전에는 일반 에깅 스피닝낚싯대를 즐겨 사용했으나 최근에는 볼락루어대보다 조금 강하고 에깅대보단 약한 타입을 사용하고 있다. 에깅낚싯대의 경우 라이트(L) 파워를 즐겨 사용하는데 초리의 감도를 매우 중요하게 생각한다. 초리의 감도가 높으면 액션 중에 갑오징어의 입질을 느낄 수 있기 때문이다. 갑오징어는 무늬오징어보다 씨알이 크지 않기 때문에 낚싯대 허리힘은 에깅대 정도면 충분하며, 연안에서 그대로 들어올

리기 힘든 큰 씨알이 낚였을 경우에는 뜰채를 사용하는 것이 좋다.

릴은 2500~3000번 스피닝릴을 쓰며 원줄 0.8호가 150m 이상 감기면 어떤 것이라도 쓸 수 있다.

배낚시

배낚시용 갑오징어용 낚싯대는 베이트릴 장비를 주로 사용한다. 연안에서 사용하는 낚싯대보다 훨씬 감도가 높은 초리를 사용하는 것이 특징이며 낚싯대의 길이도 배에서 사용하기 편하도록 2.5m 내외로 짧게 설계한 경우가 많다. 배에서는 다소 무거운 봉돌 채비를 쓰기 때문에 낚싯대의 허리는 튼튼하지만 초리는 갑오징어의 재빠른 입질을 포착할 수 있도록 부드러운 것을 사용한다.

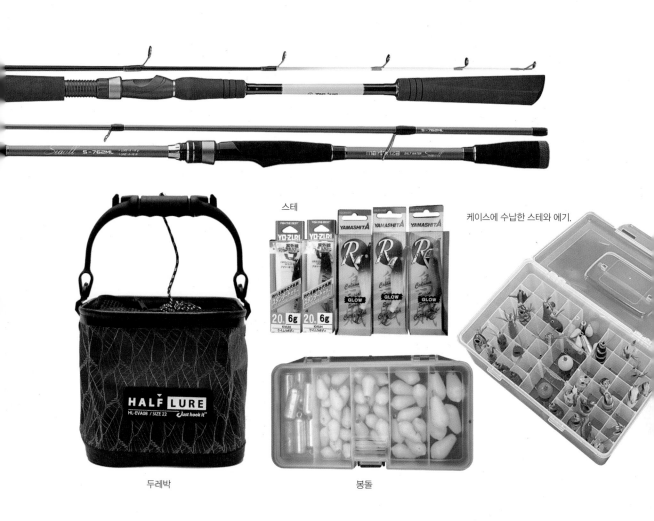

두레박

스테

케이스에 수납한 스테와 에기.

봉돌

릴은 주로 사용하는 베이트낚싯대에 맞춰 베이트릴을 쓴다. 0.8호~1호 원줄을 150m 이상 감을 수 있는 것이라면 어떤 것을 써도 좋다. 릴은 단순히 줄을 감았다 풀어주는 용도로 쓰기 때문에 캐스팅 능력이 떨어져도 상관없으며 염수에 부식이 되지 않는 바다 전용 릴을 쓰는 것이 좋다.

채비

연안낚시

원줄은 PE라인 0.8호 이상을 사용하고 쇼크리더는 2호 내외면 무난하다. 에기는 갑오징어용 에기로 출시된 스테 중 물속에서 놓아두면 머리와 꼬리 쪽 모두 수평 상태로 떠 있는 수평에기가 필수다. 3호 내외의 작은

봉돌에 에기를 달아 다운샷채비 형태로 사용한다. 예전에는 에기를 두세 개씩 달아주기도 했지만 연안에서는 밑걸림이 심하기 때문에 간결하게 하나만 달아서 사용하는 경우가 많다. 채비 자체가 매우 간단하기 때문에 현장에서도 최대한 간결하게 만들어주는 것이 좋다.

배낚시

원줄은 PE라인 0.8호~1호를 사용한다. 고수들은 0.6호나 0.4호를 사용하기도 한다. 합사가 가늘수록 조류의 영향을 덜 받고 감도가 높아서 입질을 파악하기 쉽기 때문이다. 하지만 0.4호 내외의 PE라인은 장애물에 걸리면 쉽게 끊어지기 때문에 갑오징어 배낚시에 미숙한 초보에게는 권장하지 않는다.

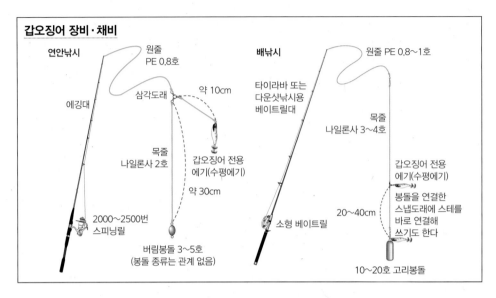

갑오징어 장비·채비

연안낚시
에깅대
원줄 PE 0.8호
삼각도래
약 10cm
목줄 나일론사 2호
갑오징어 전용 에기(수평에기)
약 30cm
2000~2500번 스피닝릴
버림봉돌 3~5호 (봉돌 종류는 관계 없음)

배낚시
원줄 PE 0.8~1호
타이라바 또는 다운샷낚시용 베이트릴대
목줄 나일론사 3~4호
갑오징어 전용 에기(수평에기)
봉돌을 연결한 스냅도래에 스테를 바로 연결해 쓰기도 한다
20~40cm
소형 베이트릴
10~20호 고리봉돌

봉돌은 20호 전후를 쓰며 조류가 약할 때는 10~14호를 사용한다. 연안낚시와 마찬가지로 수평에기를 즐겨 쓰는데, 밑걸림이 적은 곳에서는 수평에기를 2~3개씩 달아주기도 한다. 특히 서해처럼 물색이 탁한 곳이라면 에기를 여러 개 달고 반짝이 등을 달아주기도 한다. 갑오징어용 채비는 기성품이 많이 출시 중이다. 맨 아래에는 봉돌을 달고 기둥줄 중간에 에기를 달면 된다. 에기를 다는 높이, 목줄의 길이 등에 따라서도 조과 차가 나므로 옆 사람 또는 같은 배에 탄 사람의 채비를 유심히 살펴볼 필요가 있다.

미끼

배낚시와 연안낚시에 사용하는 갑오징어 루어는 모두 수평에기로 동일하다. 예전에는 가격이 저렴한 일명 '왕눈이 에기'를 즐겨 쓰기도 했지만 최근에는 밑걸림이 덜하고 입질 유도 능력이 더욱 뛰어난 수평에기를 사용한다. 왕눈이 에기는 500원, 수평에기는 1만원 정도로 가격 차이가 상당히 나지만 조과 차이가 분명하기 때문에 고급 에

기를 즐겨 사용하는 편이다.

낚시방법

연안낚시

연안에서는 에기를 멀리 캐스팅한 후 바닥을 끌어준다는 느낌으로 낚시한다. 별다른 테크닉이 없기 때문에 캐스팅만 할 수 있으면 누구나 쉽게 갑오징어를 낚을 수 있다. 낚시방법은 다음과 같다.

에기를 멀리 캐스팅한 후 에기를 바닥으로 가라앉히고 아주 천천히 끌어준다. 조류의 흐름으로 인해 수평에기가 움직이기 때문에 과도한 액션을 줄 필요는 없다. 낚싯대를 살짝 한두 번 흔들어주는 액션이면 충분하다. 중요한 테크닉은 에기를 살살 끌어주다가 갑오징어가 입질할 수 있도록 액션을 잠시 멈춰주는 것이다. 릴을 한 바퀴 감으면 10초 정도 쉬었다가 다시 릴을 한두 바퀴 감는 식으로 액션을 주면 된다.

입질이 오면 초리가 움직이거나 묵직한 무게감이 느껴진다. 이때 살짝 챔질한 후 갑오징어가 바늘에서 빠지지 않도록 일정한 속

소형 에기에 걸려나온 갑오징어.

도로 릴을 감아준다. 마지막에 랜딩을 할 때는 과감하게 들어뽕을 하거나 뜰채를 이용해서 갑오징어를 담으면 된다.

배낚시

기본 액션은 채비 투척 후 에기를 바닥에 가라앉힌 뒤, 리트리브를 3회 정도 한 다음 1분간 기다리는 것이다. 입질이 없으면 초릿대 끝을 3번 정도 짧게 흔들어준다. 초리의 감도가 높은 낚싯대를 사용하면 갑오징어가 초리를 당기는 것이 느껴지고 낚싯대를 살짝 들었을 때 묵직한 느낌을 받을 수 있다. 참고로 조류가 없을 때는 멀리 캐스팅한 다음 바닥을 찍고 느린 움직임으로 발 앞에까지 채비를 끌고 오는 동작을 반복해준다.

조류가 약한 곳에서 낚시를 할 땐 봉돌과 에기 사이의 단차가 중요하다. 이른 시즌에는 갑오징어의 활성이 약한 날이 많아서 단차를 짧게 주어야 한다. 8~10cm 정도면 적당하다. 갑오징어는 한쪽 다리로는 지형지물을

오르고 나머지 촉수로 에기를 감싸 안기 때문에 단차가 크면 올라타기 힘들다. 조류가 약할 때는 단차를 20~30cm로 줘도 된다.

에기의 색상은 낚시하는 당일 물색을 보고 정한다. 물색이 탁한 날에는 흰색이나 노란색 계열의 밝은 컬러가 잘 먹히고, 맑은 날에는 청색, 하늘색, 붉은색, 군청색, 국방색 계통의 컬러가 효과적이다.

갑오징어는 유독 먹물을 많이 쏜다. 그래서 초보 시절에는 갑오징어 먹물을 맞는 일이 많다. 일단 갑오징어가 낚이면 배 위로 올리기 전에 살짝 들어주어 스스로 먹물을 쏘게 만든다. 그러나 먹물을 쏘지 않을 경우에는 손으로 등쪽을 살짝 쥐고 먹물 분사관이 앞쪽을 향하게 만든다. 배 쪽을 잡거나 분사관을 낚시인 쪽으로 향하게 잡으면 그 방향으로 먹물을 분사한다. 갑오징어가 정확히 낚시인에게 먹물을 쏘는 것은 우연이 아니다. 발달한 시력으로 상대를 인식하고 정확하게 공격한다고 할 수 있다.

고등어낚시

낚시어종 중 고등어만큼 저평가된 물고기도 드물 것이다. 감성돔, 벵에돔 등 '돔낚시'를 하는 낚시인들은 고등어가 낚이면 귀찮은 고기가 낚였다며 잡어 취급을 하곤 한다. 고등어는 낚으면 금세 죽고 죽으면 비린내가 나기 때문에 집으로 가져가기 꺼려하는 낚시인들도 있다.

다행인 것은 이 고등어에 대한 평가가 점차 나은 쪽으로 바뀌고 있다는 사실이다. 겨울에 방파제에 붙는 고등어 씨알은 커지고 있으며 한 번 붙으면 누구나 쉽게 많이 낚을 수 있기 때문에 인기어종으로 가치가 올라가고 있다. 특히 릴찌낚시로 큰 씨알의 고등어를 걸면 작은 부시리 못지않은 손맛을 전해준다.

배낚시에선 마릿수 조과도 쉽게 거둘 수 있어서 누구나 즐길 수 있는 낚시 대상어로 자리를 잡고 있다.

시즌과 낚시터

고등어는 신출귀몰한 존재다. 큰 어군을 지어 다니기 때문에 떼로 나타났다가 흔적도 없이

사라지는 일이 빈번하다. 시즌도 잘 알려진 것이 없다. 많은 낚시인들이 고등어 시즌을 여름이라고 알고 있는 경우가 많은데, 여름에는 15cm 내외의 잔챙이가 많고 심지어는 손가락만 한 씨알도 많이 잡히며 큰 것이 없다.

진짜 시즌은 늦가을부터 초겨울까지다. 1월이 되면 부산, 제주도, 동해 등지로 30cm 내외의 고등어가 연안으로 붙기 시작하는데 최근에는 그 씨알이 40cm에 육박하기도 한다. 흔히 '슈퍼고등어'라고 부르는 특대 씨알의 고등어가 붙는 시기가 늦가을부터 초겨울까지인 것이다. 참고로 시장에서 1년 내내 볼 수 있는 고등어는 냉동된 것을 해동해서 팔거나, 근해가 아닌 외해에서 그물로 잡아온 것들이 대부분이다.

연안낚시나 배낚시 모두 시즌은 같다. 고등어의 양이 적은 서해에서는 여름에 20cm 내외의 고등어를 잡는 경우가 많고 겨울에는 고등어가 낚이지 않는다. 반면 부산, 동해남부, 제주권에서는 여름에는 잔챙이만 낚이다가 늦가을부터 초겨울에 본격 시즌을 맞이하며 연안낚시와 배낚시가 모두 성행한다.

포인트는 다양하게 형성된다. 서해는 대형 방조제 주변이 포인트다. 따로 배낚시를 하는 경우는 드물다. 작은 고등어가 서해로 들어올 시기에는 광어, 주꾸미, 갑오징어, 문어가 한창 시즌을 맞기에 작은 고등어를 낚기 위해 배낚시 출조를 하는 낚시인들이 없기 때문이다.

남해 역시 연안낚시는 주로 대형 방파제 주변으로 붙는 녀석들을 노린다. 갯바위도 좋지만 고등어를 낚기 위해 새벽에 갯바위까지 나가는 일은 잘 하지 않으므로 가까운 대형 방파제가 포인트가 된다.

부산의 오륙도방파제, 동방파제, 포항의 영일만항북방파제 등이 겨울에 고등어가 잘 붙는 대표적인 방파제다. 동해남부와 남해동부에서는 근해 배낚시도 활발히 이뤄진다.

3~4호 나일론 라인을 감기 좋은 중형 스피닝릴.

고등어를 한 번에 여러 마리 낚을 수 있는 카드채비.

장비와 채비

연안낚시

연안에서 고등어를 쉽게 낚을 수 있는 가장 좋은 낚시방법은 릴찌낚시다. 감성돔낚시 장비와 채비를 그대로 쓰면 된다. 큰 고등어는 감성돔과 마찬가지로 대부분 바닥에 붙어 있는데, 릴찌낚시는 바닥 근처를 꾸준히 노리기 좋기 때문에 고등어낚시에도 효과적으로 사용할 수 있다. 낚시하는 방법도 다

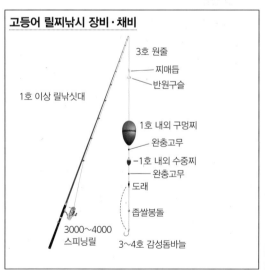

고등어 릴찌낚시 장비 · 채비

3호 원줄
찌매듭
반원구슬
1호 이상 릴낚싯대
1호 내외 구멍찌
완충고무
1호 내외 수중찌
완충고무
도래
좁쌀봉돌
3000~4000 스피닝릴
3~4호 감성돔바늘

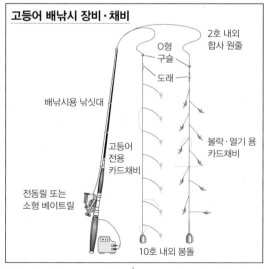

고등어 배낚시 장비 · 채비

2호 내외 합사 원줄
O형 구슬
도래
배낚시용 낚싯대
고등어 전용 카드채비
볼락 · 열기 용 카드채비
전동릴 또는 소형 베이트릴
10호 내외 봉돌

편대채비에 카고를 달아 밑밥용 크릴을 넣었다. 물속에 들어가면 카고에 있는 크릴이 퍼지며 고등어를 유인한다.

고등어용 밑밥은 크릴만 사용한다.

르지 않다. 감성돔을 노릴 때와 같이 바닥을 집중적으로 노리면 된다. 구멍찌는 1호 내외를 쓰며 목줄은 2m 내외로 짧게 묶고 바늘은 볼락바늘 10호나 감성돔바늘 3호가 적당하다.

고등어는 주둥이가 약하기 때문에 너무 크고 강한 바늘을 사용하면 올리다가 주둥이가 찢어져서 떨어트리는 것이 많으므로 다소 물렁한 바늘이 좋다. 그리고 챔질할 때 너무 강하게 해도 주둥이가 찢어지기 때문에 가볍게 해주는 것이 요령이다.

배낚시

배낚시는 연안낚시와는 달리 한 번에 많은 양을 낚기 위해 릴찌낚싯대에 카드채비나 카고(떡밥망)를 달아서 사용한다. 릴찌낚싯대는 2~3호로 더 강한 것을 사용한다. 바다좌대나 소형 낚싯배를 타고 고등어를 낚는다면 4m 내외의 짧은 릴찌낚싯대를 사용하기도 한다.

원줄은 3호 내외로 조금 굵게 쓰는 것이 좋으며 찌를 달지 않고 맥낚시 스타일로 원줄에 카드채비나 카고를 바로 묶어서 낚시하는 것이 일반적이다. 고등어는 때로 몰려들면 마구잡이로 입질을 한다. 채비보다는 밑밥이 중요한 낚시이기 때문에 장비와 채비를 조금 어설프게 준비해도 상관이 없다.

루어로 고등어를 낚는 낚시인들도 많다. 메탈지그와 스푼이 의외로 잘 먹히는데 루어대에 메탈지그를 달아주고 중층에서 액션을 주는 식으로 낚시한다. 하지만 주변에서 밑밥을 뿌려 고등어를 유인한다면 루어는 무용지물이 된다.

미끼

고등어는 미끼 활용에 있어 다른 물고기와 다른 점이 하나 있다. 지렁이를 잘 먹지 않는다는 사실이다. 오로지 크릴만 먹는다고 해도 과언이 아닐 정도로 크릴에 반응이 빠르다. 밑밥과 미끼 모두 크릴만 사용하는 것이 일반적이다. 밑밥을 준비할 때도 집어제가 별 효과가 없기 때문에 크릴만 사용하는 경우가 많다. 집어제는 크릴을 뭉쳐서 멀리 던져야 할 경우에만 사용한다.

낚시방법

연안낚시

방파제에서는 감성돔낚시와 마찬가지로 채

고등어를 낚기 위해 방파제에 길게 늘어선 낚시인들. 사진은 포항 영일만항북방파제의 늦가을 풍경.

메탈지그에 걸려 나온 고등어.

비를 흘리며 낚시를 하면 된다. 하지만 고등어가 잘 붙는 발판 높은 뜬방파제의 경우 채비를 흘리기보다는 릴대에 카드채비나 카고채비를 연결해서 사용하는 것이 고등어의 입질을 받는 데 더 효과적이다. 그 이유는 여러 개의 바늘을 사용하기 때문에 고등어가 있는 수심층을 빨리 파악할 수 있고 20cm 내외의 고등어는 바늘 하나로 일일이 잡아내는 것보다 카드채비로 한 번에 여러 마리를 올리는 것이 조과를 빠르게 거두는 비결이기 때문이다.

한편, 카고는 카고에 담긴 크릴이 꾸준히 수중으로 빠져나가서 고등어를 빨리 유인할 수 있기 때문에 조과가 떨어질 때 사용하면 좋다.

뜬방파제에서 낚시할 때는 채비를 먼저 내린 후 그 자리에 밑밥을 조금 뿌린다. 밑밥을 뿌리고 채비를 내리면 채비가 내려가는 도중에 집어된 고등어에게 미끼를 빼앗기기 때문이다. 이 순서를 헷갈리면 안 된다.

밑밥에 고등어가 집어되면 곧바로 낚싯대를 통해 어신이 전달되는데 챔질을 한다는 생각으로 릴을 한 바퀴 감아주고 잠시 기다리면 나머지 바늘에도 고등어가 걸린다. 이런 방식으로 한 번에 서너 마리의 고등어를 올리면 금방 아이스박스를 채울 수 있다.

감성돔용 릴찌낚시 채비를 그대로 사용한다면 채비를 내린 후 밑밥을 뿌려주고 감성돔낚시와 마찬가지로 바닥에서 입질이 들어오기를

기다린다. 릴찌낚시는 마릿수 조과가 떨어지지만 바닥층에 있는 큰 씨알의 고등어를 낚을 수 있는 것이 장점이다.

배낚시

고등어 배낚시는 밑밥 관리가 가장 중요하다. 그 이유는 고등어가 밑밥에 아주 빠르게 반응을 보이기 때문이다. 우선 배낚시를 시작하기 전에 밑밥을 만든다. 보통 크릴 3장에 건식 집어제를 섞어 밑밥의 확산성을 좋게 만들어 고등어가 상층으로 피어오르게 한다. 가끔 고등어 밑밥에 빵가루나 곡물을 섞는 낚시인들이 있는데 고등어를 노릴 때는 식물성 빵가루가 효과가 없기 때문에 사용하지 말아야 한다. 그리고 곡물은 바닥으로 빨리 가라앉는데 고등어가 호기심을 가지고 곡물을 따라서 바닥으로 내려가면 입

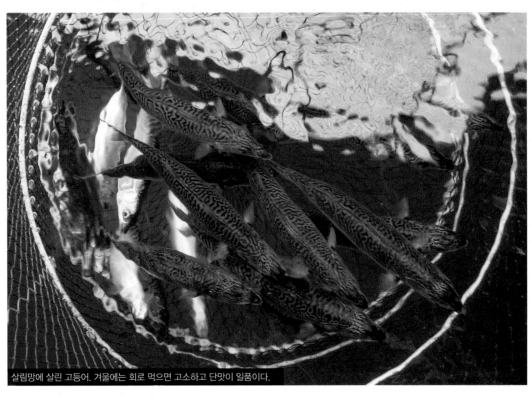

살림망에 살린 고등어. 겨울에는 회로 먹으면 고소하고 단맛이 일품이다.

질을 받기 어려워진다. 집어제를 사용할 경우 어분향이 강한 집어제를 사용하는 것이 효과적이다. 고등어가 빨리 모이고 일단 모이면 잘 흩어지지도 않는다.

밑밥을 뿌릴 때 주의할 것이 있다. 고등어를 빨리 모을 생각으로 밑밥을 너무 많이 뿌리면 안 된다는 것이다. 이 경우 고등어의 활성도가 너무 올라가서 오히려 고기를 낚기가 어려워진다. 고등어가 경계심을 가지고 수면에 보일 듯 말 듯 떠오를 정도만 뿌려야 효과가 있다. 만약 고등어가 잉어 떼처럼 수면에 물을 튀길 정도로 떠올라 모여 있다면 채비가 내려가기도 전에 미끼를 따먹히기 때문에 입질을 파악하기 어렵다.

밑밥을 뿌렸으면 고등어는 이미 낚은 것이나 다름없다. 밑밥에 고등어가 몰려들면 이때는 미끼를 따로 달지 않고 빈바늘의 카드채비만 넣어도 입질을 받을 수 있기 때문이다. 물론 바늘에 크릴을 달아주면 더 빨리 입질을 받을 수 있다. 하지만 여러 개의 바늘에 일일이 크릴을 꿰는 것은 귀찮은 일이다. 카드채비에 달린 어피만으로 고등어를 충분히 유혹할 수 있다. 1천원짜리 값싼 카드채비는 비닐로 어피를 만들어서 효과가 조금 떨어질 수 있다. 4~5천원짜리 고급 카드채비를 쓰면 천연어피가 달려 있어 미끼를 꿴 것과 같은 효과를 거둘 수 있다.

고등어는 가만히 있는 먹잇감에겐 흥미를 잘 보이지 않기 때문에 낚싯대를 움직여 채비를 위아래로 조금씩 움직여주는 것이 좋다. 미끼를 꿰지 않은 상태에서 카드채비를 쓴다면 낚싯대를 털어주듯 액션을 주어 고등어의 입질을 유도한다.

밑밥을 뿌려도 고등어가 모이지 않는다면 고등어가 아직 붙지 않는 상태이므로 포인트를 옮기거나 고등어가 몰릴 때까지 기다려야 한다. 주로 오후 4시가 지나면 고등어

카드채비에 걸려든 고등어.

가 떼로 출현하는 시간대가 된다. 고등어는 해가 진 직후까지는 잘 낚이지만 완전히 해가 진 후엔 거짓말처럼 사라지곤 한다.

요리

고등어는 지방이 오르는 겨울이 가장 맛있다. 구이가 일반적인 고등어 요리이지만 겨울엔 회로 먹어도 좋다. 여름이나 가을에는 고등어 회를 먹고 가끔 배탈이 나기도 하지만 겨울에는 먹어도 문제가 없다. 단, 고등어 알레르기가 있는 사람은 피해야 한다. 만약 회를 먹은 후 알레르기 반응이 나타나면 빨리 항히스타민제를 복용해야 한다.

금방 낚은 고등어는 회를 쳐서 김, 파, 묵은지와 함께 먹으면 별미다. 제주에서는 간장에 절인 양파, 부추 등과 곁들여 먹기도 한다. 밥을 얹어 먹으면 신선한 고등어 초밥을 즉석에서 맛볼 수 있다.

김밥 위에 올려 고추냉이를 곁들인 고등어 회.

겨울에 기름이 올라 고소한 맛을 내는 고등어 회.

광어낚시

광어(표준명은 넙치)는 서해 바다 루어낚시 보급의 주역이다. 초창기엔 서해안 루어낚시의 주 어종이 우럭이었으나 2000년대 중반부터 광어가 우럭보다 훨씬 많이 낚이면서 한때 순위가 뒤바뀌기도 했다. 동해와 남해는 광어 자원이 많지 않은 반면 서해에는 광어가 집중적으로 서식하고 있어, 서해에서 가까운 수도권 바다루어낚시인의 주 대상어가 되고 있다. 광어는 루어낚시 장비가 간단하고 테크닉이 어렵지 않아 초보자도 쉽게 낚을 수 있다. 또한 갯바위낚시, 방파제낚시, 배낚시 등으로 다양하게 낚시를 즐길 수 있다.

시즌과 낚시터

서해의 경우 광어 루어낚시 본격 시즌은 5월 중순~10월 중순이다. 먼 바다인 격포 왕등도, 보령 외연도, 태안 격렬비열도 등에서는 11월 중순까지도 낚시가 가능하다. 광어의 산란기는 수온이 11~17도를 형성하는 2~6월 사이로 길다. 뻘과 모래가 섞인 바닥부터 암초대까지 서식범위도 광범위하다.

낚시터는 서해의 방파제나 갯바위 중 모래, 자갈과 수중여가 있는 곳이라면 어디서나 광어를 만날 수 있다. 흔히 광어는 모래밭에 사는 걸로 알려져 있는데 실제로는 모래와 암반이 뒤섞인 지형에 더 많이 서식한다. 오염이 심한 내만보다 중거리 섬의 방파제나 갯바위라면 광어를 만날 확률은 더욱 높아진다. 서해의 연안은 모래보다 뻘층이 많아 광어 서식 여건은 그다지 좋지 않은 편이어서 주로 먼 바다에서 광어낚시가 활발하게 이루어진다.

격포_내만 섬들, 위도, 왕등도
군산_연도, 고군산군도, 십이동파도, 흑도, 직도, 어청도
보령_장고도, 삽시도 등 내만과 녹도, 외연도
태안_가의도, 석도, 격렬비열도
인천_영흥도 앞바다

갯바위 상륙이 금지된 태안과 인천 앞바다는 주로 배를 타고 즐기는 선상 루어낚시가 보편화해 있으며 다운샷채비를 많이 쓴다. 광어루어 배낚시 출항지로는 군산의 비응도와 야미도, 보령 오천항과 천북면 회변항, 안면도 영목항, 영흥도 진두마을 선착장 등이 대표적이다.

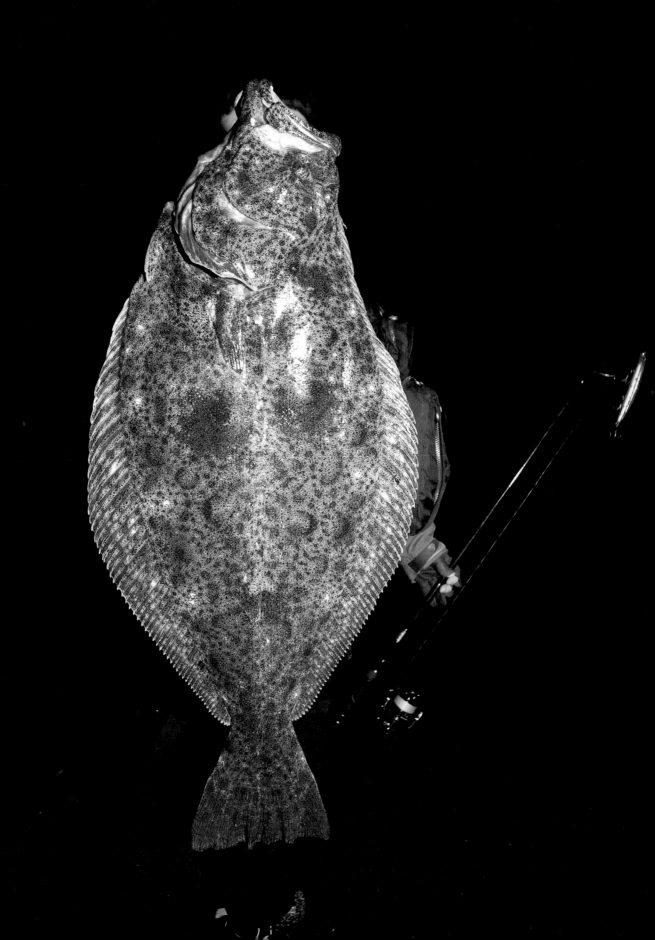

갯바위에서 루어낚시에 낚인 광어.

장비

연안낚시

베이트릴보다 캐스팅이 쉽고 비거리가 긴 스

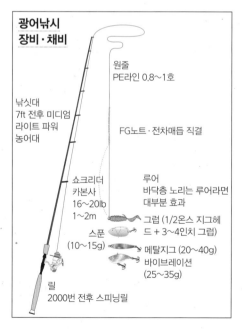

광어낚시 장비·채비

원줄
PE라인 0.8~1호

낚싯대
7ft 전후 미디엄
라이트 파워
농어대

FG노트·전차매듭 직결

쇼크리더
카본사
16~20lb
1~2m

루어
바닥층 노리는 루어라면
대부분 효과

그럽 (1/2온스 지그헤
드 + 3~4인치 그럽)

스푼
(10~15g)

메탈지그 (20~40g)

바이브레이션
(25~35g)

릴
2000번 전후 스피닝릴

피닝릴 장비를 쓴다. 스피닝릴 2500~3000
번이 적합하다. 낚싯대는 6~8ft 라이트~미
디엄라이트 파워면 충분하다. 광어는 발밑
까지 끌려와도 바늘털이가 심한 어종이므로
너무 뻣뻣한 대는 피하는 게 좋다. 바늘털
이 때 낚싯대가 부드럽게 휘어져야만 바늘
이 빠질 위험이 낮기 때문이다. 연안낚시는
수중여나 테트라포드에 루어가 걸리기 쉽
고 큰 고기를 걸었을 때 낚싯줄이 수중여에
쓸려버릴 위험이 있으므로 7~8ft의 긴 대가
유리하다.

배낚시

6~7ft, 2m 전후 길이의 선상낚시용 베이트
낚싯대를 쓴다. 채비를 내리고 올리는 배낚
시 특성상 스피닝릴보다 베이트릴이 더 편
리하다. 광어 배낚시는 10~20m 수심에서
낚시하고 20~40호, 75~150g 무게의 봉돌
을 다룬다. 이 정도를 충족시키는 선상낚싯
대라면 아무 것이나 상관없다고 할 수 있다.

다만 초리 쪽이 잘 휘어지고 허리힘은 강한 휨새여야 입질을 파악하고 광어를 끌어내는 데 무리가 없다.

베이트릴은 염분에 강한 바다용을 산다. 민물용 베이트릴을 사용하면 염분에 부식될 위험이 있다. 고급 사양의 바다용 베이트릴은 민물용보다 대구경 기어를 사용해 고기를 끌어내는 힘도 훨씬 강하다.

채비

연안낚시

원줄은 0.8~1호 PE라인을 쓴다. 캐스팅 거리가 길고 굵기 대비 강도가 높은 PE라인을 많이 쓰는 추세다. PE라인은 캐스팅할 때 충격을 줄여주고 여 쓸림을 막아주는 용도의 목줄인 쇼크리더를 연결한 후 루어를 묶어야 한다. 쇼크리더는 PE라인 원줄보다 한두 단계 높은 강도의 카본사를 연결해 쓴다. 가장 많이 쓰이는 채비는 지그헤드리그로 그 외 다운샷리그, 바이브레이션 등이 쓰인다. 지그헤드는 1/4온스~1/2온스를 많이 쓴다. 수심 5m 이내에서는 1/4온스, 7~8m 수심이라면 5/8온스, 수심이 10m라면 1/2온스를 쓴다.

배낚시

광어 배낚시용 채비하면 다운샷리그를 떠올릴 정도로 이 채비가 대표적이고 위력도 강력하다. 다운샷리그는 미국에서 건너온 채비로 우리말로 풀어쓰면 '아랫봉돌채비'라 할 수 있다. 다운샷리그의 장점은 봉돌과 바늘이 분리되어 있어 무거운 봉돌을 사용해도 웜과 결합된 바늘이 자연스럽게 움직이며, 웜이 바닥의 봉돌보다 25~35cm 위에 매달려 있어 물고기의 눈에 쉽게 띈다는 것이다. 시중에 판매되고 있는 광어다운

광어 다운샷리그 장비와 채비.

샷용 채비를 구입해 쓰면 되겠다.

원줄은 PE라인 1~1.5호를 쓰고 여기에 1m 길이의 4~5호 카본사를 쇼크리더로 연결해 쓴다. 배낚시의 경우 원줄과 쇼크리더

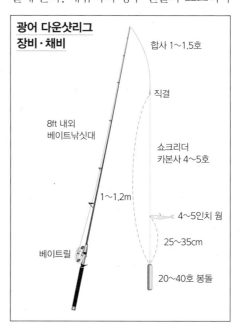

광어 다운샷리그 장비·채비

- 합사 1~1.5호
- 직결
- 8ft 내외 베이트낚싯대
- 쇼크리더 카본사 4~5호
- 1~1.2m
- 4~5인치 웜
- 25~35cm
- 베이트릴
- 20~40호 봉돌

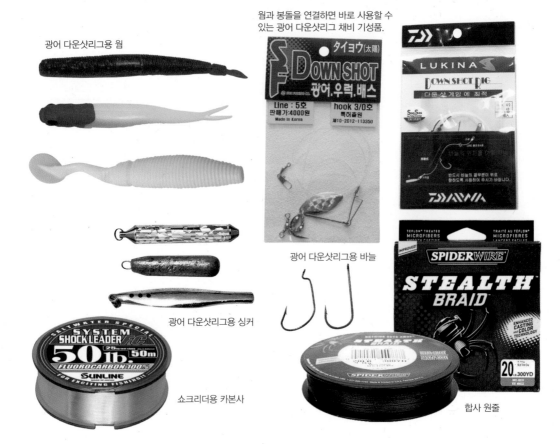

광어 다운샷리그용 웜

웜과 봉돌을 연결하면 바로 사용할 수 있는 광어 다운샷리그 채비 기성품.

광어 다운샷리그용 바늘

광어 다운샷리그용 싱커

쇼크리더용 카본사

합사 원줄

는 스냅도래로 묶어 써도 상관없다. 스냅도 래를 쓰면 채비가 끊어졌을 때 쇼크리더를 다시 연결해 쓰기 편하다. 봉돌은 20~40호 를 쓴다.

바늘은 와이드갭훅보다 스트레이트훅이 잘 걸린다. 와이드갭훅은 바늘 끝이 안쪽으로 휘어져 있어 일단 걸리면 잘 빠지지 않는 장 점이 있으나, 챔질 성공률은 바늘 끝이 외부 로 노출된 스트레이트훅보다 다소 낮다.

미끼

연안낚시

광어는 탐식성이 높아서 아무 웜이나 잘 먹 는다. 그래서 가격이 싼 그럽을 가장 많이 쓴다. 웜 길이는 3~4인치가 좋다. 날씨와 물속 여건에 따라 잘 듣는 색상이 달라지는 데 주로 붉은색, 오렌지색, 흰색, 검은색 계

열이 잘 먹히고 반짝이가 섞여 있는 제품이 좋다. 웜 외에도 스푼, 메탈지그, 바이브레 이션 등도 잘 먹히는 편이나 가격 대비 효능 면에서 '지그헤드+웜' 채비가 단연 유리하 다. 입질이 왕성한 날은 한두 마리만 낚아도 웜이 찢어져 버리는 경우가 많으므로 여분 의 웜을 충분히 준비하는 게 바람직하다.

배낚시

광어다운샷에 가장 많이 쓰이는 웜은 물고 기 형태의 섀드웜이다. 유선형의 몸통에 꼬 리 형태가 조금씩 다른 제품이 출시되고 있 다. 가장 많이 쓰는 꼬리 형태는 일자형과 제비꼬리형이다. 동전형 꼬리는 파동이 커 서 물색이 탁할 때 효과적인 것으로 알려져 있다. 4~5인치 크기를 주로 쓰며 색상은 흰 색과 펄이 들어간 빨간색, 머리 쪽이 빨갛고 꼬리 쪽이 흰색인 레드헤드가 인기다.

낚시방법

연안낚시

가장 중요한 테크닉 중 하나가 바닥을 느끼는 것이다. 광어는 바닥층에 있으므로 바닥을 더듬지 못하면 입질을 받기 어렵다. 일단 지그헤드에 웜을 꿰어 던져서 지그헤드리그가 바닥에 착지하는 느낌을 감지하는 게 급선무다. 따라서 지그헤드를 무거운 순서대로 교체해가며 바닥을 쉽게 느낄 수 있는 무게를 선택하는 게 중요하다.

기본적인 낚시 요령은 단순 릴링이다. 루어를 캐스팅한 뒤 루어가 바닥에 닿을 때까지 기다린다. 수면에서 팽팽한 상태로 계속 끌려 내려가던 원줄이 멈추면 루어가 바닥에 닿은 것이다. 루어가 바닥에 닿았으면 바닥을 살짝 스칠 정도의 속도로 릴링한다. 이 방식에만 익숙해도 쉽게 광어의 입질을 받을 수 있다.

참고로 광어는 먹이사냥도 하지만 자신의 영역을 침범한 침입자를 의도적으로 공격하는 경우가 더 많다. 그래서 광어낚시를 해보면 한 번 입질한 지점에서는 추가로 낚이지 않으며, 웜을 두 개씩 달아도 한 번에 두 마리가 낚이는 경우도 거의 찾아보기 어렵다. 릴링 도중 루어를 바닥에 떨어뜨리는 스톱앤고 액션을 섞어주는 것도 좋다. 루어를 따라오다 포기하거나 너무 늦게 루어를 발견한 광어에게 사냥할 기회를 줄 수 있기 때문이다.

입질은 크게 두 가지 형태로 들어온다. 제일 흔한 입질 형태는 천천히 감아 들이는 도중 '후두두둑' 하는 느낌이 들어올 때다. 이때 바로 챔질하면 된다. 그 다음 입질 형태는 떨어지는 루어를 바로 받아먹는 경우다. 루어 하강 도중 '투둑' 하는 느낌이 오거나, 착수 후 릴링을 시작하려는 순간 밑걸림된 것처럼 묵직한 느낌이 드는 경우다. 이럴 때는 가까운 거리에 있던 광어가 떨어지는 루어를 바로 받아먹었거나 근처에서 달려와 삼킨 경우로 볼 수 있다. 이때도 지체 없이 챔질한다.

갯바위에서 광어를 노리는 낚시인들.

선수에 서서 광어를 노리는 낚시인들.

포악한 먹성과 달리 광어는 의외로 바늘털이가 잘 되는 고기다. 입 주변 살이 너무 얇아 바늘이 박힌 부위가 쉽게 찢어지기 때문이다. 특히 발 앞에서의 마지막 저항 때 허망하게 바늘이 빠지는 경우가 많으므로 가프나 뜰채를 준비하는 것이 안전하다. 보통 열 마리 정도 입질을 받으면 서너 마리 이상은 바늘털이를 당하는 게 광어 루어낚시다. 또 광어는 5인치짜리 웜을 통째로 삼킬 정도로 포악해 웜 채비가 통째로 입 안에 들어가는 경우가 대부분이다. 따라서 톱니 같은

이빨에 손을 다치지 않기 위해서는 플라이어로 바늘을 빼내야 한다. 가프나 뜰채보다 더 필수소품이라 할 수 있겠다.

배낚시

채비를 내린 후 봉돌이 바닥에 떨어진 것이 느껴지면 고패질을 하지 말고 일단 그대로 놓아둔다. 광어는 먹이고기 중 비실거리거나 힘없이 가라앉는 약한 개체를 공격하는데, 웜의 액션이 현란해지면 건강한 물고기인 줄 알고 사냥을 포기할 수도 있다. 고패질 없이 조류에 천천히 하늘거리는 웜에 입질 빈도가 더 높다.

봉돌과 웜의 간격은 한 뼘, 25~30cm가 좋다. 광어는 바닥에 매복해 있다가 덮치는 녀석이므로 봉돌과 너무 떨어뜨리는 것은 좋지 않다. 조류가 셀 경우 목줄이 휘어져 웜이 바닥에 닿을 수 있으므로 이때는 봉돌과 바늘의 간격을 50~60cm로 벌려주는 게 좋다.

광어는 대부분 바늘이 입 안에 박힌 상태에서 대 끝을 가져가는 형태로 입질이 들어온다. 이때 챔질은 낚싯대를 살짝 들어주는 것으로 충분하다. 간혹 광어가 바늘 끝만 살짝 무는 경우가 종종 있는데 이때 너무 세게 챔질하면 입술이 찢어지고 만다.

요리

광어는 회로 즐겨 먹는다. 광어는 저칼로리 음식으로 지방은 100g당 겨우 1.2g으로 흰살 생선 중에서도 적다. 특히 '엔삐라'라는 일본어로 흔히 불리는 지느러미 언저리살은 맛이 좋을 뿐 아니라 콜라겐이 풍부해 피부 미용에 좋으며 자외선에 의한 기미, 주근깨 예방에도 효과적이다. 특히 자연산 광어로 만든 초밥은 진미로 꼽히는데 따뜻한 밥 위에 얹은 광어 살의 적당한 쫄깃함이 밥맛과 회맛을 동시에 살려준다.
광어가 가장 맛있을 때는 10월부터 이듬해 2월까지로 이때는 살이 탱탱하고 감칠맛이 난다. 가장 맛이 떨어지는 시기는 산란기인 5~6월이다. 회를 뜨고 남은 광어는 살점이 얇고 뼈 국물이 잘 우러나와 매운탕거리로 좋다.

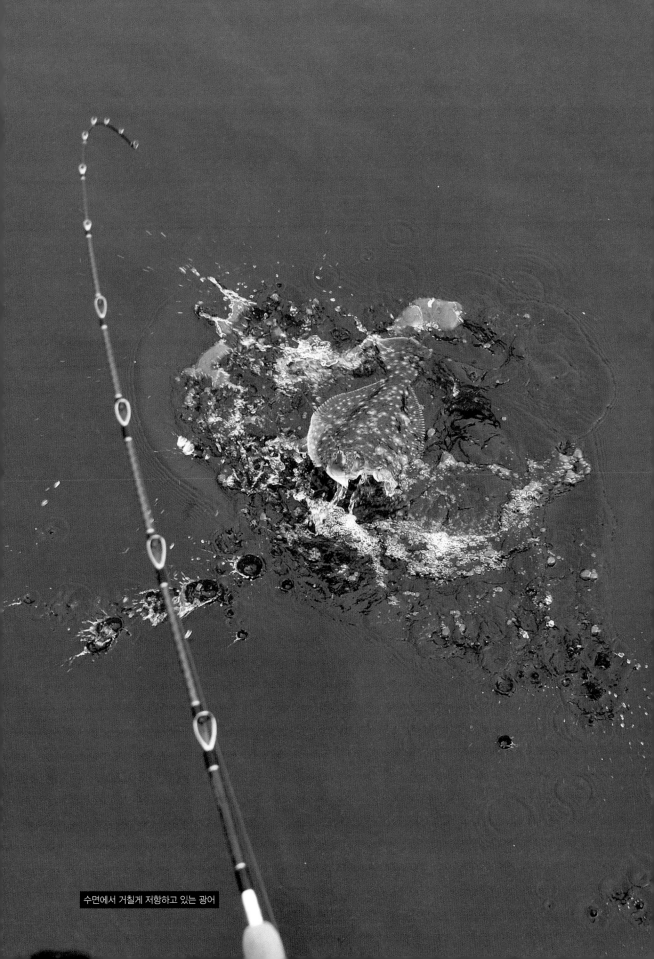

수면에서 거칠게 저항하고 있는 광어

농어 루어낚시

농어 루어낚시는 바다 루어낚시의 백미로 꼽힌다. 농어는 루어로 낚을 수 있는 고기 중 대형어에 속해 많은 마니아들을 확보하고 있다. 서해, 남해, 동해, 제주도에 이르는 전 해역에서 잘 낚이고 시즌도 봄부터 겨울까지 길며 연안낚시와 보트낚시 모두 가능해 다양한 재미를 선사한다. 누구나 조금만 연습하면 대물 농어의 시원한 바늘털이를 즐길 수 있어 갈수록 마니아들이 늘고 있는 장르다.

시즌과 낚시터

서해는 5월 초순경 내만과 먼 바다에서 동시에 시즌이 열린다. 5~6월이 씨알이 가장 굵으며, 7~8월 소강기를 거친 뒤 9월 이후 다시 조황이 살아나 11월 초까지 낚시가 이루어진다.

동해는 4월 중순부터 낚시가 시작되어 6~7월에 마릿수 피크를 맞는다. 8~10월엔 소강기를 거쳤다가 12~1월 사이에 씨알 굵은 농어가 잘 낚인다. 2~3월은 낚시가 잘 안된다.

남해는 장마철인 6~7월에 마릿수 재미가 좋다. 이후 여름엔 소강기를 거쳤다가 11월 한 달에 굵은 씨알들이 집중적으로 낚인다. 12~5월까지는 조황이 부진하다.

제주도는 3~8월은 농어 씨알이 잘고 비쩍 말라있어 루어낚시의 비수기다. 9월부터 씨알과 마릿수가 다시 좋아져 12~2월에 대물 출현이 가장 빈번하다.

장비

낚싯대

여러 회사에서 농어루어 전용 낚싯대를 출시하고 있다. 배낚시에선 비좁은 갑판에서

다루기

쉽도록 다소 짧은 6~7ft 낚싯대를 쓰고, 연안에서는 장타를 위해 8~9ft 낚싯대를 쓴다. 제주도나 거제도처럼 연안 수심이 얕은 곳에서는 9ft 이상이 유리하며, 특히 포항이나 부산처럼 농어가 멀리서 낚여 초장타를 필요로 하는 곳은 12ft 길이의 낚싯대를 쓰기도 한다.

릴

릴은 주로 3000번 내외를 쓴다. 농어는 커도 부시리처럼 맹렬히 달아나지 않으므로 원줄이 많이 감길 필요가 없고, 또 큰 릴은 무겁기만 하고 스풀이 깊어서 가는 합사 원줄을 감기에 적합하지도 않다. 최근 유행이라면 핸들의 손잡이(노브)를 큰 것으로 교체하는 것이다. 쥐기 쉬워 안정감이 좋고 돌리

기도 편하다.

가프

연안낚시에서 농어를 끌어낼 때는 가프(갈고리)가 필요하다. 농어가 잘 낚이는 파도밭이나 얕은 여밭에선 뜰채를 쓰기 불편하며 큰 농어는 뜰채를 부러뜨릴 수 있기 때문에 한 번에 찍어 올릴 수 있는 가프가 더 편리하다.

채비

낚싯줄

원줄은 PE라인 1호~1.5호를 많이 쓴다. 원줄이 너무 굵으면 캐스팅할 때 루어의 비거리가 줄어들기 때문이다. 농어는 덩치는 커도 힘은 부시리보다 많이 약하고 지구력도

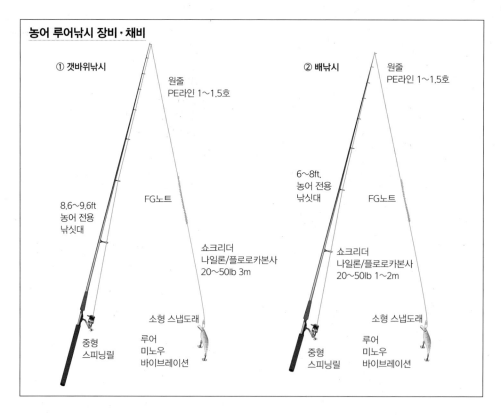

농어 루어낚시 장비·채비

① 갯바위낚시

원줄
PE라인 1~1.5호

8.6~9.6ft
농어 전용
낚싯대

FG노트

쇼크리더
나일론/플로로카본사
20~50lb 3m

중형
스피닝릴

루어
미노우
바이브레이션

소형 스냅도래

② 배낚시

원줄
PE라인 1~1.5호

6~8ft,
농어 전용
낚싯대

FG노트

쇼크리더
나일론/플로로카본사
20~50lb 1~2m

중형
스피닝릴

루어
미노우
바이브레이션

소형 스냅도래

농어를 찍어 올릴 때 사용하는 가프.

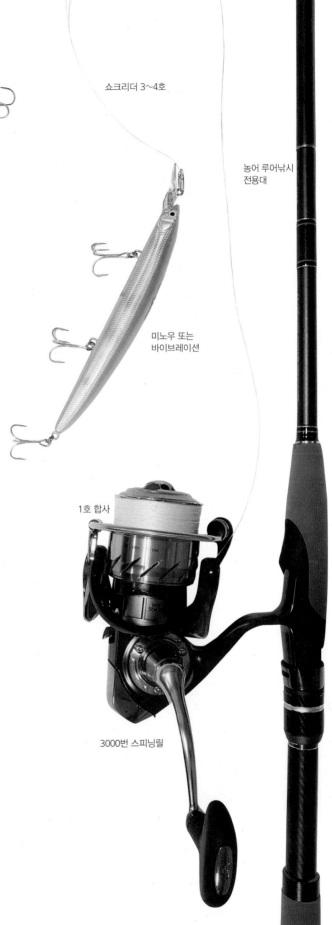

쇼크리더 3~4호

농어 루어낚시 전용대

미노우 또는 바이브레이션

1호 합사

3000번 스피닝릴

세지 않아 PE라인 1호면 미터급도 상대할 수 있다. 다만 제주도나 동해안의 거친 여밭에서는 2호도 많이 쓰는 편이다. 나일론 원줄을 쓴다면 3호 정도가 적당하다.

쇼크리더는 농어의 씨알보다 바닥 지형을 보고 택해야 한다. 보통 카본사 3~4호를 쓰지만 암초가 많은 여밭이라면 5~6호를 쓴다. 제주도의 경우 큰 농어가 많고 간혹 부시리가 덤벼드는 데다 바닥도 거친 여밭이 많기 때문에 8~10호 쇼크리더를 쓰기도 한다. 쇼크리더를 굵게 쓸 때는 카본사보다 나일론사가 유연해 유리하다.

미끼

농어용 루어는 미노우와 바이브레이션 두 종류로 나눌 수 있다. 미노우는 멸치를 닮은 몸통에 립(주걱)이 달려있는 형태로, 릴을 감으면 주걱이 잠수판 역할을 해 물속으로 파고든다. 주로 연안에서 얕은 암초지대를 노릴 때 쓴다.

바이브레이션은 납자루를 닮은 형태로 립이 없다. 무거워서 빨리 가라앉고 감아 들이면 몸 전체를 떨며 강한 진동을 일으킨다. 얕은 곳에서 쓰기에는 부적합하며 주로 배낚시나 큰 방파제, 직벽지대 같은 수심이 깊은 곳에서 많이 쓴다.

연안 농어낚시에선 미노우를 많이 쓰고 있다. 연안에서 노릴 수 있는

비거리가 길고 잠행수심이 얕은 소형 싱킹 펜슬베이트.

구간이 대부분 얕기 때문이다. 예전의 농어용 미노우는 가볍고 비거리가 짧아 연안에서 쓰기에는 부적합한 것이 많았지만 요즘은 미노우가 무거워져서 바이브레이션만큼 멀리 던질 수 있다.

미노우의 종류를 나누는 기준은 여러 가지가 있지만 먼저 잠행수심에 따라 플로팅, 서스펜딩, 싱킹 타입으로 나눌 수 있다. 플로팅이냐 싱킹이냐의 구분은 일단 물속에서 릴링을 멈추었을 때의 상태를 말하는 것이다. 플로팅이라면 다시 천천히 떠오르며, 싱킹은 천천히 가라앉고, 서스펜딩은 파고든 상태에서 머문다.

예를 들어 수심 1m를 파고드는 플로팅 미노우를 써서 수심 3m의 수중여를 노린다고 가정해보자. 플로팅의 경우 잠행수심 이상은 파고들지 못하기 때문에 직접적인 바닥 공략은 할 수 없으며 물속으로 파고든 후 그대로 두면 다시 떠오르기 때문에 농어에게 루어가 노출될 시간을 충분히 주지 못하게 된다. 이럴 때는 서스펜딩 타입으로 일정 수심에서 머물게 해 입질을 유도하거나 싱킹 타입으로 깊은 곳을 노리는 것이 더 효과적일 수 있다. 반대로 수심 1m 내외의 얕은 여

파도가 치는 갯바위로 진입하는 낚시인들.

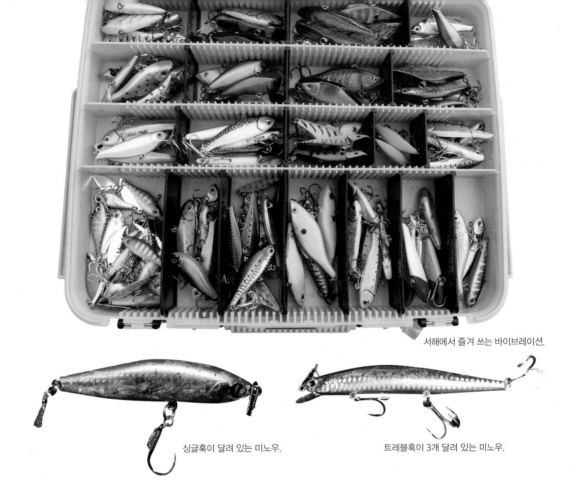

서해에서 즐겨 쓰는 바이브레이션.

싱글훅이 달려 있는 미노우.

트레블훅이 3개 달려 있는 미노우.

밭에서 초저속 릴링을 해야 한다면 밑걸림을 피할 수 있는 (립이 작은)플로팅 미노우가 필수인 것이다.

바이브레이션은 서해 농어 배낚시와 거제도에서 유행하고 있지만 제주도나 남해동부에서는 거의 쓰이지 않는다. 무거워서 원투는 가능하지만 너무 빨리 가라앉기 때문에 얕은 곳에서는 십중팔구 밑걸림이 생기며, 빨리 감아야 하기 때문에 슬로우 액션이 기본인 야간낚시에는 맞지 않기 때문이다.

하지만 바이브레이션의 장점인 빠른 탐색능력을 포기하기엔 너무나 아깝다. 연안 농어 루어낚시라도 방파제나 수심 3~4m인 여밭이라면 탐색용으로 활용해보자. 밑걸림을 피하기 위해서는 빨리 감아야 하겠지만 바이브레이션의 강한 진동은 농어에게 강하게 어필해 쫓아오게 만든다. 운이 좋다면 농어를 육안으로 확인할 수 있고 히트는 되지 않

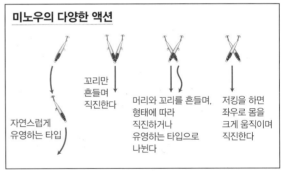

미노우의 다양한 액션

자연스럽게 유영하는 타입

꼬리만 흔들며 직진한다

머리와 꼬리를 흔들며, 형태에 따라 직진하거나 유영하는 타입으로 나뉜다

저킹을 하면 좌우로 몸을 크게 움직이며 직진한다

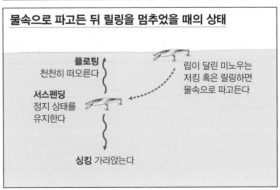

물속으로 파고든 뒤 릴링을 멈추었을 때의 상태

플로팅 천천히 떠오른다

서스펜딩 정지 상태를 유지한다

싱킹 가라앉는다

립이 달린 미노우는 저킹 혹은 릴링하면 물속으로 파고든다

뜰채에 담긴 농어.

기 때문이다. 서해안에서는 태안 격렬비열도의 급심 지역이 지그헤드리가 특히 잘 먹히는 곳이었다.

사실 지그헤드리는 급심 전용이라는 딱지가 붙긴 했지만 실제 사용해보면 수심과 관계없이 위력이 뛰어난 루어다. 최근에는 바이브레이션보다 지그헤드리그 사용 빈도가 부쩍 늘었다. 개당 가격도 약간 더 저렴하고 조류 저항도 바이브레이션보다 적게 받아 깊은 수심을 빠르게 탐색할 때 유리하기 때문이다.

특히 서해에 서식하고 있는 점농어는 일반 농어와 달리 중하층을 유영하며 먹이활동을 하는 것으로 알려져 있는데 특효인 루어가 바로 지그헤드리그다. 서해 연평도의 경우 수심이 얕고 조류가 빠른 여밭에서 미터급에 육박하는 점농어가 잘 낚이는데 이때 최고의 루어가 지그헤드리그다. 조류 저항이 큰 미노우나 바이브레이션은 거의 쓸 수 없는 여건에서 탁월한 위력을 발휘하고 있다.

더라도 툭툭 건드리는 입질을 받을 수도 있다. 농어를 확인했다면 미노우로 바꿔 입질을 받아내면 된다. 만약 바이브레이션을 능숙하게 컨트롤할 수 있다면 낚싯대를 들었다 놓으며 리프트앤폴 액션을 주어 입질을 받아낼 수도 있다.

거제도나 신안 흑산도 해역의 원도(가거도, 홍도, 태도, 만재도)에서는 전통 루어인 닭털지그도 많이 쓰인다. 원시적인 형태지만 효과가 입증돼 있어 현지꾼들이나 고참 낚시인들이 즐겨 쓰는 편이다.

지그헤드리그도 빼놓을 수 없다. 30g 정도의 무거운 지그헤드에 형광 그럽웜을 꿰어 쓰는 방식이다. 이 방식은 수심이 7~10m에 달하는 깊은 수심에서 유독 잘 먹히는데 아무래도 빠르게 가라앉아 입질층을 공략하

낚시방법

농어는 조류를 따라 이동하며 먹이고기를 노리는 사냥꾼들이다. 농어는 주로 수중여 주변이나 파도가 들이치는 갯바위 아래에 많이 붙어 있다고 알고 있지만 꼭 그렇지는 않다. 파도 하나 없는 잔잔한 상황에서 매복하거나 무리 지어 사냥하기도 하며 어둠을 틈타 얕은 연안으로 접근하기도 한다.

서해는 파도와 관계없이 농어낚시가 이루어지는 포인트들이 많으며 파도보다 물때를 매우 중요시한다. 또 농어 루어낚시를 안 했던 곳은 잔잔한 곳에도 농어가 많지만 그러다가 점차 낚시인들의 손을 타게 되면 그런 곳에서는 조황이 떨어지고 남해나 동해처럼 파도가 치는 곳의 조황이 앞서게 된다.

만약 멸치 같은 먹이고기를 사냥하는 농어를 만난다면 고기를 낚을 확률은 매우 높아진다. 그런 상황에선 대부분 먹이고기가 튀어 올라(간혹 반대로 가라앉는 경우도 있다) 농어의 존재와 위치를 쉽게 파악할 수 있기 때문에 그곳에 루어를 던지기만 하면 낚을 수 있다. 농어의 활성도가 높은 여름~가을에 자주 경험할 수 있다. 그러나 큰 농어를 낚을 수 있는 봄과 겨울에는 이런 상황이 드물게 나타난다.

수심이 얕고 조용한 곳은 농어의 경계심이 높다. 루어를 활용해 작은 파장을 일으켜 농어를 유인하거나 바닥층의 농어를 자극할 수 있도록 한다. 액션이 큰 루어를 써 큰 루어를 쓰는 방법도 좋은 방법이다.

농어의 위치를 전혀 파악할 수 없다고 해서 막무가내로 아무데나 노려서는 안 된다. 우선 수중여나 간출여 주변을 노리는 게 중요하다. 특히 만조 물돌이때는 농어가 아예 수중여 주변에 붙어 움직이지 않는 경우도 있으므로 반드시 노려볼 필요가 있다.

버트캐스팅

루어를 멀리 날려 보내기 위해 루어를 초릿대 끝에서 1m 정도 내린 후 던지는 방법이다. 무거운 루어를 캐스팅할 때 생기는 저항은 줄이고 낚싯대를 휘두르는 과정에서 생기는 원심력을 이용해 조금이라도 더 멀리 루어를 날리기 위한 방법이다. 처음엔 어색하지만 익숙해지면 루어를 바짝 감아 캐스팅할 때보다 더 멀리 날릴 수 있다.

릴링앤저킹

농어를 유혹하기 위해선 단순히 천천히 감기만 해도 되지만 저킹을 불규칙적으로 병행하면서 다양한 액션을 연출하면 더 효과적이다. 릴링을 하다가 멈추기만 해도 액션

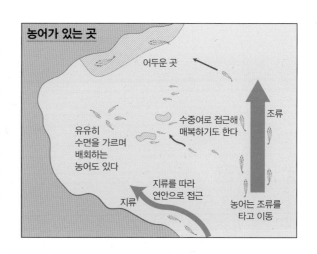

농어가 있는 곳

어두운 곳

수중여로 접근해 매복하기도 한다

조류

유유히 수면을 가르며 배회하는 농어도 있다

지류를 따라 연안으로 접근

지류

농어는 조류를 타고 이동

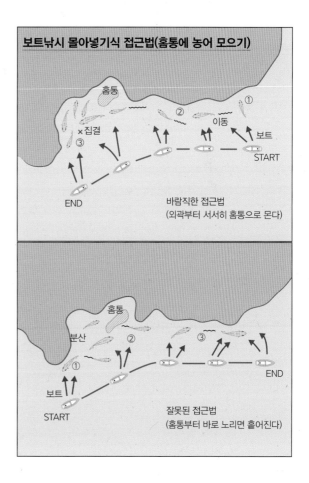

보트낚시 몰아넣기식 접근법(홈통에 농어 모으기)

홈통

① 이동

② 보트 START

×집결

③

END

바람직한 접근법
(외곽부터 서서히 홈통으로 몬다)

홈통

분산

② ③

① END

보트 START

잘못된 접근법
(홈통부터 바로 노리면 흩어진다)

농어 배낚시 출조를 한 낚시인들이 간출여 주변으로 루어를 캐스팅하고 있다.

이 달라지므로 그때 지나가는 농어를 유인할 수 있다. 또 저킹을 하면 루어가 뒤집어지면서 반짝이는 플래싱 효과를 낼 수 있고 갑작스런 강한 액션으로 인해 농어의 반사적인 입질도 유도할 수 있다. 하지만 야간에는 빠른 액션은 금물이다. 농어가 미노우를 식별할 시간을 줘야 하기 때문이다.

그래서 야간에 농어를 노릴 때는 천천히 감아 들이는 슬로우 리트리브가 기본이다. 릴을 1초에 한 바퀴 돌린다는 생각으로 아주 천천히 감고 입질이 느껴지면 릴링을 멈추거나 살짝 저킹해서 액션의 변화를 주면 된다. 하지만 농어가 아주 예민한 상황이라면 액션에 변화를 주기보다는 같은 속도로 계속 릴링하는 것이 더 효과적일 때도 있다.

챔질과 끌어내기

예부터 '낚시 고수들은 남들이 고기를 낚는지도 모르게 조용히 고기를 끌어낸다'는 얘기가 있다. 이 말이 잘 맞아떨어지는 게 농어 루어낚시다. 농어 루어낚시의 진수처럼 알려진 호쾌한 바늘털이는 사실 해가 되면 됐지 득이 될 건 없다.

수면 가까이 끌려온 농어는 고개를 물 밖으로 내민 뒤 좌우로 요란스럽게 흔든다. 입에 걸려있는 루어를 떼어내려는 것이다. 만약 바늘이 설 걸렸거나 바늘 박힌 구멍이 넓어져 간신히 농어가 걸려있을 때는 단 한 번의 바늘털이에 루어가 털리고 만다. 따라서 바늘털이를 못하게 하려면 최대한 물속에서 농어의 힘을 뺀 뒤 끌어내는 것이 중요하다. 일단 조급한 마음에 강제집행식으로 끌어당기는 것은 금물이며, 농어가 발밑까지 끌려온 직후 바늘털이를 위해 수면 가까이 부상하려고 하면 낚싯대를 낮추거나 여윳줄을 주어 솟구치려는 의도를 사전에 막아야 한다.

고난도 테크닉에 해당하지만 바늘털이에 들어간 직후라도 털림을 방지할 수 있는 요령이 있다. 농어가 바늘털이를 심하게 할 수 있는 이유는 팽팽해진 낚싯줄의 긴장도 때문이다. 예를 들어 사람이 무거운 역기를 치켜들면 큰 힘을 낼 수 있지만 가벼운 막대기를 들면 별다른 큰 힘을 쓰지 못하는 것처럼, 농어가 바늘털이를 위해 고개를 쳐드는 순간 베일을 열어 원줄을 풀어버리거나 낚싯대를 쭈욱- 앞으로 밀어주면 농어는 맥이 빠지고 만다. 6~7번 강하게 바늘털이 할 것을 고작 3~4번 허우적대다가 마는 것이다.

참고로 바이브레이션은 원투과 속공 능력은 뛰어나지만 미노우에 비해 털림 확률이 높다는 점에 주의해야 한다. 미노우보다 바이브레이션이 훨씬 무겁기 때문에 세게 흔들면 잘 떨어져 나가는 것이다. 따라서 바이브레이션으로 농어를 걸었을 때는 미노우로 걸었을 때보다 조심스럽게 농어를 끌어낼 필요가 있고 농어가 가까이 끌려온 최종 단계에서는 한손으로 베일을 잡고 바늘털이에 대비할 필요가 있다.

낚싯대로 전해오는 촉감으로 바늘이 설 걸렸음을 알아낼 수도 있다. 만약

걸어낸 직후 '꾸욱-'하는 묵직한 느낌이 전해진다면 바늘이 제대로 걸려있다는 것이고 '탈탈-'하는 느낌이 계속 난다면 설 걸린 것이다. 대개 바늘이 하나만 살짝 걸렸거나 피부의 끄트머리에 살짝 걸렸을 때 이런 느낌이 난다. 따라서 탈탈거리는 느낌이 날 때는 최대한 느리고 여유 있게 농어를 끌어내야 한다

갯바위 밤낚시 중 가프로 농어를 찍어 올리고 있는 낚시인.

농어 웨이딩

웨이딩이란 웨이더(가슴까지 오는 바지장화)를 입고 강이나 해안가, 발목 수심의 갯바위 등 얕은 수심의 물속에서 낚시하는 것을 말한다. 해안가처럼 수심이 얕은 곳은 농어가 연안 가까이 쉽게 접근하지 않는다. 웨이딩을 하는 이유는 조금이라도 연안에서 멀리 나가서 낚시하는 것이 입질을 받을 확률이 높기 때문이다. 바다 루어낚시에선 농어뿐 아니라 넙치농어, 광어, 무늬오징어, 감성돔 등을 노릴 때도 좀 더 먼 거리의 포인트에서 웨이딩을 하고 있다.

농어 웨이딩을 할 때 착용하는 웨이더(바지장화).

장비와 채비

농어 웨이딩이라고 하지만 사용하는 장비와 채비는 기존 농어 루어낚시와 크게 다르지 않다. 낚싯대는 루어를 멀리 캐스팅하기 위해 8~9ft 길이를 많이 사용한다. 무릎수심까지는 들어가기 때문에 키가 작은 낚시인이라면 8ft 정도로 길이가 짧은 로드가 운용하기 편하다. 캐스팅에 능숙하거나 키가 큰 낚시인이라면 9ft 이상을 쓰기도 한다.

농어 웨이딩에 익숙해지면 캐스팅할 때 루어를 물속에 집어넣은 상태에서도 캐스팅을 할 수 있기 때문에 10ft 길이의 로드를 쓰기도 하지만 농어를 끌어낼 것을 고려한다면 자신의 키에 맞춰 8~9ft 길이를 쓰는 것이 적합하다.

릴은 주로 3000번 내외 스피닝릴을 쓰되 파도를 맞아도 방수가 확실하게 되는 제품을 쓴다. 원줄은 PE라인 1~1.5호, 쇼크리더는 카본사 3~4호를 주로 쓴다.

루어는 멀리 캐스팅하려 할 때는 100mm 길이 내외의 싱킹 펜슬베이트를 많이 쓴다. 수심이 깊은 곳이라면 120~140mm 플로팅 미노우나 서스펜딩 미노우를 사용한다. 낚시인들은 물속에서는 캐스팅하기 힘들기 때문에 작고 멀리 날아가는 소형 싱킹 펜슬베이트를 선호하는 편이다. 대형 미노우는 큰 액션으로 입질을 유도할 수 있다. 파도가 치지 않는 잔잔한 날에 사용한다.

낚시방법

웨이딩 포인트를 살펴보도록 하자. 첫째, 얕은 수심의 갯바위다. 작은 웅덩이를 건너 더 먼 거리에 있는 갯바위에서 낚시를 한다. 주의할 것은 돌아올 때의 동선이다. 만조가 되었을 때 다시 건너올 수 있는 수심 얕은 곳을 선택해야 한다. 물이 많이 차오르거나 갯바위 사이로 조류가 빠르게 흐르는 곳은 건너지 말아야 한다.

둘째, 해변이다. 수심이 일정한 곳은 허리수심까지 들어가서 오랜 시간 낚시를 즐길 수 있다. 파도가 없는 잔잔한 날이라면 허리수심까지 들어가도 된다. 파도가 치는 날에는 파도에 밀려 넘어질 수 있으므로 너무 깊은 곳으로 들어가면 안 된다. 파도가 치는 날이라면 발목수심까지 들어가는 것이 안전하다.

셋째, 간출여다. 만조 때 발목수심까지 잠기는 곳이라면 웨이딩을 할 수 있다. 중들물에 진입해서 낚시를 시작하면 만조 때 발목까지 잠기게 되는데 파도가 높지 않다면 간출여에서 계속 낚시를 할 수 있다. 중썰물이 되어 다시 간출여가 드러나면 철수한다.

낮은 갯바위로 건너가 파도를 맞으며 농어를 노리는 낚시인들. 모두 웨이더를 착용하고 있으며 방수재킷과 구명조끼를 입었다.

웨이딩으로 더 먼 곳을 노려 마릿수 조과를 거둔 낚시인.

유의사항

웨이딩을 할 때는 반드시 구명조끼를 착용해야 하고 허리수심 이하인 곳에서만 한다. 그 이상 깊은 곳은 위험하다. 웨이더는 가슴수심 이상 물이 차올라 웨이더 속으로 물이 들어가면 위험한 상황이 빠질 수 있다. 자칫 넘어져서 많은 물이 웨이더 속으로 들어가면 웨이더와 몸 사이의 공기가 다리 쪽으로 몰리면서 하체가 뜨는 하체부상현상이 발생할 수 있다. 이럴 경우 혼자 일어설 수 없다.

따라서 출조할 때는 파도에 휩쓸릴 경우 도움을 청할 수 있도록 항상 2인1조로 다녀야 한다. 또 허리수심에서는 이동하지 않는다. 물의 저항 때문에 걸음을 옮기기 힘들 뿐 아니라 다리에 쥐가 나거나 발을 헛디뎌서 발목을 삘 경우 대처하기도 어렵다. 이동할 때는 발목수심의 얕은 곳으로 다시 나오도록 한다.

대구낚시

겨울이면 동해안 출항지들은 허벅지만한 대구를 낚으려는 낚시인들로 북적인다. 특히 임원, 장호, 양양, 속초, 대진 등 대구낚시 유명 출항지들은 미리 예약을 하지 않으면 낚싯배를 탈 수 없을 정도로 인기를 끌고 있다.

무엇이든 닥치는 대로 먹는 대식가인 대구는 겨울에 잘 낚이는 한류성 어종이다. 얼리지 않은 생대구는 귀한 요리 재료이며 낚시인이 낚은 미터급 왕대구는 시장에서 구하기도 힘들다. 대구는 깊은 바다에 서식하기 때문에 연안에서는 낚을 수 없고 배낚시를 해야 한다. 과거엔 생미끼로 낚았으나 요즘은 메탈지그를 사용한 지깅으로 낚는다.

지깅이라 하면 어려운 테크닉처럼 느껴질지 모르나, 대구 지깅은 초보자도 충분히 즐길 수 있을 만큼 쉽다. 진해를 비롯한 남해동부와 서해 먼 바다에도 대구 어군이 있지만 대구 지깅이 가장 활발하게 이뤄지는 곳은 강원도의 동해 해상이다. 대구 금어기는 1월 16일부터 2월 15일(2021년 현재)까지로 체포금지체장은 35cm이다.

시즌과 낚시터

대구낚시 피크시즌은 겨울이다. 그러나 갈수록 낚시방법이 발달하고 포인트가 속속 개발되어 이제는 여름에도 대구낚시를 즐기고 있으니 어한기가 사라졌다. 동해안의 대구는 초여름부터 늦가을까지 100m 이상의 깊은 바다에 사는데 이때는 씨알보다 마릿수가 많을 때여서 동해북부 지방에서는 카드채비로 대구를 낚는다. 12월 초순이면 산란을 하기 위해 70~80m의 암반층까지 들어오는데 이후 3월까지 산란이 이루어진다.

서해안의 경우 70~80m 수심을 보이는 먼 바다 침선에서 대구낚시가 이루어진다. 12월에도 대물이 낚이긴 하지만 마릿수를 기대하기 힘들고, 7~10월이 피크 시즌이다. 3~6월에는 마릿수는 많지만 씨알이 작다. 서해 대구는 1~3월에 어청도 외해에서 산란하고 6~9월엔 격렬비열도 남쪽까지 어군이 확산되며 10월 이후엔 백령도 해역까지 올라간다고 알려져 있다.

강원도 북부 고성, 속초, 양양, 강릉

씨알보다는 마릿수 조과가 뛰어나다. 카드채비를 이용한 생미끼낚시도 가능하며 가자미낚시도 즐길 수 있다. 동해 최북단 고성의 거진항과 공현진항이 제일 유명하다.

강원도 남부 삼척 장호, 임원

대형 대구가 잘 낚여 동해 대구 지깅의 메카라 불린다. 출항지에서 1시간 이내에 왕대구가

낚이는 유명 포인트들이 있다. 마릿수는 강원도 북부에 비해 떨어지나 겨울에 '큰 것 한 마리'를 원하는 낚시인들이 즐겨 찾는다.

충남 태안 신진도·안흥항, 서천 홍원항, 전남 부안 격포항
3시간 30분~4시간 정도 나가는 먼 바다에서 주로 침선을 노려 대구낚시를 한다. 우럭, 광어에 밀려 동해만큼 인기가 높지는 않다.

대구 지깅용 메탈지그. 머리 쪽에는 꼴뚜기 어시스트훅을, 꼬리 쪽에는 블레이드를 달았다.

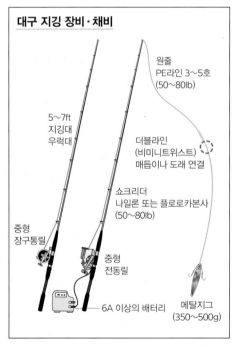

대구 지깅 장비·채비

5~7ft
지깅대
우럭대

원줄
PE라인 3~5호
(50~80lb)

더블라인
(비미니트위스트)
매듭이나 도래 연결

쇼크리더
나일론 또는 플로로카본사
(50~80lb)

중형
장구통릴

중형
전동릴

6A 이상의 배터리

메탈지그
(350~500g)

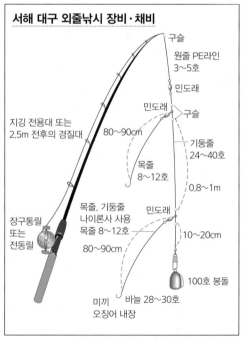

서해 대구 외줄낚시 장비·채비

구슬

원줄 PE라인
3~5호

민도래

지깅 전용대 또는
2.5m 전후의 경질대

민도래

구슬

80~90cm

기둥줄
24~40호

목줄
8~12호

0.8~1m

장구통릴
또는
전동릴

목줄, 기둥줄
나일론사 사용
목줄 8~12호

민도래

80~90cm

10~20cm

100호 봉돌

미끼
오징어 내장

바늘 28~30호

장비

낚싯대

대구는 10kg을 훌쩍 넘는 개체가 많은 중량급 어종이지만 저항하는 힘은 그리 세지 않다. 무거운 무게를 제어할 수 있는 낚싯대면 되며 지깅대 규격의 낚싯대면 대부분 다 적합하다. 7ft 이내의 선상용 낚싯대가 주로 쓰이며, 6ft 안팎 길이의 우럭대도 많이 사용된다. 강도는 300~500g 메탈지그를 쓸 수 있으면 OK(우럭대 기준으로는 100~150호 추부하다).

릴

대구 지깅 초창기에는 스피닝릴과 장구통릴이 골고루 쓰였으나 지금은 거의 장구통릴을 사용하고 있다. 그것도 십중팔구는 전동릴이다. 수심 100m에서 메탈지그를 감아올리려면 금세 지치기 마련인데 전동릴 사용으로 이 문제를 해결했다. 대구 지깅용 전동릴은 정속릴링이나 파워릴링의 고급 기능이 필요 없기 때문에 보급형 제품이면 충분하다.

낚싯줄

낚싯줄 선택은 조과와 직결된다. 합사를 사용하는데, 수심이 워낙 깊어서 한 단계 가늘게 쓰느냐 혹은 굵게 쓰느냐에 따라서 메탈지그 운용술이 달라질 수 있다. 릴의 권사량이 충분하다면 3~5호 PE라인을 쓴다. 강도는 50lb에서 80lb.

쇼크리더

PE라인 원줄에는 쇼크리더가 필요하다. 장애물 쓸림이나 고기 이빨로부터 채비를 보호하기 위해서다. 원줄보다 한두 단계 강한 나일론사나 플로로카본사를 사용한다.

전동릴, 배터리, 전용 지그를 단 대구 배낚시 장비·채비.

미끼

메탈지그

막대형 메탈지그가 대구 지깅용 루어다. 조류가 빠른 100m 수심의 바닥까지 쉽게 내리기 위해선 무거운 메탈지그가 효율적이다. 요즘 동해 대구낚시에선 100호 봉돌 무게와 비슷한 400g 내외의 메탈지그가 일반

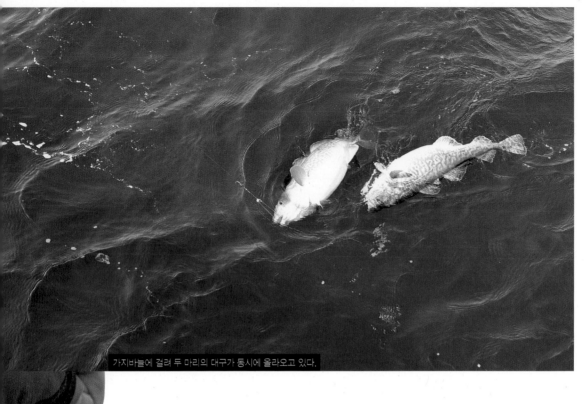

가지바늘에 걸려 두 마리의 대구가 동시에 올라오고 있다.

적으로 쓰이고 500g도 종종 사용된다. 그날 현장에서 발군의 조과를 나타내는 메탈지그는 날마다 다를 수 있다. 여러 가지 메탈지그를 골고루 써보고, 혹은 다른 사람이 대구를 걸어내는 지그가 어떤 종류인지 살펴가며 그날의 히트루어를 찾는 게 조과를 높이는 방법이며 이게 또 하나의 재미다.

생미끼

서해 먼 바다에서는 동해와 달리 메탈지그 대신 생미끼를 사용한다. 탐식성이 강한 대구를 유혹하는 데는 오징어 내장이 특효. 통상 가지바늘채비의 바늘 두 개 중 윗바늘에는 오징어살, 아랫바늘에 오징어 내장을 꿰어 사용한다. 우악스런 대구의 입을 감안해 28~30호의 대형 바늘을 사용한다. 엉키지만 않는다면 목줄을 길게 사용해 나풀거리듯 연출해야 입질을 빨리 받을 수 있다.

낚시방법

동해 대구낚시

센 조류 속에서 100m 혹은 그 이상의 바닥까지 메탈지그를 완전히 내려야 한다. 하강 속도를 조절하며 줄이 내려가는 각도를 살핀다. 조류나 바람 탓에 '바닥 확인'이 힘들다고 판단되면 다른 형태나 더 무거운 메탈지그로 교체한다.
메탈지그가 바닥에 도달하기 직전에 스풀에 손가락을 대는 서밍을 하면서 하강 속도를 조절하며 주의를 기울인다. 채비가 내려가면서 입질을 받는 경우가 많기

대구낚시 미끼로
사용하는 오징어살
(왼쪽)과 미꾸라지.

대구 지깅의 루어 활용법

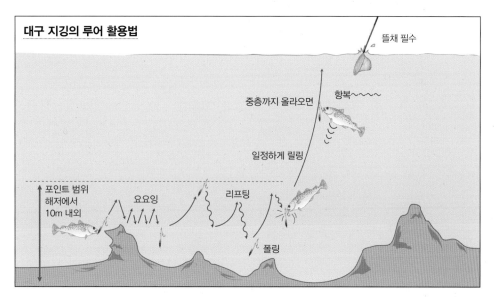

때문인데 하강 속도가 불규칙적인 게 밑걸림 방지에 도움이 된다. 전동릴에 표시된 수심을 보면서 서밍을 하면 더 쉬울 수 있다. 전동릴이 아니라면 수십 m마다 마커가 표시되어 있는 합사를 사용하면 바닥 수심을 예측하기 쉽다.

메탈지그가 바닥에 거의 닿았을 때 대를 살짝 들어 올린 후 상하좌우로 가볍게 움직임을 줘서 걸림이 있는지 없는지 바닥지형을 살펴본다. 아무런 반응이 없으면 메탈지그를 감아올린다. 바닥에서 10~20m 지점까지 릴링과 저킹을 반복한 뒤 입질이 없으면 다시 가라앉혀서 처음 동작을 반복한다. 바닥 또는 바닥부터 5m 수심 사이에서 입질이 들어오는 경우가 많다. 입질이 오면 낚싯대를 살짝 내려서 여윳줄을 주면 대구가 이물감을 느끼지 않고 완전히 삼

대구 지깅 기본요령

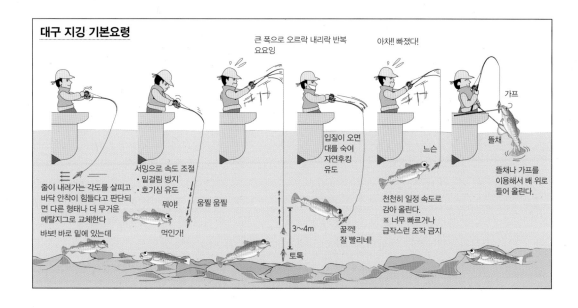

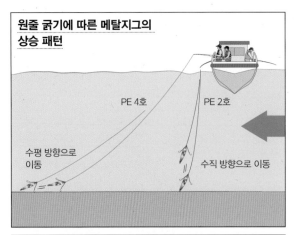

원줄 굵기에 따른 메탈지그의 상승 패턴

PE 4호

PE 2호

수평 방향으로 이동

수직 방향으로 이동

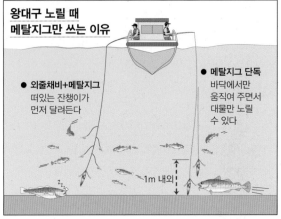

왕대구 노릴 때 메탈지그만 쓰는 이유

● 외줄채비+메탈지그
떠있는 잔챙이가 먼저 달려든다

● 메탈지그 단독
바닥에서만 움직여 주면서 대물만 노릴 수 있다

1m 내외

킨다. 자동 입걸림인 셈인데 확실히 걸렸다는 느낌이 들면 살짝 대를 들어 챔질을 한다. 대구는 차고 나가거나 지속적인 반항을 하는 고기가 아니기 때문에 금세 무게감을 느낄 수 있다.

대구를 낚아 올리는 데는 감아올리기 과정이 제일 중요하다. 입 언저리가 약한 대구는 강한 챔질이나 순간 저항에 떨어져 나가기 쉽다. 전동릴의 정속 버튼을 눌러 감아올리면 되는데 슬로우 릴링을 권한다. 드랙을 많이 잠가 놓고 하는 낚시지만 그래도 최대치의 20~30% 정도는 풀어놓는 것이 좋다. 강한 저항에 대응하는 기능이 있는 전동릴이

라면 고기 처리가 쉬워진다.

수면에 대구가 보이기 시작하면 더 천천히 릴링을 한다. 수면 근처에서 강하게 저항하지 못하게 하기 위해서다. 대구는 60~70cm만 되어도 낚싯대의 힘으로 들어올리기 힘들고 뜰채나 가프의 도움이 꼭 필요하다.

서해 대구낚시

서해안에서는 메탈지그 대신 생미끼를 사용해 대구를 낚는다. 오징어내장, 오징어살, 꼴뚜기 등을 미끼로 사용한다. 고패질은 금물이며 미끼를 바닥에 놓고 입질을 기다리는 게 요령. 우럭이나 열기처럼 단숨에 미끼를 입에 넣지 않는 대구의 습성 때문인데 침선에 바늘이 걸리는 것도 방지할 수 있다. 침선을 타고 넘으면서 입질을 받아내는 우럭낚시와 달리 대구는 사니질 바닥과 침선의 경계 지점으로 채비가 놓일 수 있도록 배를 운항해야 되기 때문에 이에 따른 선장의 운항 능력이 조과에 직결된다.

'턱'하는 예신이 오면 그대로 놔뒀다가 두 번째나 세 번째 입질 때, 미끼를 완전히 삼켜 묵직해질 때 챔질해야 한다. 낚시인 중에는 전동릴의 클러치레버를 눌러 낚싯줄을 풀어놓은 상태로 기다리다가 예신이 오면 더 풀어주기도 한다. 배가 출렁거릴 때 미끼가 바닥에서 들리는 것을 방지하기 위해서다.

배낚시는 팀워크가 생명이다. 외줄낚시에서 낚인 고기는 보통 빙글빙글 돌면서 올라오기 마련인데, 대구의 체구가 큰 만큼 옆 사람의 채비와 엉키기 십상이다. 따라서 선장의 신호에 따라 채비를 내리는 것은 기본이며, 입질이 먼저 들어온 사람의 고기 처리를 먼저 도와주고 낚시에 임하는 게 서로의 조과를 높이는 지름길이다.

가프를 사용해 수면에 뜬 대구를 올리고 있다.

돌돔낚시

돌돔낚시는 남성적인 중량급 갯바위낚시로서, 실제로 근력이 센 남자만 즐길 수 있는 와일드한 낚시다. 거친 조류 속에서 강력한 파워를 자랑하는 돌돔과 한판승부를 겨루기 위해 낚싯대와 릴, 줄과 바늘 모두 헤비급을 사용한다. 돌돔낚시는 과거 전문 낚시인들의 성역으로 여겨졌으나 최근 돌돔 자원이 증가하면서 급속히 대중화하고 있다.

시즌과 낚시터

돌돔낚시는 6~7월과 9~10월이 피크시즌이다. 6~7월엔 산란을 맞은 돌돔이 얕은 여밭이나 직벽의 중층에서 입질하기 때문에 민장대낚시나 릴찌낚시, 근투낚시에 잘 낚이고, 9~10월엔 약간 깊은 수심에서 입질하기 때문에 원투낚시에 잘 낚인다. 11월~5월은 돌돔낚시 비수기지만 수온이 높은 여서도, 추자도, 거문도에선 겨울과 초봄에도 간간이 돌돔이 낚인다.

한편 낚시터에 따라서도 피크시즌이 달라진다. 제주도와 추자도는 6~7월에, 남해동부와 여수권 원도는 7~9월에, 가거도, 태도, 만재도와 완도·해남권 원도는 9~10월에 절정기를 맞는다. 한편 서해의 왕등도와 어청도는 7~9월이 돌돔 시즌이다. 동해에선 아직 돌돔낚시가 시도되지 않고 있다.

서해 격렬비열도와 외연열도에도 돌돔이 있지만 상륙금지구역으로 묶여 있다. 돌돔 명소로 손꼽히는 곳은 제주 대·소관탈도, 추자도, 여서도, 거문도와 삼부도, 흑산 해역의 태도·만재·가거·홍도, 진도 먼 바다의 맹골도 등이며, 최근엔 남해동부의 국도·좌사리·갈도·안경섬과 남해서부의 초도·장도, 손죽열도, 외모군도가 돌돔터로 부상하고 있다.

장비

릴낚싯대

돌돔대를 구입할 땐 유명 브랜드의 명성에 현혹되지 말고 전문 낚시인들의 조언을 받아야 한다. 찌낚싯대는 잘 만들어도 돌돔대는 제대로 못 만드는 제조업체들이 많기 때문이다. 국산 낚싯대는 40만~60만원, 일산 낚싯대는 100만~200만원의 고가장비이므로 구입에 신중을 기할 필요가 있다. 돌돔낚싯대는 고기 제어력도 뛰어나야 하지만 그보다 원투력이 좋아야 한다. 낚싯대에 따라 캐스팅 거리가 10~20m씩 차이 나는데, 무겁고 뻣뻣한 대보다 가볍고 적당히 유연한 대가 더 멀리 던질 수 있다. 물론 너무 휘청거려도 오히려 원투에 불리하다. 특히 초릿대는 부드러워야 돌돔이 미끼를 확실히 삼켜 챔질 성공률이 높아진다. 즉 '초리는 부드럽고 허리는 강한' 낚싯대가 좋다는 얘기다. 무게는 700g을 기준으로, 그보다 가벼운 건 좋지만 지나치게 무거운 것은 원투력과 조작성이 떨어진다.

길이는 5m, 5.2m, 5.4m로 출시되는데, 평탄한 지형에선 5.4m대로 가장 멀리 던질 수 있으나 경사진 갯바위에선 그보다 짧은 대가 더 휘두르기 좋아서, 종합적으로 5.2~5.4m대가 가장 무난하다 하겠다. 파워는 M, MH, H, HH가 있는데 원투력과 입질 유도력에서 MH(미디엄하드) 낚싯대가 가장 낫다. 그러나 제조사마다 액션이 달라서 어떤 회사의 MH대는 다른 회사의 H대보다 더 빳빳할 수 있다. 돌돔대는 꽂기식과 뽑기식이 있는데 원투력과 고기 제어력에서 꽂기식이 낫다.

릴

돌돔낚시엔 돌돔 전용 양축릴(장구통릴)을 쓴다. 국산품이 20만원, 일산품은 40만~100만원 선이다. 스피닝릴은 양축릴에 비해 파워가 떨어지고 밑걸림 시 낚싯줄을 당겨서 끊어내기가 불편하며(원줄을 양축릴 몸체에 두 바퀴 감은 뒤 당기면 드랙이 풀리지 않아 쉽게 끊어지는데 스피닝릴은 그렇게 할 수 없다) 무엇보다 돌돔낚싯대의 릴시트 위치가 양축릴에 맞게끔 설계돼 있어 스피닝릴로는 멀리 던지기 어렵다.

돌돔릴은 기어비가 중요하다. 기어비가 4.5~5:1 정도로 낮으면 힘이 좋고, 6:1 정

카운터가 달린 돌돔낚시 전용릴.

도로 높으면 감는 스피드가 빠르다. 근거리에서 성게 미끼로 대물을 노릴 땐 저속기어비가, 얕은 수심에서 원투할 땐 고속기어비가 유리한데, 우리나라에는 원투 포인트가 많기 때문에 고속기어비의 릴이 인기 있다. 또 미터기 계기판이 달려 있는 제품이 좋다. 채비가 얼마 정도 날아갔는지를 체크할 수 있기 때문에 조금 전에 돌돔을 한 마리 낚았다면 미터기를 이용해 정확한 지점을 또 노릴 수 있기 때문이다.

받침대

지금까지는 쌍받침대를 많이 썼으나 최근엔 외받침대를 선호하는 추세다. 쌍받침대의 경우 하나의 봉에 두 대를 거치하기 때문에 한 낚싯대가 흔들릴 경우 옆에 있는 낚싯대까지 영향을 주는 단점이 있어 불편하다. 외받침대는 따로 설치하기 때문에 그럴 염려가 없고 또 각각 다른 방향으로 펼쳐서 광범위한 포인트를 공략할 수 있는 이점이 있다. 그리고 돌돔낚시에선 두 대보다 한 대만 사용하는 것이 더 나은 경우가 많다. 특히 입질이 빠른 참갯지렁이를 사용할 땐 외대 사용이 기본이며, 성게를 쓰더라도 입질이 잦을 땐 한 대만 써야 더 많이 낚는다. 가볍고 녹이 슬지 않는 티타늄 재질이 좋지만 너무 고가품이다. 일반 스테인리스 재질은 5만~25만원, 티타늄 재질은 50만원부터 100만원대까지 있다.

민장대

돌돔 산란기인 6월부터 8월까지는 돌돔이 깊은 바닥보다 8~12m 수심의 직벽 중층까지 떠올라서 입질하는 경우가 많다. 따라서 그때는 원투낚시보다 민장대낚시나 찌낚시에 더 굵은 돌돔이 잘 낚이는데, 특히 부산·통영·사천·여수권에서 민장대 돌돔낚시가

갯바위에 받침대를 설치하고 거치해둔 돌돔낚싯대.

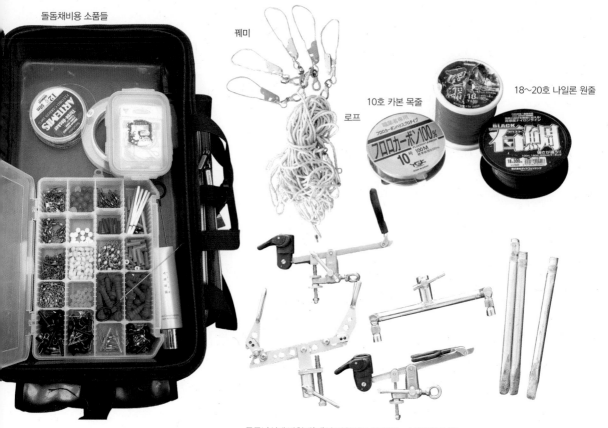

돌돔채비용 소품들

꿰미

로프

10호 카본 목줄

18~20호 나일론 원줄

돌돔낚싯대 받침대(좌)와 받침대를 지지하는 스테인리스 봉.

성행하고 있다. 민장대낚시는 좁은 포인트를 정확히 노릴 수 있기 때문에 속전속결 마릿수 조과가 가능하고 손맛이 뛰어나다. 그러나 돌돔이 깊이 들어가는 가을~겨울엔 잘 안 먹히는 계절적 한계를 지닌다. 돌돔 민장대는 국내 낚싯대 제조업체에서 대부분 생산하고 있으며 가격은 10m 기준 40만~60만원대다. 10m, 11m짜리가 가장 많이 쓰인다.

원줄과 목줄

원줄은 돌돔 원투낚시에서 아주 중요하다. 원줄은 부드러워야 원투가 가능하고, 잘 늘어나지 않아야 밑걸림 때 끊기 쉽다. 딱딱한 줄은 가이드를 빠져나가면서 저항을 받기 때문에 원투력에서 많이 떨어진다. 또 퍼머 현상도 잘 일어난다. 그러나 부드럽다고 해

서 신축성이 많아선 안 된다. 밑걸림이 잦은 돌돔낚시에선 바닥에 걸린 채비를 당겨서 끊어야 할 경우가 많은데, 원줄이 많이 늘어나면 그만큼 더 많이 당겨야 끊어지므로 체력 소모가 많아진다.

원줄의 호수는 16~18호가 표준이며, 6짜급을 노릴 땐 20호, 남녀군도 초대형 강담돔낚시 때는 24~30호까지 쓴다. 한편 조류가 센 추자도에선 조류 저항을 적게 받는 12~14호 줄도 쓴다.

목줄은 12~14호가 표준이며, 10~16호까지 쓰인다. 16호 줄도 불안할 만큼 대물 출몰이 잦은 곳에선 38~37번 와이어를 목줄 대신 사용한다. 목줄의 길이는 초여름에 해초가 많을땐 70cm~1m로 길게 하여 미끼가 해초 위에 얹히게 하고, 해초가 녹은 후인 가을엔 40~60cm로 짧게 한다. 목줄이

받침대에 거치한 돌돔대를 바라보며 입질을 기다리고 있다.

너무 짧으면 돌돔이 입질 시 이물감을 느낄 수 있고, 너무 길면 어신 전달이 지저분해지고 밑걸림이 잦다.

봉돌

40호, 50호, 60호의 세 가지 무게를 주로 쓰며 형태는 구멍봉돌과 고리봉돌이 있다. 일반적으로 원투에 유리한 구멍봉돌을 많이 쓰는데, 밑걸림이 심한 곳에선 버림봉돌채비용 고리봉돌을 쓴다. 50호가 표준으로 사용되며, 조류가 약한 곳에서 근투할 땐 40호가 적합하고 조류가 센 곳에서 원투할 땐 60호가 유리하다(70호를 쓰는 낚시인도 있다).

돌돔낚시용 봉돌은 가벼운 것보다 무거운 게 좋다. 봉돌이 가벼우면 채비가 조류에 떠밀려서 밑걸림이 빈발하기 때문이다. 봉돌이 무겁다고 해서 돌돔이 입질 시 이물감을 느끼거나 어신이 둔해지지는 않는다.

돌돔꿰미

낚은 돌돔은 살림망보다 꿰미로 아래턱을 꿰어서 살린다. 여름에는 표층수온이 높아 가급적 깊은 수심에 돌돔을 보관해야 싱싱하게 살릴 수 있다. 깊이 가라앉히기 위해 줄 끝에 100호 정도의 봉돌을 달기도 한다. 가격은 3개에 1만원 정도. 한편 꿰미줄은 직경 1cm 정도의 로프를 등산점이나 선구점에서 20~30m 구입한다.

게고둥. 일명 소라게로 부르며 소라 속에 살고 있는 게를 미끼로 쓴다.

파라솔

여름에 주로 즐기는 돌돔낚시에서 파라솔은 필수품이다. 휴대하기 간편하고 각도를 조절할 수 있는 갯바위 전용 파라솔이 시판되고 있지만, 전문 낚시인들은 45~47인치로 그늘이 넓은 민물용 파라솔을 갯바위용으로 개조하여 쓰기도 한다.

소품통

도래, 스크루도래, 쿠션고무, 핀도래(버림봉돌채비용)를 담는다. 소품통은 대개 플라스틱 소재로 되어 있어 갯바위에서 미끄러지기 쉬운데 소품통 바닥에 마우스패드를 붙여 놓으면 미끄러지는 것을 방지할 수 있다.

기타

망치, 성게꽂이, 아이스박스도 필수품이다.

채비

바늘채비의 선택

돌돔바늘엔 일반 귀바늘 외에 구멍이 뚫린 혈바늘이 있다. 혈바늘은 코바늘(편직바늘)과 속심케블라합사를 사용해 빨리 묶을 수 있는 바늘이다. 귀바늘로 바늘채비를 묶을 때 가는 합사를 감아서 묶는다.

바늘채비를 묶는 속심케블라합사는 10호, 12호, 15호, 18호가 있는데 12호 합사가 가장 많이 쓰인다. 성게와 참갯지렁이를 미끼로 쓸 때는 쌍바늘로 묶어서 사용하며, 소라, 게고둥, 전복 등을 쓸 때는 외바늘로 묶어 사용한다. 바늘의 크기는 성게를 쓸 때 12~13호(쌍바늘), 참갯지렁이를 쓸 때 11~12호(쌍바늘), 소라, 게고둥, 전복을 쓸 때 14~15호(외바늘) 바늘이 알맞다.

구멍봉돌채비

가운데 구멍이 뚫린 봉돌을 쓴다. 구멍봉돌 밑에 쿠션고무, 구슬, 도래를 연결한 다음 목줄(10~14호)을 50~80cm 길이로 묶고 목줄 끝에 케블라합사로 묶은 바늘을 연결한다. 구멍봉돌채비는 돌돔이 입질했을 때 낚싯줄이 봉돌구멍을 자유로이 통과하기 때문에 돌돔이 이물감을 느끼지 않는다는 것과 그만큼 시원한 어신이 나타난다는 장점이 있다. 또 봉돌이 바위틈에 박혔다가도 생각보다 잘 빠져 나오기 때문에 봉돌 유실로 인한 환경오염을 줄일 수 있다. 현재 돌돔낚시에서 가장 많이 쓰이는 채비다.

보라성게 사용법

사시사철 잘 먹히는 돌돔 미끼는 참갯지렁이(혼무시)와 게고둥이다. 그러나 참갯지렁이는 잡어에 취약한 핸디캡 때문에 수온이 낮아서 잡어들의 활동이 뜸한 12월~5월에 쓴다. 게고둥도 특효 미끼지만 구하기 어려운 게 단점이다. 그래서 실제로 6~12월에 가장 많이 쓰이는 최고의 돌돔 미끼는 보라성게다.

① 가위로 바늘을 꽂을 부분만 가시를 조금 잘라낸다. 자르지 않는 낚시인들도 있다.
② 성게 윗부분 가운데 있는 항문으로 성게꽂이를 넣어 반대편 입으로 빼낸다.
③ 성게꽂이에 바늘채비를 건다.
④ 성게꽂이를 당겨 바늘이 성게 표면에 밀착하면 손으로 눌러서 바늘을 성게 껍질 안으로 밀어 넣는다(바늘을 꽂는 부위에 대해서는 낚시인들마다 방식이 다르다. 대체로 돌돔의 활성이 낮을 때는 이 사진처럼 입 주변에 꽂고 활성이 높을 때는 옆에 꽂는다).

돌돔 바늘채비 만들기

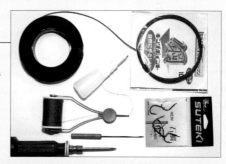

준비물
돌돔용 귀바늘(12~14호),
속심케블라합사(12호나 15호),
보빈, 순간접착제, 문구용 칼,
코바늘(小 또는 小小).

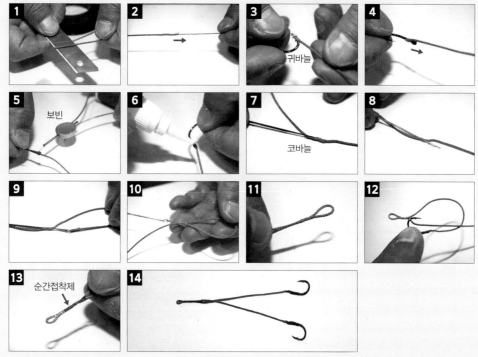

① 케블라합사를 적당한 길이로 자른다. 보라성게용 채비를 만들려면 20cm, 참갯지렁이·말똥성게용 채비를 만들려면 25cm 길이로 잘라주면 적당하다. 참갯지렁이와 말똥성게를 꿰려면 합사목줄이 길어야 편리하기 때문이다. 자를 때는 가위보다 문구용 칼이 편하다.

② 케블라합사의 속심을 빼낸다.

③ 속심을 뺀 케블라합사 끝 0.5~0.8cm 거리에 귀바늘을 꽂는다.

④ 케블라합사가 귀에 걸리도록 강하게 한 번 당겨준다.

⑤ 보빈을 이용해 바늘허리부터 바늘귀까지 충분히 감아준다. 너무 단단하게 묶으려고 보빈을 세게 잡아당기면 줄이 끊어지므로 주의한다.

⑥ 바늘귀 부분에 순간접착제를 한 방울 떨어뜨린다.

⑦ 스크루도래에 연결할 고리를 만드는 과정이다. 나머지 한쪽은 바늘을 묶지 않은 상태로 한다. 먼저 매듭을 만들 위치를 잡은 후 코바늘을 케블라합사의 중앙으로 찔러 넣고 1cm가량 통과시켜 빼낸다.

⑧ 사진과 같이 관통하게 되는데 바늘이 잘 들어가지 않으면 목줄을 엄지와 검지로 잡고 문지르면 쉽게 들어간다.

⑨ 반대쪽 끝을 코바늘에 걸고 당긴다.

⑩ 이때 강하게 당기지 말고 케블라합사를 살살 문지르면서 약간 뭉치게 만들어야 합사 속의 공간이 넓어져서 코바늘을 쉽게 빼낼 수 있다.

⑪ 빼낸 반대쪽 케블라합사를 천천히 당겨서 고리 모양을 만든다.

⑫ 나머지 한쪽에 바늘을 묶은 후 사진과 같이 바늘을 반대쪽 목줄에 넣어 빼낸다. 양바늘을 서로 교차해가며 서너 번 땋아주면 좋다.

⑬ 고리에 순간접착제를 발라준다.

⑭ 완성.

돌돔낚싯대 캐스팅 요령

캐스팅 시 돌돔낚싯대를 쥐는 자세.

돌돔 원투낚시의 매력은 멀리 던지는 호쾌함에 있고, 조과도 90% 원투능력에 좌우된다. 사전에 포인트를 숙지하고 있는 장소라면 그곳을 노리면 되겠지만, 새로운 포인트에 처음 내렸다면 최대한 멀리, 여러 방향으로 캐스팅을 한 다음 봉돌을 천천히 감아 들이며 뚝 떨어지는 곳(골)부터 찾아야 한다. 그런 곳이 대개 돌돔 포인트다. 즉 원투가 가능하면 그만큼 포인트 탐색범위가 더 넓어지는 것이다.

그러나 처음부터 너무 멀리 던지려고 하면 이상한 캐스팅 버릇이 들기 쉽다. 한번 잘못 잡힌 캐스팅 자세는 교정하기 어렵다. 장구통릴을 사용하는 돌돔대 캐스팅 요령은 '오른팔로 던지는 게 아니라 왼팔로 잡아채는 것'이다. 이때 항상 체중은 뒷발에 두어야 자세가 흐트러지지 않으며 상체를 너무 앞으로 숙이지 않도록 주의한다. 항상 '내 힘의 8할만 가지고 던진다'는 기분으로 캐스팅해야 한다.

그럼 어떻게 하면 멀리 던질 수 있을까? 돌돔낚시인들이 제일 많이 고심하는 부분일 것이다. 돌돔대에 양축릴로 던질 수 있는 최고의 원투거리는 120~130m다. 그러나 보통 체력의 낚시인이 어느 정도 연습을 통해 던질 수 있는 거리는 70~80m다.

장타의 비결은 첫째, 뻣뻣하지 않고 부드러운 낚싯대를 쓸 것. 둘째, 가이드에 저항이 적은 부드러운 원줄을 쓸 것. 셋째, 구멍봉돌을 쓰되 통상적으로 쓰는 50호보다 무거운 60호나 70호를 사용하는 것이다. 넷째, 무엇보다 가장 중요한 캐스팅 자세다. 자세가 안정되어 있어야 전력을 다해 던질때 흐트러지지 않는다. 그럼 던지는 자세에 대해 알아보자.

1~3

4~5

1 보폭을 1m 정도로 약간 넓게 잡고(보폭이 좁으면 힘껏 던지기 어렵다) 앞으로 내딛는 왼쪽 디딤발은 던지고자 하는 목적지를 향한 다음 오른쪽 발은 3시 방향을 향하게 편안하게 선다. 왼발을 디디는 부분이 평탄하여 안정되어야 한다(왼발이 오른발보다 낮은 위치에 있으면 좋지 않다). 캐스팅 순간엔 왼발에 모든 힘이 쏠리기 때문이다. 그래서 하체가 약하면 원투는 어렵다. 던질 때 미끄러짐을 방지하는 신발도 중요하다. 그래서 암벽등반용 릿지화(바닥에 생고무를 붙여 전혀 미끄러지지 않는다)를 많이 신는다.

2 왼손으로 릴시트를 움켜잡고 왼손 엄지는 스풀의 원줄을 지그시 누른다. 오른팔은 충분히 위로 뻗어서 릴에서 80~90cm 정도 위쪽의(이 거리가 짧으면 낚싯대를 후려칠 때 회전력을 얻기 어렵다) 낚싯대를 가볍게 잡는다.

3 낚싯대는 오른쪽 어깨 위로 올려 수평을 이루도록 한다. 이때 뒤쪽에 사람이나 장애물이 있는지 여부를 확인한다. 봉돌의 위치는 초릿대 끝에서 약간 멀수록 채비가 멀리 날아가는데 20cm 정도 간격을 유지하면 알맞다.

4 던지기 직전 시선은 정면을 바라보고 허리와 낚싯대 탄력을 최대한 이용하여 힘껏 던진다. 내 몸과 낚싯대가 일체가 된 상태에서 후려쳐야 하는데, 많은 연습이 필요하다. 원줄을 놓는 타이밍이 중요하다. 회전하는 낚싯대가 12시 방향을 지나는 순간 스풀을 누른 엄지를 놓는 것이 제일 이상적이다. 이때 멀리 던지려고 너무 힘을 주다 보면 백래시(퍼머)가 발생할 수 있으므로 수차례의 연습을 통해 원줄 놓는 타이밍을 습득해야만 한다.

5 투척 방향을 잡는 요령은, 채비를 던지기 전 조류의 강약을 보고 상류 쪽에 초점을 맞춘 뒤 바닥까지 내려가는 거리만큼 계산하여 더 멀리 던지는 것이다.

6 캐스팅 후 스풀을 무한정 자유롭게 회전시켜선 안 되며 전방으로 날아간 봉돌이 다시 낙하하는 순간부터는 스풀을 엄지로 살짝 눌러주어야 백래시로 불리는 줄엉킴이 발생하지 않는다. 백래시의 발생 원인은, 원줄의 방출속도는 시간이 갈수록 줄어드는데 반해 스풀의 회전은 가속도가 붙어서 점점 빨라지기 때문이다. 백래시를 방지하기 위해선 위로 치솟은 봉돌이 정점에서 낙하할 때 엄지로 스풀을 살짝 눌러주는 것이다.

7 채비가 착수하면 물속 바닥에 떨어질 때까지 원줄을 빠듯하게 잡고 풀어준다. 느슨하게 풀어주면 밑걸림이 잦다. 봉돌이 바닥에 닿고 나면 늘어진 원줄을 팽팽하게 사려서 낚싯대를 받침대에 거치한 뒤 입질하기를 기다리면 된다.

전유동식 버림봉돌채비

원줄에 구멍봉돌 대신 핀도래를 넣고 그 핀도래에 고리봉돌을 묶는 채비다. 구멍봉돌에 버금갈 만큼 입질도 시원하고, 밑걸림이 발생하면 당겼을 때 핀도래가 벌어지면서 봉돌은 떨어져 나가고 채비만 회수된다는 장점이 있으나, 그만큼 봉돌이 너무 쉽게 유실된다는 면에서 사용을 자제했으면 하는 채비다.

낚시방법

돌돔낚시는 한 번 입질을 받은 포인트를 정확히 반복하여 노림으로써 마릿수 조과를 거둘 수 있는 정확한 캐스팅이 최고의 테크닉이다. 돌돔대는 보통 두 대를 펼쳐서 멀리 그리고 가까이 던지거나, 왼쪽 오른쪽으로 던져서 입질이 들어오는 쪽을 집중적으로 노린다. 입질이 자주 들어올 때는 한 대만 가지고 부지런히 미끼를 갈아주는 것이 더 유리하다.

돌돔낚시 포인트는 ①조류가 빠르고 ②수중여가 발달하고 ③수심이 깊은 곳에 주로 형성된다. 특히 돌돔 포인트는 조류가 정면으로 받혀 들어오는 방향에 많이 형성된다. 돌돔 포인트들은 각 섬마다 대부분 소상하게 파악되어 있으므로 전문 가이드의 안내를 받아서 내리면 된다.

1단계_캐스팅하기

갯바위에 내리면 고참 낚시인이나 가이드가 원투 방향과 거리를 가르쳐줄 것이다. 그때 미끼를 떨어뜨리라고 주문하는 곳은 대개 그 주변에서 수심이 가장 깊은 골이다. 그러나 돌돔이 항상 골에서만 입질하는 건 아니다. 돌돔의 산란기인 6~7월엔 9~11m 수심의 수중턱에 붙어서 입질하는 경우도 많고

7~8m 수심의 얕은 여밭에서 입질할 경우도 많다.

보통 수심 15m를 기준으로 깊고 얕은 포인트를 구분하는데, 돌돔이 왕성한 입질을 보일 때는 계절에 상관없이 10~12m 수심에서 많이 낚인다. 한편 수온이 낮고 돌돔의 활성도가 낮을 땐 깊은 수심대가 유리하다. 20m 안팎이면 깊은 수심에 든다. 대개 섬의 동·남쪽 포인트가 서·북쪽 포인트보다 깊다.

캐스팅은 무턱대고 멀리 던지는 것만이 능사가 아니다. 투척거리는 첫째 조류, 둘째 지형에 따라 달라져야 한다.

첫째 조류를 기준으로 할 때, 근처에서 가장 세다 싶은 조류(눈에 보이는 본류의 띠) 바로 아래를 노린다는 생각으로 던진다. 유속이 약하여 본류가 멀리 흐를 때는 멀리 던지고, 강한 본류가 갯바위 가까이 붙어서 흐를 땐 오히려 가까이 던져야 좋다. 만약 본류가 강할 때 원투하면 급류에 원줄이 떠밀려서 밑걸림만 양산한다.

특히 조류가 정면으로 받히는 포인트에선 유속에 상관없이 근거리에서 입질이 잦다. 이런 곳에선 원투능력이 약한 초보자도 쉽게 돌돔을 낚을 수 있다. 이때 조류가 정면으로 받혀서 양쪽으로 갈라지는 정중앙에 포인트를 잡고 낚싯대를 던져야 밑걸림 없이 속전속결의 낚시를 할 수 있다. 만약 옆으로 갈라지는 조류에 채비를 던지면 원줄이 휘어지면서 밑걸림이 야기된다.

둘째 지형을 기준으로 할 때, 발밑이 깊은 포인트라면 유속에 상관없이 근거리 골을 노리는 게 유리한 경우가 많다. 그러나 얕은 수심이 밋밋하게 이어진 포인트라면 원투가 유리하다.

2단계_챔질하기

제주 소관탈도 낙타바위 갯바위에서 돌돔을 건 낚시인이 온힘을 다해 파이팅을 벌이고 있다.

초보자들은 예신이 오면 낚싯대에 손을 갖다 대는데 그러면 성급한 챔질로 이어지기 쉽다. 돌돔은 미끼를 입에 대면 포기하는 경우가 극히 적다. 예신이 아무리 길어도 십중팔구 낚싯대 허리까지 휘어지는 본신으로 이어진다. '삼단입질' 따위의 상식은 잊어버리고 그냥 내버려두면 저절로 '휘청'하고 내리박으며 자동걸림이 된다.

그때 낚싯대를 들어 올리면 된다. 챔질이 늦어서 미끼만 따먹고 가거나 수중암초 속에 박히는 경우는 거의 없다. 활성도가 좋을 때는 까다로운 예신 없이 대를 가져가지만 입질이 약할 때 문제가 된다. 그때는 초리가 부드러운 낚싯대라야 돌돔이 끌고 갈 때 이물감이 없어서 확실하게 물고 돌아선다. 단번에 낚싯대가 허리까지 처박히는 강력한 입질이 와도 바로 채면 헛챔질이 되는 경우가 많다. '하나 둘' 하고 1초 정도 기다렸다가 채면 더 안전하다.

그러나 간혹 초릿대가 약하게 흔들리더라도 '타닥−타닥−타닥'하고 반복적으로 흔들리는 경우가 있는데 이는 이미 돌돔이 미끼를 물고 있는 상황이므로 곧바로 챔질을 해야 한다

망둥어낚시

망둥어는 서해안과 남해안 갯벌에서 낚이는 물고기다. 물속에서도 살지만 물이 빠진 갯벌을 걸어 다니거나 폴짝폴짝 뛰어다니는 물고기가 바로 망둥어다. 망둥어낚시는 장비가 간단하고 낚시방법도 쉬워서 초보자들의 낚시입문 코스로 알맞다. 누구나 낚을 수 있기 때문에 패밀리피싱 코스로 인기가 높다. 특히 서해처럼 갯벌이 넓은 바닷가엔 좋은 낚시터가 많다.

우리가 낚시로 만나는 망둥어는 서해와 남해의 종이 다르다. 서해에서 많이 낚이는 망둥어의 정식 이름은 풀망둑이며 남해에서 많이 낚이는 망둥어는 문절망둑이다. 사실 망둥어는 방언이며 정식 이름이 아니다. 망둑어가 맞다. 그러나 우리가 망둥어라고 많이 부르다 보니 일반적으로 쓰이게 됐다.

시즌과 낚시터

망둥어는 거의 연중 낚이지만 계절에 따라 잡히는 씨알이 다르다. 겨울부터 여름까지는 잘고 몸통도 왜소해서 볼품이 없다. 하지만 9월을 넘겨 찬바람이 솔솔 불기 시작하면 급격히 살이 오르고 맛도 좋아진다. 10월 중순이면 25cm까지 성장한 놈들이 많이 낚여서 손맛도 좋다. 가을을 망둥어의 계절로 부르는 이유다.

가을이 되면 망둥어 어자원이 몰라보게 증가한다. 서해와 남해에 걸쳐 뻘밭인 곳은 예외 없이 망둥어가 있다. 특히 민물이 유입되는 강 하구에 망둥어가 많다. 더러는 바다와 연결된 민물에서 낚이기도 하는데 바닥에 뻘이 있는 곳이라면 어디라도 망둥어가 산다고 생각하면 틀리지 않다.

망둥어가 가장 잘 낚이는 시기는 10월이다. 20~25cm 씨알로 마릿수 조과를 거두기 쉽다. 12월부터는 더 굵은 씨알의 망둥어가 낚이는데, 이른바 '동태 망둥어'라고 부르는 40~45cm 씨알을 낚을 수 있다. 12월이 되면 서해안 일대에는 북서풍이 강하게 불기 때문에 낚시여건이 좋지 않지만 씨알 좋은 망둥어를 만나고 싶다면 12월부터 1월까지의 기간을 놓치지 말아야 한다.

서해는 인천, 강화도, 화성, 태안, 군산, 부안 전역이 망둥어 낚시터이며 전남은 목포, 진도, 해남, 완도, 고흥, 여수, 순천의 갯벌 어디에서든 만날 수 있다. 경남은 하동, 남해, 진해, 부산의 강 하구가 포인트다.

장비와 채비

바다낚시 장비와 채비 중 망둥어만큼 단순한 것도 없다. 망둥어는 미끼만 보면 식욕을

망둥어낚시 장비·채비

2호 합사 또는
4호 나일론 원줄

원투낚싯대

스냅도래

바늘이 2~3개
달린 묶음추채비

4000번 내외 스피닝릴

참지 못하고 달려드는데 바늘이 자기 입보다 커도 계속 꾸역꾸역 삼키므로 채비의 예민성 같은 것은 따질 필요가 없다.

초보자라면 릴낚시 장비가 여러모로 편리하다. 민장대로도 망둥어를 낚을 수 있지만 대개 발판이 높은 방파제나 선착장에서 낚시를 하므로 민장대로는 그런 곳을 공략하는데 한계가 있다. 또 수심 얕은 연안에서 낚시할 때는 채비를 멀리 던져 깊은 곳을 노려야 하므로 릴낚시가 유리하다.

망둥어낚시용 릴낚시 장비는 고급 제품을 구입할 필요가 없다. 가장 판매량이 많은 제품은 저렴한 릴낚시 세트다. 릴과 낚싯대를 한 세트로 묶은 것인데 릴에 낚싯줄까지 감겨있어 별도로 원줄을 구입할 필요가 없다. 본격적으로 망둥어낚시를 즐기고 싶다면 10만원대 세트 제품을 구입하는 게 좋다. 품질도 양호한 편인데 한 번 구입하면 2~3년은 큰 탈 없이 쓸 수 있다. 특히 릴대의 가이드 빠짐 같은 고질적인 문제가 덜해 낚시 도중 스트레스를 덜 받는다.

릴과 낚싯대는 저렴한 세트 상품으로 구입하고 채비는 묶음추 세트를 장만하면 낚시 준비는 끝난다. 묶음추는 제품 1봉지에 봉돌, 목줄, 바늘이 모두 세팅돼 있다. 묶음추의 종류는 다양하지만 기본 형태는 유사하다. 기왕이면 바늘이 세 개 달린 제품보다 두 개 달린 제품이 좋다. 바늘이 세 개 달린 제품은 바늘끼리 잘 걸리고 미끼를 꿸 때도 손이 많기 가기 때문에 불편하다.

미끼

청갯지렁이가 입질도 빠르고 무난하다. 간혹 오징어살이나 꽁치살을 잘라 쓰는 경우도 있는데 실제로 써보면 청갯지렁이에 비해 입질이 더디다. 오징어살이나 꽁치살은

간조 때 드러난 갯벌 연안에서 망둥어를 노리는 낚시인.

질겨서 바늘에서 잘 떨어지지 않는 것이 장점이지만 그 상태로 재차 던져 넣으면 입질 빈도가 떨어진다. 망둥어낚시 고수들이 추천하는 생선살 미끼는 고등어살이다. 고등어살은 부드러워 바늘에서 잘 떨어지므로 소금으로 염장을 한 후 사용하는 게 좋다. 그렇게 하면 질기고 냄새도 강해 집어력도 강하다.

낚시방법

망둥어낚시 초보자가 자주 겪는 황당한 상황은 썰물 때 낚시를 떠난 경우다. 망둥어는 바닷고기 중 지능이 가장 낮은 고기로 무시 당하지만 의외로 밀물과 썰물의 변화는 귀신 같이 감지한다. 물때에 따른 특징이라면 밀물 때는 돼지처럼 미끼를 덮치다가도 썰물로 바뀌면 언제 그랬냐는 듯이 입을 다물고 만다는 것이다.

망둥어낚시 미끼로 인기 있는 청갯지렁이.

저렴하고 손쉽게 사용할 수 있는 묶음추채비.

망둥어의 내장을 빼낸 후 해풍에 말리고 있다.

망둥어 낚시터는 선착장이나 방파제처럼 수심이 깊은 곳이 아니라면 물이 절반만 빠져도 뻘밭이 드러나는 곳이 대부분이어서 낚시 자체가 불가능해진다. 따라서 망둥어낚시를 효율적으로 즐기고 싶다면 반드시 물때표 보는 법을 익혀둘 필요가 있다. 물때표를 보고 적어도 중들물에 포인트에 도착해서 중썰물까지 낚시를 즐기고 썰물 전후에는 입질이 없으니 쉬거나 철수를 해야 한다. 초들물에는 망둥어가 왕성하게 입질한다.

요리

망둥어를 찜과 조림으로 만들어 먹기 위해서는 가을 햇살에 꾸덕꾸덕 말리는 게 좋다. 그러면 특유의 흙내가 나지 않고 육질도 쫀득해져 맛도 좋다. 말린 망둥어는 양념 조림, 매운탕으로 먹으면 좋고 그냥 쪄서 양념장에 찍어 먹어도 맛있다.

망둥어 찜은 양념장을 발라서 찌는 것과 말린 상태 그대로 찌는 방법이 있다. 바닷가 어민들은 양념장을 바르지 않고 쪄낸 것을 더 즐겨 먹는데 잘 익은 살점을 찢어서 양념장에 찍어 먹으면 그 맛이 담백하다. 참고로 망둥어를 꾸덕꾸덕하게 말릴 때는 약간의 소금간을 하는 게 좋다. 손질 후 소금을 약간 뿌렸다가 한 시간 뒤 수돗물로 씻어 내거나 아예 바다에서 소금물에 한 시간 정도 물간을 했다가 말린다.

남해에서 낚이는 문절망둑은 껍질과 뼈째 썰거나 껍질만 벗겨 썰어서 회로 먹는데 고소한 맛이 일품이다. 서해에서 낚이는 풀망둑은 10~11월에 낚이는 것은 회로 먹되, 12월을 지나 산란을 마친 망둥어는 찜으로 요리하는 게 좋다. 산란철이 지난 풀망둑은 살이 적고 고소한 맛이 떨어진다.

말린 망둥어에 양념을 얹어 만든 찜.

그래서인지 초들물에는 채비를 멀리 던지는 것보다 발밑을 바로 노리는 게 유리하다. 탐식성이 강한 고기다보니 들물이 시작하는 것과 동시에 얕은 곳으로 재빨리 이동해 먹잇감을 찾는다. 릴낚시라도 초들물 때는 원투를 하는 것보다 발 앞 3~4m 거리를 노리는 게 훨씬 입질이 빨리 들어온다. 이후 만조 무렵이 돼 물이 다 차오르면 얕은 곳으로 바짝 몰렸던 망둥어들이 넓게 퍼지는데 이때는 원투낚시로 먼 거리를 노리는 게 유리하다.

망둥어는 의외로 수온변화에 민감하다. 그래서 여름과 초가을에는 얕은 곳에서도 잘 낚이다가 수온이 내려가면 깊은 곳에만 머무르는 습성이 있다. 따라서 겨울로 갈수록 묶음추채비도 봉돌 무게가 많이 나가는 것을 선택하는 게 유리하다.

들물 상황인데도 입질 없으면 채비를 약간씩 끌어주는 게 좋다. 망둥어는 움직이는 미끼에 적극적으로 반응한다. 묶음추채비가 바닥에 떨어지면 뻘이 들썩이게 되고 이 파동을 느끼고 망

남해에서 낚이는 문절망둑.

둥어가 달려든다. 따라서 채비를 던진 후 입질이 없다면 2~3분 간격으로 채비를 끌었다 놓는 게 잦은 입질을 받을 수 있는 방법이다. 이때 질질 끌기보다는 약간 세게 챔질해 채비가 살짝 떴다가 가라앉을 수 있도록 한다. 그래야 미끼가 뻘에 덜 묻힌다.

서해에서 낚이는 풀망둑.

풀망둑과 문절망둑

망둥어의 정식 명칭은 망둑어다. 망둥어는 서해지역에서 부르는 이름이다. 망둥이라고 한다. 경남지역에선 문저리, 꼬시래기라고 부르고 전남지역에서는 운저리라고 부른다.

서해에서 낚이는 풀망둑은 문절망둑보다 대형이어서 겨울이 되면 40cm까지 자란다. 이에 반해 남해에서 낚이는 문절망둑은 커야 20cm 내외다. 풀망둑이 문절망둑보다 꼬리가 길고 가늘며 같은 크기라면 풀망둑이 문절망둑보다 머리가 약간 큰 편이다. 제2등지느러미의 줄기 수가 풀망둑은 19개, 문절망둑은 12~14개여서 대충 눈으로 봐도 풀망둑이 훨씬 길게 보인다. 지역에 따라 풀망둑과 문절망둑이 섞여 낚이는 곳도 있다.

맛으로는 문절망둑이 풀망둑보다 한 수 위다. 문절망둑은 뼈회를 썰어 놓으면 고소한 데 반해 풀망둑은 별 맛이 안 난다. 그래서 풀망둑은 회보다는 꾸덕꾸덕하게 말려 쪄 먹거나 조림이나 매운탕을 해먹는다. 풀망둑은 단년생으로 알려져 있으며 산란기는 3~5월이다. 산란을 마친 후에는 바로 죽어버린다. 봄에 낚시를 하다보면 길이는 40cm가 넘지만 몸이 홀쭉하게 빠진 망둥어가 종종 낚이는데 이미 산란을 마친 상태로 조만간 일생을 마칠 놈들이다. 산란을 마친 망둥어는 맛도 떨어진다.

이에 반해 문절망둑의 산란기는 1~5월로 길다. 알에서 깬 후 1년 만에 11~12cm까지 성장하고 2년이면 18~20cm 크기가 된다. 수명은 2년으로 알려져 있으나 최대 3~4년까지도 사는 놈들도 있다.

무늬오징어 에깅

에깅이란 에기(일본 어부들이 개발한 오징어용 루어)로 무늬오징어를 낚는 낚시를 말한다. 에기에는 무늬오징어뿐 아니라 갑오징어, 한치(창오징어)도 낚이지만 에깅이라 하면 주로 무늬오징어낚시를 말한다. 일본에서 시작된 에깅이 국내에 본격적으로 정착된 것은 2007년경부터다. 그러나 이 신생 낚시장르는 '낚시의 장점만을 모아놓은 완벽한 장르'라는 찬사를 받으며 폭발적인 인기를 누리고 있다. 그리고 에깅이 전파되면서 우리바다에 무늬오징어가 많다는 사실이 제대로 알려졌다.

외계에서 온 듯한 생명체를 낚는다는 희열감, 화려한 낚싯대 액션, 제트엔진이 내뿜는 듯 가공할 손맛은 무늬오징어 에깅에서만 느낄 수 있다. 한 번 붙으면 감당하기 힘들 정도의 마릿수 조과를 안겨주는가 하면 낚시인의 간담을 서늘하게 만드는 3~4kg의 초대형 사이즈도 출현한다. 어떨 땐 눈에 보이는데도 에기를 덮치지 않는 까탈을 부려 점점 그 묘미에 빠져든다. 특히 아무리 먹어도 질리지 않는 무늬오징어의 맛은 중장년층의 낚시인들까지 에깅에 입문하게 만들었다.

무늬오징어 에깅은 연안낚시와 배낚시로 구분하며 대부분 연안에서 하지만 부산, 통영, 남해도 일원에서는 배낚시도 성행하고 있다. 하지만 배낚시라고 하더라도 대부분 얕은 연안을 벗어나지 않는다.

시즌과 낚시터

제주도는 연중 무늬오징어가 낚인다. 다만 제주도 북부는 영등철엔 확률이 떨어지며 그땐 서귀포 쪽으로 가야 한다. 남해동부의 무늬오징어는 5월부터 12월까지 낚이며, 여수를 중심으로 한 남해중서부는 7월부터 11월까지 무늬오징어 시즌이다. 동해북부 삼

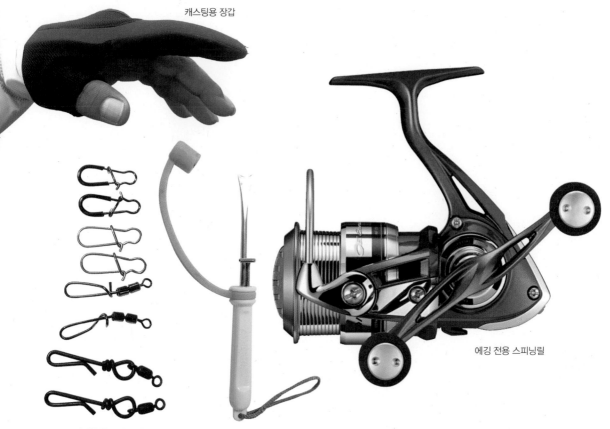

캐스팅용 장갑

에깅 전용 스피닝릴

다양한 형태의 스냅

무늬오징어용 침. 낚은 뒤 즉사(시메)시킬 때 사용한다.

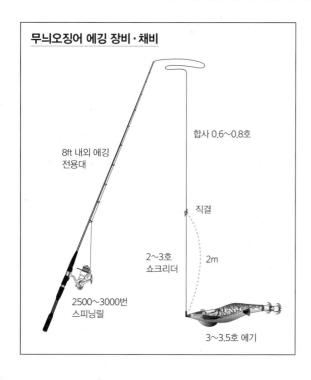

무늬오징어 에깅 장비 · 채비

8ft 내외 에깅
전용대

합사 0.6~0.8호

직결

2~3호
쇼크리더

2m

2500~3000번
스피닝릴

3~3.5호 에기

척~울진권은 8월부터 11월까지 무늬오징어가 낚이며 동해남부 영덕~부산권은 6월부터 12월까지 에깅을 할 수 있다. 피크시즌은 제주도는 11월 중순~2월 중순, 남해안은 9~10월이다.

무늬오징어의 서식지는 물색이 맑고 난류의 영향을 많이 받는 지역이다. 동해안 전역, 여수를 포함한 동쪽의 남해안 그리고 제주도가 에깅터로 꼽힌다. 서해에서도 무늬오징어가 낚이고 있으며 남해서부 내만에서만 무늬오징어가 확인되지 않고 있다.

에깅이 처음 국내에 들어왔을 때만해도 제주도에서만 가능하다고 생각했지만 해가 갈수록 포인트가 개발되고 있다. 가을에는 내만에서도 무늬오징어가 낚이며 초여름과 초겨울에는 먼 바다에 있는 섬에서 무늬오징어가 잘 낚인다.

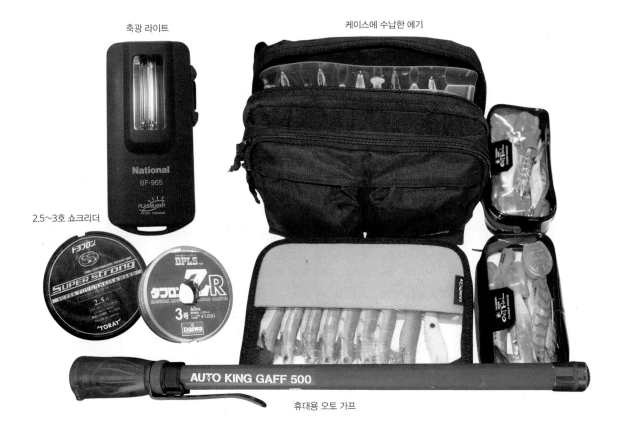

축광 라이트

케이스에 수납한 에기

2.5~3호 쇼크리더

휴대용 오토 가프

장비

낚싯대

에깅에는 에깅 전용 가이드가 달린 전용 낚싯대를 써야 한다. 일반 가이드엔 합사 원줄이 쉽게 엉킨다. 시중에 나와 있는 에깅대는 긴 것, 짧은 것, 가벼운 것, 묵직한 것, 낭창거리는 것, 뻣뻣한 것 등 다양한 스펙을 자랑한다. 예전에는 가볍고 낭창한 것을 선호했지만 최근에는 허리가 약간 뻣뻣하고 초릿대 쪽은 부드러운 것이 인기를 끌고 있다. 이유는 다소 뻣뻣한 낚싯대의 활용 범위가 더 넓기 때문이다.

가볍고 부드러운 낚싯대는 감도가 좋고 빠른 액션을 주기 편하며 낚시하는 데 피로감이 거의 없지만 무거운 무늬오징어를 끌어내기 힘들고 캐스팅 거리가 짧다는 것이 단점이다. 반대로 다소 뻣뻣한 전용대들은 감

도가 떨어지고 저킹에 익숙하지 않는 초보자들이 다루기엔 불편하지만 캐스팅 능력이 뛰어나고 무거운 무늬오징어도 가뿐하게 들어 올릴 수 있다는 장점이 있다. 가벼운 것의 장점과 뻣뻣한 것의 장점을 모두 만족하는 제품은 사실상 찾기 어렵다.

에깅 마니아들은 인터라인 에깅대를 쓰기도 하는데, 채비하기가 조금 불편하지만 허리힘이 좋으면서 가볍고 낚싯대를 통해 전해지는 감도가 좋기 때문에 인기를 끌고 있다. 하지만 인터라인대는 원줄이 낚싯대 속을 통과하는 저항으로 인해 비거리가 짧다는 아쉬움이 남는다.

릴

낚싯대에 비해 릴은 꼭 에깅 전용을 살 필요는 없으나 대다수 에깅낚시인들이 에깅 전

다양한 크기의 에기

스풀 모서리에 닿아 비거리가 많이 줄어든
다. 원줄은 120~150m 정도 감는 것이 좋
다. 100m 이하의 원줄은 몇 번 끊어내면 캐
스팅 후에 에기를 조금만 흘려도 금방 바닥
이 보이게 된다.

채비

원줄

원줄은 합사를 쓴다. 나일론사는 비거리와
감도가 떨어진다. 합사도 가늘수록 비거리
와 감도가 좋아진다. 에깅 마니아들이 가장
선호하는 굵기는 0.8호다. 더 굵은 줄을 쓰
는 낚시인은 거의 없다. 휨새가 좋은 부드
러운 낚싯대를 쓰는 경우 0.4호까지 쓰기도
한다.
에깅용 합사는 가늘고 코팅 등의 마무리가
깔끔할수록 값이 비싸고 강도도 높다. 싼 합
사는 2만원, 비싼 합사는 12만원선이다.
쇼크리더는 카본사 2호 내외면 무난하다.
일부 낚시인들은 카본사가 너무 뻣뻣하여
에기의 액션에 안 좋은 영향을 준다고 생각
해 부드러운 나일론사를 쓰기도 한다.

에기

3호와 3.5호가 기본이다. 3~4초에 1m 가
라앉는 것을 많이 쓴다. 색상은 내추럴컬러
와 오렌지, 빨강색 등이 인기 있다. 색상도
중요하지만 그 에기로 얼마나 정확하고 다
양한 액션을 만들어 낼 수 있는가가 중요하
다. 즉 침강속도와 침강각도, 그 에기가 잘
내는 액션이 조과를 좌우하는 것이다. 수직
액션, 다트액션 등 액션의 용도에 따라 구분
되어 나오는 제품들이 그렇다.
그리고 무게가 같은 3.5호 에기를 같은 조
건에서 캐스팅한다고 해도 더 멀리 날아가
는 제품이 있다. 멀리 날아가는 것들은 급심

용 릴을 구매하고 있다. 가격은 15만~50만
원까지 다양하다. 에깅 전용 릴은 캐스팅하
는 순간 균일한 양의 원줄이 일정하고 매끄
럽게 풀려나간다. 그래서 일반 릴에 비해 캐
스팅 거리가 더 길게 나오며 합사 원줄이 꼬
이는 문제도 많이 줄일 수 있다. 또 에깅에
즐겨 쓰는 0.6~0.8호 합사 원줄을 감기에
딱 알맞은 섈로우스풀을 가지고 있다.
일반 스피닝릴을 쓴다면 가지고 있는 릴의
호환 스풀을 알아보고 되도록 3000번 섈로
우스풀로 바꿔서 쓰기 바란다. 2500번 섈
로우스풀을 쓰기도 하지만 1호 합사 원줄
을 감아 쓰기엔 3000번에 비해 스풀의 깊
이가 약간 모자란 느낌이 있다. 일반 스풀
을 쓸 경우에는 합사 원줄을 감기 전에 적당
히 밑줄을 감은 후에 합사를 감아 준다. 스
풀에 비해 원줄이 적으면 줄이 풀려나갈 때

물속으로 가라앉고 있는 에기.

용 에기로서, 에기 속에 움직이는 웨이트를 삽입해 캐스팅할 때 무게중심이 앞으로 쏠리게 하여 멀리 날아가고 물속에선 빨리 가라앉는다. 원투용 제품들은 포장지에 멀리 날아가는 것이라고 씌어 있으므로 꼼꼼히 살펴보고 구입한다.

가프 또는 뜰채
1kg 이상의 무거운 무늬오징어를 끌어낼 땐 가프나 뜰채가 필요한데 에깅 마니아들은 가프를 선호하는 편이다. 뜰채는 파도가 치는 곳에서 파도에 많이 밀리고 오징어를 담은 후 에기바늘을 망에서 빼내기 불편하기 때문이다.

기타 소품
캐스팅장갑, 에기스냅, 합사가위 등이 필요하다. 캐스팅장갑은 캐스팅할 때 원줄에 손

가락이 쓸리는 것을 막아준다. 에기스냅은 에기를 교체하기 편하게끔 목줄에 달아서 에기를 연결하는 스냅고리다. 합사가위는 합사 원줄을 깔끔하게 잘라낼 수 있다.

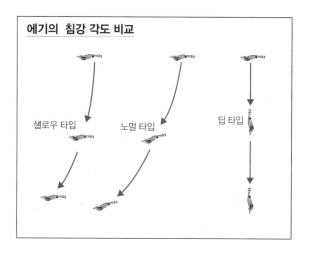
에기의 침강 각도 비교

샐로우 타입　　노멀 타입　　딥 타입

낚시방법

에깅 테크닉의 기본은 원투와 폴링이다. 멀리 캐스팅해야 더 먼 곳에 있는 무늬오징어를 불러 모을 수 있고 착수 후 어떤 형태로 가라앉혀서 어필하는가에 따라 입질 여부가 판가름 난다. 이는 연안낚시와 배낚시가 크게 다르지 않다. 배낚시도 깊은 곳을 노리는 것이 아니라 배에서 연안을 노리기 때문에 연안낚시의 기본 액션을 따르면 어렵지 않게 무늬오징어를 낚을 수 있다.

캐스팅의 기본은 버트캐스팅이다. 에기를 약간 늘어뜨리고 회전 반경을 크게 해서 낚싯대를 후려치듯 캐스팅하는데 이렇게 해야 무거운 에기를 부담 없이 날릴 수 있고 더 멀리 날아간다. 몇 번만 연습하면 되는 어렵지 않은 테크닉이다.

문제는 목줄을 길게 쓸 경우 합사 원줄과 목줄을 연결한 매듭이 매번 가이드에 '드르륵'하고 걸린다는 것이다. 매듭이 가이드에 걸리면서 비거리가 줄어들고 심한 경우엔 매듭이 가이드에 걸리면서 풀려나가는 원줄이 몽땅 꼬여버리는 일이 생긴다. 이런 현상을 방지하기 위해서 목줄을 아주 짧게 쓰는 낚시인도 있지만 권장할 만한 것이 못된다. 바닥지형이 거친 곳은 합사 원줄이 바닥에 쓸려 끊어지는 일이 없도록 목줄을 최하 3m 이상으로 길게 써줘야 한다.

해결방법은 매듭의 크기를 줄이는 수밖에 없다. 물론 매듭 강도도 좋아야 한다. 예전에는 FG노트를 많이 썼지만 최근에는 그것보다 더 간단한 '초간단 FG노트(그림 참조)'가 유행하고 있다. 매듭 크기가 가장 작고 강도도 FG노트보다 더 좋다. 에깅에선 반드시 이 매듭법부터 익혀야 한다.

착수·액션 후엔 원줄의 텐션 팽팽하게 유지

무늬오징어는 에기가 뜰 때가 아니라 가라앉는 도중에 또는 바닥에 닿는 순간 입질한다. 그래서 충분히 가라앉히지 않고 액션만 주다보면 무늬오징어가 에기를 따라올 뿐 덮치지 않는 경우가 많다.

캐스팅 후의 폴링은 프리폴링과 커브폴링으로 나뉜다. 프리폴링은 에기가 가라앉을 때 아무런 견제 없이 그대로 가라앉게 하는 것이다. 가라앉는 속도가 빠르고 가라앉는 각이 작아서 안쪽으로 많이 밀려들어오지 않아 더 먼 곳의 바닥을 찍을 수 있다는 장점이 있다. 주로 깊은 곳에서 에기를 빨리 가라앉히거나 바닥을 빨리 찍어야 하는 경우, 무늬오징어가 모이지 않은 상태에서 쓴다. 단점은 원줄이 느슨하게 늘어진 상태로 가라앉기 때문에 가라앉는 도중에 오는 입질은 파악하기 어렵다는 것이다.

커브폴링은 에기가 착수한 순간

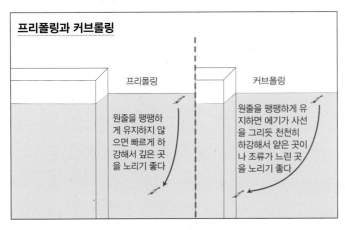

프리폴링과 커브롤링

프리폴링
원줄을 팽팽하게 유지하지 않으면 빠르게 하강해서 깊은 곳을 노리기 좋다

커브폴링
원줄을 팽팽하게 유지하면 에기가 사선을 그리듯 천천히 하강해서 얕은 곳이나 조류가 느린 곳을 노리기 좋다

방파제에서 열린 무늬오징어 에깅 낚시대회. 사진은 제주도 오조리방파제.

여윳줄을 감아 들여 원줄을 팽팽하게 유지하거나 낚싯대를 치켜들어 에기가 커브를 그리면서 천천히 가라앉게 하는 것이다. 물속에서 어필하는 시간을 늘리거나 얕은 곳에서 천천히 가라앉힐 때, 무늬오징어가 중층으로 떠오른 경우, 무늬오징어의 활성도가 낮아 예민한 입질도 빨리 잡아내야 하는 경우에 활용한다. 단점은 조류가 빨라 에기가 빨리 떠내려가는 경우엔 쓰기 어렵고 가라앉는 도중에 에기가 안쪽으로 많이 밀려들어온다는 것이다.

에기에 액션을 준 후에 가라앉힐 땐 프리폴링을 하지 않고 커브폴링 상태를 유지한다. 에기가 바닥층에 있을 때는 천천히 가라앉는 것이 좋고 입질이 언제 들어올지 모르기 때문에 항상 원줄의 긴장을 유지하고 대기해야 한다. 요령은 액션을 준 후에 곧바로 릴을 두세 바퀴돌려 원줄을 팽팽하게 만드는 것이다.

초간단 FG노트

① 그림처럼 목줄에 합사 원줄을 번갈아가며 15회 정도 감아준다. 합사원줄을 좌우로 한 번씩 돌려주기만 하면 된다.

② 원줄을 양쪽으로 잡은 상태에서 목줄 두 가닥을 당기면 목줄이 촘촘하게 밀착된다. 이때 침을 살짝 발라줘도 좋다. 몇 번 더 강하게 당겨서 마찰로 인해 더 이상 당겨지지 않으면 성공.

③ 매듭을 한 번 지은 후 강하게 한 번 더 당겨서 고정한다. 10회 정도 매듭을 더 지어준다.

④ 자투리 줄을 잘라주면 완성.

얕은 수심에선 바닥층 중심으로 천천히

저킹은 원래 지깅에서 쓰는 용어지만 에기에 액션을 주는 것도 저킹이라고 부른다. 에깅이 도입됐을 초반엔 강하고 빠른 저킹이 유행했다. 액션 폭이 크고 속도도 빠르면 깊은 곳에서 멀리 있는 무늬오징어에게까지 어필시킬 수 있고 활성 강한 무늬오징어를 빨리 자극할 수 있다는 것이 장점이다. 단점이라면 무늬오징어의 활성이 낮은 경우엔 반응을 보이지 않는다는 것이다. 저킹을 되도록 천천히 하는 것이 더 효과적이라고 확신하는 낚시인들도 많다.

기본 요령은 먼저 에기를 바닥까지 가라앉힌 후 낚싯대를 쳐올려 에기를 띄우는 것이다. 에기를 가라앉힌 후 낚싯대를 휘두르는 것이 아니라 낚싯대를 슬쩍 들어주는 정도로 액션을 주는 식이다. 무늬오징어의 활성도가 낮을 때는 릴을 한두 바퀴 감아주는 것으로 액션을 끝낸다. 한마디로 바닥을 슬슬 짚고 다닌다고 생각하면 된다. 느린 액션은 밑걸림이 많은 곳이나 깊고 조류가 빠른 곳에서는 쓰기 어렵지만 얕은 곳, 무늬오징어의 활성이 약한 시기에는 아주 효과적인 방법이다.

무늬오징어의 활성도는 시시각각 변하므로 빠른 액션과 느린 액션을 적절히 병행하는 것이 요령이다. 예를 들어 처음에는 강한 액션으로 무늬오징어의 활성을 체크하고 반응이 없으면 천천히 바닥을 노리는 식으로 변화를 주는 것이다.

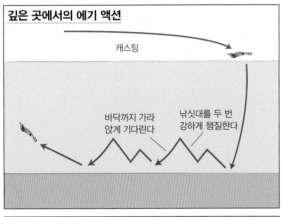

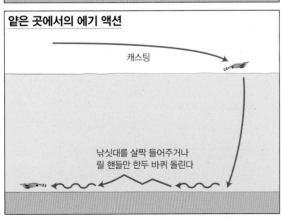

깊은 수심에선 액션을 크게

에깅 포인트는 대개 3~6m로 얕은 수심을 노리는데 여름, 가을과 같이 무늬오징어의 활성이 좋을 때는 깊은 곳을 노려보는 것도 좋다. 깊은 곳을 노리기 위해서는 불가피하게 급심용 에기를 써야 하는데 활성이 아주 좋은 시기가 아니고서는 무늬오징어가 빨리 가라앉는 급심용 에기에는 잘 반응하지 않기 때문이다.

깊은 곳을 노리는 요령은 에기를 바닥까지 완전히 가라앉힌 후 액션을 크게 하는 것이다. 무늬오징어의 활성이 좋은 시기에는 액션이 크고 빨라도 무늬오징어가 쉽게 반응한다. 또 수심이 깊은 곳은 탐색할 구간이 넓기 때문에 작은 액션으로는 탐색시간이 많이 걸릴뿐더러 액션의 효과도 미비하다. 깊은 곳에서 무늬오징어가 반응한다면 강한 입질이 들어오며 입질하지 않더라도 무리를 지어 에기를 쫓아오는 경우가 많다.

무늬오징어 팁런

틴럽이란 초릿대를 뜻하는 '팁(Tip)'과 입질 또는 달린다는 뜻의 '런(Run)'을 조합한 단어로 달리는 배에서 초리로 입질을 파악하는 형태의 에깅을 말한다. 팁런은 무늬오징어가 깊은 수심으로 빠지는 여름부터 수심 20~30m의 깊은 곳을 노릴 수 있고, 무늬오징어가 모여 있는 포인트를 찾으면 여름·가을이 아니더라도 마릿수 조과를 거두는 것이 가능하기 때문에 많은 낚시인들이 도전하고 있다.

장비와 채비

팁런 전용 장비의 핵심은 가는 초릿대와 튼튼한 허리, 가는 라인의 조합에 있다. 바닥에서 입질하는 무늬오징어의 입질을 간파하고 큰 무늬오징어도 쉽게 제압할 수 있어야 한다. 초릿대는 수심 깊은 바닥의 무늬오징어의 약한 입질도 잘 잡아낼 수 있도록 볼락루어대처럼 가늘고 쉽게 구부러져야 한다. 무늬오징어가 에기에 붙는 순간 초리가 천천히 구부러지며, 무늬오징어가 떠오르거나 하면 다시 펴지기도 한다.

낚싯대의 허리는 초릿대와는 반대로 전혀 탄성이 없고 큰 힘을 견딜 수 있도록 견고하게 만들어져 깊은 곳의 대형 무늬오징어를 쉽게 제압할 수 있게 설계되었다. 볼락루어대는 초릿대부터 허리까지 휘어지지만, 팁런 전용대는 초리 쪽만 휘어지고 그 아래는 거의 휘어지지 않는다. 감도를 높이기 위해 가볍게 제작한 것이 특징이다.

에기는 무게 30~40g으로 팁런 전용을 사용하며, 원줄은 합사 0.4호나 0.6호를 쓴다. 조류가 강한 곳에서는 0.6호도 조류를 많이 타기 때문에 0.4호를 쓰는 것이 좋다. 목줄은 카본라인 2~3호를 사용하며 릴은 2000번 내외의 스피닝릴이 적합하다.

낚시방법

낚시하는 방법은 어렵지 않지만 팁런의 원리를 이해하는 것이 중요하다. 우선 포인트에 도착하면 에기를 수직으로 내린다. 팁런 포인트의 수심은 20~30m이고 조류가 흐르기 때문에 충분히 기다린 후 에기가 바닥에 닿았는지 확인한다. 에기가 바닥에 닿았어도 라인이 조류에 의해 계속 풀려나갈 수 있으므로 에기가 가라앉을 무렵부터 순간순간 라인을 팽팽하게 만드는, 즉 텐션을 주어서 에가가 바닥에 닿은 상태인지 확인해야 한다.

에기가 바닥에 닿으면 로드를 들어 2~3회 가볍게 액션을 준다. 강한 액션이 아닌 가볍게 들었다 놓는 정도면 충분하다. 액션 후엔 바로 원줄을 잡고 텐션을 유지하는데, 텐션은 짧게는 10초, 길게는 20초가 적당하다. 입질이 없으면 다시 에기를 바닥으로 내렸다가 액션 후 텐션을 유지하는 것을 반복한다.

입질은 초리로 전해져 온다. 입질이 약할 때는 초리가 천천히 내려가며 강한 입질은 낚싯대가 휘청일 정도로 올 때도 있다. 무늬오징어가 에기를 들고 부상하는 경우에는 초리가 펴지므로 초리의 변화를 잘 파악해야 한다. 입질이 약하게 전달될 수도 있으므로 초리에 반응이 오면 바로 챔질을 해주는 것이 좋다.

팁런 전용 에기(우)와 무게를 추가할 수 있는 전용 싱커(좌). 싱커는 일반 에기에 씌워 팁런 에기처럼 사용할 수 있다.

팁런으로 무늬오징어를 올리고 있는 낚시인.

문어낚시

주꾸미, 낙지와 함께 다리가 여덟 개인 팔완목 두족류에 속하는 문어는 원래 어부들이 전통 어로방식으로 낚아왔다. 남해와 동해의 어민들은 나무나 플라스틱으로 된 미끼판에 게나 인조 '게루어'를 묶어서 문어를 잡아왔는데 지금은 낚시 대상으로 발전해 가장 인기 있는 낚시 장르로 자리 잡았다.

우리나라에서 잡히는 문어는 참문어와 대문어 두 종류다. 돌문어, 왜문어라고 부르는 참문어는 우리바다 전역에 서식하며 다 자란 성체가 3kg급에 이른다. 암반이나 테트라포드 등 돌 속에서 잘 잡힌다고 해서 돌문어란 이름이 붙었다. 피문어, 물문어라고 부르는 대문어는 강원도 해역에서 주로 낚이며 돌문어에 비해 크기가 훨씬 큰 것이 특징으로 다 큰 놈은 무게가 30~50kg에 이른다. 햇볕에 말리면 붉게 변한다고 해서 피문어라고 부른다. 낚시인들은 두 종류의 문어를 정식 명칭 대신 이전부터 알고 있던 돌문어, 피문어라고 부르고 있다. 이 지면에서도 낚시인들에게 익숙한 돌문어, 피문어란 이름으로 문어낚시를 소개한다.

낚시인들이 문어를 낚시 대상으로 삼기 시작한 시기는 2000년대 중반부터로 오징어 에기에 돌문어가 덩달아 낚이기 시작하면서부터다. 특히 2007년 가을 서해 고군산군도에서 돌문어가 에깅에 대호황을 보인 것이 계기가 되어 문어낚시가 전국적으로 확산되었다. 돌문어는 서해, 남해, 동해, 제주도에 풍부하게 서식하고 있어 쉽게 낚을 수 있는 게 매력이다. 돌문어는 배낚시를 많이 하지만 남해안의 항구 주변이나 선착장에서 에깅을 하는 낚시인도 늘어나고 있다.

피문어는 2010년대 중반부터 동해북부의 강원도 고성이나 양양에서 배낚시에 낚이기 시작해 인기가 확산되고 있다. 대왕문어라고 불리며 낚시인의 시선을 모은 피문어는 돌문어에 비해 마릿수는 적지만 한두 마리만 낚아도 '남는 장사'인 큰 씨알이 매력으로 통하고 있다.

돌문어는 5월 16일부터 6월 30일까지(2021년 현재 5.16~9.15 중 46일 이상 시도 별로 지정 가능)를 금어기로 정하고 있으며 피문어는 따로 금어기는 없지만 600g 이하를 포획금지 체장으로 정하고 있다(2021년 현재).

흔히 돌문어로
불리는 참문어.

시즌과 낚시터

돌문어낚시는 봄부터 초겨울까지 시즌이 이어지지만 가을에

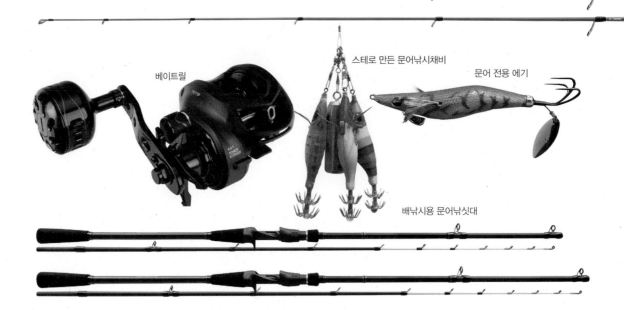

베이트릴

스테로 만든 문어낚시채비

문어 전용 에기

배낚시용 문어낚싯대

씨알이 굵고 마릿수도 좋다. 진해만은 추석을 전후해서 12월 말까지, 남해도와 여수, 고흥, 완도 그리고 동해 남부 지방에서는 7월 초부터 11월 말까지가 제철이다.

물색이 탁한 서해는 그동안 돌문어낚시 불모지로 남아 있었으나 2007년 군산 앞바다에서 9월부터 3개월 동안 문어가 떼로 낚여 새로운 문어낚시터로 떠올랐다. 2009년 가을에도 군산 앞바다에서 문어가 많이 낚였다. 고군산군도, 십이동파도, 격포 왕등도가 문어의 대량 서식지로 확인되고 있다.

포항을 비롯한 동해남부 지역에서는 거의 전역에서 돌문어가 낚인다. 포항에서는 신항만 뜬방파제가 문어 산지다. 매년 8~10월이면 마릿수 조과를 보인다. 부산 근해에서도 물살이 세지 않은 직벽형 방파제라면 문어가 모두 서식하는데 부산 암남공원방파제와 대변 뜬방파제 등에서 문어낚시를 많이 즐긴다.

남해권인 진해만 전역과 남해도 갈화리 일대, 여수 종화동 하멜공원과 돌산대교 아래 남산동 전남바다목장관리소, 수산시장 근처, 국동 어항단지 그리고 고흥 녹동항 물량장과 뜬방파제, 완도는 씨월드호텔 방파제부터 완도항선착장 전역, 신지도 남쪽 작은 포구에서 돌문어가 낚인다.

한편, 피문어낚시는 4월부터 시즌이 시작되어 7월부터 본격 시즌을 맞아 추석 전후에 피크를 맞다가 10월이면 마무

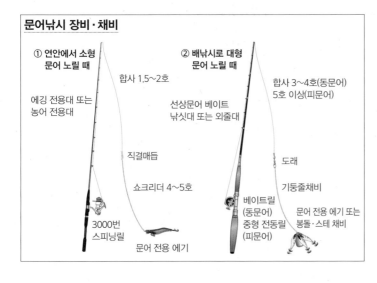

문어낚시 장비·채비

① 연안에서 소형 문어 노릴 때

에깅 전용대 또는 농어 전용대

합사 1.5~2호

직결매듭

쇼크리더 4~5호

3000번 스피닝릴

문어 전용 에기

② 배낚시로 대형 문어 노릴 때

선상문어 베이트 낚싯대 또는 외줄대

합사 3~4호(동문어) 5호 이상(피문어)

도래

기둥줄채비

베이트릴 (동문어) 중형 전동릴 (피문어)

문어 전용 에기 또는 봉돌·스테 채비

리된다. 강원도 양양, 고성 앞바다에서 배낚시가 이뤄진다.

장비와 채비

돌문어낚시

배낚시는 6ft 길이의 선상문어 전용대나 라이트 지깅대와 같이 약간 뻣뻣한 낚싯대를 사용한다. 이 정도면 1~1.5kg 돌문어를 들어내는 데 충분하며 큰 씨알인 2~3kg도 제압할 수 있다. 파워로 분류하자면 미디엄헤비나 헤비대에 해당한다. 약간 뻣뻣한 대는 낭창한 대보다 입질을 파악하기도 더 쉽다. 채비를 내리고 올리는 식으로 낚시하고 강한 힘이 필요하기 때문에 베이트릴대가 적합하다. 베이트릴은 바다용이면 어떤 것을 써도 상관없다. 원줄은 PE라인 3~4호를 쓴다. 채비는 에기나 애자 등을 중간에 스냅도래로 연결해 쓸 수 있는 기중둘채비를 쓴다. 에기는 3~4개, 봉돌은 10~20호를 연결한다.

연안낚시는 미디엄 파워 정도의 에깅대를 쓰면 된다. 1.5~2호 PE라인을 감은 2500~3000번 스피닝릴을 세팅하면 웬만한 씨알을 끌어 낼 수 있다. 좀 더 전문적으로 문어낚시를 하고 싶다면 베이트릴을 세팅할 수 있는 연안낚시용 문어 전용대를 추천한다. 원줄과 연결한 쇼크리더에 에기를 2~3개 달아 사용한다.

피문어낚시

피문어는 배낚시로 이뤄진다. 씨알이 크기 때문에 강한 대가 필요하다. 허리힘이 강한 우럭대가 적합하며 여기에 중형 전동릴을 세팅한다. 동해북부 바다에서 하는 피문어낚시는 100m 가까운 수심에서도 이뤄지기 때문에 전동릴은 필수다. 원줄은 PE라인 5호 이상을 써야 20kg 이상을 끌어낼 수 있다. 또 문어가 바닥에 붙어 있는 상태에서

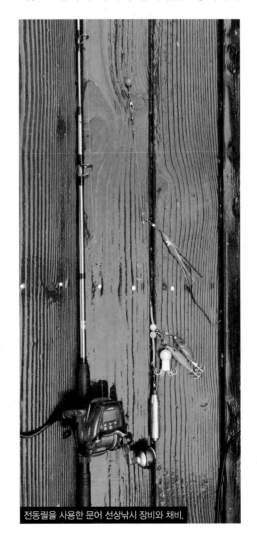

전동릴을 사용한 문어 선상낚시 장비와 채비.

삼천포 근해에서 가을에 돌문어를 노리는 낚시인들.

뜯어내려 할 때도 이 정도 굵기는 써야 마음 놓고 당겨낼 수 있다. 돌문어낚시와 마찬가지로 기둥줄채비를 쓰되 4~6개로 에기를 더 많이 단다. 보통 위쪽에 2개, 아래쪽에 3~4개를 연결하거나 에기 2개를 빼고 애자나 총채처럼 생긴 술 대여섯 가닥을 달아 쓴다. 사용하는 봉돌은 20~60호.

미끼

돌문어와 피문어 모두 갑오징어용 에기인

방파제 문어 포인트

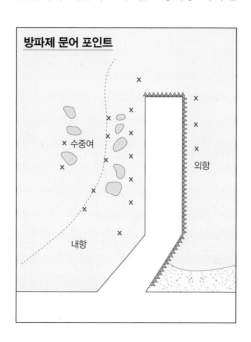

스테를 쓴다. 배낚시에선 고가의 제품은 필요 없다. 갑오징어나 무늬오징어는 루어를 가리는 경향이 강하지만 문어는 루어만 보면 달려드는 강한 포식성을 갖고 있다. 1천원에 서너 개짜리를 써도 충분하다.

돌문어 배낚시에선 3~4개의 에기를 함께 달아 쓴다. 낚시 초반엔 4개를 달았다가 입질이 들어오면 3개로 줄인다. 머리 쪽이 붉고 몸통은 흰색인 것과 색동저고리처럼 색상이 화려한 에기가 효과적이다.

연안낚시는 2~3개의 에기를 달아서 쓴다. 원줄과 연결한 쇼크리더에 에기를 단다. 밑걸림이 잦은 곳에선 문어 전용 에기를 써볼 만하다. 문어 전용 에기는 기존 에기 형태에서 바늘침 수를 줄이거나 바늘이 위로 솟게 하는 등 밑걸림을 줄일 수 있도록 설계했다.

낚시방법

돌문어 배낚시

채비를 바닥까지 내린 후 한두 번 살짝 들어주거나 살살 끌어주는 식으로 입질을 기다린다. 그냥 놓아두는 것이 낫다라고 하는 낚시인도 있지만 조류가 약한 곳에서 액션을 주는 것이 효과적이라는 게 통설이다. 입질은 묵직한 무게감으로 들어오는데 문어가 바늘에서 빠지지 않도록 챔질을 강하게 한 뒤 끌어내는 게 요령이다. 챔질 후 강하고 빠른 속도로 감아 들이지 않으면 문어가 바닥에 달라붙어 떨어지지 않는다.

돌문어 연안낚시

루어를 캐스팅한 후 채비가 바닥에 닿으면 바닥을 살살 긁어주다가 멈추는 동작을 반복한다. 바닥에서 밑걸림이 생긴다면 루어를 살짝살짝 튀어 오르게 액션을 주면서 끌어준다. 입질은 묵직한 무게감이 느껴지는

요리

문어는 살짝 데쳐서 먹는 문어숙회, 숯불이나 연탄불에 바로 구워 먹는 문어구이, 문어를 잘게 썬 해물파전, 문어를 통째로 넣어 끓이는 문어탕, 문어국, 문어조림으로 해먹는다. 문어에는 타우린이 많이 들어 있어 시력 회복에 좋고 심장 기능을 강화시키며 울혈성 심부전, 기관지 천식 등의 순환기, 호흡기 계통의 질병을 개선하는 효과가 있다. 또 머리와 피를 맑게 해주어 학생이나 여성 산후조리에 영양 만점이다. 제일 쉽게 해 먹을 수 있는 문어숙회를 소개한다.

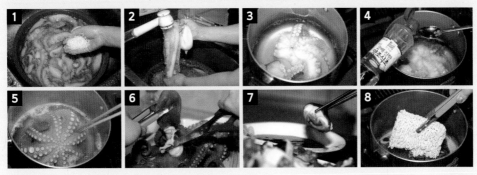

① 물에 소금 한 주먹을 넣는다.
② 문어와 함께 문지른 뒤 흐르는 물에 씻는다.
③ 냄비에 물을 적당량 넣고 끓인 다음 문어를 넣는다.
④ 식초를 약간(한 스푼) 넣고 더 끓인다.
⑤ 몸 색깔이 갈색으로 변하면 문어를 건져낸다. 머리는 잘라 다시 넣고 5분 정도 더 끓인다.
⑥ 몸통과 다리를 어슷어슷 쓸고, 머리를 건져내어 마저 썬다.
⑦ 기름장이나 초고추장에 찍어 먹는다.
⑧ 남은 국물에 라면을 넣어 끓이면 독특한 맛을 느낄 수 있다. 단, 라면스프는 넣지 않는다.

형태로 오는 것이 일반적이다. 입질이 감지되면 강하게 챔질한다. 챔질 후 강하고 빠른 속도로 감아 들이지 않으면 문어가 바닥에 달라붙거나 릴링 도중 빠져 버린다.

피문어 배낚시

마릿수가 적은 피문어낚시는 사실 입질을 유도하는 큰 테크닉은 없다. 테크닉보다 운이 더 작용하는 게 사실이다. 다만 입질을 받았을 때 이를 파악하는 데서 조과 차가 난다. 피문어가 에기에 붙었음에도 저항하지 않아 이 사실을 모르고 있다고 놓치는 경우가 많은 것이다. 그래서 채비가 바닥에 닿은 후엔 고패질을 하다가 한 번쯤 스윽 하고 들어보면서 무게감을 파악하는 할 필요가 있다. 이전보다 무겁다면 문어가 올라탔을 확률이 높다. 문어를 걸었을 때는 낚싯대를 세웠다 내리는 펌핑 동작 없이 전동릴을 최대 힘으로 올리지 않고 중간 속도로 올리되 속도는 일정하게 유지한다. 빠르게 올리거나 펌핑 동작을 하면 올리던 도중 문어가 빠져 버리는 일이 많기 때문이다.

민어낚시

민어는 민어과의 바닷물고기로서 분류 이름에서 알 수 있듯 민어과를 대표하는 물고기다. 일본 서남부부터 남중국해 등에 걸쳐 분포하고 있다. 다 자라면 1m가 넘으며 40~120m 수심의 뻘바닥에서 생활한다. 가을에는 제주 근해에서 월동을 하고 봄이 되면 북쪽으로 올라와 산란기를 맞으면서 얕은 연안으로 접근한다.

민어는 맛이 좋고 보양식으로 인기가 많은 물고기다. 예전엔 낚시에 잘 잡히지 않아 주목을 받지 못했지만 2010년대에 들어 전남 해남, 영광, 전북의 군산, 격포 등에서 고루 낚이기 시작하면서 인기가 급상승했다. 특히 군산과 격포의 경우 여름이 되면 낚싯배들 대부분이 민어낚시로 돌아설 만큼 찾는 이들이 많다. 원투낚시인들까지 민어낚시 출조에 나서고 있어 여름철 가장 핫한 낚시 장르로 각광받고 있다.

시즌과 낚시터

6월을 기점으로 전남 해상의 배낚시에서 낚이기 시작하는 민어는 장마가 끼어 있는 7~8월

에 서해남부까지 낚시터가 확대되면서 절정 시즌을 맞는다. 전남의 민어 명당으로는 해남 삼마도와 어불도 앞바다가 꼽힌다. 목포 배들과 해남 배들이 모두 이곳에 모여 민어를 낚는다. 주요 출항지는 해남과 목포다. 목포와 해남 외에 민어낚시를 즐길 수 있는 곳은 전남 영광과 전북 부안 격포다. 그 외에 고군산군도가 민어낚시터 후보로 꼽히며 자원이 많지는 않지만 인천 덕적도에서 그물에 민어가 잡히고 있다.

민어는 깊고 먼 바다에서 살다가 산란을 하기 위해 내만으로 들어오는 여름에 한시적으로 연안에서 원투낚시에 낚인다. 산란철인 여름이 되면 다시마에 알을 붙이기 위해 연안으로 나오는데 고기가 낚이는 방파제 대부분이 다시마 양식장 부근에 있다는 것이 특징이다. 수심이 깊고 조류가 빠른 곳일수록 민어 씨알이 좋고 마릿수도 많다.

장비

배낚시

전남과 전북의 배낚시 패턴이 다르다. 전남지역인 해남과 목포의 경우 선상 원투낚시로 민어를 낚는다. 그런데 배낚시에 맞는 민어낚시 전용 장비는 없는 상황이다. 그래서 보통 3.6~5.3m 정도의 릴대에 중형 스피닝릴을 세팅해 쓰고 있다. 연질 릴대가 좋은 이유는 민어의 독특한 입질 습성 때문이다. 민어는 미끼를 물면 천천히 씹으며 삼키는 습성을 갖고 있어 릴대가 연질일수록 입질에 부담을 주지 않는다. 너무 경질인 릴대는 입질 도중 미끼를 뱉는 경우도 종종 있다. 그래서 현지 낚시인들은 "좋은 고급 릴대보다 낭창대는 저가 릴대가 오히려 민어 선상 원투낚시에는 유리하다"고 말한다. 릴은 4~5호 원줄이 100m 이상 감기는 4000번 이상 릴이면 충분하다. 전북지역 선상낚시에서는 농어외수질 장비로 민어를 낚

해남 어불도 해상에서 선상 야간낚시로 민어를 낚고 있는 낚시인들.

는다. 참돔 타이라바나 광어다운샷에서 쓰던 장비면 충분하다.

원투낚시

50~70m의 근거리를 노려도 민어는 낚이지만 멀리 던질수록 입질 받을 확률이 높다. 그래서 원투력이 좋은 추부하 25~33호의 원투용 서프대를 사용한다. 다만 초릿대가 뻣뻣하면 예신 단계에서 이물감을 느끼기 때문에 불리하다. 초리가 뻣뻣한 보리멸 원투대보다 초릿대가 유연한 감성돔 원투대를 쓰는 것이 좋다. 릴은 원투낚시 전용 대

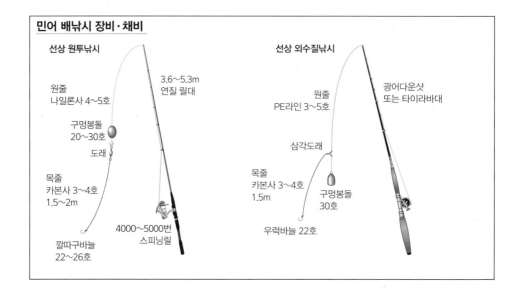

민어 배낚시 장비·채비

선상 원투낚시

원줄
나일론사 4~5호

구멍봉돌
20~30호

도래

목줄
카본사 3~4호
1.5~2m

깔따구바늘
22~26호

3.6~5.3m
연질 릴대

4000~5000번
스피닝릴

선상 외수질낚시

원줄
PE라인 3~5호

삼각도래

목줄
카본사 3~4호
1.5m

우럭바늘 22호

구멍봉돌
30호

광어다운샷
또는 타이라바대

선상 외수질낚시 미끼로 사용하는 산 새우(흰다리새우).

형 스피닝릴이 꼭 필요하다. 받침대는 무겁고 긴 원투낚싯대를 효과적으로 지탱할 수 있는 중형 이상이 좋다.

채비

배낚시

전남지역 배낚시에서는 원줄 5~6호, 목줄 5호, 구멍봉돌 20~30호를 사용한다. 원줄에 구멍봉돌을 삽입한 후 쿠션고무를 넣고 도래를 묶는다. 도래에 목줄을 묶고 바늘을 묶으면 채비가 완성된다. 목줄의 길이는 1.5~2m면 적당하다. 바늘은 깔따구바늘 22~26호를 쓴다.

전북지역 외수질낚시에서는 원줄 PE라인 3~5호, 목줄 5호, 봉돌 30호를 쓴다. 채비 구성은 전남식과 동일하며 목줄 길이는 1.5m 정도. 바늘은 우럭바늘 22호 전후를 쓴다.

원투낚시

원줄은 PE라인 3호를 사용하고, PE라인 5호를 20m 길이로 잘라 쇼크리더로 연결해서 쓴다. 기본 채비 구성은 보리멸낚시나 가자미낚시와 동일하다. 다만 편대채비 대신 구멍봉돌 채비를 사용한다. 그 이유는 80~90cm급 대형 민어가 걸리면 강도가 높은 구멍봉돌채비여야 놓칠 위험이 적기 때문이다.

목줄은 대형어를 겨냥해 6~12호 카본사 또는 나일론사를 1~1.5m 길이로 사용한다. 민어낚시에서는 목줄 길이가 조과에 적잖은 영향을 미친다. 조류가 센 사리물때에는 1m, 조금물때에는 1.5~1.8m까지 길게 사용한다. 조류가 셀 때는 목줄이 짧아도 큰 상관이 없지만 약할 때는 목줄을 길게 써줘야 미끼 움직임이 활발해 입질이 잦다.

바늘은 깔따꾸바늘 20~24호를 쓴다. 민어는 입이 크고 흡입하기보다는 날카로운 이

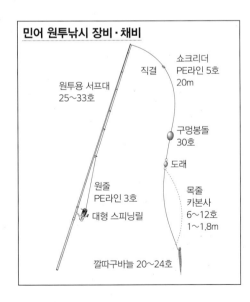

민어 원투낚시 장비 · 채비

원투용 서프대 25~33호

쇼크리더 PE라인 5호 20m

직결

구멍봉돌 30호

도래

원줄 PE라인 3호

대형 스피닝릴

목줄 카본사 6~12호 1~1.8m

깔따구바늘 20~24호

선상 원투낚시용 구멍봉돌 채비.

원투낚시 미끼로 사용하는 참갯지렁이.

해남권 방파제에서 원투낚시로 민어를 노리는 낚시인들.

빨로 미끼를 물어뜯는 습성을 갖고 있어 작은 바늘은 걸림이 제대로 안 될 때가 많다. 봉돌은 30호를 가장 많이 사용한다. 민어가 바늘을 목구멍까지 삼켰을 때 바늘을 빼기 위해 바늘빼기나 펜치, 플라이어도 함께 준비하는 게 좋다.

미끼

배낚시

전남지역 배낚시에서는 참갯지렁이와 낙지살을 주로 쓴다. 참갯지렁이는 어떤 어종에도 잘 먹히는 미끼지만 잡어, 특히 복어에게는 금방 따먹혀 피곤하다. 그래서 현지 전문가들은 질기고 눈에도 잘 띄는 낙지살(다리 부분)을 예비 미끼로 갖고 간다. 실제로 낙지살은 잡어에 잘 견뎌 밤새 형태를 유지하는 경우가 많다.

전북지역 외수질낚시의 최고 미끼는 산 새우다. 자연산은 구하기 어려워 양식산인 흰다리새우를 미끼로 쓰고 있다. 흰다리새우는 뇌를 피해 코 부분을 살짝 꿰어 사용해야

빨리 죽지 않는다. 미끼인 흰다리새우는 낚싯배 출조비에 포함돼 있는 경우가 대부분이다.

원투낚시

참갯지렁이나 낙지다리, 호래기살을 사용하며 그 중 참갯지렁이가 제일 효과가 좋다. 참갯지렁이는 잘라서 쓰면 안 되고 한 마리를 통째로 풍성하게 목줄까지 올려 꿰어야 잦은 입질을 받을 수 있다. 지렁이의 끝부분은 바늘 끝에서 2~3cm만 내놓는 게 좋다. 너무 길면 끄트머리만 잘라먹고 가는 경우가 많다. 바늘 끝이 돌출되면 민어가 경계심을 갖게 되므로 주의해야 한다.

낚시방법

배낚시

물때는 전남지역과 전북지역이 약간 다르다. 전남지역은 조금보다는 사리물때를 좋은 물때로 친다. 조류 흐름이 약하면 잡어가 설치기 때문이다. 따라서 센 조류에 견딜 수

최고의 맛으로 꼽히는 민어 부레.

있는 육중한 봉돌과 그에 맞는 강한 장비가 필요하다.

주로 양식장 부근에 배를 묶고 채비를 원투하는데 입질이 오면 초릿대에 예신이 들어온다. 이때 챔질하면 거의 놓친다. 초릿대에 예신이 온 후 잠시 기다리면 허리까지 꺾이는 본신이 들어오는데 이때 챔질하는 게 좋다.

전남지역 배낚시에서는 낮보다는 밤낚시를 선호한다. 낮에는 잡어가 극성을 부리기 때문이다. 그래서 초저녁에 도착해 장비와 채비 세팅을 마친 뒤 밤이 되면 본격적으로 낚시를 하고 날이 밝으면 바로 철수한다.

전북지역 외수질낚시는 낮에 이루어진다. 밤에도 낚이지만 출조 패턴이 낮낚시 위주이다 보니 밤 민어낚시는 거의 이루어지지 않고 있다. 낚시방법은 우럭낚시와 비슷하다. 일단 봉돌로 바닥을 찍은 후 목줄 길이만큼 채비를 들어 포인트를 탐색한다. 외수질낚시에서도 챔질 타이밍을 잡는 요령은 전남지역 배낚시와 동일하다. 대 끝을 당기는 예신이 오면 잠시 기다렸다가 대 끝이 좀 더 수그러들 때 강하게 챔질해야 확실하게 걸어낼 수 있다. 단, 민어는 입이 약하기 때문에 너무 세게 강제집행하면 바늘이 빠지는 일이 종종 있다. 따라서 최대한 느긋하게 끌어내는 것이 중요하다.

원투낚시

민어는 야행성 고기여서 낮보다 밤에 더 잘 낚인다. 씨알도 밤이 우세하다. 해남의 낚시인들은 '민어는 비가 부슬부슬 내리는 잔뜩 흐린 날 잘 낚인다'고 하는데 민어의 야행성과 일맥상통하는 말이다. 하루 중에서는 초저녁이 피크타임이다. 해가 진 뒤 한두 시간이 피크이며 이후로는 마릿수는 떨어지지만 큰 놈들이 드문드문 문다. 민어낚시를 하다 보면 보구치(백조기)와 보리멸, 붕장어가 함께 낚인다. 특히 보구치가 생각보다 원투낚시에 잘 낚여 여름철 민어 원투낚시의 대표 손님고기가 된다.

물때는 사리물때 전후 2~3일을 최고로 친다. 민어는 유별나게 물색에 민감해 물이 맑은 날엔 입질도 예민해진다. 사리물때에는 단번에 대 끝을 가져갈 때가 많지만 조금물때에는 예신 후 한참 만에 본신을 보낼 때가 많다. 특히 물이 맑을 땐 복어 등 잡어가 성화를 부린다. 민어는 탁수에 익숙해서 완전히 흙탕물로 변해도 잘 낚이는데 미끼를 눈으로 보고 찾는 게 아니라 냄새와 측선을 통해 찾는다고 한다.

민어는 들물보다 썰물에 대체로 잘 낚이는 어종으로 알려져 있다. 유속이 빠른 초썰물 시간대에 낚시에 집중할 필요가 있다.

요리

민어 요리는 회와 탕으로 크게 나뉜다. 회 중에서도 최고는 부레다. 방금 낚은 부레를 깨끗이 다듬어 참기름장에 찍어 먹는다. 부레의 첫맛은 부드럽고 감미롭다가 쫄깃한 껍데기 부분이 씹히면서부터는 고소함과 감칠맛이 배어나온다. 그러나 선도 유지가 어려운 중부권 식당의 경우 부레에 든 일명 하얀 '곱'은 제거하고 껍데기만 줄 때가 있다. 껍데기만으로는 민어 부레 본연의 맛을 경험하기는 힘들다.

살점 부위는 활어회로 바로 먹는 것보다 냉장고에 6시간 정도 숙성시켜 먹는 것이 훨씬 맛있다. 살이 약간 무르기 때문이다. 현장에서 바로 낚아 먹을 때는 그런대로 먹을 만하지만 시간이 조금만 지나도 활어로서는 가치가 떨어진다. 도심 인근 민어식당에서 맛보는 민어 회는 싱싱한 현지 활어와 비교하면 맛이 크게 떨어진다.

민어는 매운탕보다 맑은탕이 어울린다. 미역을 약간 넣고 끓이면 사골국 못지않은 진한 국물이 나온다. 여름철 보양식으로도 최고로 친다.

벵에돔낚시

갯바위의 흑기사 벵에돔은 비호같은 몸놀림에서 뿜어내는 폭발적 손맛이 일품인 고기다. 아름다운 흑갈색 어체와 에메랄드빛 눈동자는 신비로움까지 자아낸다. 벵에돔은 돔 중에서 가장 난류성 어종이다. 그래서 물이 맑고 수온이 높은 제주도와 남해안 원도, 남해동부와 동해남부 연근해, 울릉도에 주로 서식하고 물이 흐리고 수온이 낮은 서해와 남해서부 연근해에는 서식하지 않는다. 원래 '제주도 물고기'로 통했으나 90년대 후반부터 '제로찌낚시' 등 벵에돔낚시 기법이 전파되면서 거제, 통영, 여수에서도 35cm가 넘는 중형급 벵에돔이 확인되고 감성돔 못지않은 인기를 끌기 시작했다.

벵에돔은 원투낚시로도 낚을 수 있는 감성돔, 참돔, 돌돔과 달리 오로지 찌낚시로만 낚을 수 있는 돔으로서 구멍찌낚시의 묘미를 느낄 수 있는 어종이다. 또한 밑밥에 쉽게 떠오르므로 초보자도 쉽게 낚을 수 있다. 반면 입질이 예민할 때는 봉돌 무게, 목줄 굵기, 바늘 크기 등의 미세한 차이로 조과차가 현격히 벌어진다. 벵에돔낚시가 인기를 끄는 것은 파워풀하면서도 이처럼 섬세한 기교가 복합된 낚시이기 때문이다.

벵에돔

시즌과 낚시터

보통 제주도는 5월 하순부터 이듬해 3월 말까지가 벵에돔 시즌이다. 남해동부는 5월 중순부터 10월까지가, 동해안은 6월부터 11월까지가 벵에돔 시즌이다.

호황기는 (장마기를 전후한) 초여름과 겨울이다. 그중 최고의 마릿수 피크시즌은 6~7월이다. 이때는 제주도부터 울릉도에 이르기까지 남동해 전역에서 25~40cm 벵에돔이 마릿수로 낚여 즐거움을 준다. 한편 수온이 높아짐에 따라 벵에돔보다 더 난류성인 긴꼬리벵에돔의 출현 빈도도 높아지는데 씨알은 35~40cm가 주종을 이룬다. 이 장마기 호황은 약 한 달 정도 이어지는데 수온이 점차 높아짐에 따라 잡어 성화도 덩달아 심해지는 단점이 있다.

겨울은 씨알과 마릿수를 모두 기대할 수 있는 시기다. 특히 45cm가 넘는 대형 벵에돔은 겨울에 잘 낚인다. 12월 초부터 본격 시즌이 시작돼 2월 중순까지 이어지는데 45~50cm 긴꼬리벵에돔 출현 확률도 매우 높다. 긴꼬리벵에돔은 12월과 1월에 잘 낚이며 2월에 접어들면 5짜급 일반 벵에돔 출현빈도가 높다. 남동해 연안은 초여름이 피크시즌인 반면, 제주도는 씨알과 마릿수 모든 면을 종합해볼 때 겨울이 피크시즌이다.

한편 가을(9~10월)은 추자도, 여서도, 거문도, 사수도 등 남해 원도에서 35~45cm 긴꼬리벵에돔이 잘 낚이는 시기다. 남해와 동해 연근해의 25~30cm 벵에돔이 막바지 입질을 보내는 시기이기도 하다. 추자도 등 남해 원도의 긴꼬리벵에돔은 11월 중순이면 사라지고, 이후 12~2월엔 40cm 안팎의 일반 벵에돔이 잘 낚인다.

벵에돔 낚시터는 서해안을 제외한 남해와 동해가 모두 포인트다. 단 물빛이 탁한 남해서부(진도, 해남, 완도, 고흥)는 내만에서는 벵에돔이 낚이지 않고 30분~1시간 이상 배를 타고

긴꼬리벵에돔

드랙릴

LB릴

나가야 되는 먼 바다 섬에서 여름~가을에
만 벵에돔이 낚인다. 씨알은 먼 바다로 갈
수록 굵다. 근해는 20~28cm가 주로 낚이
고 간혹 30cm급이 얼굴을 비치지만, 좌사
리도, 국도, 욕지도, 갈도, 매물도, 거문도,
여서도 등 먼 바다에선 35~50cm를 노려볼
수 있다. 동해안에서는 20~28cm가 평균
씨알이며 30cm 이상은 가끔씩 올라온다.
다만 울릉도에선 35cm급 벵에돔과 40cm
가 넘는 긴꼬리벵에돔이 종종 낚인다.

장비

낚싯대

찌낚싯대의 표준은 사실 벵에돔낚싯대다.
'1호 5.3m' 릴대는 일본에서 30~40cm 벵
에돔을 대상으로 설계한 휨새인데 한국에선
40~45cm 감성돔용으로 쓰고 있다. 1호 릴
대는 남해안 또는 제주 근해에서 30~40cm
벵에돔을 노릴 때 쓴다. 1~3호가 적정 목
줄. 0.8호 릴대는 벵에돔용으로는 너무 연

질이다. 1.2~1.5호 릴대는 남해 원도 또
는 제주 먼 바다에서 40cm 이상의 대형 벵
에돔을 노릴 때 쓴다. 2~4호가 적정 목줄.
1.7~2호 릴대는 일본 남녀군도 등 원정낚
시에서 45cm 이상의 대형 긴꼬리벵에돔을
노릴 때 쓴다. 한국에선 벵에돔보다 참돔낚
시나 부시리낚시용으로 주로 쓰인다. 3~5
호가 적정 목줄.

낚싯대를 선택하는 데 있어서 꼭 빳빳한 낚
싯대가 대물용 낚싯대라 할수는 없다. 일본
의 경우 허리가 빳빳한 끝흔들림대(선조자)
는 수중여 속으로 잘 박히는 일반 벵에돔을
빠르게 제압하기 용이한 경기낚시용으로 제
작되는 경우가 많고, 원도용 대물 긴꼬리벵
에돔낚싯대는 오히려 허리가 부드럽지만 질
긴 복원력을 갖고 있어서 본류에서 거세게
내달리는 긴꼬리벵에돔의 초반 저항에 유연
하게 대처하는 허리흔들림대(동조자)가 많
다. 대체로 굵은 목줄을 선호하는 낚시인이
라면 끝흔들림대가, 가는 목줄을 선호하는
낚시인이라면 허리흔들림대가 알맞다.

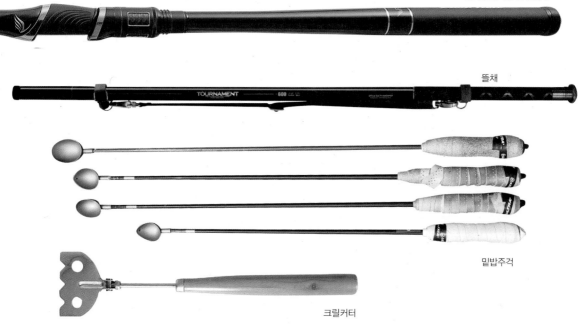

벵에돔낚시용 릴낚싯대

뜰채

밑밥주걱

크릴커터

릴

1호, 1.2호, 1.5호 릴대엔 3호 원줄이 150m 감기는 3000번이나 2500번 릴이 알맞고, 1.7호 이상의 릴대엔 4호 원줄이 150m 감기는 4000번이 알맞다. 그러나 이 규격은 개인의 낚시취향에 따라 달라진다. 가령 참돔낚시나 선상찌낚시를 즐기는 낚시인이라면 3호 원줄보다 4호 원줄을 많이 쓰므로 1.2호 릴대에도 4000번 릴을 장착해서 쓰는 것이 편하다. 그러나 갯바위에서 벵에돔낚시나 감성돔낚시를 즐긴다면 3호 원줄이 적합하므로 3000번 릴이 적합하다.

그래서 대개 벵에돔 전문 낚시인들은 릴 하나에 스풀 두세 개를 더 구입해서 현장마다 바꿔가며 사용한다. 일단 감성돔용과 함께 범용으로 쓰는 2.5~3호 원줄을 감아놓고, 예비 스풀엔 근해낚시 또는 섬세한 낚시가 요구될 때는 1.7~2호 원줄과 대형어를 노릴 때 쓸 수 있는 4호를 감아두는 식이다. 드랙릴과 LB릴 중에서는 수동으로 드랙을 조절하는 LB(레버브레이크)릴을 많이 쓴

다. LB릴은 벵에돔의 순간 저항으로 낚싯대가 급격히 꺾였을 때 순간적으로 원줄을 방출하여 대의 각도를 세울 수 있고, 벵에돔의 질주 방향에 따라 잡았다 풀었다를 맘대로 조절할 수 있다는 장점이 있다. 그러나 대형급을 낚을 때는 LB릴보다 드랙릴이 유리하다는 견해가 많다. 드랙릴은 (미리 설정해놓은)낚싯줄의 인장강도보다 강한 힘이 전달되면 저절로 스풀이 역회전하며 낚싯줄을 보호하지만 사람의 감각은 아무리 뛰어나도 기계보다 정확할 수는 없어서 필요 이상으로 줄을 많이 풀거나 풀어야 할 때 잡음으로써 목줄이 터지는 사례가 잦다. 그래서 대형 긴꼬리벵에돔이나 참돔을 노릴 때는 LB릴보다 드랙릴을 쓰는 사람들이 더 많다.

채비

구멍찌

벵에돔낚시는 주로 중상층 띄울낚시이므로 감성돔낚시보다 필요한 찌의 종류가 적다.

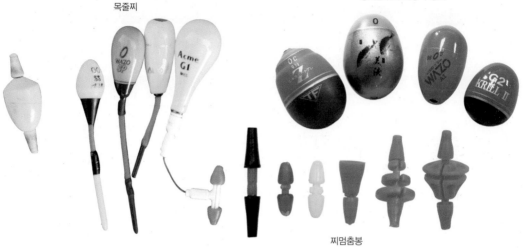

목줄찌

벵에돔낚시 전용 구멍찌

찌멈춤봉

일단 입문자라면 구멍찌는 크게 다섯 개 호수만 준비하면 충분하다. 제로(0), 투제로(00), 제로C 등 '제로찌 계열'과 G2, B 부력이 필요하다. 그리고 본류낚시용 기울찌와 야간낚시용 전지찌도 갖추면 좋다.

찌의 크기는 중요하다. 수심이 깊은 포인트라면, 근거리에서 입질이 잦으므로 작고 가벼운 찌가 착수 소음과 입수 저항을 줄일 수 있어 유리하고, 제주도처럼 원투가 필요한 곳에서는 크고 무거운 찌가 요구된다. 최근엔 벵에돔들이 점점 멀리서 입질하면서 크고 무거운 찌의 사용도가 늘고 있다.

제로찌(0)는 잔잔한 상황에서 가장 많이 사용되는 찌다. 목줄에 봉돌을 하나도 안 물리고(혹은 G5 정도 극소봉돌을 물리거나) 사용할 때 적합한 찌다. 밑밥에 활발하게 반응한 벵에돔이 수면 밑 3~4m 수심에서 입질할 때 주로 쓴다. 부력은 G5 정도 봉돌을 견딜 수 있는 미세 부력을 갖고 있다.

투제로찌(00)는 찌 자체만으로 수면에 뜨지만 목줄채비가 가라앉아 정렬되면 바늘과 미끼, 카본사 목줄의 무게를 못 이겨 수면 아래로 서서히 잠기게 부력을 설정한 찌다. 여기에 봉돌을 달면 더 빨리 가라앉는

다. 그러나 한없이 가라앉는 건 아니고 수면 아래 50cm~2m 수심에 머무는데, 그 이유는 물에 떠 있는 원줄의 부력과 수압 때문이다. 제로찌에도 이물감을 느끼는 경계심 높은 벵에돔을 낚아낼 때 유리하다.

G2찌는 파도가 일거나 어느 정도 조류가 있는 상황에서 가장 많이 사용되는 찌다. 제로찌들처럼 속조류에 쉽게 말려들지 않아 채비가 항상 상층에 머물러 있도록 만드는 역할을 한다. G4~G2 봉돌 한두 개를 물려서 3~5m 수심층을 노릴 때 적합한 찌다.

B찌는 큰 너울파도가 일거나 조류가 빠른 상황에서 B 안팎의 (벵에돔낚시에선)큰 봉돌을 물려서 사용할 때 적합하다. 또한 겨울에 8~12m 수심까지 전유동으로 가라앉혀 대형 벵에돔을 노릴 때도 자주 사용한다.

기울찌는 빠른 조류에서 주로 긴꼬리벵에돔을 노릴 때는 G2~B 부력의 기울찌가 구멍찌보다 편리하다. 수평 방향의 줄빠짐이 좋은 기울찌를 사용하면 급류 속에서도 미끼를 가라앉히기가 더 쉽다.

전지찌는 제주도 등의 얕은 여밭에서 해거름에 벵에돔을 노릴 때 쓴다. 또 여름엔 밤낚시에 긴꼬리벵에돔이 잘 낚이기 때문에

전지찌 한두 개는 필수로 사용한다. 전지찌는 부력이 너무 약하면 어신을 판별하기 불편하므로 B 부력이 좋다.

원줄

호수에 관계없이 벵에돔낚시용 원줄은 가라앉는 싱킹 타입이나 세미플로팅 타입보다 물에 뜨는 플로팅 타입이 좋다. 벵에돔낚시는 반유동보다 전유동을 위주로 하기 때문이다. 전유동채비의 하강 과정에서, 원줄이 수중을 통과할 때 받는 저항보다 수면 위를 미끄러질 때 받는 저항이 작기 때문에 플로팅 원줄이 가벼운 채비를 가라앉히기에 더 용이하다. 그러나 플로팅 원줄도 오래 쓰면 부력을 가진 코팅이 벗겨져 점점 가라앉게 되고 강도도 저하되므로 5~6회 출조 후엔 새 원줄로 갈아주는 것이 좋다.

목줄

벵에돔은 눈이 밝아 목줄을 타는 어종으로 알려져 있다. 특히 잔잔한 날 상층부에 떠서 낚이는 벵에돔은 심하게 목줄을 탄다. 그래서 근해에서 입질 예민한 잔챙이 벵에돔을 노릴 때는 최저 1~1.2호나 0.8호 목줄을 사용한다. 대체로 30cm 이하급을 노릴 때는 1.2~1.5호, 35~40cm급을 노릴 때는 1.5~2호를 사용한다. 한편 45~50cm급을 노릴 경우, 일반 벵에돔은 2.5~3호로도 끌어낼 수 있지만, 긴꼬리벵에돔은 4~5호는 써줘야 안전하다.

벵에돔 전용 바늘

라인커터

바늘

다른 어종과 달리 벵에돔바늘은 고기가 크다고 바늘도 크게 쓰진 않는다. 가장 많이 쓰는 호수는 벵에돔바늘 6~7호이며, 소형어를 노릴 땐 5호, 대형어를 노릴 땐 8~9호를 많이 쓴다.

좁쌀봉돌

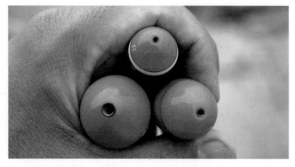

벵에돔낚시용 구멍찌. 원줄이 들어가는 구멍의 크기가 제각각 다르다. 구멍이 크면 조류가 천천히 흐르는 곳이나 굵은 원줄을 써도 채비가 빨리 내려가고 구멍이 작으면 채비가 천천히 내려가는 반면 예민한 어신도 쉽게 잡아낼 수 있다

봉돌

벵에돔낚시에선 큰 좁쌀봉돌은 쓰지 않는다. 가장 많이 쓰는 호수는 G5~G2의 극소형 봉돌이다. 만약 빨리 가라앉히고 싶다면 B 봉돌 하나를 물리지 말고 G2 봉돌 두 개를 물리는 식으로 대처한다. 이처럼 작고 가벼운 봉돌을 쓰는 이유는 벵에돔의 독특한 습성 때문이다.

우선 감성돔은 미끼를 바닥에 가깝게 붙일수록 입질 받을 확률이 높지만 벵에돔은 수심보다 채비의 각도가 더 중요하다. 밑밥으로 띄워 올린 벵에돔의 눈높이에 미끼를 맞춰주는 것이 중요하다는 얘기다. 따라서 봉돌은 목줄이 현격하게 꺾이지 않을 정도의 미세한 무게를 지니면서, 현재 벵에돔이 왕성하게 먹이활동 하는 수심층에 미끼를 맞출 수 있는 무게가 필요하다. 물론 예외는 있다. 급류대의 중하층에서 벵에돔이 입질

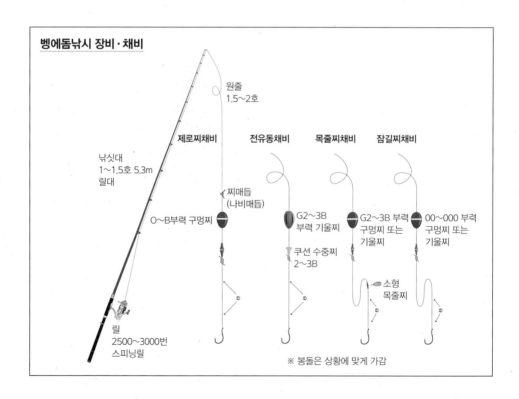

벵에돔낚시 장비·채비

원줄
1.5~2호

낚싯대
1~1.5호 5.3m
릴대

제로찌채비

찌매듭
(나비매듭)

0~B부력 구멍찌

전유동채비

G2~3B
부력 기울찌

쿠션 수중찌
2~3B

목줄찌채비

G2~3B 부력
구멍찌 또는
기울찌

소형
목줄찌

잠길찌채비

00~000 부력
구멍찌 또는
기울찌

릴
2500~3000번
스피닝릴

※ 봉돌은 상황에 맞게 가감

밑밥에 몰려든 자리돔.

벵에돔낚시용 나비매듭

벵에돔낚시용 채비의 면사매듭이다. 이 매듭은 면사 대신 1.2호 이하의 가는 나일론 줄을 잘라 만드는데 빳빳한 자투리줄이 찌구멍에 걸리며 스토퍼 역할을 한다. 벵에돔낚시에서는 무거운 수중찌를 달지 않기 때문에 나비매듭으로도 채비를 멈추게 할 수 있다. 일본의 갯바위낚시 명인 야마모토 하찌로가 벵에돔 제로찌낚시에 사용한 후 널리 쓰이고 있다. "과연"이란 감탄사를 뜻하는 '나루호도' 매듭이라 불리는데 우리나라에선 그 모습이 나비를 닮아 '나비매듭' 또는 '제로매듭'이라 부르고 있다.

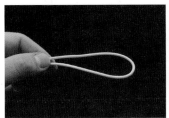

1 원줄을 살짝 접어 고리를 만든다.

2 고리 안으로(밑에서 위로) 손가락을 집어넣어 겹쳐 있는 원줄을 잡아당긴다.

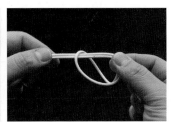

3 사진과 같은 고리가 생긴다.

4 고리 사이로 미리 잘라놓은 10cm 길이의 나일론 줄을 집어넣는다.

5 나일론 줄을 원줄에 감는다.

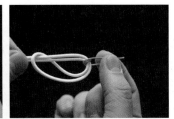

6 사진과 같이 두 바퀴 감는다.

7 원줄과 나일론 매듭 줄을 함께 잡고 양쪽으로 당겨준다.

8 원줄의 양쪽을 잡고 팽팽하게 벌려준다.

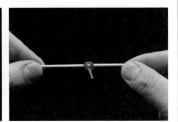

9 완성한 상태. 자투리로 남겨두는 길이는 6~7mm가 적당. 너무 짧게 자르면 매듭이 찌구멍을 통과해 버린다.

크릴 미끼 꿰는 법

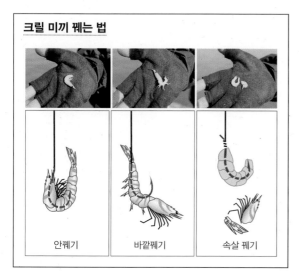

| 안꿰기 | 바깥꿰기 | 속살 꿰기 |

할 때는 B 봉돌을 2~3개 달아야 할 경우도 있지만 어디까지나 극한의 예외적 상황이다.

찌멈춤봉

벵에돔낚시에서 원줄과 목줄을 직결할 때 필수 소품이다. 찌멈춤봉은 직결매듭 바로 위에 고정시켜 구멍찌가 아래로 흘러내리는 것을 방지하는 게 주요 역할이다. 찌멈춤봉 위치를 올리고 내림으로써 찌밑수심을 조절

할 수 있다. 마름모꼴의 소형 찌멈춤봉부터 수중찌 형태의 큰 찌멈춤봉까지 다양한 형태가 판매되고 있다. 그중 수중찌 형태의 큰 찌멈춤봉은 가라앉으며 속조류를 타기 때문에 특히 바람이 부는 날 쓰면 효과적이다. 찌멈춤봉은 대개 미세한 부력을 갖고 있지만 일부 제품 중에는 −G2나 −B의 침력을 갖고 있음을 표시한 제품도 있다.

낚시방법

잡어 분리

'벵에돔낚시의 기본은 밑밥과 미끼의 동조'라는 말이 있지만 실제 현장에선 그렇지 않다. 잡어가 증가하면서 밑밥의 중심엔 늘 잡어가 먼저 꼬이기 때문에 미끼를 밑밥에 바로 동조시키는 것보다 밑밥의 후방이나 측면에 놓아야 벵에돔의 입질을 받을 수 있다. 그를 위해 먼저 고려해야 될 것이 잡어 분리다. 만약 잡어가 전혀 없다면 찌 주변에 밑밥을 바로 던져도 되지만 대개의 벵에돔낚시터에는 잡어가 바글대기 마련이다. 따라서 처음부터 찌 주변에 밑밥을 던지면 잡어천국이 돼 벵에돔낚시가 불가능해진다.

포인트에 도착하면 가장 먼저 발밑에 밑밥을 뿌려 잡어의 유무와 극성 정도를 확인해야 한다. 잡어가 새까맣게 몰려든다면 채비 주변에 던지는 밑밥보다 발밑에 던지는 밑밥의 양이 더 많아져야 한다. 예를 들어 발밑에 서너 주걱 준다면 채비 주변에는 한 주걱만 주는 식이 기본 요령이다. 만약 그래도 너무 많은 잡어가 몰려든다면 발밑뿐 아니라 좌우로 밑밥을 던져 잡어를 분산시키거나 찌 주변엔 전혀 밑밥을 뿌리지 않는 방법도 있다. 벵에돔은 잡어들의 와글와글한 움직임을 보고 '먹이가 들어오고 있다'는 것을 감지하여 밑밥군 주변으로 접근하므로 밑밥

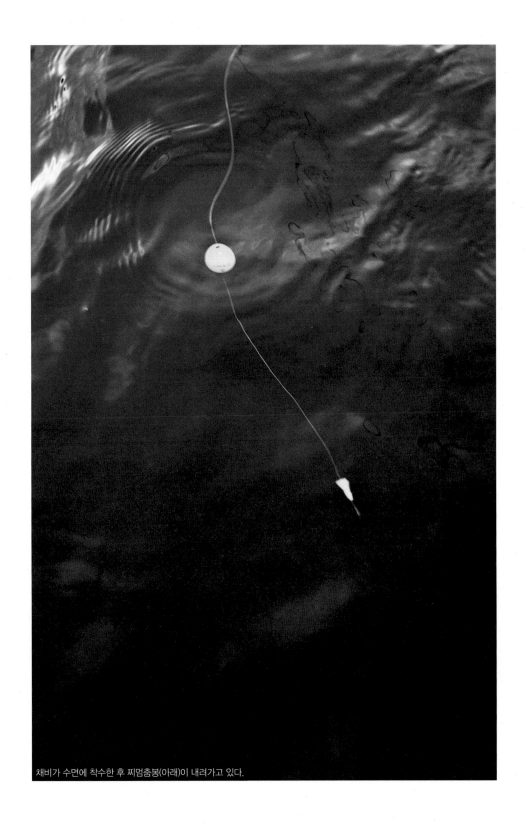

채비가 수면에 착수한 후 찌멈춤봉(아래)이 내려가고 있다.

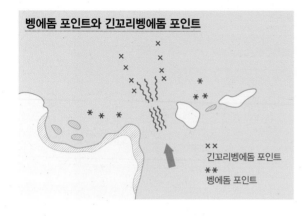

벵에돔 포인트와 긴꼬리벵에돔 포인트

긴꼬리벵에돔 포인트
벵에돔 포인트

벵에돔과 긴꼬리벵에돔의 차이

같은 길이의 벵에돔과 긴꼬리벵에돔을 함께 들어보면 벵에돔이 훨씬 무겁다. 그래서 벵에돔의 파이팅에는 중량감이 넘치고 긴꼬리벵에돔은 빠르다.

손맛의 우열을 가린다면? 벵에돔이 한 수 위다. 불도저처럼 끝까지 내리박는 지구력이 짜릿한 손맛을 선사한다. 한편 긴꼬리벵에돔은 딱딱한 이빨에 목줄이 잘 끊어지기 때문에 벵에돔보다 더 굵은 목줄이 필요하지만 초반 스퍼트만 제압하면 오히려 벵에돔 보다 끌어내기 쉽다. 항간에 긴꼬리벵에돔이 더 힘세다고 알려져 있는 것은 녀석들이 목줄을 쉽게 터뜨리는 데서 비롯된 약간의 오해다.

벵에돔은 이빨 대신 칫솔처럼 부드러운 융모가 있지만, 긴꼬리벵에돔은 단단하고 까끌까끌한 톱니형 이빨이 있어서 목줄이 쓸려 잘 끊어진다. 또 긴꼬리벵에돔은 먹이를 물고 반전하는 스피드가 대단하여 챔질 순간의 충격이 강하다. 그래서 챔질과 동시에 목줄이 허무하게 날아가 버리는 경우가 많은데, 그것을 방지하려면 릴의 베일을 열어둔 상태로 입질을 받아 낚싯대를 천천히 세우면서 베일을 닫으면 챔질의 충격을 줄여서 '순간 줄 터짐'을 방지할 수 있다.

간혹 '긴꼬리벵에돔이 바늘 위의 목줄까지 삼키지 못하도록 재빨리 챔질하면 줄터짐을 막을 수 있다'고 주장하는 사람도 있는데, 순식간에 찌가 사라지는 긴꼬리 입질보다 더 빨리 챈다는 것은 불가능하며, 아무리 큰 바늘을 써도 삼켜버리기 때문에 목줄이 이빨에 쓸리는 것을 막을 수는 없다. 특히 '무조건 강제 집행'은 금물이다.

"벵에돔은 드랙을 주면 안 된다"는 건 명백한 오류다. 벵에돔이 여로 파고들거나 벽으로 몸을 붙이는 습성이 있는 것은 사실이지만, 감성돔낚시를 할 때처럼 드랙을 적절히 풀어주며 제압할 때 오히려 여에 덜 박히며 급하게 당겨내려면 오히려 더 파고드는 습성을 보인다. 무엇보다 벵에돔이 45cm가 넘으면 드랙을 주지 않고는 굵은 줄도 견디기 어렵다

을 발밑에만 계속 뿌려도 먼 거리에서 벵에돔 입질을 받을 수 있다.

채비 변화

잡어 성화가 거의 없거나 적어 미끼가 살아 있는데도 입질이 없을 때는 채비에 변화를 줄 필요가 있다. 잡어가 없다는 건 대개 수온이 낮은 상황으로 벵에돔도 깊이 있을 확률이 높으므로 봉돌을 더 달아서 5~6m 이상 깊이 가라앉히는 시도를 한다. 또 미끼가 살아 있는데도 입질이 없으면 좀 더 근거리를 노려보거나 역시 더 깊이 가라앉혀본다. 만약 미끼의 일부만 따먹거나 입질이 미약하다면 바늘 크기를 조절해 본다. 벵에돔바늘 7호를 썼다면 6호나 5호로 바꿔 주고, 봉돌도 G2를 썼다면 G5나 G7으로 교체해 본다. 아예 봉돌을 떼어내는 것도 방법이다. 목줄도 더 가는 것으로 교체해본다.

한편 찌에 미동도 없이 미끼만 자꾸 따먹히는데, 그 거리가 잡어의 활동범위를 벗어나 있다면 목줄의 중간에 목줄찌(G2나 B 부력)를 달아볼 필요가 있다. 벵에돔들이 50cm~1m 표층에 완전히 떠서 먹이활동을 할 때 그런 현상이 나타나기 때문이다.

구멍찌엔 나타나지 않던 어신이 목줄찌를 시원스레 끌고 들어가는 어신으로 나타나는 경우가 많다.

수심 변화

처음엔 기본 수심인 두 발(약 3.5m)부터 노려본다. 즉 목줄만 내려서 낚시하는 것이다. 입질이 없다면 반 발 정도씩 수심을 더 깊게 내리면서 입질을 유도해본다. 그러나 8m 이상의 깊은 수심까지 노려볼 필요는 없다. 만약 그 수심에서조차 입질이 없다면 벵에돔 활성이 매우 나쁜 상태로서 깊이 노려도 입질이 없기 때문이다.

뜰채에 담긴 큰 씨알의 긴꼬리벵에돔.

벵에돔이 수면 가까이 떠올라 먹이활동을 하는 게 포착된다면(밑밥을 뿌렸을 때 언뜻 언뜻 보인다. 물속의 벵에돔은 몸통은 회색이며 꼬리는 흰색으로 보인다) 이번엔 얕은 수심을 노려볼 필요가 있다. 벵에돔이 수면 가까이 부상하면 깊은 수심에 놓인 미끼에는 관심을 보이지 않기 때문이다. 이때는 찌 멈춤봉을 직결 아래 목줄까지 내려 보내면서 수심을 단계적으로 얕게 조절하면 된다.

견제 요령
낚싯대에서 찌까지 늘어진 원줄을 팽팽하게 잡아주는 동작을 '견제'라고 표현한다. 수심을 중요하게 여기는 감성돔이나 참돔낚시에서는 원줄을 여유 있게 풀어줘도 입질 받는 데 큰 지장이 없지만 벵에돔만큼은 견제를 해줬을 때 입질이 잘 들어온다. 이것은 수많은 밑밥 크릴 속에서 미끼 크릴을 돋보이게 만들어 벵에돔의 눈에 잘 띄게 만들기 위해

서다. 그러나 조류가 활발하게 흐르는 상황에선 강한 견제가 필요 없다.

밑밥 품질 요령
벵에돔 밑밥은 '조금씩 자주' 주는 게 원칙이다. 조금씩 줘야 벵에돔끼리 먹이에 대한 경쟁심이 유발돼 입질이 활발해지기 때문이며 자주 줘야 밑밥이 상층부와 포인트 주

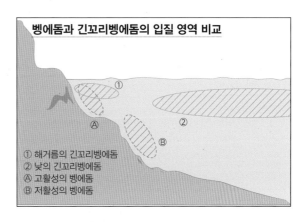
벵에돔과 긴꼬리벵에돔의 입질 영역 비교
① 해거름의 긴꼬리벵에돔
② 낮의 긴꼬리벵에돔
Ⓐ 고활성의 벵에돔
Ⓑ 저활성의 벵에돔

주걱을 이용해 멀리 밑밥을 뿌리고 있는 낚시인.

벵에돔낚시에 사용하는 밑밥과 크릴.

직벽 포인트라면 이 두 시간대에 모두 입질을 받을 수 있고, 해가 중천에 뜬 낮에도 깊은 수심을 노리면 입질 받을 확률이 높다.

해가 완전히 떠올라 주위가 밝아져도 깊은 수심 속의 어둠이 벵에돔의 경계심을 누그러뜨리기 때문이다. 이런 유형의 포인트로는 제주도에서는 우도, 남해에서는 거문도, 대삼부도처럼 수심이 깊은 직벽형 낚시터들이다. 이런 직벽형 포인트들은 10m 수심에서도 벵에돔이 입질하므로 깊은 수심을 노려볼 필요가 있다.

제주도처럼 벵에돔의 부상력이 좋은 곳이라면 여명과 일몰 무렵에는 띄워 낚고, 낮에는 B~2B 찌를 이용한 저부력 전유동낚시로 중하층을 노려볼 필요가 있다. 반면 남해 원도에 서식하는 벵에돔은 주로 바다층에서 활동하므로 감성돔을 노리는 고부력(0.5~1.0호) 채비에도 벵에돔이 곧잘 걸려드는 특징을 갖고 있다.

수심 얕은 여밭은 여명보다 일몰 무렵에 폭발력이 강하다. 경계심이 높은 벵에돔은 자신의 존재가 노출되는 걸 매우 부담스러워하는 고기여서 여명 무렵에는 연안 접근이 활발하지 않기 때문이다. 반면 어둠살이 깔리는 일몰 무렵에는 겁 없이 얕은 곳으로 나오는 습성을 갖고 있는데 이때는 대형급 출현 확률도 매우 높다. 대표적인 곳이 제주도의 지귀도, 비양도, 가파도, 마라도의 여밭이다.

이런 곳에서는 채비와 장비를 깊은 직벽 포인트보다 강하게 쓸 필요가 있다. 45cm급 벵에돔이라면 적어도 4~5호 목줄은 써줘야 여쓸림에 대비할 수 있다. 낚싯대도 연질대보다 1.5호 대 이상의 경질대를 사용하는 게 좋다. 이런 거친 여밭에서는 느긋하게 손맛을 즐기기보다 빠르게 끌어내는 게 여러모로 안전하다.

변에서 벗어나지 않기 때문이다. 따라서 밑밥 주걱도 작은 사이즈가 좋다. 벵에돔 전용 밑밥주걱은 주걱 용량이 50cc 정도인데 70~80cc에 이르는 감성돔용의 3분의 1 수준이다.

입질시간대

벵에돔낚시에서 최고의 입질 시간대는 해뜰녘과 해질녘이다. 이 두 시간대는 물때, 날씨에 관계없이 활발한 입질이 들어오는 시간대라 놓쳐서는 안 된다. 만약 수심 깊은

제주 우도에서 벵에돔을 노리고 있는 낚시인들.

보구치낚시

보구치는 민어과의 물고기로 흔히 '백조기'라고 불린다. 보구치는 마릿수 조과가 뛰어나면서도 낚시법도 쉬워 남녀노소 누구나 즐길 수 있다. 보구치는 초여름 서해와 남해 근해에서 배낚시를 중심으로 이루어진다. 항구에서 10~20분 거리에 낚시터가 형성돼 뱃멀미 영향도 적다. 포인트 역시 밑걸림이 적은 사니질대가 많아 채비 손실도 적다.

시즌과 낚시터

서해는 7월, 남해는 6월부터 근해에서 본격 시즌이 열린다. 보구치는 모래가 섞인 뻘바닥에서 산란하기 때문에 뻘이 없는 동해에는 없고 남해와 서해에서만 낚인다. 서해는 태안, 보령, 서천, 군산, 격포, 남해는 거제 동부 해안, 진해만, 고흥 해창만, 여수 광양만 등이 대표적인 낚시터다.

예전엔 서해에서 7~8월에 백사장이나 방파제에서 보구치 원투낚시를 했었지만 지금은 찾

아보기 힘들어졌다. 원투낚시인도 보구치
만큼은 조황에서 월등히 앞서는 배낚시를
선호한다. 보구치 배낚시는 10~20m의 얕
은 수심에서 낚이기 때문에 멀리 나가지 않
아도 되므로 여성과 어린이도 멀미 걱정 없
이 낚시를 즐길 수 있다. 여름에 낚이는 씨
알은 30~40cm로서 입문자도 20~30마리
의 조과를 올릴 정도로 풍성한 마릿수가 매
력이다.

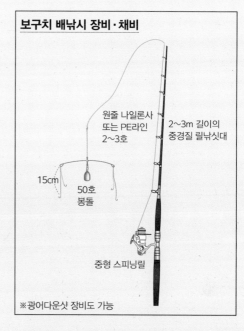

보구치 배낚시 장비·채비

원줄 나일론사
또는 PE라인
2~3호

2~3m 길이의
중경질 릴낚싯대

15cm

50호
봉돌

중형 스피닝릴

※광어다운샷 장비도 가능

장비

우럭이나 참돔처럼 씨알이 큰 물고기가 아
니기 때문에 장비는 크게 중요하지 않다. 채
비를 내리고 올릴 수 있으면 된다. 기존에
쓰던 우럭낚시용 외줄낚싯대와 장비를 그
대로 쓰면 되고 낚싯배에서 나눠주는 자새
(낚싯줄이 감긴 간이 낚시 도구)를 써도 잘
낚인다. 광어다운샷이 인기가 높은 서해에
선 보구치의 손맛을 느끼면서 낚기 위해 광

어다운샷 장비를 그대로 쓰기도 한다. 보구
치는 큰 힘이 드는 고기가 아니므로 이 정도
장비면 충분하다. 장비가 없다면 낚시점에
서 1만원 정도에 릴과 낚싯대를 대여해 쓸
수도 있다.

채비

원줄은 PE라인 1호만으로 충분하지만 혹시
모를 밑걸림에 대비해 2~3호를 쓴다. 만약
우럭낚시용 릴에 4~5호 PE라인이 감겨 있
다면 굳이 교체할 필요 없이 그냥 써도 상관
없다. 보구치는 깊어야 20m 내외 수심에서
낚이기 때문에 원줄의 조류 저항이 그다지
크지 않은 편이다.
채비는 낚시점에서 판매하는 편대채비를 주
로 쓴다. 편대 양쪽에 바늘이 달렸고 중간
에 봉돌을 달아 쓰는 방식이다. 보구치는 주
로 바닥에서 활동하기 때문에 가급적 바늘
이 바닥에 가깝게 닿는 채비가 좋다. 그래서
위쪽으로 바늘이 연달아 달린 외줄채비 형

서해바다에서 보구치 선상낚시를 즐기는 낚시인들.

요리

보구치는 맛에 있어 호불호가 극명하게 갈리는 어종이다. 불호라고 말하는 사람들은 어떤 요리를 해놔도 맛이 떨어진다고 한다. 사실 그런 측면이 없지는 않다. 보구치가 언제, 누가 먹어도 맛있다면 최고의 인기 어종일 텐데 실상은 초여름에 잠시 즐기는 계절낚시 그 이상의 대우는 못 받기 때문이다. 보구치 살은 그대로 요리하면 간이 잘 스며들지 않아 맛이 떨어진다. 그래서 보구치 애호가들은 낚는 즉시 굵은 소금을 뿌려 염장한다. 이틀 정도 놔두면 소금 간이 적당히 되는데 이 상태로 요리하면 먹을 만하다. 비싼 오리지널 조기만큼은 아니어도 생으로 요리할 때와는 완전 다르게 맛이 좋아진다.

보구치는 살이 물러서 횟감으로는 인기가 없지만 회무침은 예외다. 초장과 채소를 버무려 먹으면 맛이 달고 입에서 녹는 듯한 식감을 느낄 수 있다. 회무침은 낚은 보구치를 가져와서 손쉬우면서도 맛있게 먹을 수 있는 요리 방법이다.

보구치 회무침

태보다는 가자미낚시에 많이 쓰는 편대채비가 효과적이다. 우럭낚시용 편대채비를 써도 상관없으며 바늘이 세 개 정도 달린 묶음 추채비를 쓰기도 한다.

미끼

청갯지렁이가 최고다. 보통 1인당 1곽씩 들고 나가는데 간혹 마릿수가 많을 때는 1곽으로도 부족할 때가 있다. 1인 2곽을 가져가길 바란다. 2인이 함께 출조했다면 3곽 정도면 충분히 하룻동안 낚시를 즐길 수 있다.

낚시방법

보구치 포인트는 암초가 없는, 모래와 뻘이 섞인 바닥이어서 밑걸림을 걱정할 필요는 없다. 봉돌이 바닥에 닿은 느낌이 들면 낚싯대를 들어 고패질을 해준다. 그러면 투두둑 하는 강한 진동이 확실하게 대 끝에 전달되므로 이때에 맞춰 챔질한다. 입질이 생각보다 강하다.

한 가지 주의할 것은 미끼 꿰기다. 보구치는 식탐이 강한 물고기지만 청갯지렁이를 너무 길게 꿰면 늘어진 부분만 물고 흔들기 때문에 헛챔질이 많아진다. 따라서 청갯지렁이

는 바늘을 완전히 감싼 상태에서 바늘 끝에서 2~3cm 정도만 남게 꿰어야 헛챔질을 줄일 수 있다.

남해에선 조류가 약하거나 입질이 없을 때엔 20~30m 전방으로 채비를 캐스팅한 뒤 끌어오며 입질을 유도하기도 한다. 고패질낚시와 던질낚시를 병행하는 셈인데 이 때문에 남해에선 외줄대보다는 캐스팅이 편한 선상루어대나 짧은 민물릴대를 선호한다.

참조기, 부세, 수조기, 보구치

우리가 흔히 '조기'라고 부르는 물고기의 정식 이름은 '참조기'이다. 참조기는 농어목 민어과에 속하는 어류로서 보구치, 부세, 수조기와 함께 조기류 물고기로 통한다. 영광굴비는 전남 영광 앞바다 칠산도 해역에서 낚이는 참조기를 말한다. 지금은 자원이 대폭 줄어들어 그 자리를 중국산 참조기가 차지하고 있다. 서천, 군산 앞바다에서 보구치낚시를 하다보면 부세와 수조기가 종종 섞여 낚이기도 한다. 참조기, 부세, 수조기, 보구치의 특징과 구분 방법은 아래와 같다.

참조기
• 최대 크기가 40cm가량으로 부세에 비해 작게 자란다.
• 부세에 비해 꼬리자루가 짧다
• 머리 꼭대기에 다이아몬드꼴 무늬가 있다.
• 아래턱이 위턱보다 조금 길다

부세
• 최대크기 70cm 이상으로 참조기보다 대형으로 자란다.
• 꼬리자루가 길어 참조기보다 다소 길쭉한 체형을 가진다
• 머리 꼭대기에 다이아몬드꼴 무늬가 없다.
• 아래턱이 위턱보다 소금 길다.

수조기
• 조기류 중 성장속도가 가장 느리다.
• 조기랑 모양이 유사하나 배가 노랗지 않고 하얗다.
• 위턱이 아래턱보다 조금 길다.
• 입속이 붉은 색을 띤다.

보구치
• 온몸이 은백색이며, 배가 하얗다
• 아가미 뚜껑 위에 크고 검은 점이 있다.
• 다른 조기류에 비해 등이 높다.
• 몸체가 타원형에 가깝다.
• 위턱이 아래턱보다 조금 길다.
• 입속이 하얀색을 띤다.

참조기

부세

수조기

보리멸낚시

보리멸은 백사장에서 낚이는 대표 어종이다. 일본의 경우 보리멸의 인기는 원투낚시대회가 열릴 정도로 높다. 우리나라도 그 정도는 아니지만 여름철이면 백사장마다 릴대를 휘두르며 보리멸을 낚는 애호가들이 많다. 보리멸낚시의 장점은 마릿수 조과가 가능하고 왜소한 체구와 달리 강력한 입질을 전해줘 꾼들을 매료시킨다는 점이다. 회, 구이, 조림 어떤 요리를 해놓아도 맛이 좋다.

시즌과 낚시터

보리멸은 겨울에는 먼 바다에 머물다가 5월 보리누름 시기부터 연안으로 접근해 9월 말까지 낚인다. 시즌 초기인 5~6월과 말기인 9~10월에는 보리멸이 약간 깊은 곳에 머물고 7~8월에는 얕은 수심까지 올라붙는다. 연안에서는 원투낚시로 보리멸을 낚는데 7~8월은 피서객들이 많아 사실상 백사장에서 낚시하기는 쉽지 않다. 이때는 한적한 바다로 나갈 수 있는 배낚시가 유리하다. 원투낚시는 휴가철이 시작되기 전인 6월 중순부터 7월 중순, 8월 말~9월 중순까지가 피크시즌이라 할 수 있다.

한편 서해에서는 보리멸 자원은 풍부한데 보리멸낚시는 잘 시도되지 않고 있다. 6월 중순부터 입질이 시작돼 7~8월에 피크를 맞는다.

낚시터는 남해, 동해, 서해 전역에 걸쳐 있다. 연안에 백사장이 펼쳐진 곳은 전부 보리멸 포인트라고 봐도 무방하다. 서해에서도 해수욕장을 끼고 있는 선착장이나 방파제, 방조제 주변을 노리면 보리멸을 낚을 수 있다. 전남 영광부터 인천 앞바다까지 폭넓게 보리멸이 서식하고 있는데 그중 충남 안면도와 서천 부사방조제, 군산 일대 갯바위와 해수욕장에서 보리멸이 낚인다.

장비와 채비

원투낚시

낚싯대는 25~35호 추부하의 5~6m 원투 전용대를 사용한다. 채비를 던져놓고 기다리는 게 아니라 낚싯대를 들고 수시로 조작해야 하기 때문에 같은 제원이라면 가벼운 게 편하다. 낚싯대 휨새는 경질대가 긴 채비를 엉키지 않고 캐스팅

원투낚시 전용대

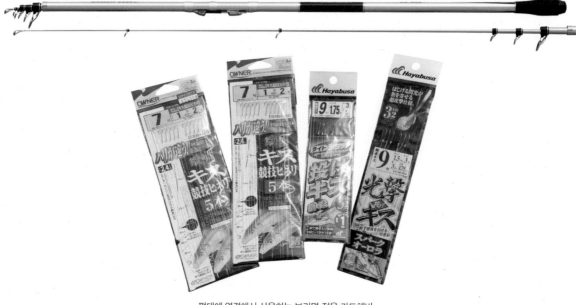

편대에 연결해서 사용하는 보리멸 전용 카드채비.

하기에 더 유리하다. 릴은 서프 전용 릴이나 5000번대 이상 중형 스피닝릴을 사용한다. 낚싯줄은 토도독 떨리는 보리멸 특유의 입질을 감지하기 위해서 감도가 높은 합사를 사용하는 게 좋다. 나일론사는 조류에 밀려 채비가 엉키기 쉽고 입질을 파악하기 어렵다. 원투를 위해 1호 전후의 가는 합사를 사용한다. 원줄에 충격완화용 쇼크리더를 연결하는데 4호 합사 또는 1~6호 테이퍼형 합사를 원줄에 10m 전후 길이로 연결한다.

바늘채비는 시중에서 판매되는 보리멸 전용 제품을 구입하면 된다. 보리멸은 입이 작기 때문에 그에 맞는 전용 바늘을 써야 한다. 2단부터 15단까지 다양한데 3단 이상을 쓰는 게 좋다. 채비는 봉돌에 편대가 달린 로켓편대채비나 원투편대채비를 사용한다. 멀리 던져 넣어야 하는 원투낚시 특성상 25~35호 봉돌을 쓴다.

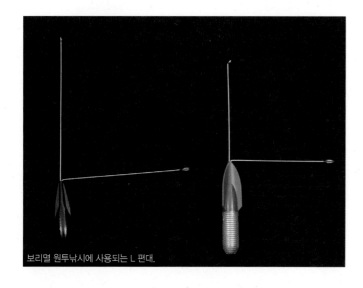

보리멸 원투낚시에 사용되는 L 편대.

백사장에서 호쾌한 캐스팅을 하고 있는 낚시인.

배낚시

배에선 가까운 곳에서 던져 놓고 끄는 식으로 낚시하기 때문에 기존 배낚시용 장비를 쓰면 된다. 1호 전후의 PE라인을 쓴다면 베이트릴 장비를 써도 상관없다. 스피닝릴 장비라면 4~5호 원줄이 100m가량 감기는 중형 스피닝릴에 3m 전후 길이의 릴낚싯대 정도면 충분하다.

미끼

청갯지렁이를 쓴다. 그중에서도 가는 것이 유리하다. 바늘 길이보다 약간 더 길게 잘라서 사용하면 되는데 바늘 끝에서 5mm 정도 더 나오게 꿰면 된다.

낚시방법

보리멸은 바닥층에 머물러 사는 특성상 물

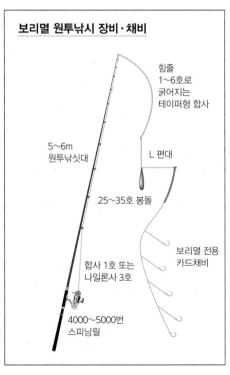

보리멸 원투낚시 장비·채비

힘줄
1~6호로
굵어지는
테이퍼형 합사

5~6m
원투낚싯대

L 편대

25~35호 봉돌

보리멸 전용
카드채비

합사 1호 또는
나일론사 3호

4000~5000번
스피닝릴

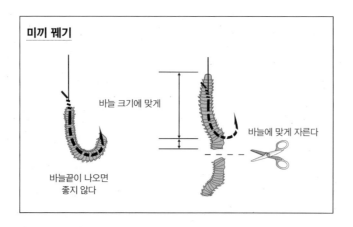

미끼 꿰기

바늘 크기에 맞게

바늘끝이 나오면
좋지 않다

바늘에 맞게 자른다

때는 크게 가리지 않는다. 다만 들물과 썰물 때의 조과 차이는 큰 편인데 썰물보다 들물 때 입질이 더 왕성하고 조과도 앞선다. 이런 경향은 조수간만의 차가 큰 곳일수록 두드 러져 동해보다 남해가, 남해보다 서해가 들 물에 입질이 편중되는 현상이 심하다.

원투낚시

보리멸은 낮에도 계속 활발하게 입질한다. 그러나 여름에는 더위를 피해 아침이나 해 질 무렵에 낚시하는 게 좋다. 포인트는 바닥 굴곡이 있는 수심 깊은 백사장이다. 반대로 바닥이 여밭으로 형성된 복잡한 지형이나 해초가 많은 지역은 피한다. 낚시하기 어렵 고 또 그런 곳에서는 보리멸이 많이 서식하 지 않는다.

채비를 던져 바닥에 안착시킨 후 바닥에 끌 어주며 입질을 유도한다. 채비를 끌어줄 때 엔 엉키지 않게 하는 게 중요하며 그러기 위 해서는 원줄이 팽팽한 상태를 유지하도록 한다. 낚싯대를 수평 상태로 유지한 상태에 서 옆으로 낮게 끌면서 릴링한다. 릴링은 1 초에 한 바퀴 정도가 적당하다. 이렇게 천천 히 릴링을 하면 보리멸 특유의 강한 떨림 입 질을 느낄 수 있다. 보리멸 한 마리가 미끼 를 문 것인데 초반에 강렬하게 바늘털이를 한 뒤엔 조용해진다. 보리멸 한 마리의 입질 은 그것으로 끝이고 또 다른 보리멸이 미끼 를 물면 다시 떨림 입질이 전달된다. 별도의 챔질은 필요 없다.

배낚시

남해에는 휴가철을 맞아 보리멸, 성대 등을 대상으로 출조하는 낚싯배들이 있다. 이 배 를 타고 보리멸낚시를 한다. 카약이나 개인 용 소형 보트를 타면 더 좋을 것이다.

잔돌이 박혀 있는 단단한 모래밭이 포인트 로, 이런 곳에서는 아예 닻을 내려 배를 고 정시킨 후 낚시해도 좋다. 채비를 내린 조류 를 따라 흘러가도록 만든 뒤 고패질하는 식 으로 입질을 기다린다. 그래도 입질이 없을 때는 채비를 20~30m 던진 뒤 살살 끌어주 는 것도 좋은 방법이다. 채비가 배 밑까지 끌려올 때까지도 입질이 없을 경우 그냥 후 다닥 채비를 걷지 말고 2~3회 고패질 동작 을 취해준다. 이 마지막 고패질에 대형급이 입질하는 경우가 종종 있다.

보리멸로 만든 튀김과 회.

볼락낚시

볼락은 농어, 무늬오징어와 함께 가장 인기 있는 바다 루어낚시 대상어다. 과거 볼락은 경상남도와 여수에서만 인기 있는 물고기였으나 볼락의 뛰어난 맛과 특유의 낚는 재미가 중부지방까지 알려지고 동해안이 새로운 볼락 루어낚시터로 뜬 이후, 볼락 마니아들이 전국에 퍼져 있다. 볼락은 남해와 동해, 제주도에 다량 서식하고 있지만 서해에서는 드물다.

예전에는 민장대로 볼락을 낚았지만 최근에는 루어낚시가 더 큰 인기를 누리고 있다. 볼락 루어낚시는 민장대에 비해 더 넓은 구간을 노릴 수 있다. 작지만 난폭한 육식어종인 볼락이 정지된 생미끼보다 살살 끌려오며 움직이는 루어에 더 잘 낚이면서 순식간에 큰 인기를 몰고 왔다.

시즌과 낚시터

볼락은 1년 내내 낚인다. 다만 시기에 따라 잘 낚이는 시간대와 장소가 달라질 뿐이다. 3~5월의 볼락은 내만에서 밤에 잘 낚인다. 주로 가까운 섬이 포인트가 되고, 먼 섬이라면 얕은 곳이 포인트가 된다. 6~8월은 볼락이 수심이 깊은 외해로 빠지는 시기다. 이때면 바다로 나가면 낮에 볼락이 잘 낚인다. 그러나 가까운 섬에서는 볼락을 찾아보기 힘들다.

9~10월에도 볼락은 주로 먼 섬에서 낚이지만 수심이 깊은 곳에서 갯가로 접근하는 시기이기도 하다. 가을 볼락은 낮에 잘 낚이지만 겨울에 가까워질수록 낮에 입질하는 빈도가 떨어지며 서서히 밤에 잘 낚이는 패턴으로 바뀌게 된다. 11월 이후는 본격적으로 밤낚시가 시작되며 포인트도 점점 내만으로 가까워진다. 이후 12월부터 이듬해 3월까지가 볼락 밤낚시의 피크다. 예전에는 볼락낚

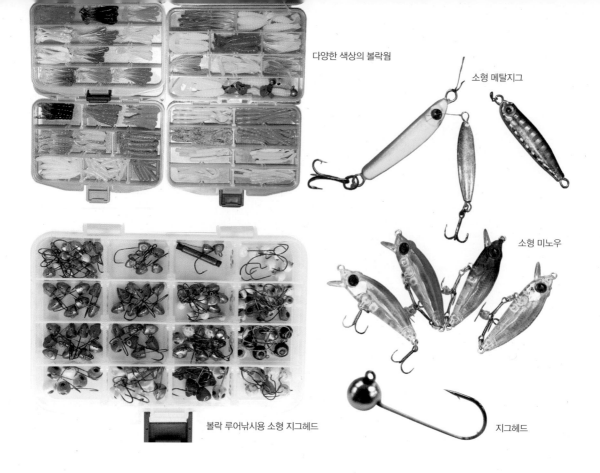

다양한 색상의 볼락웜

소형 메탈지그

소형 미노우

볼락 루어낚시용 소형 지그헤드

지그헤드

시의 피크를 봄으로 알고 있었지만 사실은
겨울에 낚이는 볼락이 훨씬 더 크고 양도 많

볼락 루어낚시 장비·채비

근거리용	원거리용	볼락볼채비
	다운샷리그식	

6~7ft
볼락
루어낚싯대

원줄
PE 0.4~0.8호
쇼크리더
0.8~1호
스크루테일그럽

송어 또는
다운샷
전용바늘

그럽
2인치
그럽

볼락볼

50cm

1000~2000번
스피닝릴

각종지그헤드
1/6~1/32온스

다운샷봉돌
3~5g

그럽
1~2인치

지그헤드
1/32~1/16온스

다.

낚시터는 남해와 동해 전역에 분포한다.
12~3월에는 남해안, 동해안 전역에서 낚이
며 3~6월에는 남해, 통영, 거제 내만과 먼
바다는 얕은 곳이 포인트다. 여름에도 볼락
이 낚이는데 7월부터 11월까지는 남해 먼
바다에 있는 국도, 좌사리도, 거문도 등 원
도권의 깊은 곳을 노린다.

장비와 채비

낚싯대

볼락 루어낚시엔 연질의 전용대를 써야 한
다. 일반 낚싯대로는 극히 가벼운 볼락용 웜
리그를 멀리 던지기 어렵다. 볼락 전용 루어
대는 7ft 내외 길이에 가볍고 탄성이 좋은
것들이다. 초리가 낭창한 것을 주로 쓰지만
속전속결이 필요하거나 볼락의 씨알이 클
때는 초리가 빳빳한 것을 쓰기도 한다.

볼락루어용 1000~1500번 스피닝릴

랜턴

볼락루어 전용대

릴

릴은 1000번 내외의 소형 스피닝릴이나 볼락루어 전용 릴을 사용하는데, 모두 작고 가벼운 것들이다. 릴이 작아야 하는 이유는 볼락 루어낚시에 쓰는 원줄이 0.4~0.6호로 가늘어서 큰 릴에 감기에는 적합하지 않기 때문이며 릴이 가벼워야 잦은 캐스팅에도 피로감이 적기 때문이다. 그리고 작고 가벼운 릴은 다루기에도 편하다.

원줄

볼락 루어낚시용 원줄은 아주 가는 PE라인 0.4~0.8호를 쓴다. 원줄이 가늘수록 가벼운 볼락웜을 멀리 던질 수 있다.

목줄

원줄은 합사를 써도 목줄은 카본사를 연결해서 써야 한다. '볼락은 목줄을 탄다'고 생각하는 낚시인이 많기 때문에 0.8~1호로

가는 목줄을 주로 쓰지만 큰 볼락이 낚이는 곳에선 목줄을 2~3호까지 쓰는 낚시인들도 있다.

루어

볼락 전용 웜을 쓴다. 쏘가리나 꺽지용 웜은 너무 크기 때문에 볼락루어낚시엔 쓰지 않는다. 볼락전용 웜은 길이가 1.2~2인치로 작고 아주 부드러워서 약한 조류에도 하늘하늘 움직이는 것이 특징이다. 웜 외에 소형 미노우나 메탈지그를 써서 굵은 볼락만 골라 낚기도 한다.

볼락볼(던질찌)

볼락볼은 가벼운 볼락웜을 멀리 던질 용도로 쓴다. 구멍찌 형태의 볼락볼이 가장 많이 쓰이며 착수음을 줄이기 위해 작게 만든 것, 밤에 잘 보이도록 야광 기능이 있는 것, 그리고 물에 뜨는 것이 있고 가라앉는 것들이

있다. 볼락은 상층에 많기 때문에 물에 뜨는 것을 많이 쓰며 볼락이 중하층에서 입질하는 경우에는 물에 천천히 가라앉는 것을 쓰기도 한다. 볼락볼은 채비를 멀리 던지는 용도로 많이 쓰지만 바늘이 해초 따위에 걸리지 않도록 도와주는 역할도 한다.

낚시방법

상층→중층→바닥 순으로 공략

볼락은 항상 위를 보고 먹이를 노리고 있으며 활성이 좋을 때는 상층에서 떼를 지어 다닌다. 그러므로 볼락을 노릴 때는 가장 먼저 상층을 공략하는 것이 좋다. 만약 상층에서 입질이 없다면 중층을 노리고 바닥은 맨 마지막에 노린다. 민장대라면 채비를 상층에서 천천히 내리며 루어낚시는 0.8g 내외의 지그헤드를 써서 채비가 착수하자마자 천천히 감아 들이면 된다.

연안에서 멀리 떨어진 곳을 노리기 위해 사용하는 던질찌채비.

상층에서 입질을 받지 못하고 바닥에서 입질을 받았다고 해서 지속적으로 바닥만 노린다면 마릿수 조과를 거두기 힘들다. 더 낚기 위해서는 볼락을 바닥에서 피워 올리는 기술을 발휘해야 한다. 볼락은 호기심이 왕성하기 때문에 주변 볼락이 먹이를 먹으면 그곳으로 쫓아가 모여드는 습성이 있는데, 이 점을 활용해서 볼락을 피워 올릴 수 있다. 볼락을 피워 올리는 요령은 볼락을 단숨에 끌어내지 말고 물속에서 조금씩 가지고 놀며 다른 볼락을 유인한다는 생각으로 천천히 끌어내는 것이다. 볼락이 많다면 한두 번만 해도 금방 효과를 볼 수 있다. 노리는 수심층도 바닥에서 서서히 올린다는 생각으로 중층, 상층을 겨냥하면 볼락을 피워 올릴 수 있다.

액션은 슬로우 리트리브와 고앤스톱이 기본

볼락 루어낚시는 채비를 던지고 감는 것이 테크닉의 전부라고 할 정도로 액션이 단순하다. 그러나 한 가지 염두에 두어야 할 것은 절대 빨리 감으면 안 된다는 것이다. 되도록 천천히 감고 가끔 릴링을 멈추며 액션에 변화를 주는 것이 요령이다. 채비를 빨리 감으면 볼락루어가 자연스럽게 나풀거리지 않고 액션이 잘 나오지 않아 볼락이 전혀 관심을 보이지 않는 경우가 많다. 1초에 릴 핸들을 반 바퀴나 한 바퀴 정도 돌린다는 기분으로 해주면 된다.

볼락 루어낚시는 방파제에서 많이 한다. 방파제는 바닥이나 주변 지형에 따라 여러 가지 형태로 분류할 수 있다. 예를 들면 뜬 방파제, 석축 방파제, 테트라포드 방파제, 모래밭에 있는 방파제, 사니질에 있는 방파제, 자갈밭에 있는 방파제 등이 있다. 그러나 모든 방파제가 볼

갯바위에 집어등을 켜고 볼락낚시를 준비하고 있는 낚시인.

락의 명당은 아니며 볼락이 잘 낚이는 방파제는 갯바위와 인접해 있거나 연결되어 있는 곳이다. 방파제 주변에 갯바위가 있고 그 주변에 수중여와 물골 등의 다양한 지형들이 산재해

있어야 보다 많은 양의 볼락이 드나들기 때문이다. 반면 바닥이 모래나 뻘인 방파제나 외항 한가운데 떠 있는 방파제는 주변에 볼락의 은신처가 적기 때문에 볼락이 잘 낚이지 않는다.

가로등의 어둑한 언저리가 포인트

가장 대표적인 볼락 포인트를 꼽는다면 내만 석축방파제의 가로등 주변이다. 그 가로등 아래로 작은 물고기, 새우, 갯지렁이 등이 먼저 모이면 나중에 볼락과 호래기가 그것들을 잡아먹기 위해 들어온다. 그러나 베이트피시(먹이고기)는 불빛이 강한 가로등 바로 아래(하이라이트 부분)로 접근하지만 볼락은 불빛 언저리에 머물고 있다. 어두운 곳에 숨어서 밝은 곳의 먹이를 노리는 것인

볼락용 집어등의 선택과 활용

볼락낚시의 필수품 중 하나는 집어등이다. 볼락용 집어등은 너무 밝은 것은 금물이다. 백색 전구가 들어 있는 밝은 집어등은 볼락용이 아닌 갈치용이니 헷갈려서는 안 된다. 갈치용 집어등으로 볼락을 집어해보면 집어는 되지만 밝은 빛 때문에 아예 입질을 하지 않는 경우가 많다.

볼락용 집어등은 불빛이 은은한 것이 좋다. 초록, 파랑, 노란색 불빛이 나는 것이 있는데 색상에 따라 조과에 큰 차이를 보이는 것은 아니지만 볼락 마니아들은 초록색을 선호하는 편이다. 그 이유는 초록색이 눈을 피로하게 하지 않고 물색과 비슷해 볼락을 자극하지 않기 때문이라고 한다.

그런데 집어등 불빛 자체가 볼락을 모으는 것은 아니다. 집어등의 원리는 불빛이 일차적으로 바다의 미생물과 베이트피시를 모이게 하고, 그렇게 모인 베이트피시를 따라 이차적으로 볼락이 모여드는 것이다. 따라서 불빛이 너무 멀리 비치거나 밝으면 볼락이 쉽게 피지 않고 가까이 접근하지 않으므로 베이트피시를 모으는 데 다소 시간이 걸릴지라도 집어등은 꼭 발 아래만 비추고 있어야 한다. 또 처음부터 포인트에서 멀찌감치 떨어진 곳에 설치해 두는 것이 좋다.

가로등을 밝힌 방파제. 사진은 부산 해운대의 청사포방파제.

볼락 갯바위낚시 장비·채비

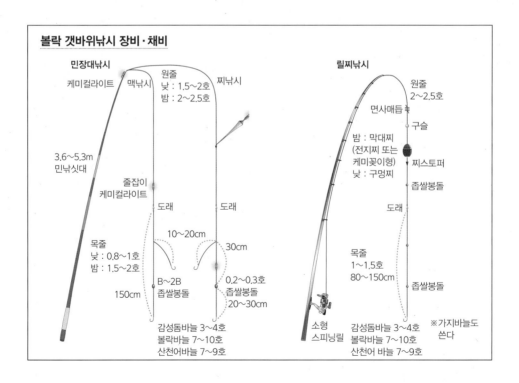

민장대낚시

케미컬라이트 맥낚시

원줄
낮 : 1.5~2호
밤 : 2~2.5호

찌낚시

3.6~5.3m
민낚싯대

줄잡이
케미컬라이트

도래

도래

10~20cm

30cm

목줄
낮 : 0.8~1호
밤 : 1.5~2호

150cm

B~2B
좁쌀봉돌

0.2~0.3호
좁쌀봉돌
20~30cm

감성돔바늘 3~4호
볼락바늘 7~10호
산천어바늘 7~9호

릴찌낚시

원줄
2~2.5호

면사매듭 ㅊ

구슬

밤 : 막대찌
(전지찌 또는
케미꽂이형)
낮 : 구멍찌

찌스토퍼

좁쌀봉돌

도래

목줄
1~1.5호
80~150cm

좁쌀봉돌

소형
스피닝릴

감성돔바늘 3~4호
볼락바늘 7~10호
산천어 바늘 7~9호

※가지바늘도
쓴다

민장대 · 릴찌낚시 · 배낚시

민장대낚시

볼락 루어낚시가 보급되기 전에는 민장대 생미끼로 주로 볼락을 낚았다. 민장대낚시는 채비가 간단하고 속전속결이 가능해 지금도 애호가들이 많다. 볼락용 민장대는 4~6m 길이에 가벼우면서도 빳빳한 것을 선호한다. 민물 붕어낚싯대 중 빳빳한 대물낚싯대를 써도 좋다. 낭창한 것은 캐스팅하기 어렵고 조류에 초리가 쉽게 움직이기 때문에 잘 쓰지 않는다. 주로 봉돌만 물려서 맥낚시를 하지만 포인트가 얕은 여밭이거나 볼락이 피어올랐을 땐 소형 막대찌를 달아서 찌낚시를 하는 것이 편리하다. 미끼는 청갯지렁이가 대표 격이지만 크릴도 많이 쓴다. 크릴 사용량이 늘면서 볼락도 입맛이 변했는지 청갯지렁이에 입질이 없을 때 크릴을 쓰면 입질하는 경우도 있다. 가로등이 켜진 방파제에선 민물새우가 잘 먹힌다.

릴찌낚시

생미끼낚시를 할 때도 민장대보다 릴대를 쓰면 더 넓은 범위를 노릴 수 있고 한층 더 굵은 볼락을 낚을 수 있다. 릴대와 릴은 감성돔 찌낚시용 1호 릴대와 3000번 규격의 릴을 그대로 쓰면 되며 포인트는 루어낚시와 마찬가지로 얕은 여밭이 좋다. 밤에 B~3B 부력의 전지찌를 달아 2~5m 수심의 여밭을 겨냥하여 멀리 던진 다음 루어낚시처럼 살살 감아 들이며 볼락을 유혹해 낚는다. 목줄은 1.5~2m 길이로 짧게 묶고 찌매듭 없는 전유동으로 한다. 주로 목줄 수심만 노리다가 입질이 뜸해지면 봉돌을 물려서 더 깊이 천천히 가라앉혀본다.

외줄낚시

볼락이 깊은 곳으로 빠졌을 때는 배를 타고 외줄낚시로 낚을 수밖에 없다. 볼락 외줄낚시는 초여름과 가을에 성행하며 겨울에도 연안 근처의 수중여를 노리면 잘 된다. 장비는 우럭·열기 외줄낚싯대와 장구통릴에 20~50호 봉돌을 달아서 한다. 근해에서 20~30m 수심의 얕은 곳을 노릴 땐 스피닝릴에 아무 릴대나 써도 되지만 거문도나 백도 주변의 심해로 나갈 때는 장구통릴과 외줄낚시 전용 장비가 필수적이며 요즘은 전동릴을 쓰기도 한다.

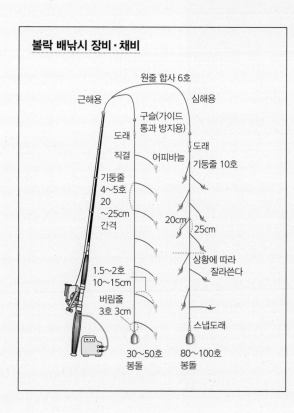

볼락 배낚시 장비·채비

원줄 합사 6호
근해용
심해용
구슬(가이드 통과 방지용)
도래
직결
어피바늘
도래
기둥줄 10호
기둥줄 4~5호 20~25cm 간격
20cm
25cm
상황에 따라 잘라쓴다
1.5~2호 10~15cm
버림줄 3호 3cm
스냅도래
30~50호 봉돌
80~100호 봉돌

데, 볼락은 밝은 쪽의 베이트피시를 응시할 수 있고 베이트피시는 어두운 수중여 주변에 있는 볼락을 알아차리지 못하기 때문이다. 따라서 가로등 주변을 노릴 때는 가로등 불빛이 희미해지는 자리를 노리는 것이 효과적이다. 보통 통영을 비롯해 남해동부 내만의 얕은 선착장은 대부분 이와 같은 포인트라고 생각하면 된다. 하지만 최근 들어서는 불빛이 희미해지는 자리도 '옛날 포인트'라는 말을 듣는다. 그 이유는 수심이 깊은 방파제는 가로등 불빛이 물속 깊이까지 미치지 못하므로 가로등 아래 깊은 수심도 좋은 포인트가 될 수 있다는 결론에 도달했기 때문이다. 가로등 바로 아래는 그림자 때문에 볼락이 은신할 수 있고 깊은 곳에 있는 수중여는 가로등 불빛이 닿지 않기 때문에 더할 나위 없는 좋은 포인트가 되는 것이다. 거제도나 남해도에 있는 수심이 깊은 대형 방파제에서는 이런 형태의 포인트가 잘 형성된 곳이 많다.

갯바위에서 집어등을 켜고 볼락을 노리고 있다.

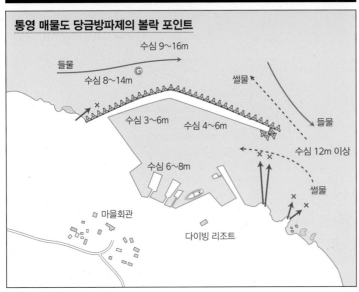
통영 매물도 당금방파제의 볼락 포인트

수심 9~16m
들물
수심 8~14m
썰물
들물
수심 3~6m
수심 4~6m
수심 12m 이상
수심 6~8m
썰물
마을회관
다이빙 리조트

만약 큰 볼락을 낚고 싶다면 큰 암초를 찾아야 한다. 큰 볼락이라면 30cm 내외의 몬스터급을 의미한다. 대형 암초 아래에 큰 볼락이 살고 있기 때문이다. 30cm 안팎의 대형 볼락은 마치 돌돔이나 다금바리처럼 동굴 같은 곳에 자리를 잡고 자기만의 영역을 가지고 산다. 따라서 큰 암초나 바위가 있는 곳은 볼락이 많이 낚이지는 않지만 큰 볼락이 한두 마리 낚이는 경우가 있다. 반대로 크기에 상관없이 많은 양의 볼락을 낚고 싶다면 수심이 얕고 해초가 자란 여밭으로 가는 것이 좋다.

수중턱 주변도 대물터

수중턱은 갑자기 수심이 깊어지는 구간을 말하며 흔히 물골이 형성된 자리라고 보면 된다. 방파제라면 배가 드나드는 자리, 해안도로의 경우엔 해초가 자란 자리 너머에 수중턱이 존재한다. 내만

웜을 물고 수면으로 올라온 볼락.

큰 씨알의 볼락을 낚은 낚시인.

권의 방파제나 해안도로는 수중턱의 경사가 먼 바다에 비해 완만한 편이지만 연안에서 그리 멀지 않은 곳에 있기 때문에 쉽게 노릴 수 있는 자리다. 낮에 미리 자리를 확인해두고 밤에 무거운 채비를 이용해 노려보면 의외로 큰 볼락을 낚을 수 있다. 수중턱을 노릴 땐 원투할 수 있고 빨리 가라앉는 볼락볼을 사용하며 바닥을 노린다는 기분으로 채비를 운용하면 된다.

볼락 루어낚시에 있어서 볼락볼은 필수 소품이다. 가벼운 볼락용 지그헤드로 노리기 힘든

수중턱의 이해

자잘한 볼락들

해초 밀생지역

수중턱 구간

수중턱 너머에 큰 볼락이 있다

원거리 포인트를 무거운 볼락볼을 달아줌으로써 노릴 수 있다. 또 비중이 무거운 볼락볼을 사용하여 웜을 빨리 가라앉힐 수도 있고, 물에 뜨는 볼락볼로 상층이나 아주 얕은 곳을 자유자재로 노릴 수도 있다.

그러나 최근에는 볼락볼을 너무 무분별하게 사용하기 때문에 오히려 역효과를 보는 경우가 많다. 대표적인 역효과는 볼락볼이 착수할 때 '퐁'하는 착수음이다. 사실 착수음과 볼락 조과에 대한 관계를 명확하게 설명할 수는 없다. 때론 착수음이 볼락의 공격성을 자극한다는 말도 있다. 하지만 분명한 것은 볼락볼을 사용해 조과가 형편없을 때 볼락볼을 제거하고 지그헤드만으로 볼락을 노려보면 뜻밖에 잘 낚인다는 것이다. 즉 볼락이 착수음에 경계심을 품는다는 것을 알 수 있다.

이런 볼락볼의 단점을 일찍 눈치 챈 낚시인들은 볼락볼에 의존하기보다 작은 지그헤드를 멀리 날릴 수 있도록 가는 원줄과 스풀이 얕은 볼락루어 전용 릴을 구비하고 캐스팅 연습을 꾸준히 해둔다. 최근 볼락루어 마니아들이 0.2~0.3호 합사 원줄을 선호하는 까닭도 지그헤드만으로 최대한 멀리 날리기 위해서다.

볼락과 호래기는 몸집이 작기 때문에 경계심이 강한 데다 기상이나 물때 변화에 따라 신출귀몰하게 움직인다. 따라서 입질시간대를 상당히 간파하기 어려운 경우가 많다. 그래서 자주 허탕을 치던 낚시인들이 최근엔 전략을 바꾸었다. 예전처럼 미친 듯이 발품을 팔고 돌아다니는 것이 아니라 아예 한 자리에서 느긋하게 낚시하는 '말뚝 작전'을 펴고 있는 것이다. 지난 3~4년간 경험을 토대로 '언제가 될지는 몰라도 한 번은 들어온다. 오지 않을 놈은 찾아나서 봐야 헛수고'라는 결론을 내린 것이다.

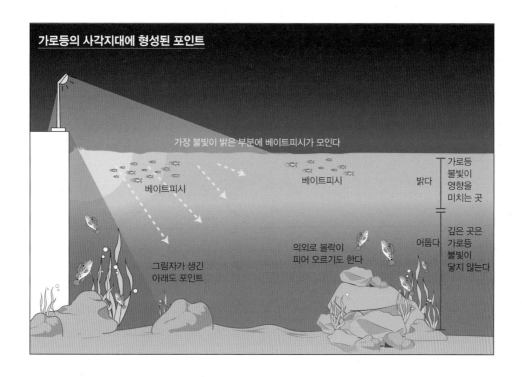

가로등의 사각지대에 형성된 포인트

가장 불빛이 밝은 부분에 베이트피시가 모인다

베이트피시

베이트피시

밝다

가로등 불빛이 영향을 미치는 곳

깊은 곳은 가로등 불빛이 닿지 않는다

어둡다

의외로 볼락이 피어 오르기도 한다

그림자가 생긴 아래도 포인트

부시리 지깅·캐스팅

부시리는 우리나라의 루어낚시 대상어 중 가장 대형종이다. 60~80cm가 주로 낚이지만 겨울에는 1m를 넘는 15~20kg 대어가 자주 걸려 숨막히는 혈투를 벌이곤 한다. 수중에서 시속 30~40km의 스피드로 돌진하는 부시리는 지구력 또한 대단하기 때문에 웬만한 장비로는 끌어내기 어렵다. 부시리는 크릴을 미끼로 쓰는 찌낚시에도 잘 낚이지만 그보다 메탈지그를 사용한 선상 지깅이나 대형 포퍼를 사용한 캐스팅에 대형급이 잘 걸리며 중량급의 지깅 장비나 캐스팅 장비를 사용해야 박진감 넘치는 승부를 펼칠 수 있다.

지깅은 메탈지그를 바닥층에 내린 뒤 격하게 저킹을 하며 감아올리는 낚시법이며, 캐스팅은

수면에 뜨는 펜슬베이트나 폽퍼를 수면에서 감아 들이며 대형 부시리를 유인하는 낚시법이다. 부시리의 격렬한 손맛에 매료된 지깅·캐스팅 마니아층은 꾸준히 늘고 있다.

부시리는 우리나라 전역에 서식하며 다 자란 성어는 1.2m, 20kg 이상이 된다. 주로 18~22도의 따뜻한 수온에서 생활하면서 표층부터 50~70m 깊이의 하층까지 고루 오가지만 바닥층에 머무는 일은 드물다. 무리 지어 회유하면서 소형 어류나 오징어, 새우 등을 먹이로 삼는다. 한편 부시리와 비슷한 생김새의 방어는 부시리보다 더 낮은 수온인 15~18도를 좋아하기 때문에 겨울에 주로 낚인다. 상하층 수심을 고르게 오가는 부시리와 달리 방어는 주로 중층 이하에서 생활한다.

시즌과 낚시터

부시리는 18~22도의 적정수온을 찾아 회유하는 난류성 어종으로 여름엔 서해 중부나 동해 중부까지 올라오며 겨울엔 남해안이나 제주도 지역에서 많이 낚인다. 서해는 어청도와 외연도 주변이 주요 낚시터다. 매년 7월 중순부터 11월 초순까지 부시리낚시가 이뤄진다. 어청도의 가진여는 부시리떼를 만날 수 있는 대표적인 포인트다.

동해의 울산~포항 지역은 남해보다 한 달 가량 늦은 8월 중순에 시즌이 개막돼 11월 중순까지 낚시가 이뤄진다. 동해 후포항에서 20km 떨어져 있는 큰 수중섬인 왕돌초는 동해 최대의 부시리 서식처로서 미터급이 득시글한 황금어장이다. 울릉도는 7월부터 10월까지 대형 부시리가 집단으로 회유한다.

남해의 부산 지역은 외섬과 나무섬이 주요 낚시터로서 7월 중순~11월 중순이 주 시즌이다. 여수 지역은 원도에 속하는 거문도, 삼부도, 역만도에서 7월 말~10월 중순에, 이보다 근해인 광도, 평도는 8월 초~10월 초까지 낚시가 이뤄진다. 완도 지역은 여서도와 사수도에서 6월 말~10월 말까지 부시리가 낚인다. 추자도와 가거도는 6월 중순~10월 말까지 부시리 시즌이다. 가거도 서쪽 47km 해상에 있는 수중섬인 가거초는 미터급 부시리가 잘 낚이는 대물 명소로 유명하다. 제주도는 1년 내내 부시리가 낚이는 곳이다. 관탈도와 마라도 주변이 주요 포인트다. 관탈도는 5월~1월이 시즌이며, 마라도는 4~6월을 제외하고 1년 내내 낚시가 된다.

장비와 채비

지깅

5~6ft 길이의 지깅 전용 낚싯대를 쓴다. 낚이는 씨알이 3kg 정도라면 지그 허용 무게가 최대 150g 정도인 라이트 지깅 낚싯대를, 5~10kg 씨알이라면 지그 허용 무게가 최대 250g 정도인 중형급 지깅 낚싯대를 쓴다. 릴 역시 라이트 지깅엔 3000~4000번급 중소형 스피닝릴이 적당하고 대형급엔 5000~8000번 중대형 스피닝릴을 쓴다. 원줄은 소형 어종일 때는 PE라인 2~3호, 중형 이상은 4~5호를 사용한다. 쇼크리더는 나일론이나 플로로카본사 50~80lb를 사용하며 길이는 5~10m가 적당하다.

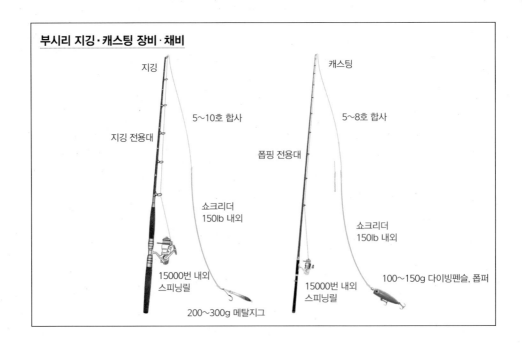

부시리 지깅·캐스팅 장비·채비

지깅

지깅 전용대

5~10호 합사

쇼크리더
150lb 내외

15000번 내외
스피닝릴

200~300g 메탈지그

캐스팅

폽핑 전용대

5~8호 합사

쇼크리더
150lb 내외

15000번 내외
스피닝릴

100~150g 다이빙펜슬, 폽퍼

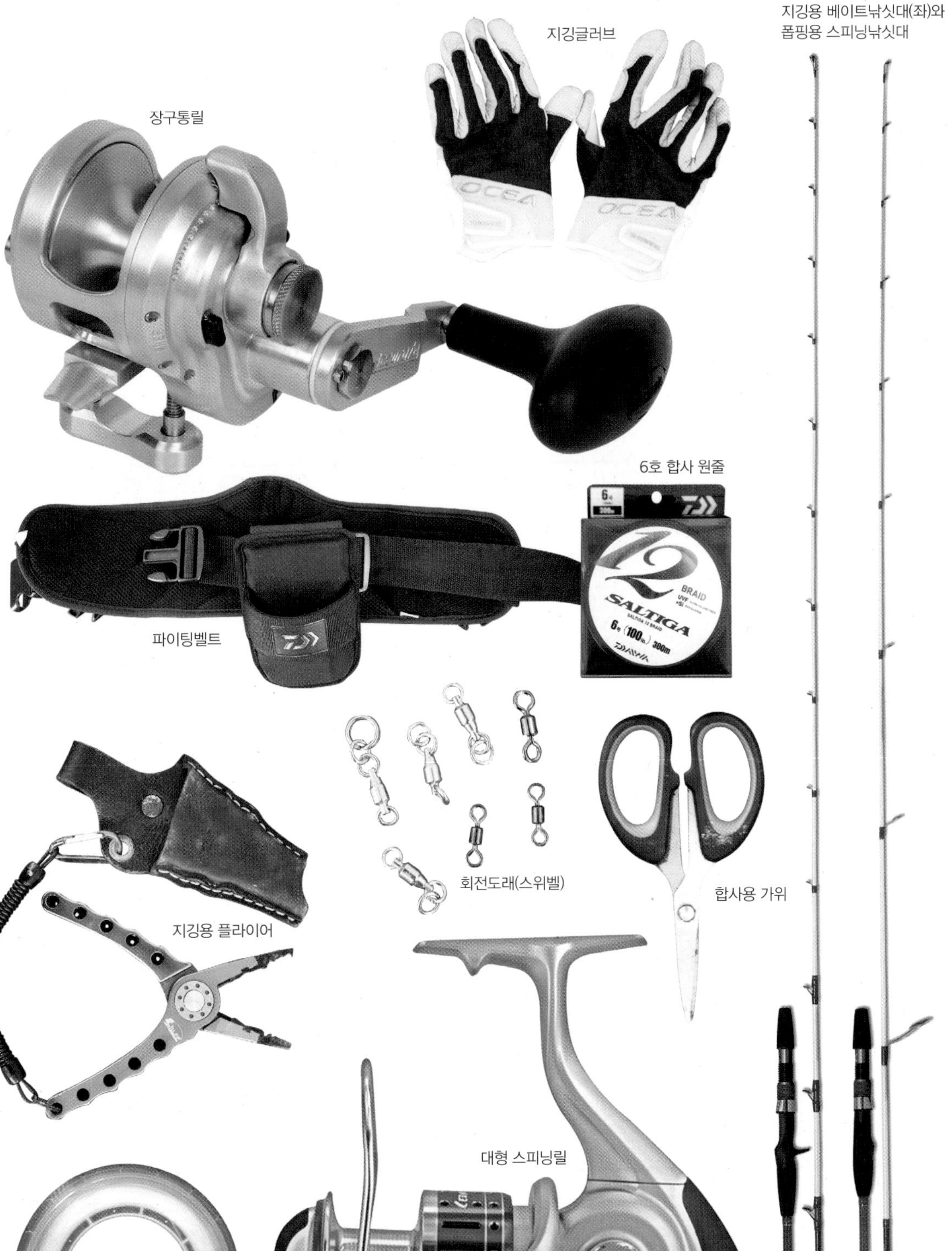

지깅글러브

지깅용 베이트낚싯대(좌)와
폽핑용 스피닝낚싯대

장구통릴

6호 합사 원줄

파이팅벨트

지깅용 플라이어

회전도래(스위벨)

합사용 가위

대형 스피닝릴

쇼크리더

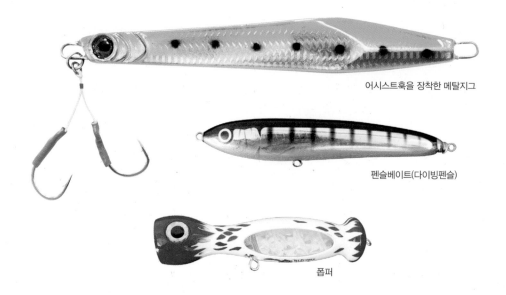

어시스트훅을 장착한 메탈지그

펜슬베이트(다이빙펜슬)

폽퍼

지깅에 사용하는 루어는 메탈지그다. 메탈지그의 무게는 근해에서는 100~200g, 깊은 수심은 300g까지 사용한다. 지그 끝에는 트레블훅이 달려 있는데 입걸림 확률을 높이기 위해 낚싯줄과 연결하는 지그고리에 어시스트훅을 단다. 어시스트훅은 4/0~10/0을 쓴다. 지그의 종류는 무게 중심과 액션에 따라 빨리 가라앉는 저중심지그, 무게중심이 5:5 또는 6:4여서 기민하게 움직이는 센터밸런스지그, 좌우 옆 방향으로 잘 움직이는 앞중심지그, 긴 형태의 롱지그로 분류할 수 있다.

캐스팅

낚싯대는 7.5~8.3ft 길이의 보트캐스팅용 낚싯대를 사용한다. 루어 허용 무게가 70~140g 정도면 좋다. 릴은 5000~8000번 스피닝릴을 사용한다. 원줄은 PE라인 3~4호를 쓰고 쇼크리더는 낚싯대 길이의 2배 이내로 하여 50~100lb 나일론사를 사용한다.

부시리 캐스팅에 주로 사용하는 루어는 다이빙펜슬이라고도 부르는 펜슬베이트다. 그밖에 부시리의 활성에 따라 폽퍼, 싱킹 펜슬베이트, 미노우형 펜슬베이트 등을 사용하기도 한다. 무게는 먹이고기에 따라 120~220mm로 다양한 크기를 사용한다.

낚시방법

일단 부시리의 어군을 찾아야 한다. 그러나 대부분 낚싯배 선장이 그 해역의 부시리 포인트를 잘 알고 있기 때문에 포인트 선정은 선장에게 일임하면 되겠다. 대부분의 부시리 포인트는 깊은 수심에 복잡한 암초가 발달한 장소로서 조류가 빠르고 멸치 같은 작은 물고기 떼가 자주 회유하는 곳이다. 루어의 액션은 지깅이든 캐스팅이든 크고 강하게 해주는 것이 효과적이다.

지깅

지깅의 기본 액션은 하이피치 쇼트저크와 롱저크라 할 수 있다. 바닥을 두들기는 보텀펌핑은 여걸림이 심하고 부시리 지깅에선

수면에서 물보라를 일으키며 끌려오고 있는 폽퍼.

부시리 · 방어 구분법

닮은꼴 물고기 가운데 가장 구별하기 힘든 녀석들이 방어와 부시리다. 방어와 부시리를 전문적으로 잡는 어부들 조차 종종 구분하지 못할 정도다.

체형
방어는 둥글고 부시리는 좀 납작하다. 즉 방어가 야구방망이라면 부시리는 빨래방망이다.

머리 크기
몸통 크기에 비해 방어가 부시리보다 더 머리가 크다.

배지느러미 길이
가장 정확한 구별점이다. 방어는 배지느러미 길이가 가슴지느러미와 거의 같은 반면, 부시리는 배지느러미 길이가 가슴지느러미보다 확연히 길고 노란 색이 더 강하다.

주둥이 윗턱의 각도
방어는 윗턱 끝의 각도가 직각인 반면 부시리는 약간 둥글다. 그러나 이 구분은 두 어종을 함께 놓고 보지 않는 한 처음 봐선 그 차이를 못 느낄 수 있다.

살색
회를 썰면 방어는 붉은 빛이 강하고 부시리는 흰빛이 많다.

많이 활용하지 않는다. 아래 두 가지 액션을 익힌 뒤 페달저크, 원피치 원저크 등을 적절히 혼합해 액션을 취해 준다.

지깅의 액션은 빠르게 상승하는 동작이 주효하다. 하이피치 쇼트저크는 그중에서도 짧고 강한 액션으로, 이름 그대로 빠르게 메탈지그를 단속적으로 움직이도록 하는 방법으로서 지깅 액션 중 기본에 속한다. 이는 마치 작은 물고기가 멈칫거리며 움직이는 모습을 연출한다. 우선 메탈지그를 가라앉힌 낚싯대 끝을 30~50cm 정도씩 챔질하듯 빠르게 릴링하는데 챔질 한 번에 릴링을 두 번 또는 챔질 한 번에 릴링 세 번을 반복한다. 중요한 것은 자신만의 리듬을 만들어내야 한다는 것이다. 이 기법은 매우 빠르고 짧게 움직여야 하므로 일정한 리듬을 갖지 못하면 고기를 낚기도 전에 낚시인이 지치고 만다.

롱저크는 낚싯대의 챔질 폭을 1m 정도로 크게 하면서 중간에 릴링하는 방법이다. 이 동작 역시 지깅의 기본 액션. 메탈지그가 한 번에 큰 움직임을 보이기 때문에 메탈지그의 낙하(흔들거리며 가라앉는 액션) 동작이 생긴다. 이는 지깅 외에도 메탈지그를 캐스팅하는 경우에 많이 활용하는 방법이다.

캐스팅

펜슬베이트는 낚싯대를 눕히고 낚싯대의 탄력과 손목의 스냅으로 저킹을 한다. 펜슬베이트가 수면에서 물속으로 다이빙하듯 들어가 유영하도록 만드는 방법이다. 그밖에 단순한 고속 릴링으로 수면을 활주시키는 방

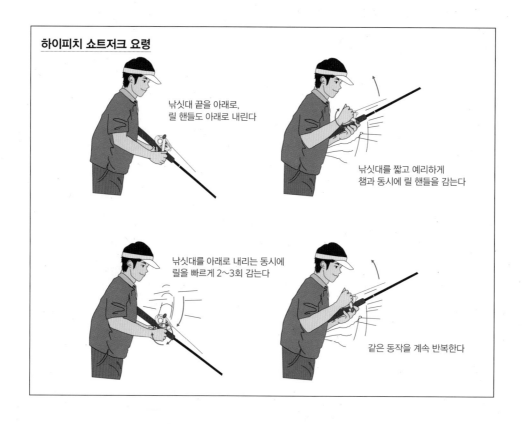

하이피치 쇼트저크 요령

낚싯대 끝을 아래로,
릴 핸들도 아래로 내린다

낚싯대를 짧고 예리하게
챔과 동시에 릴 핸들을 감는다

낚싯대를 아래로 내리는 동시에
릴을 빠르게 2~3회 감는다

같은 동작을 계속 반복한다

저킹 연속동작. 낚싯대를 올렸다 내리는 동시에 릴을 감아서 메탈지그를 급작스럽게 움직이게 하는 액션 동작이다.

페달저크 요령

낚싯대 끝을 아래로, 릴 핸들은 위로 향하게 한다

낚싯대를 위로 챔과 동시에 릴 핸들은 아래로 내린다

낚싯대를 아래로 내리면 릴 핸들은 다시 위로 올린다

자전거 페달을 밟는 것처럼 반복한다

낚싯배 선두에 서서 캐스팅 자세를 취하고 있는 낚시인.

메탈지그의 액션

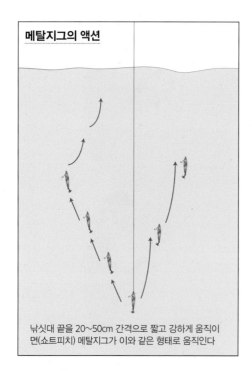

낚싯대 끝을 20~50cm 간격으로 짧고 강하게 움직이
면(쇼트피치) 메탈지그가 이와 같은 형태로 움직인다

법이 유용할 때도 있다.

끌어내기

부시리를 걸었을 때는 드랙 조정이 상당히
중요하다. 적당하게 드랙 조정을 했다고 하
더라도 대상어가 루어를 물고 달아나면 엄
청난 힘을 발휘하기 때문에 낚시인은 당황
하기 쉽다. 예상보다 씨알이 커서 스풀이 역
회전하고 있을 때는 드랙을 조인다고 해도
잘 먹히지 않는다. 대물이 차고 나갈 때는
스풀에 손을 대어 회전 속도를 줄이는 편이
더 쉽다. 물론 장갑을 껴야 할 것이다. 스풀
의 회전 속도가 떨어지거나 회전을 멈춘 후
에 드랙을 조인다. 가장 이상적인 드랙의 수
치는 사용하는 나일론사의 경우 장력 표시
치의 1/3이다. 하지만 PE라인은 장력이 강
하기 때문에 1/3로 드랙 수치를 맞추면 낚

싯대가 부러질 수도 있다. 사용하고 있는 PE라인의 굵기를 참고해서 동일한 굵기의 나일론 줄의 인장강도와 비교해 이에 맞춰 드랙을 설정한다. 가령 원줄이 20파운드(약 9kg)의 나일론, 또는 PE라인 2~3호 정도라면 드랙 장력은 2.5~3kg 정도가 적당하다.

완전히 챔질이 되었고 어느 정도 차고 나가던 대상어가 일단 멈췄을 경우에는 부시리의 머리가 수면으로 최대한 들리도록 하면서

펌핑 요령

드랙 조절을 하는 것과 동시에 대상어의 움직임에 따라 릴 핸들을 감으며 로드를 내렸다가 올리는 동작을 반복한다.

들어 올려야 한다. 이때 중요한 것은 낚싯대의 각도다. 낚싯줄과 낚싯대가 직각을 이루는 것이 이상적이겠으나 낚싯대는 구부러지므로 차이가 발생한다. 이때 낚싯대를 급격히 수직으로 세운다거나 좌우로 심하게 휘저으면 부러질 수 있다. 이때는 깊은 수심에서 몸부림치는 물고기를 수면으로 올라오게 하는 '펌핑'을 해야 한다. 펌핑은 이름 그대로 퍼 올리는 동작이다. 낚싯대의 복원력과 낚시인의 힘을 이용해 강하게 당겨 올리고 낚싯대를 낮추면서 릴을 감는 동작을 반복하는 것이다.

요리

부시리는 비타민 D가 풍부하여 골다공증 예방 및 노화 방지에 좋다. 비타민 E와 니아신도 들어있어 피부 활성화에 아주 큰 효과가 있다. 고등어와 함께 등푸른생선에 많이 들어 있는 오메가3와 불포화지방산이 다량 함유되어 있어 아이들 성장촉진과 두뇌발달, 혈액순환 개선, 퇴행선관절염, 전립선암 진행을 늦추는 데 도움이 된다.

부시리는 참치처럼 부위별로 회맛이 다르다. 붉은 등살보다 흰 뱃살이 맛있는데 기름기가 많아 고소하고 조직이 단단하여 꼬들꼬들하다. 등살은 맛이 깔끔하고, DHA와 비타민이 많이 함유되어 있어 영양 면에서는 뱃살에 앞선다. 가

부시리 회

장 맛있는 부위는 뱃살 앞쪽에 있는 가슴지느러미살인데 흔히 '가마살'로 불린다. 기름기가 많고 육질이 단단해 씹는 맛이 매우 좋다.

부시리는 제주도의 어부들이 낚시로 잡아서 해상 가두리에 가둬 키우면서 주문이 있을 때마다 출하한다. 거의 횟감으로 소비되므로 대부분 활어로 판다. 지느러미에 상처가 없고, 살은 단단하고 탄력이 있으며 광택이 나고 눈이 투명한 것이 신선한 것이다. 방어나 부시리는 대형급이 많기 때문에 제주도에는 부위별로 파는 곳도 있다.

붕장어낚시

붕장어는 흔히 '아나고'라는 일본명으로 잘 알려진 물고기다. 서해와 남해에 많으며 암초와 뻘이 많은 곳에서 잘 낚인다. 주로 밤에 활동해서 낮에는 잘 낚이지 않고 밤낚시를 해야 만족할 조과를 거둘 수 있다. 그러나 물이 탁한 서해에선 낮에도 붕장어가 곧잘 낚인다. 잘 낚이는 시기는 여름이며 특히 장마철에 폭발적인 호황을 보이는 경우가 많다. 붕장어의 산란기는 6~7월이다. 겨울에는 아주 깊은 곳으로 이동하기 때문에 낚시가 잘 되지 않는다.

주로 낚이는 사이즈는 40~50cm 전후지만 큰 것은 1m까지 자란다. 방파제와 갯바위에서 원투낚시를 하며 경남 진해와 충남의 서천, 보령에서는 배낚시도 인기 있다. 울산 등 동해남부의 낚시인들은 큰 방파제 테트라포드에서 구멍치기로 대형 붕장어를 낚기도 한다.

시즌과 낚시터

이르면 4월, 늦으면 5월경부터 붕장어가 낚이기 시작한다. 하지만 이때는 연안 가까운 곳으로 접근하지 않기 때문에 주로 배낚시를 한다. 6월 이후 여름이 되면 연안 갯바위나 방파제 주변에서도 낚을 수 있는데, 대개 야간 원투낚시로 낚는다. 7~8월에 꾸준한 조황을 보이며 9월부터는 조황이 시들해지기 시작한다. 동해와 남해 일부 지역에서는 11월까지 테트라포드 구멍을 노려 큰 붕장어를 낚기도 한다.

야행성인 붕장어는 낮에는 모래뻘 속에 숨어 지내기 때문에 모래뻘이 많은 곳에서 잘 낚인다. 대표적으로 서해의 보령, 오천, 안면도, 서산 가로림만, 인천 시화방조제 일대와 경남 진해와 마산, 남해도 연근해가 붕장어 낚시터로 꼽힌다. 하지만 물색이 맑고 뻘이 없는 곳에서도 숨을 곳만 있다면 붕장어가 낚인다. 대표적인 곳이 방파제의 테트라포드다. 동해, 남해의 대형 방파제 테트라포드와 추자도, 거문도 등 원도의 테트라포드 방파제를 노리면 큰 붕장어를 낚을 수 있다.

장비

낚싯대

연안낚시에선 4~5.4m 원투낚싯대를 즐겨 쓴다. 10~20호 봉돌을 쓰기 때문에 그것을 감당하기 위해서는 허리가 튼튼한 것이 좋다. 원투낚시를 전문으로 하는 낚시인들은 길이 대물에 대비해 30호 이상의 강한 낚싯대를 쓰기도 한다. 배낚시에선 3~4m 길이의 너무 투박하지 않은 중경질의 릴대면 충분하다.

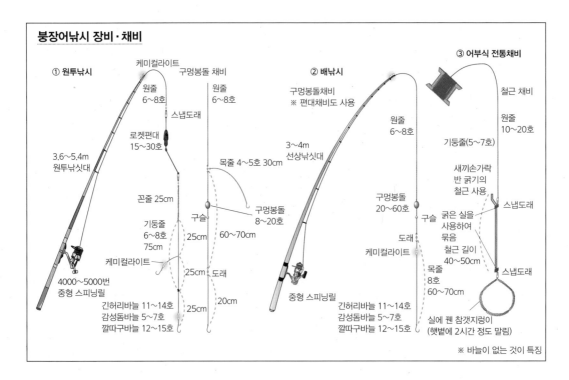

붕장어낚시 장비·채비

① 원투낚시

케미컬라이트
구멍봉돌 채비

원줄
6~8호

원줄
6~8호

스냅도래

로켓편대
15~30호

3.6~5.4m
원투낚싯대

목줄 4~5호 30cm

곤줄 25cm

3~4m
선상낚싯대

구슬

구멍봉돌
8~20호

60~70cm

기둥줄
6~8호
75cm

25cm

케미컬라이트

25cm

도래

4000~5000번
중형 스피닝릴

20cm

긴허리바늘 11~14호
감성돔바늘 5~7호
깔따구바늘 12~15호

25cm

② 배낚시

구멍봉돌채비
※ 편대채비도 사용

원줄
6~8호

구멍봉돌
20~60호

구슬

도래
케미컬라이트

목줄
8호
60~70cm

중형 스피닝릴

긴허리바늘 11~14호
감성돔바늘 5~7호
깔따구바늘 12~15호

③ 어부식 전통채비

철근 채비

원줄
10~20호

기둥줄(5~7호)

새끼손가락
반 굵기의
철근 사용

굵은 실을
사용하여
묶음

철근 길이
40~50cm

스냅도래

스냅도래

실에 꿴 참갯지렁이
(햇볕에 2시간 정도 말림)

※ 바늘이 없는 것이 특징

릴

4000~5000번 중형 스피닝릴이 필요하다. 5호 이상의 굵은 원줄을 사용하기 때문에 기본적으로 큰 릴을 쓴다. 또 릴이 크면 채비를 던졌을 때 그만큼 비거리도 잘 나오고 빠르게 감아 들이기도 좋다.

자새

배낚시를 할 때 릴낚시 장비 대신 쓴다. 낚

붕장어낚시에 사용하는 원투낚싯대.

싯줄을 감은 자새에 채비를 묶고 손으로 감고 풀며 낚시를 한다. 감아올린 줄을 갑판에 가지런히 놓아야 하는 것이 불편하지만 값이 싸고 낚싯줄을 타고 붕장어의 입질이 선명하게 전달되기 때문에 자새를 선호하는 낚시인들도 많다.

채비

원줄

주로 4~8호 원줄을 쓴다. 캐스팅용으로는 4~6호가 적당하고 배낚시용으로는 8호 내외를 많이 쓴다. 테트라포드나 갯바위에서 큰 붕장어만 노리는 낚시인들은 12~14호 원줄을 쓰기도 한다.

목줄

8호 내외의 굵은 목줄을 쓴다. 붕장어가 작다면 2~3호 목줄로도 충분하지만 큰 붕장

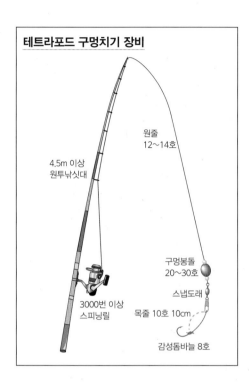

테트라포드 구멍치기 장비

4.5m 이상
원투낚싯대

원줄
12~14호

구멍봉돌
20~30호

스냅도래

3000번 이상
스피닝릴

목줄 10호 10cm

감성돔바늘 8호

어를 강제집행하기 위해서는 처음부터 굵은 목줄을 쓰는 것이 좋다. 그러나 10호 이상

은 '붕장어가 목줄을 탄다'는 이유로 잘 쓰지 않는다.

케미컬라이트와 방울

붕장어낚시는 주로 밤에 하기 때문에 초리가 움직이는 것을 한눈에 알아채기 위해서는 초리에 끝보기용 케미컬라이트를 반드시 달아야 한다. 케미 대신 방울을 달기도 한다.

로켓편대채비 · 묶음추채비

원투낚시용 로켓편대채비와 묶음추채비를 간편하게 묶어 쓸 수 있게 만들어 낚시점에서 판매하고 있다. 멀리 던져 놓고 가끔 채비를 끌어주며 입질이 올 때까지 기다리면 된다.

배낚시용 편대채비

주로 도다리낚시에 쓰지만 붕장어낚시에도 효과적이다. 수직으로 채비를 내렸다가 올리는 동작을 반복해 입질을 받는다.

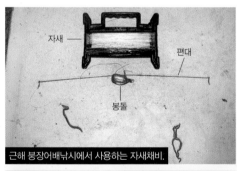

자새

편대

봉돌

근해 붕장어배낚시에서 사용하는 자새채비.

미끼로 사용하는 고등어살.

묶음추와 청갯지렁이(아래).

밤바다에 뜬 붕장어낚싯배.

연안 부둣가에서 붕장어 원투낚시를 즐기는 낚시인들.

미끼

청갯지렁이

값이 싸고 가장 많이 쓰는 미끼다. 너무 긴 청갯지렁이를 꿰면 붕장어가 잘라 먹기만 하고 잘 걸리지 않기 때문에 잘라서 쓰거나 한두 시간 정도 말린 후에 쓰는 것이 좋다.

참갯지렁이

비싸지만 그만큼 효과를 발휘하는 미끼로

원투낚싯대를 사용해 테트라포드 아래에 숨은 붕장어를 노리고 있다.

그냥 쓰면 소모량을 감당하기 힘들기 때문에 역시 약간 말리거나 소금에 한두 시간 절여 질기게 만들어 쓰는 것이 요령이다.

고등어살

테트라포드 구멍치기나 가까운 곳에 채비를 던질 때는 고등어살도 아주 좋은 미끼로 쓰인다. 단, 고등어살의 경우 말리거나 소금에 절여도 10분이면 사라져버리기 때문에 미끼를 자주 교체해야 한다는 것이 단점이다. 하지만 귀찮은 만큼 붕장어가 있다면 효과는 확실하다.

낚시방법

원투낚시

로켓편대채비나 묶음추채비를 이용해 가능한 한 멀리 채비를 던져놓고 입질을 기다린다. 채비가 착수하여 바닥에 가라앉기 전에 스풀을 닫으면 채비는 조류에 흘러가며 저절로 원줄이 팽팽하게 유지된다. 만약 원줄에 긴장감이 없다면 원줄을 약간 감아 들여 긴장감을 유지해주어야 입질을 놓치지 않는다. 입질이 오면 초리가 살짝살짝 움직이는데, 성급하게 챔질하지 말고 초리가 강하게 움직이는 타이밍에 채야 놓치지 않고 낚아낼 수 있다. 입질이 없다면 10분에 한 번 정도 낚시줄을 살짝 감아주는 것도 좋다.

배낚시

붕장어 배낚시는 채비를 바닥까지 내린 후 낚싯줄의 긴장감만 유지해주면 되는 쉬운 낚시다. 애써 고패질을 할 필요가 없이 바닥에서 채비를 약간 띄운다는 생각으로 채비를 잡고 있으면 붕장어의 강한 입질을 느낄 수 있다. 오히려 초보자는 잦은 고패질로 인해 입질을 놓칠 우려가 있다.

배낚시를 할 때 유의할 점은 조류에 채비가 떠내려가지 않아야 한다는 것이다. 그래서 봉돌의 호수 선택이 중요하다. 조류가 약할 때는 20호 내외를 쓰고 조류가 강할 때는 60호까지 쓰는 경우도 있다. 조류가 강할 때 가벼운 봉돌을 쓰면 채비가 자리를 잡지 못해 입질을 받기 어렵고 조류가 약할 때 무거운 봉돌을 쓰면 채비가 묵직해져 입질을 알아채기 힘들다.

한편 어부들은 '철근채비(붕장어낚시 장비·채비 그림 참조)'를 쓰기도 하는데, 낚싯바늘이 없어도 붕장어가 참갯지렁이를 악착같이 물고 딸려 올라와 갑판에선 저절로 떨어져 단시간에 마릿수 조과를 거둘 수 있다.

구멍치기

대형 방파제의 테트라포드 구멍이나 원도에 있는 수심 깊은 홈통에서 큰 붕장어를 노리는 낚시방법이다. 원투낚싯대에 12호 원줄, 20호 봉돌에 10호 목줄, 바늘은 감성돔 8호를 쓰며 미끼는 고등어살이나 참갯지렁이를 쓴다. 테트라포드를 노린다면 테트라포드가 끝나는 지점에 채비를 넣은 후 되도록 깊은 곳을 찾아 바닥까지 내리고 갯바위라면 채비를 가까운 곳에 던진 후 갯가의 홈이나 큰 암초 주변 혹은 찢어진 틈으로 바짝 붙이는 방법으로 낚시한다. 이런 곳에는 80cm가 넘는 큰 붕장어나 큰 갯장어가 강하게 입질을 하기 때문에 순간적인 입질에 빨리 대응해야 하며 입질을 받으면 지체 없이 강제 집행해야 한다. 실패하는 경우 붕장어가 바위틈이나 굴속으로 깊숙이 파고들기 때문에 꺼내는 것은 불가능하다.

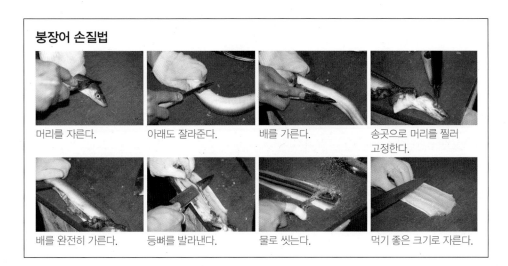

붕장어 손질법

머리를 자른다.

아래도 잘라준다.

배를 가른다.

송곳으로 머리를 찔러 고정한다.

배를 완전히 가른다.

등뼈를 발라낸다.

물로 씻는다.

먹기 좋은 크기로 자른다.

삼치낚시

삼치가 낚시 대상어로 각광을 받기 시작한 시기는 2010년대 이후부터다. 이전까지만 해도 만나기 어려웠던 큰 씨알, 즉 대삼치가 배낚시에 마릿수로 낚이기 시작했기 때문이다. 대삼치는 80cm 이상 크기의 큰 삼치를 말하며, 2000년대 말부터 가을에 경주, 포항 등 동해남부 앞바다에서 자주 출몰하면서 마니아층이 형성됐고 2010년대 중반엔 마릿수 호황을 보이면서 가을 바다루어 대표 장르로 자리 잡았다.

삼치는 동체시력이 매우 뛰어난 녀석이어서 가능한 미끼를 빨리 움직이도록 해야 한다. 생미끼보다는 루어에 잘 반응하며 이 때문에 어부들은 일종의 트롤링낚시라 할 수 있는 전통 어로법인 '끌낚시'로 삼치를 낚아왔다.

시즌과 낚시터

삼치는 우리바다 전역에서 서식한다. 4~6월 산란을 위해 남해서부와 서해중부 연안 가까이 붙으며 가을이 되면 먼 바다로 빠져나간다. 초여름 갯바위에서 삼치 떼가 등장해 때 아닌 마릿수 파티가 벌어지기도 한다.

삼치가 가장 잘 낚이는 시기는 가을이다. 가을엔 포구나 방파제 등 연안 가까이 삼치가 붙으며 호황을 보인다. 연안에 붙은 삼치는 1월까지도 머무는 경우가 많다.

대삼치가 마릿수로 낚이면서 낚시터와 함께 출조 인프라가 형성된 지역은 동해남부의 경주, 포항 일대다. 경주 읍천항이 대표적인 출조항으로 빠르면 매년 8월, 늦어도 9월이면 대삼치 시즌이 전개되며 10월에 피크 시즌을 맞고 11월이면 마무리된다.

대삼치 배낚시가 이뤄지는 남해동부 지역의 경우 연안에서 낚이는 씨알도 굵어지고 있는 게 특징이다. 바다에 떠 있는 포항 영일만북방파제의 경우 간혹 미터에 이르는 대형급이 루어에 낚인다.

릴낚싯대

3000번 스피닝릴

릴낚시용 원줄과 목줄

장비와 채비

릴찌낚시

낚싯대는 1호나 1.5호를 사용하고 원줄 3호, 목줄은 2호면 충분하다. 삼치가 멀리 있을 것을 대비해 구멍찌는 3호 이상 큰 것

삼치 릴찌낚시 장비·채비

3호 원줄

1호 구멍찌

1~2호 릴낚싯대

-1호 수중찌

3000번 스피닝릴

30~50cm 길이의 와이어목줄

을 사용해서 채비를 멀리 던지는 것이 유리하다. 갯바위용 릴찌낚싯대가 없어도 된다. 3~4m 길이의 릴대면 상관없고 릴도 3호 원줄이 감긴 중소형이면 어떤 것이든 문제없다.

채비에서 가장 중요한 것은 목줄이다. 삼치는 이빨이 많고 날카롭기 때문에 카본이나 나일론사 목줄을 쓰면 10호를 사용해도 허무하게 잘려나가고 만다. 그래서 삼치를 낚기 위해서는 목줄 아래에 20cm 정도 길이의 와이어를 달아야 삼치의 이빨에 채비가 끊어지지 않는다. 와이어는 직접 구매해서 채비를 만들어도 되지만 시중에는 간편하게 사용할 수 있는 갈치용 와이어채비가 있기 때문에 그것을 사용해도 된다.

연안 루어낚시

30g 무게의 루어를 캐스팅할 수 있는 스피

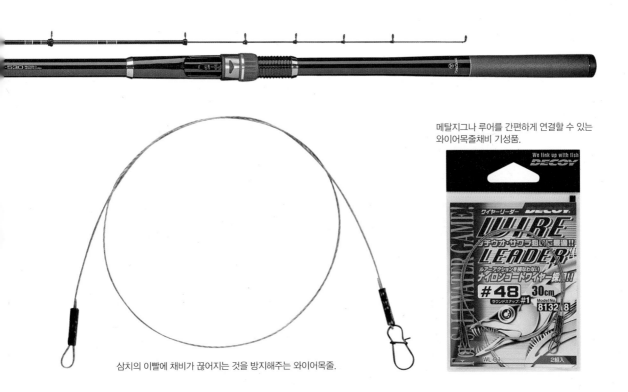

메탈지그나 루어를 간편하게 연결할 수 있는
와이어목줄채비 기성품.

삼치의 이빨에 채비가 끊어지는 것을 방지해주는 와이어목줄.

닝대를 사용한다. 지대가 낮은 포구나 석축 등에서 낚시한다면 미디엄 파워 정도의 농어용 루어낚싯대를 사용해도 상관없다. 하지만 조류가 센 대형 방파제에서 낚시한다면 씨알 큰 삼치도 붙을 수 있으므로 농어루어 낚싯대로는 불안하다. 이런 곳에선 쇼어지깅 전용대를 사용해야 한다. 릴은 1.5호 전후 합사를 감은 4000~5000번 중형 스피닝릴을 쓴다. 쇼크리더는 1.5호 합사 원줄을 쓴다면 카본사 5호가 적당하다.

대삼치 배낚시

낚싯대는 7~8ft 정도 길이, 60g 메탈지그를 기본적으로 캐스팅 할 수 있는 허리힘을 갖춘 지깅용 낚싯대를 사용한다. 라이트 지깅용으로 출시된 제품을 사용하면 되겠다. 대삼치를 꾀어내기 위해서는 루어를 빨리 감아 들여야하기 때문에 5000번에서 8000

번 정도의 중대형 릴이 필요하다.
합사 원줄이 쓰이며 합사 끝에 쇼크리더를 단다. 원줄은 2.5~4호, 쇼크리더는 40~80lb를 사용한다. 색상은 5색보다는 단색 특히 국방색이 많이 쓰인다. 그 이유는 삼치가 시력이 좋기 때문인데 반짝이는 낚싯줄을 루어로 오인해서 공격할 경우 절단되기도 하기 때문이다.

미끼

릴찌낚시

크릴을 써도 되지만 전갱이나 꽁치 살, 고등어살이 더 입질이 잘 들어온다. 미끼를 사용할 때 유의할 것은 삼치는 비늘이 붙어 있는 반짝이는 미

플라이어

합사 원줄

지깅글러브

4000~5000번 스피닝릴

삼치 루어낚시 장비 · 채비

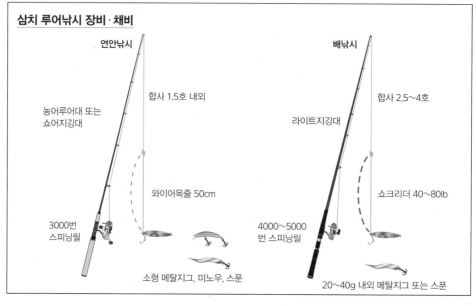

연안낚시

배낚시

농어루어대 또는
쇼어지깅대

합사 1.5호 내외

라이트지깅대

합사 2.5~4호

와이어목줄 50cm

쇼크리더 40~80lb

3000번
스피닝릴

4000~5000
번 스피닝릴

소형 메탈지그, 미노우, 스푼

20~40g 내외 메탈지그 또는 스푼

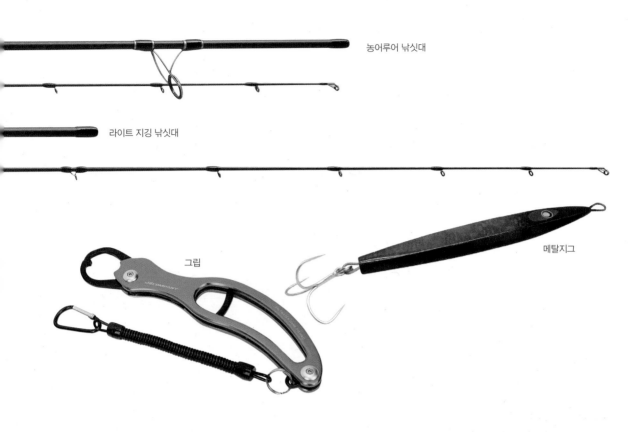

농어루어 낚싯대

라이트 지깅 낚싯대

그립

메탈지그

끼를 좋아하므로 미끼로 쓰는 고기의 비
늘을 벗기면 안 된다는 것이다. 삼치의
입질을 더 빨리 받고 싶다면 살아 있는
미끼를 쓰는 것이다. 카드채비로 전갱이
를 잡은 후 전갱이를 산 채로 꿰어 미끼
로 사용한다.

루어낚시

연안낚시에선 20~40g 메탈지그나 스푼
이 주로 사용된다. 대삼치 배낚시에서
사용하는 루어는 연안낚시 것보다 더 크
고 무겁다. 40~80g 메탈지그가 쓰인다.
물이 맑은 날은 은색 계열 메탈지그, 날
이 흐리거나 물색이 탁한 날엔 야광이
들어가거나 붉은 계열이 반응이 좋다.

릴찌낚시용 삼치낚시 채비. 전갱이를 미끼로 사용했다.

방파제에서 삼치 루어낚시를 즐기고 있는 낚시인들. 사진은 포항 영일만항북방파제.

낚시방법

릴찌낚시

삼치는 방파제 주변의 전갱이, 학꽁치, 갈치 등을 먹기 위해 몰려든다. 하지만 경계심이 강하기 때문에 인파가 많은 방파제 가까이 잘 접근하지 않는다. 처음에는 최대한 멀리 노리는 것이 좋다. 3호 구멍찌 또는 3호 내외의 막대찌를 사용해 최대한 멀리 캐스팅해서 채비를 안착시킨 후 조류에 채비가 흘러가도록 한다.

여기서 중요한 것은 멀리 캐스팅했을 때는 되도록 상층을 노린다는 것이다. 멀리 있는 삼치는 중층 이하로 잘 내려가지 않고 상층을 회유하는데 미끼가 머무는 수심이 2~3m면 적당하다. 미끼를 너무 얕게 내리면 삼치가 미끼를 물고 떠오를 경우 입질을 파악하기 힘들고 입질도 잘 들어오지 않는다. 삼치는 위에서 아래로 공격하지 않는다. 수평 혹은 아래에서 위로 공격하는 습성만 있기 때문에 미끼는 항상 삼치의 유영층 위에 있게 두는 것이 중요하다.

먼 곳에서 입질이 없으면 가까운 곳을 노려본다. 경계심이 많은 삼치가 방파제 가까이 접근했을 경우는 중층이나 바닥층에 있는 것이다. 이때는 미끼를 조금 더 내려야 한다.

삼치의 입질은 시원하지만 의외로 헛챔질이 많이 나타난다. 이빨을 갖고 있는 삼치는 미끼를 흡입하는 게 아니라 물어뜯는 형태로 사냥하기 때문에 바늘의 설 걸림이 많은 것이다. 따라서 찌가 깜빡거릴 때는 채지 말고 기다렸다가 쑥 끌려가는 느낌이 들 때 채야 걸림이 확실히 된다.

또 한 가지 유의할 것은 삼치는 의외로 물때를 많이 탄다는 것이다. 썰물보다는 먹이고기들의 연안으로 접근하는 들물 때 삼치도 함께 들어오며 썰물이나 간조 무렵에는 조황이 급격히 떨어지므로 가급적 들물 시간에 맞춰 출조하는 게 좋다.

대형 삼치를 낚은 낚시인.

삼치 회

연안 루어낚시

삼치가 잘 붙는 낚시터를 찾아야 한다. 수심이 깊고 조류가 빠른 곳에 삼치가 많고 씨알도 굵다. 내항보다는 외항에 포인트가 형성되며 조류가 잘 흐른 갯바위도 포인트로 좋다. 삼치는 수면 아래에서 먹이활동을 하기보다는 대부분 수면에서 먹이활동을 하기 때문에 바다가 끓는 것 같은 보일이 자주 보인다. 보일을 발견했다면 그 주변에는 삼치와 먹잇감이 있는 것이 확실하기 때문에 그 주변을 집중적으로 공략해야 한다.

삼치낚시는 루어의 속도가 매우 중요하다. 메탈지그를 멀리 캐스팅하여 바닥을 찍은 후에 빠르게 릴링하는 것뿐만 아니라 강한 저킹을 병행해야 입질을 유도할 수 있다. 삼치의 유영층을 확인했다면 그 수심층에 맞추어 릴링한다.

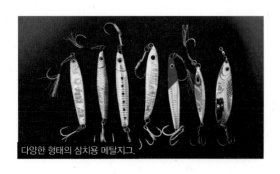

다양한 형태의 삼치용 메탈지그.

대삼치 배낚시

포인트에 도착했다면 대부분 선장이 배 밑 수심과 먹이고기가 있는 수심을 알려준다. 그에 따라 캐스팅해서 바닥부터 중층, 표층 순으로 탐색한다. 캐스팅하고 대략 1초에 1m 정도 가라앉는다고 보면 된다. 처음에는 40초를 카운트다운한 뒤 릴링, 두 번째는 30초 후 릴링, 세 번째는 20초 후 릴링 이런 식으로 낚시를 한다. 수심층을 파악할 수 있고 저킹과 릴링이 혼합된 변칙적인 액션을

캐스팅과 함께 루어를 감아 들이고 있는 낚시인.

주면 멀리 있는 대삼치까지 불러낼 수 있다.

삼치가 일단 루어를 물면 자동 입걸림이 이뤄진다. 조금씩 뜯어먹듯 입안에 루어를 집어먹는데 루어가 입안에 다 들어가지 않도록 한 번 더 세게 챔질을 해준다. 루어가 입안에 다 들어갈 경우 날카로운 이빨에 굵은 쇼크리더더라도 잘려나갈 수 있다.

대삼치를 걸었다면 차분하고 빠르게 릴링을 해서 여윳줄이 생기지 않도록 하는 게 중요하다, 80lb나 100lb 쇼크리더라 하더라도 여윳줄이 생겨서 삼치 입 안에 들어가면 순식간에 잘려버릴 수 있다. 배 밑까지 끌려온 삼치는 선장이나 주변 도움을 받아 가프나 뜰채로 건져 올린다.

한편, 대삼치 배낚시는 안전사고가 종종 발생하므로 주의가 요구된다. 주로 보일이나 라이징이 보일 때 발생하는데 양쪽 앞뒤 사람을 보지 않고 급하게 캐스팅하다가 낚싯대끼리 부딪히거나 바늘이 몸에 박히는 것이다. 항상 캐스팅할 때엔 주변 사람들의 위치를 확인해야 한다. 또 잡아 올린 대삼치에 박힌 바늘을 손으로 빼는 일은 매우 위험하니 반드시 장갑을 끼고 플라이어나 니퍼 등을 사용해 제거한다.

낚은 대삼치 처리

삼치는 일반 흰살 생선과 다르게 살이 무른 편이라 잡은 즉시 아가미 사이를 칼로 찔러 피가 나오게 한 뒤 바닷물에 잠시 담그는 게 고기를 싱싱하게 보관할 수 있는 방법이다. 삼치 낚싯배엔 바닷물을 담아놓은 양동이 등이 여럿 있는데 여기에 낚은 고기를 담았다가 아이스박스에 넣는다. 피를 빼지 않으면 쉽게 살이 굳고 비린내가 심해진다. 또 피를 뺀다고 바닷물에 오래 담가 놓으면 살이 물러지니 피만 빼 놓는다고 생각하고 바닷물에 담가 놓았다가 빼내야 한다

쇼어 지깅

연안에서 메탈지그를 캐스팅하고 있는 낚시인. 쇼어 지깅이란 갯바위나 방파제 같은 연안에서 메탈지그를 사용해 대상어를 낚는 낚시를 말한다.

쇼어 지깅은 연안에서 무거운 루어로 대형 회유어종을 노리는 낚시다. 우리나라에서는 부시리, 잿방어, 삼치, 작은 만새기가 대상어에 해당하며 일본에서는 그것 외에도 대형 만새기와 다랑어류가 대상어에 추가된다. 쇼어 지깅은 과거 제주도를 제외하면 대상어가 많지 않았고 시즌도 극히 짧았기 때문에 크게 주목받지 못했다. 하지만 지금은 남해동부 먼 섬으로 가을이 되면 부시리, 삼치, 잿방어, 대형 전갱이가 많이 붙기 때문에 낚시터가 크게 넓어졌고 시즌도 길어져 9월 초부터 10월 중순까지 호황을 보인다.

쇼어 지깅의 매력은 무엇보다 호쾌한 액션을 즐길 수 있고 손맛이 대단하다는 것이다. 같은 사이즈의 부시리라도 연질의 찌낚싯대보다 빳빳한 쇼어 지깅대로 파이팅을 해보면 여과 없이 전달되는 그 손맛에 매료되고 만다. 게다가 한 번 대상어가 붙으면 속전속결로 이어지기 때문에 조과도 다른 낚시에 비해 우세한 것이 장점이다.

시즌과 낚시터

쇼어 지깅은 난류성 어종이 연안으로 접근하는 수온이 높은 시기에 잘 된다. 제주도는 연중 가능하지만 그 외 남해동부 먼 바다나 울릉도는 5월부터 이듬해 1월까지 시즌이 이어진다. 남해동부 먼 바다의 경우 5월에는 대형 부시리가 낚이며 6월에는 큰 전갱이도 함께 낚이다가 7월에 작은 부시리들이 연안으로 몰려들기 시작하면서부터 본격적인 마릿수 조황이 가능해진다. 피크는 10월이다. 이때는 대형 삼치와 부시리, 잿방어를 동시에 노릴 수 있다.

낚시터는 연중 쇼어 지깅이 가능한 제주도가 대표적이다. 제주북부보다는 남부의 서귀포 갯바위와 부속섬에서 쇼어 지깅이 잘 된다. 남해동부는 국도, 좌사리도, 갈도, 구을비도, 외섬·형제섬이 유명하며 피크시즌에는 더 내해에 있는 욕지도, 연화도 일대에서도 낚시가 가능하다. 그 외 추자도, 거문도, 울릉도 등의 원도들이 낚시터로 꼽힌다. 동해는 작은 부시리와 삼치가 갯가로 붙는 11월 전후에 쇼어 지깅을 즐길 수 있다. 그러나 서해와 남해서부는 큰 부시리와 삼치가 잘 들어오지 않고 머무는 기간도 극히 짧기 때문에 쇼어지깅 시즌을 잡기가 명확하지 않다.

장비

낚싯대

쇼어 지깅 전용대를 쓴다. 길이가 보통 9ft가 넘고 허리힘이 아주 강한 것이 특징이다. 보통 티탄 가이드, 너트형 시트를 장착하고 허리를 아주 강하게 만들어 초장타와 강한 액션을 주기에 적합하다. 낚싯대의 제원을 살필 때는 몇 그램의 메탈지그까지 운용 가능한지, 합사는 몇 호까지 견딜 수 있는지를 따져봐야 한다. 메탈지그는 40~100g을 쓸 수 있어야 하며, 합사는 3호까지 견딜 수 있어야 한다.

최근 쇼어 지깅에 입문하는 낚시인들은 농어대나 에깅대로 시작하기도 하는데 40g 내외의 가벼운 메탈지그를 쓰는 라이트 지깅용으로는 무리가 없지만 80g 내외의 메탈지그를 쓰며 급심을 노리는 쇼어 지깅용으로는 권할만한 것이 못된다. 농어대와 에깅대는 무거운 메탈지그를 운용하는 데도 어려움이 있지만 자칫 큰 고기가 걸리면 부러지거나 부러지지 않더라도 낚싯대의 내구성에 큰 타격을 입기 때문이다.

릴

릴은 6000번 이상의 중대형 스피닝릴을 쓴다. 2~3호 합사가 200m 이상 감겨야 하고 강한 액션에도 견딜 수 있는 내구성이 좋은

쇼어 지깅용 메탈지그

쇼어 지깅 장비를 들고 포인트로 향하고 있는 낚시인.

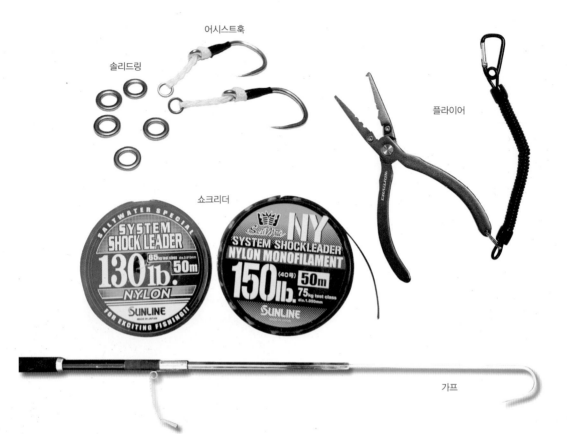

솔리드링

어시스트훅

플라이어

쇼크리더

SYSTEM
SHOCK LEADER
130 lb.
NYLON

NY
SYSTEM SHOCKLEADER
NYLON MONOFILAMENT
150 lb.

가프

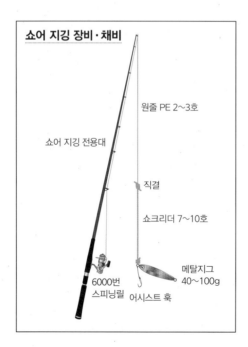

쇼어 지깅 장비 · 채비

원줄 PE 2~3호

쇼어 지깅 전용대

직결

쇼크리더 7~10호

6000번
스피닝릴

어시스트 훅

메탈지그
40~100g

릴이어야 한다. 대부분 드랙 성능이 우수하고 보디가 강한 금속 소재로 만들어졌다.

채비

원줄

원줄은 PE라인이 필수다. 2~3호를 많이 쓴다. 구입할 때 PE라인 원줄이 캐스팅용으로 적합한지 꼭 확인해야 한다. 같은 PE라인이라도 캐스팅용은 코팅이 되어 있어 일반 PE라인보다 가이드를 잘 통과하고 마찰강도와 매듭강도가 더 높다. 반대로 외줄낚시용 합사는 매듭이 생기면 잘 끊어지고 너무 가벼워서 꼬임 등의 트러블이 쉽게 생기는 단점이 있어 적합하지 않다.

쇼크리더

쇼크리더는 카본사나 나일론사 7~10호를 쓴다. 더 굵은 줄을 쓸 수도 있지만 너무 굵으면 캐스팅할 때 원줄과 쇼크리더를 연결한 직결 부위가 가이드에 걸리는 일이 잦기 때문에 추천하지 않는다. 카본 줄을 많이 쓰는 편이지만 카본사가 뻣뻣하다는 이유로 나일론 줄을 선호하는 낚시인들도 있다. 나일론 줄은 카본에 비해 부드럽기 때문에 메탈지그의 액션이 더 자연스럽지만 암초에 쓸렸을 때 카본 줄보다 쉽게 끊어진다는 것이 단점이다.

메탈지그

메탈지그는 조류와 캐스팅 거리, 수심을 감안해 선택한다. 60~80g을 가장 많이 쓰며 깊고 조류가 빠른 곳에서는 100g~120g을 쓴다. 메탈지그의 형태에 대해서는 크게 고민할 것이 없고 되도록 도장이 잘 벗겨지지

동이 트기 전에 갯바위로 출조한 낚시인들이 채비를 꾸리고 있다.

쇼어 지깅용 메탈지그 만드는 법

1 트레블훅을 제거한 메탈지그와 어시스트훅, 회전도래, 스플릿링, 지깅용 집게가 필요하다.

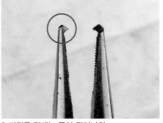

2 지깅용 집게는 끝이 튀어나와 스플릿링을 쉽게 벌릴 수 있다.

3 스플릿링을 집은 모습.

4 메탈지그의 머리 부분에 링을 끼운다.

5 링에 어시스트훅을 끼우면 완성.

6 완성한 메탈지그. 어시스트훅을 두 개 달기도 한다.

보일이 일어나는 곳으로 새들이 몰린 모습. 새 떼를 잘 살피면 보일을 쉽게 발견할 수 있다.

메탈지그를 연결한다. 도래를 사용할 경우 목줄에 바로 메탈지그를 연결하는 것보다 연결 강도가 높고 메탈지그를 교체하기 쉬우며 도래가 회전하기 때문에 액션도 더 잘 나오는 것이 장점이다.

낚시방법

쇼어 지깅은 채비도 간단하고 메탈지그를 운영하는 방법도 간단하다. 캐스팅한 뒤 메탈지그가 바닥까지 가라앉는 것을 기다린다. 메탈지그를 가급적 바닥까지 가라앉힌 후 저킹을 시작하는데, 그 이유는 큰 대상어는 바닥에 있기 때문이다. 가끔 삼치, 부시리가 수면에서 먹이 활동을 한다면 중상층을 노려도 상관없지만 보일이 일어나더라도 더 큰 놈들은 그 아래에 있는 경우가 많고 가라앉는 메탈지그를 발견하면 그것을 쫓아

가기 때문에 신경 쓸 필요 없이 바닥만 노리면 되는 것이다. 해가 뜰 때와 질 때인 피딩 타임에는 대상어들이 연안에서 가까운 바닥층에서 회유하고 있으므로 일단은 바닥을 목표로 메탈지그를 내리는 것을 우선으로 하면 된다.
메탈지그를 내릴 때는 풀려나가는 원줄에 손을 대고 있으면 메탈지그가 바닥에 닿았다는 느낌을 감지할 수 있다. 그 후엔 힘차게 저킹을 한다. 저킹을 하는 방법으로는 먼저 손잡이대를 복부에 걸치고 강하게 수직으로 챔질하는 것을 들 수 있다. 한 번 챔질후 다시 낚싯대를 내리고 여윳줄을 감은 다음에 재차 챔질한다. 메탈지그를 바닥에서부터 빠르게 띄워 올리며 중층, 상층까지 탐색할 수 있으며 가장 쉽고 많이 쓰는 방법이다. 다른 방법으로는 낚싯대 손잡이를 옆구리에 끼고 낚싯대를 옆으로 챔질하는 베벨

보일에 따른 포인트 파악

삼치나 부시리를 낚고 싶다면 단순 조황에 귀를 기울이는 것보다 출조지에 있는 선장에게 어디에서 보일이 자주 일어나는지 물어보는 것이 가장 좋은 방법이다. 삼치라면 한동안 같은 곳에서 먹이 사냥을 하기 때문에 거의 맞아 떨어진다. 부시리는 삼치보다 조금 확률이 낮지만 본류대가 닿는 포인트 주변으로 물때나 시간에 따라 주기적으로 보일이 일어나므로 그에 관한 정보를 얻을 수 있다. 갯바위 주변에서 보일이 일어나는 시간대는 알 수 없으며 대부분 베이트피시의 움직임에 따라 결정된다. 주로 조류가 빠르게 움직이기 시작할 때와 죽기 시작할 때 보일이 일어나며 해거름에 집중적으로 나타날 때도 있다.

배낚시의 경우 한 곳에 머물러 있지 않고 산발적으로 일어나는 보일을 찾아다닌다. 보일의 형태는 다양하게 나타난다.

①은 삼치, 부시리 둘 다 해당하며 갈매기 무리를 보고 찾을 수 있다. 베이트피시 아래에 있는 대상어가 베이트피시를 공격하면 수면으로 떠오르는 베이트피시를 갈매기가 동시에 덮친다.

②는 흔치 않지만 큰 부유물 아래 모여 있는 베이트피시를 쫓아 대상어들이 모여드는 경우다.

③은 베이트피시가 전역에 흩어져 있거나 이미 대상어들이 사냥을 시작한 경우다. 아주 넓게 형성되는 것이 특징이며 이때 연안으로 도망쳐오는 베이트피시를 쫓아 많은 양의 대상어들이 들어온다.

④는 배낚시를 하면 목격할 수 있는 형태로 많은 양의 베이트피시가 뭉쳐 있고 그 주변을 대상어들이 맴돌며 사냥하는 것이다. 주로 삼치들이 이런 사냥을 즐긴다.

⑤는 부시리가 무리를 지어 이동할 때 생기는 보일이다. 잠깐 나타났다가 사라지는 경우가 많다.

쇼어 지깅에 사용하는 장비와 채비. 대상어의 크기와 낚시터 여건에 따라 다양한 장비를 사용한다.

회유어 포인트 찾는 법

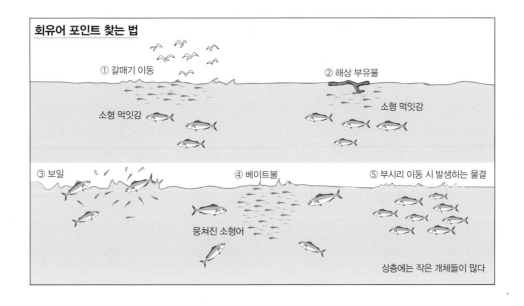

① 갈매기 이동

② 해상 부유물

소형 먹잇감

소형 먹잇감

③ 보일

④ 베이트볼

⑤ 부시리 이동 시 발생하는 물결

뭉쳐진 소형어

상층에는 작은 개체들이 많다

저킹이 있다. 낚싯대를 쳐 올리는 각이 작은 만큼 물속의 메탈지그가 솟구치는 각도도 작다. 따라서 한 번에 많이 솟구치지 않는 만큼 비슷한 구간에서 오래 보여줄 수 있다는 것이 장점이다.

액션을 할 때 명심할 것은 부시리나 삼치 같은 회유성 어종은 느린 액션에는 전혀 반응을 하지 않는다는 것이다. 아주 빠른 액션을 해야 하며 액션 폭도 커야 한다. 만약 캐스팅한 지점에 대상어가 있고 빠르게 액션을 한다면 십중팔구 메탈지그에 입질이 들어온다. 대상어들이 메탈지그를 보지 못해서 입질하지 않을 거라는 생각은 하지 않아도 된다. 부시리, 삼치 등은 동체시력이 매우 뛰어나서 움직이는 물체를 빠르게 감지할 뿐 아니라 유영속도도 평균 60km를 상회하기 때문에 메탈지그를 아무리 빨리 감아도 문제가 되지 않는다.

액션 도중에 입질을 받았다면 어떤 액션에 입질을 했는지 기억해야 한다. 폴링할 때인지 단순한 릴링에 반응을 하는지 패턴을 잡고 그것 위주로 액션을 하면 좋다. 그 후에는 캐스팅과 액션의 반복이 계속 이어진다.

부시리는 베벨저킹, 삼치는 고속 릴링

부시리와 삼치는 움직이는 물체를 잡아내는 동체시력이 아주 뛰어나기 때문에 루어를 천천히 움직이면 가짜라는 것을 금방 알아채고 입질을 하지 않으므로 빠른 액션이 필수다. 릴을 감는 속도는 자신이 낼 수 있는 최대 속도로 감는다고 생각하면 된다.

특히 삼치의 경우에는 중대형 스피닝릴을 써서 최대한 빨리 감는 것이 하나의 테크닉이다. 그러다 릴링을 살짝 멈추기도 해보고 저킹을 하기도 한다. 그러나 부시리는 단순한 릴링만으로는 낚을 수 없다. 부시리는 먹이의 갑작스런 움직임에 호기심이나 자극을 느끼고 더 빨리 달려들기 때문에 메탈지그를 띄웠다 가라앉히는 저킹을 고속으로 해야 한다. 예를 들어 수면에 부시리의 보일이 나타나더라도 루어가 착수한 후 저킹을 하면 입질이 바로 오지만 그냥 감았을 때는 입질빈도가 현저히 떨어진다. 고속으로 많은 저킹을 하는 에깅에 부시리가 종종 달려드는 것도 같은 이유다.

저킹 방법으로는 낚싯대를 수직으로 젖혀 메탈지그가 상하 운동을 하게 만드는 일반적인 저킹이 있지만 이 방법은 수심이 깊은 곳을 노리는 선상 지깅에서 많이 쓰며, 갯바위라면 낚싯대를 옆으로 젖히는 베벨저킹이 더 효과적이다. 수심이 30~40m라면 수직으로 많이 띄울 필요 없이 사선을 그리며 메탈지그를 끌고 올 때 노리는 범위도 더 늘어난다.

보일을 발견했을 때는 그곳을 노리는 것도 좋지만 더 큰 씨알을 노린다면 바닥이나 보일의 언저리를 노려보길 권한다. 베이트피시에 빠르게 달려드는 것은 대부분 작은 놈

제주도 문섬에서 80cm 잿방어를 낚은 낚시인.

들이며 큰 것들은 그 주변이나 아래를 배회한다. 부시리의 경우 상층과 바닥을 구분해서 노리면 씨알 차이가 확실히 나며 삼치도 큰 것은 모두 중층 이하에 있다. 직접 현장에서 보일을 만나보면 당장이라도 물어줄 것 같은 기분에 바닥까지 메탈지그를 내리기가 쉽지 않다. 꾹 참고 바닥을 찍으면 남들이 낚은 사이즈보다 훨씬 큰 놈을 만날 수 있다.

조류 가지 않을 때는 쉬는 것이 상책
쇼어 지깅은 중장비를 들고 계속 같은 액션을 반복해야 하기 때문에 고단한 면도 있다. 하지만 물때를 잘 알고 낚시하면 쓸데없이 체력을 낭비할 일은 없다. 효율적으로 낚시하는 방법.

첫째. 동이 트기 한 시간 전부터 낚시를 시작하고 동이 튼 후 한 시간 뒤에는 낚시를 쉰다.

둘째. 낮에 보일링이 일어나는 것이 보이면 다시 낚시를 시작하고 보일링이 잠잠해지고 몇 번 캐스팅해도 반응이 없으면 다시 쉰다.

셋째. 해 질 때는 해 지기 한 시간 전부터 집중적으로 시작해 해가 진 후 완전히 어둠이 깔리면 낚시를 마친다.

넷째. 조류가 가지 않을 때는 과감히 쉰다. 참고로 부시리나 삼치 등은 해가 뜬 직후보다 오히려 해가 뜨기 직전에 더 큰 놈들이 갯바위 주변을 배회하고 있다는 것을 알아야 한다. 마찬가지로 해가 질 때도 해가 지기 전보다는 해가 진 직후에 대형급이 걸릴 확률이 높다.

숭어낚시

숭어는 낚시인들에게 친숙한 어종이다. 민물과 바닷물이 만나는 강 하구나 방파제에서 쉽게 만날 수 있고, 낚는 법도 어렵지 않아 손맛 대상어로는 최고인 셈이다. 갯바위에서 감성돔이나 참돔, 돌돔 등을 노리는 낚시인들은 숭어를 푸대접하기도 하지만, 원거리 섬낚시가 여의치 않은 초보자들에겐 숭어만큼 만만한 어종도 없다.

덩치가 크고 힘이 좋아 손맛이 뛰어난 숭어는 가을~겨울에 쫄깃한 회맛을 자랑한다. 동해, 남해, 서해, 제주도 등 전 연안에 분포하고 강 하구처럼 민물이 유입되는 기수역에선 숭어 떼가 강의 중류까지 올라가기도 한다.

시즌과 낚시터

숭어낚시 시즌은 동해, 남해와 서해가 다르다. 동해에선 숭어가 12월부터 기수역이나 하구 가까이 내해로 옮겨오는데 이때는 숭어 눈에 지검(脂瞼, 기름막)이 끼기 시작하여 앞을 볼 수 없게 되므로 이러한 숭어의 특성을 이용, 미끼낚시보다 꽃채비나 훌치기낚시가 성행을 한다. 따라서 동해의 숭어낚시 시즌은 겨울이다. 4월 중순~5월 초순이 되면 수온은 11~12

도 수준까지 회복하게 되어 지검이 서서히 사라지며 5월 중순이 넘으면 지검은 완전히 사라진다.

서해에선 숭어가 4월부터 접근하기 시작해 제일 활발하게 입질하는 시기가 5~10월이다. 이맘때 수온이 오르면 표층 가까이 떼로 몰려다니곤 한다. 태안과 서산, 당진의 바다좌대낚시터 숭어낚시 시즌은 5월 초부터 11월 말까지며, 경기도 안산의 대부도 방파제 주변에서 즐기는 숭어 떡밥낚시는 8월 중순부터 1월까지가 시즌으로 10~11월 두 달이 피크를 이룬다. 임진강 숭어낚시는 3월 중순부터 9월까지 이어지는데 4~6월이 피크다. 한편 남해는 늦가을부터 겨울까지 찌낚시에 숭어가 곧잘 낚이는데 동해나 서해처럼 숭어낚시가 성행하지는 않는다.

서해는 임진강 파주·연천 일원, 한강 행주대교 하류, 대부도 방조제와 영흥도 선착장, 대호방조제 수문 입구, 금강하구둑, 목포 영암방조제가 대표적인 숭어낚시터로 꼽히며 동해는 양양 오대천 최하류, 울진 왕피천 최하류, 영덕 오십천 하류가 유명하다. 남해는 전역에서 숭어가 낚이지만 낙동강 하구, 섬진강 최하류에 숭어 무리가 많다.

장비와 채비

찌낚시

감성돔낚시용 5.3m 1호 릴대에 3000번 릴이면 적합하다.

원투낚시

5.3m 길이의 던질낚싯대 또는 2~3호 릴낚싯대를 많이 사용한다. 릴은 3~5호 원줄이 감긴 3000~4000번 릴이면 충분하다.

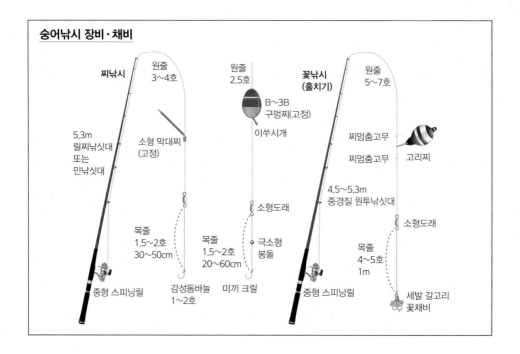

숭어낚시 장비·채비

찌낚시
원줄 3~4호
소형 막대찌 (고정)
5.3m 릴찌낚싯대 또는 민낚싯대
목줄 1.5~2호 30~50cm
감성돔바늘 1~2호
중형 스피닝릴

원줄 2.5호
B~3B 구멍찌(고정)
이쑤시개
소형도래
극소형 봉돌
목줄 1.5~2호 20~60cm
미끼 크릴

꽃낚시 (훌치기)
원줄 5~7호
찌멈춤고무
찌멈춤고무
4.5~5.3m 중경질 원투낚싯대
고리찌
소형도래
목줄 4~5호 1m
세발 갈고리 꽃채비
중형 스피닝릴

떡밥낚시

태안 천수만, 가로림만, 당진 대호방조제 인근 좌대낚시터와 방파제에서는 잉어낚시와 흡사한 떡밥낚시로 숭어를 낚는데, 이때는 길이가 짧은 2.4~3m 길이의 릴낚싯대가 알맞고 릴은 4000~5000번을 쓴다. 떡밥은 인근 낚시점에서 파는 어분류를 뭉쳐서 잉어낚시용 3바늘~5바늘 바늘채비(일명 멍텅구리채비)에 달아 사용한다.

낚시방법

숭어 찌낚시

숭어는 수면 가까이 부상해서 떠다니는 경우가 많다. 숭어가 수면에 떠서 회유한다면 수심을 얕게 주어 찌낚시로 낚는다. 숭어 활성도가 좋은 날은 미끼를 무는 장면을 직접 눈으로 보면서 챔질할 수 있다. 그러나 약간 깊은 2~3m 수심에서 입질할 경우 B~3B 전후의 소형 막대찌를 써서 예민한 입질을 간파해야 한다. 원줄 3~4호에 목줄은 1.5~2호면 충분한데 목줄의 길이는 1m 이내로 짧게 한다. 숭어가 수면에 떠다닐 땐 20~30cm 정도로 짧은 게 좋다.

여느 낚시처럼 미끼를 완전히 삼킬 때까지 기다렸다간 챔질 타이밍을 놓치기 쉽다. 따라서 입질하는 순간을 정확히 포착한 뒤 가볍게 챔질해 주는 것이 숭어 릴찌낚시의 테크닉이다. 숭어가 무리지어 유영하는 경우에는 밑밥 품질로 가까이 불러들여야 한다. 바늘은 감성돔 2호를 주로 쓰지만 입질이 약할 땐 감성돔 1호를 쓴다. 미끼 주변을 빙빙 돌기만 할 뿐 잘 먹지 않을 땐 더 가는 목줄을 쓰거나 크릴을 반 토막 내어 몸통만 일부 꿰어주면 쉽게 먹기도 한다.

강화도 털갯지렁이 찌낚시

강화도에선 4월 중순경부터 10월까지 원투낚시로 숭어를 낚는다. 산란이 끝난 직후 먹성이 왕성해지는 5~6월 두 달이 피크다. 미

인천 영흥도 진두선착장에서 숭어낚시를 즐기고 있는 낚시인들.

끼는 강화도산 털갯지렁이를 사용하는 게 특징이다. 강화도산 털갯지렁이는 다른 갯지렁이와 달리 연필 정도로 굵고 1~2m로 긴데 미끼로 사용할 때는 3~4cm 길이로 잘라서 사용한다. 머리와 꼬리 부분은 비교적 딱딱해 미끼보다 밑밥용으로 던져준다.

강화도 털갯지렁이 숭어낚시는 4.5~5.4m 릴대에 중형 스피닝릴을 장착한 원투낚시채비를 사용하는데, 기둥줄에 3개의 목줄채비(7~8호 줄에 감성돔바늘 8~10호)를 달고 기둥줄 아래쪽에는 20호 내외의 봉돌을 단다. 그리고 원줄에는 농어찌를 단다. 이 채비에서 찌를 사용하는 이유는 숭어의 입질을 파악하기 위한 목적이라기 보다 물속에서 가지바늘채비를 수직으로 세워주어 채비가 바닥에 걸리는 것을 방지하기 위함이다.

숭어 릴찌낚시에 사용하는 구멍찌.

강화지역은 조수간만의 차이가 크고 조류의 흐름이 강해 조금을 전후한 물때가 좋으며 흐린 날보다 해가 쨍쨍한 날 좋은 조황을 보인다. 하루 중 물때는 만조에서 썰물로 돌아설 때 가장 왕성한 입질을 보여준다.

임진강 던질낚시

매년 4월 초순이면 배가 볼록한 서해의 숭어들이 알자리를 찾아 한강과 임진강을 거슬러 오른다. 예전에는 영산강 하구의 숭어 알젓이 유명했으나 영산강과 금강에 하구언이 설치된 후 서해안 강 숭

숭어낚시용 떡밥

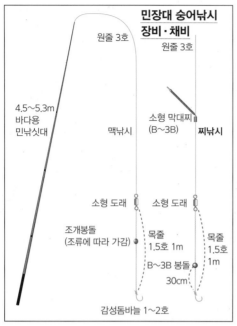

민장대 숭어낚시 장비·채비

원줄 3호

원줄 3호

4.5~5.3m 바다용 민낚싯대

맥낚시

소형 막대찌 (B~3B)

찌낚시

소형 도래

소형 도래

조개봉돌 (조류에 따라 가감)

목줄 1.5호 1m

목줄 1.5호 1m

B~3B 봉돌

30cm

감성돔바늘 1~2호

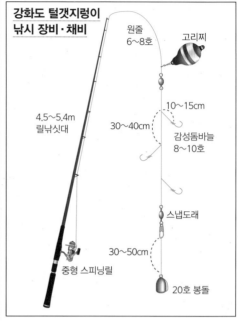

강화도 털갯지렁이 낚시 장비·채비

원줄 6~8호

고리찌

4.5~5.4m 릴낚싯대

10~15cm

30~40cm

감성돔바늘 8~10호

스냅도래

30~50cm

중형 스피닝릴

20호 봉돌

어낚시는 한강 하구와 임진강에서만 이뤄진다. 임진강의 숭어낚시는 4월부터 6월까지 피크를 이루고 여름까지 낚인다. 이때 바다에서 민물로 올라와 적응한 숭어가 맛있기로 소문나서 낚시인들이 임진강으로 찾아든다. 5월에 낚이는 2kg 이상 되는 숭어에는 알이 가득 차 있는데 이 알을 가지고 임금님 수랏상에 올랐다는 어란(魚卵)을 만든다. 봄 숭어낚시는 파주시 파평면 금파리에서 시작되어 파평면 장파리와 적성면 두지리, 연천군 미산면 어유지리 구간에서 이뤄지고 있다.

동해안 꽃낚시

겨울이 되어 수온이 점차 내려가면 숭어의 눈에 지검이 끼게 된다. 이 시기가 되면 영동지방을 중심으로 꽃낚시가 시작된다. 꽃낚시는 빨간색 반짝이 술을 부착한 갈고리바늘을 던져놓고 기다리는 낚시다. 지검 탓에 시력이 가물가물해진 숭어가 반짝이 술에 현혹돼 꽃바늘을 건드리면 찌로 전달된 어신을 읽고 챔질(훌치기)을 하는 것이다. 원줄 5~7호에 4~5호 목줄을 1m 길이로 달아 목줄 끝에 세발갈고리를 매단다. 멀리 날려 보내기 위해 원줄에는 무거운 소재의 원통찌를 달아준다. 꽃낚시나 훌치기낚시는 정도낚시에서 벗어난다는 여론이 있지만 이맘때 동해에선 이 방법이 아니면 숭어를 낚

천수만 근해의 숭어 떡밥 좌대낚시

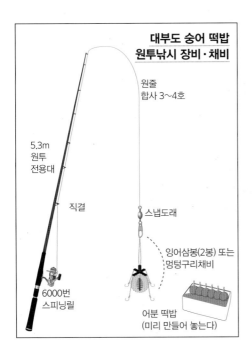

**대부도 숭어 떡밥
원투낚시 장비 · 채비**

5.3m
원투
전용대

직결

원줄
합사 3~4호

스냅도래

잉어삼봉(2봉) 또는
멍텅구리채비

6000번
스피닝릴

어분 떡밥
(미리 만들어 놓는다)

를 낚는다. 떡밥은 물속에 투입해 5~10분
정도면 풀리게끔 너무 단단하지 않게 뭉쳐
야 한다. 떡밥으로 고기를 바닥에 불러 모은
뒤 초리의 움직임을 보고 입질을 파악하는
맥낚시이므로 미끼 투입 후 줄 관리가 중요
하다. 너무 느슨하면 입질 파악이 늦어지고,
반대로 너무 팽팽히 당겨놓으면 미끼가 바
닥에서 떠버리기 때문이다.
봄철엔 먹성이 좋아 대가 활처럼 휠 정도로
차고 나가므로 자동걸림이 되는 빈도가 높
지만 여름이면 대 끝이 10~15cm 가량 움
직이는 정도이며, 가을엔 깔짝거리고 마는
정도로 매우 예민해지는 특징이 있다.

을 길이 없다.

대부도 떡밥 원투낚시

안산 대부도에서는 떡밥을 이용한 원투낚시
가 성행한다. 안산 대부도 탄도항을 비롯해
영흥도 각 선착장에서는 여름부터 겨울까지
숭어 떡밥 원투낚시를 즐긴다. 대부분 30m
이상 원투를 해야 하기 때문에 좌대낚시보
다 단단하게 떡밥을 개야 한다. 숭어가 입질
하면 초릿대를 가져갈 정도로 휘는데 챔질
과 동시에 끌어내면 되므로 어렵지 않다. 이
낚시에서 제일 중요한 것은 목적한 포인트
에 정확하게 투척하는 것이다. 한 곳에 집중
적으로 던져야 집어 효과를 볼 수 있다.

천수만 떡밥 좌대낚시

5월 초부터 산란기를 맞은 숭어들이 안면도
내해의 천수만으로 모여들면 천수만의 바
다좌대에서 숭어낚시가 활기를 띤다. 잉어
낚시처럼 떡밥을 뭉쳐 바닥에 내리고 숭어

숭어와 가숭어의 구별법

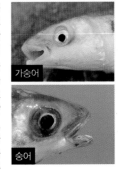

가숭어

숭어

숭어엔 숭어와 가숭어가 있어 혼
동하기 쉽다. 숭어는 눈이 하얗고
가숭어는 눈이 노랗다는 게 가장
큰 차이점이다. 숭어는 동서남해
전역에서 고루 잡히지만 가숭어는
특히 서해에서 많이 잡힌다. 가숭
어가 숭어보다 평균 체장이 크고
더 예쁘게 생겼다. 그래서일까?
서해안에선 가숭어를 '참숭어'로,
숭어를 '개숭어' 또는 '뻘숭어'라
부른다. 특히 천수만에선 숭어를
'언구'라고 부르기도 한다. 이렇듯
숭어=개숭어, 가숭어=참숭어로 불리다보니 명칭에 혼란이 생
기는 것은 당연하다.
숭어는 눈꺼풀이 발달해 있고 겨울에는 맹목이 되어 훌치기나
꽃낚시로 주로 낚지만, 가숭어는 성어에만 눈꺼풀이 뚜렷하고
어린 개체에는 발달돼 있지 않아 주로 미끼낚시만 한다. 또 숭
어는 꼬리지느러미가 깊이 파인 반면 가숭어는 완만하다는 게
차이점이다.
그럼 맛은 어떤 숭어가 더나을까? 그에 대해선 의견이 분분하
다. 동해와 남해에선 숭어가 더 맛있다고 하고, 서해에선 가숭
어(참숭어라 불리는)가 더 맛있다고 한다. 그런데 서해에서도
전남지방에선 숭어(뻘숭어라 불리는)가 더 맛있다고 하며 제
사상에도 숭어를 올린다. 그런데 이것은 계절 차에 따른 것일
수 있다. 숭어는 가을~겨울에 회맛이 좋고, 가숭어는 여름에
회맛이 좋기 때문이다. 천수만의 어부들도 "봄에는 참숭어(가
숭어)가, 가을엔 언구(숭어)가 맛있다"고 한다.

우럭 배낚시

우럭은 볼락, 열기와 함께 외줄낚시로 낚는 대표어종이다. 외줄낚시란 10m 이상의 수심에서 큰 봉돌을 달아 낚싯줄을 수직으로 내려 바닥층의 물고기를 낚는 배낚시 방법을 말한다. 그중 우럭 외줄낚시는 우럭 자원이 풍부한 서해에서 가장 인기가 높다. 서해안엔 인천부터 보령에 이르기까지 우럭 출항지가 즐비하며, 근거리 코스와 원거리 침선 대물코스로 구분되어 고성능 낚싯배, 유능한 선장, 잘 짜인 출조 시스템 등 인프라가 발달해 있다. 대형급을 노리기 위해 홍도, 가거도 등 서해남부 원도 쪽으로 출조하기도 한다.

우럭의 표준명은 조피볼락으로서 볼락류 중에서도 대형종에 속한다. 차가운 물을 좋아해 한류의 영향을 받는 곳에 많이 모여 사는데 남해안에서도 일부 낚   이 긴 하지만 어자원에 있어서는 역시 서해가 최고를 자랑한다. 수심 10~100m의 연안 암초밭에 주로 서식하며, 야간엔 분산되어 중층으로 떠오르기도 하지만 낮에는 무리를 지어 바닥 부근에 머물며 멸치 등 작은 어류나 새우, 오징어 등을 먹는다. 가파른 골짜기나 암반 지대에 큰 씨

알이 서식하며 농어나 숭어처럼 먼 거리를 이동하지는 않는다고 알려져 있다. 산란은 4~6월에 이뤄지며 암컷은 35cm, 수컷은 28cm 정도가 되어야 번식을 시작한다.

시즌과 낚시터

우럭낚시 시즌은, 출항지에서 뱃길 1시간대의 가까운 바다를 찾는 근해 배낚시와 2~4시간 이동하는 먼 바다 심해 배낚시로 나눠 살펴볼 수 있다. 근해 배낚시의 시즌은 5~11월이다. 반면 심해 배낚시는 1년 내내 시즌이다. 겨울엔 우럭이 먼 바다로 빠지는데 멀리 공해상까지 나가면 겨울에도 우럭을 낚을 수 있다.

근해·심해낚시 모두 가장 호황을 누리는 시기는 보리가 누렇게 익어가는 5~6월의 '보리누름'으로서 근해에선 30~50cm 씨알이 마릿수로 낚이며, 먼 바다에선 '개우럭'이라 부르는 60cm급 우럭도 종종 올라온다. 심해낚시에선 여름엔 대구, 겨울엔 열기가 함께 낚이기도 한다.

배낚시는 조류가 너무 빠르면 힘들기 때문에 사리 물때(6물~9물, 음력 30일 전후와 15일 전후)보다 조류가 느린 조금 물때(13물~2물, 음력 8일 전후와 23일)가 좋다. 성수기나 조금 물때 전후엔 출조객이 많으므로 2주 전에 낚싯배를 예약하는 게 좋다.

우럭 배낚시 출항지는 인천항부터 남쪽으로 평택항, 당진 장고항, 태안 안흥항, 보령 대천항, 서천 홍원항, 부안 격포항까지 이어진다. 인천항과 안흥항이 가장 먼저 개발되어 우럭낚시 인프라가 잘 갖춰져 있다. 즉 남쪽으로 멀리 내려갈수록 조황은 좋은 편인데, 평택항과 장고항은 거리는 서울에서 가까워도 안흥보다 늦게 개발되었기 때문에 중소형 우럭을 마릿수로 낚을 수 있는 포인트가 의외로 많다. 한편 각 항구마다 근해 포인트는 각각 다르지만 먼 바다 포인트는 동일지역으로 겹치는 경우가 많다.

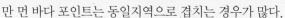

근해 배낚시

멀리 나가지 않으므로 가족 낚시객이나 직장낚시회가 찾기에 알맞다. 출항지에 따라 낚시장비를 대여해주거나 아침이나 점심을 서비스로 제공해준다.

먼 바다 심해 배낚시

항구에서 4시간 이상 나가 공해상의 침선 등 고기의 은신처를 찾아다닌다. 50m 이상의 깊은 수심을 노리므로 전동릴 등 전문 장비가 필요하고 파도도 심하기 때문에 배낚시 경험이 적은 일반인이 즐기기엔 어려움이 있다.

우럭용 배낚싯대

전동릴

우럭낚시 채비용 소품

칼

플라이어

소품 가방

아이스박스

전동릴 배터리

장비

낚싯대

우럭용 외줄낚싯대는 1.8~2.3m로 길이가 짧다. 3m가 넘는 긴 낚싯대는 좁은 배 위에서 걸리적거리고 채비를 걷어 올리기에도 불편하다. 우럭낚싯대는 100호 이상의 봉돌 무게를 견딜 수 있어야 하므로 아주 뻣뻣한 것이 특징이다. 낚싯줄을 끼우는 방식에 따라 일반 가이드대와 인터라인대가 있다. 인터라인대는 이름처럼 낚싯줄을 낚싯대 내부로 관통시켜야 하는 번거로움이 있으나 줄엉킴 현상이 적다는 장점이 있다. 힘과 탄력이 좋은

값비싼 지깅용 낚싯대를 사용하는 낚시인도 있다.

릴

6호 합사를 200m 정도 감을 수 있는 릴이면 적당하다. 릴에는 스피닝릴과 장구통 릴이 있는데, 배낚시에선 힘이 좋은 장구통릴이 좋다. 전문 낚시인들은 전동릴을 선호하기도 한다. 전동릴은 30만원대의 보급형 국산 제품이 출시되어 20만원대의 수동 장구통릴과 비교해도 크게 비싸지 않다. 전동릴은 수심이 깊은 먼 바다에서 주로 쓰지만 그 외에도 빠르게 고기를 처리해야 할 때 유용하여 요즘은 많은 낚시인들이 쓰고 있다.

아이스박스

우럭 배낚시에서 쿨러는 낚은 고기를 얼음

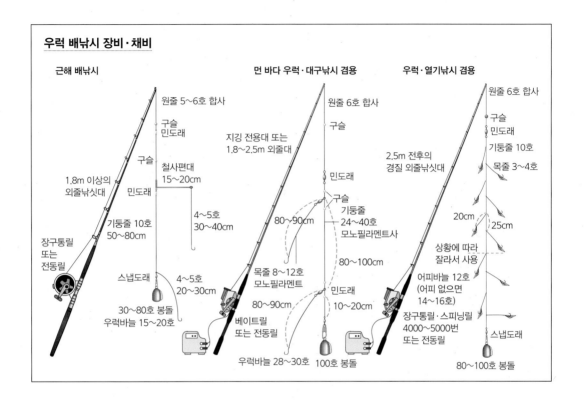

우럭 배낚시 장비 · 채비

근해 배낚시

원줄 5~6호 합사
구슬
민도래
구슬
1.8m 이상의 외줄낚싯대
민도래
철사편대 15~20cm
4~5호 30~40cm
기둥줄 10호 50~80cm
장구통릴 또는 전동릴
스냅도래
4~5호 20~30cm
30~80호 봉돌
우럭바늘 15~20호

먼 바다 우럭 · 대구낚시 겸용

원줄 6호 합사
구슬
지깅 전용대 또는 1.8~2.5m 외줄대
민도래
구슬
기둥줄 24~40호 모노필라멘트사
80~90cm
80~100cm
목줄 8~12호 모노필라멘트
민도래
80~90cm
10~20cm
베이트릴 또는 전동릴
우럭바늘 28~30호
100호 봉돌

우럭 · 열기낚시 겸용

원줄 6호 합사
구슬
민도래
기둥줄 10호
목줄 3~4호
2.5m 전후의 경질 외줄낚싯대
20cm
25cm
상황에 따라 잘라서 사용
어피바늘 12호 (어피 없으면 14~16호)
장구통릴 · 스피닝릴 4000~5000번 또는 전동릴
스냅도래
80~100호 봉돌

에 재워 담아오는 용도로, 또 배에서 의자 대용으로 쓰는 필수품이다. 24리터, 33리터, 44리터가 주로 쓰이는데 33리터 쿨러가 알맞다.

기타 소품
장갑, 플라이어, 칼, 수건, 목장갑, 멀미약, 수건 등.

채비
우럭용 배낚시 채비는 낚시점에서 비닐포장되어 판매하고 있다. 철사편대에 줄과 바늘이 달려 있는데, 배 위에서 비닐포장을 벗기고 릴의 원줄에 달린 핀도래에 연결하면 낚시 준비는 끝이다. 채비 하단의 핀도래에 봉돌을 달고 바늘에 미끼를 꿰어 가라앉히면

된다. 봉돌은 보통 80호, 100호가 쓰인다. 같은 배에 탄 낚시인들은 가급적 봉돌의 무게를 통일시켜야 서로 낚싯줄이 엉키는 일이 줄어든다.

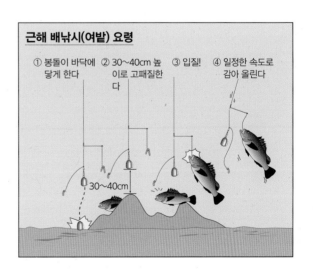

근해 배낚시(여밭) 요령

① 봉돌이 바닥에 닿게 한다
② 30~40cm 높이로 고패질한다
③ 입질!
④ 일정한 속도로 감아 올린다

30~40cm

먼 바다의 우럭 포인트로 향하고 있는 낚싯배.

미끼

미꾸라지, 청갯지렁이가 주로 쓰이며 먼 바다낚시에서는 오징어채도 많이 사용한다. 우럭은 악식가라 아무 미끼나 써도 잘 낚인다. 인조미끼인 4~5인치 웜에도 낚인다. 웜한 봉지에 3~4천원. 두 봉지만 사면 충분히 하루 낚시를 할 수 있다.

낚시방법

채비를 바닥까지 완전히 내렸다가 살짝 띄워서 입질을 기다리는 것이 기본 낚시 방법이다. 선장의 입수 신호에 맞춰 배에 탄 모든 낚시인이 동시에 채비를 내리는데 이때 미끼가 줄에 엉키지 않도록 조심한다. 봉돌이 바닥에 닿자마자 줄을 팽팽하게 당겨 여윳줄이 생기지 않도록 하고 봉돌이 바닥에서 살짝 떠있도록 한다. 이 상태로 한동안 가만히 있으면서 입질을 유도 한다.

외줄낚시를 할 때 낚싯배는 조류를 따라 천천히 흘러간다. 따라서 얕은 암반 위를 지날 때도 있고 깊은 골을 지날 때도 있다. 따라서 채비 수심을 고정한 채 기다리면 안 되고, 채비가 바닥에서 멀리 떨어지지 않았나 확인하기 위해 가끔 오르락내리락 고패질을 하며 바닥에서 조금만 떠 있게끔 조절한다. 우럭은 바닥층에서 서식하는 고기이기 때문에 채비가 바닥층에 오랫동안 머물게 하는 것이 유리하다.

고패질은 최대한 짧은 간격으로 서서히 움직이도록 하고 서너 번에 한 번은 바닥까지 봉돌을 살짝 내려 바닥에서 멀리 떨어지지 않도록 유지한다. 고패질의 폭은 30~40cm 정도로 아주 작은 움직임이 유리하다. 입질은 손에 전해지는 '투두둑' 하는 느낌으로 알 수 있다. 입질을 느끼자마자 바로 올리지 말고 한 템포 늦춰 릴을 감는 것이 중요하다. 이때 낚싯대를 세우는 챔질을 할 필요는 없으며 일정한 속도로 올리는 것이 요령이다. 우럭을 낚고 나면 채비에 꼬임이 없는지 확인하고 미끼를 새로운 것으로 갈아주고 다시 내린다.

한편 반드시 숙지해야 될 사항이 낚싯배 선장의 '장애물 안내'다. 선장은 어군탐지기를 통해 물밑 지형을 탐색하면서 어초나 협곡 등의 특정 장애물이 있음을 수시로 알려준다. 그때는 지체 없이 고패질을 중단하고 선장의 안내에 따라 채비를 걷어 올려야 밑걸림을 피할 수 있다.

먼 바다 침선 배낚시 요령

심해 배낚시의 대표적인 낚시터는 침선, 즉 바다 속에 가라앉은 선박이다. 침선은 사고로 좌초된 선박일 수도 있지만 낚시터를 만들기 위해 일부러 폐선을 빠뜨리기도 한다. 침선에는 해조류를 포함한 고착 생물이 자라게 되고 새우를 비롯한 갑각류가 서식하면서 먹이사슬의 상위에 있는 우럭, 대구, 노래미, 열기 등이 자연스럽게 서식하게 된다.

큰 씨알의 우럭을 올리고 있는 낚시인.

침선 배낚시 요령

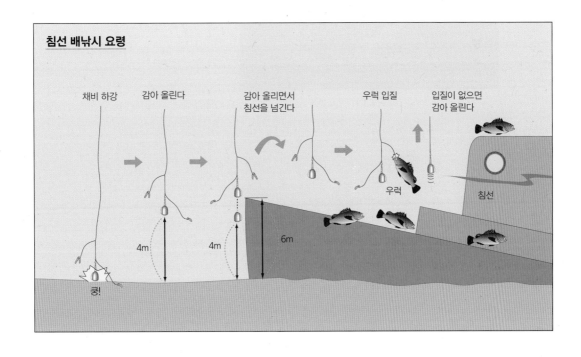

채비 하강 · 감아 올린다 · 감아 올리면서 침선을 넘긴다 · 우럭 입질 · 입질이 없으면 감아 올린다 · 4m · 4m · 6m · 쿵! · 우럭 · 침선

낚은 우럭을 살림통에 넣고 있다.

침선낚시는 침선의 높이와 우럭의 유영층을 빨리 파악하고, 밑걸림을 어떻게 극복하느냐가 그날의 조과를 좌우한다. 우럭은 주로 침선 가까이에서 입질하는 경우가 많다. 선장은 침선 주변에서 경계지점으로 배를 운전하게 되는데, 낚싯배가 침선을 타고 넘을 때 어떻게 걸리지 않게 채비 조작을 하느냐가 주요 테크닉이다.

침선낚시 경험이 적은 낚시인이라면 선장이 알려주는 침선 높이를 가늠하여 낚시 초반엔 침선의 2/3 정도 높이에(6m 높이의 침선이면 4m) 봉돌을 띄우고 침착하게 기다리고 있어야 한다. 이후 선장이 '침선에 잡근한다'고 하면 6m보다 약간 높게 채비를 띄워준다. 이러면 밑걸림을 피하며 입질을 받을 수 있다. 만약 수심 조절을 잘 못해 봉돌이 침선에 닿는 느낌이 생기면 릴 핸들을 서둘러 돌리고 대를 세워 침선을 타고 넘어가도록 하는 요령이 필요하다. 입질이 들어와도 급하게 낚싯대를 들어올리기보다 한 템포 늦게 챔질해주어야 한다. 릴링도 일정한 속도로 감아올려 주어야 애써 낚은 고기를 놓치는 일이 없다.

낚은 우럭 처리와 보관

낚은 우럭을 처리할 땐 장갑을 낀 손으로 우럭의 아래턱을 잡은 뒤 집게로 잡거나 수건으로 감싼 후 처리하는 것이 제일 좋다. 바늘은 플라이어로 잡고 빼야 잘 빠진다. 우럭은 회도 맛있지만 회를 뜨고 남은 부위(서더리)로 끓인 자연산 우럭매운탕이 별미다. 우럭을 싱싱한 횟감으로 집까지 가져가기 위해선 낚자마자 동맥이 흐르는 아가미 안쪽을 칼로 찔러 피를 빼야 한다. 물고기가 죽으면 피가 가장 빨리 부패하기 때문이다. 칼로 찔러서 피가 흥건하게 나오면 동맥이 제대로 끊긴 것이다. 피를 뺀 고기는 바로 얼음이 든 쿨러에 집어넣는다.

그러나 승선한 낚싯배에 개인용 물칸이 있다면 철수할 때까지 물칸에 살려뒀다가 집으로 갈 때 피를 빼고 아이스박스에 얼음과 함께 넣어오면 된다.

우럭 외수질낚시

2010년대 중반 들어 우럭 배낚시에서 널리 확산되고 있는 기법이 외수질낚시다. 외수질이란 어부들의 전통 어로 방식으로 산 새우를 쓴 줄낚시를 말한다. 이것을 경상도에서 '슬래끼'라고 하고 충남도에선 '외수질'이라고 부른다. 어부들만의 낚시영역으로 여겨져 왔던 외수질을 낚시에 처음 도입해 확산시킨 주인공은 안흥 신진도 태풍투어낚시 전영수 사장이다. 외수질은 농어낚시를 위해 시도됐다. 2008년 9월 전영수 사장은 어부식 외수질 채비로 농어 탐사에 나가 하루에 50마리가 넘는 농어를 낚는 조과를 거두었다. 우럭낚시용 2단 외줄채비의 가짓줄에 독새우(대하)를 꿰어 수중 경사면을 노렸다. 이 낚시는 농어 외에도 우럭, 광어, 민어 등 다양한 물고기가 잘 낚이면서 배낚시의 주요 낚시법 중 하나로 자리 잡았다.

미끼통에 살려둔 새우

바늘에 꿴 새우. 뇌를 피해 머리만 살짝 꿴다

외수질낚시용 채비와 미끼

장비와 채비
뻣뻣한 우럭 전용대보다는 탄력이 좋고 야들야들한 바다루어용 선상낚싯대가 적합하다. 광어다운샷용으로 개발된 낚싯대면 어느 것을 써도 상관없다. 원줄은 PE라인 1.5~2호를 사용하고 봉돌은 40~50호를 쓴다. 채비는 외줄낚시용 2단 채비를 그대로 쓴다. 가짓줄의 길이는 15~20cm가 적당하다. 미끼는 양식산 흰다리새우를 산 채로 쓴다. 자연산 독새우가 미끼 효과가 뛰어나긴 하지만 비싸고 수급이 어려워 지금은 흰다리새우가 일반적으로 쓰이고 있다. 낚싯배에서 산새우를 포함해 뱃삯을 받고 있다.

낚시방법
미끼만 달라졌을 뿐 낚시방법은 기존 우럭 외줄낚시와 같다. 바닥까지 채비를 내린 뒤 고패질을 통해 입질을 유도한다. '투두둑' 하는 느낌으로 입질을 알수 있다. 농어가 사리 물때에 입질이 활발한 반면, 우럭은 조금 물때에 조과가 뛰어나다.

외수질낚시로 씨알 굵은 우럭을 낚은 낚시인.

전갱이낚시

고급 초밥 재료인 전갱이는 달고 고소한 회맛이 일품이며 구이로 먹어도 맛있는 생선이다. 특히 일본인들이 대단히 좋아하여 일본 식탁에 놓이는 생선의 대표 격이 전갱이다. 일본말은 '아지'다. 2010년대 중반 이후 일본에서 건너온 전갱이 루어낚시가 붐을 이루고 있는데 에깅처럼 아지란 일본말에 영어인 '-ing'를 붙여 아징이라고 불리고 있다.

전갱이는 먹성이 좋아 쉽게 낚을 수 있으며 무리지어 다니기 때문에 한 번에 많이 낚을 수 있다. 클수록 맛이 좋은 전갱이는 30cm가 넘는 것들은 훌륭한 낚시대상어로 취급받고 있으며 특히 '슈퍼전갱이'라고 부르는 40~50cm 전갱이들은 감성돔 못지않은 고급 대상어로 취급받는다.

그래서 대형 전갱이가 낚이는 초여름과 초겨울에는 일부러 먼 바다까지 나가는 수고도 마다하지 않는다. 고등어보다 난류성의 전갱이는 제주도와 남해안에 많고 서해와 동해북부에는 귀하다. 갯바위, 대형 방파제, 배낚시, 양식장 좌대낚시터에서 두루 낚을 수 있으며 최근에는 연안 루어낚시도 인기를 끌고 있다.

시즌과 낚시터

전갱이는 연중 낚이지만 큰 전갱이가 잘 낚이는 시즌은 6월~7월 그리고 11월~1월이다. 6~7월은 전갱이가 산란을 할 시기라 큰 놈들이 연안으로 붙고 11~1월은 베이트피시를 쫓아 먼 바다로 나간 큰 놈들이 먼 섬의 갯바위로 붙는다. 15~20cm 전갱이가 가장 많이 낚이는 시기는 여름이다.

전갱이는 물색이 맑고 난류의 영향을 받는 곳에서 낚인다. 그래서 서해에서는 찾아보기 어렵고 울진 이북(울릉도는 제외)에서도 잘 낚이지 않는다. 남해안의 여수, 남해도, 거제도, 통영, 부산, 울산, 포항 일대에 전갱이 낚시터가

전갱이 루어낚시용 웜

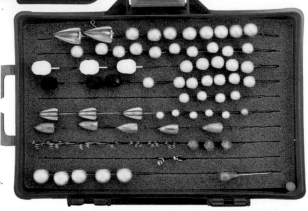

무게별로 태클박스에 정돈한 지그헤드.

많다.

갯바위는 구을비도, 좌사리도, 국도, 욕지도, 갈도, 안경섬 등 외해에 있는 섬이 전갱이 포인트로 인기 있다. 여름에는 남해안 전 연안에서 잘 낚이지만 씨알이 다소 작으며 10월이 되면 먼 바다에 있는 섬에서 큰 전갱이들이 낚이기 시작한다. 양식장 주변의 전갱이 좌대낚시터는 욕지도, 사량도, 연화도, 노대도, 거제도에 있는데 이곳까지는 통영, 고성에서 낚싯배를 타고 갈 수 있다. 경남 진해와 거제도에서는 전문적으로 전갱이 배낚시를 나가기도 한다.

장비

루어낚시

아징 전용대를 사용한다. 그밖에 볼락루어 전용도 사용할 수 있다. 허리힘이 강한 것보

다는 유연한 것이 적합하다. 그 이유는 허리힘이 강한 낚싯대로 챔질할 경우 바늘에 걸린 전갱이의 주둥이가 쉽게 찢어져 떨어져버리기 때문이다. 이러한 조건에 맞춰 개발한 아징 전용 낚싯대도 써볼 만하다. 릴은 2000번 소형 스피닝릴이면 무난하며 0.4~0.8호 내외의 PE라인을 쓴다.

민장대낚시

민장대낚시는 작은 고추찌를 달아 수심 1~4m를 노리며 주로 연안 방파제에서 쓴다. 깊은 곳과 먼 곳을 노릴 수 없기 때문에 불리한 점이 많지만 언제 어디서나 쉽게 펼칠 수 있고 누구나 즐길 수 있다는 것이 장점이다. 작은 전갱이가 연안으로 모여드는 초여름부터 가을까지 활용하기 좋다. 하지만 전갱이가 깊은 곳으로 내려가는 겨울에는 민장대낚시로는 재미를 보기가 어렵다.

릴찌낚시

감성돔용 찌낚시 장비와 채비를 쓰며 주로 갯바위에서 사용한다. 큰 전갱이는 감성돔과 마찬가지로 대부분 바닥에 붙어 있어 낚시하는 방법도 감성돔을 노릴 때와 같이 바닥을 집중적으로 노리면 된다. 작은 전갱이를 많이 낚으려면 낚싯대에 카드채비나 카고채비를 달기도 한다. 하지만 카드채비나 카고(밑밥망)채비는 갯바위보다 배낚시와 방파제에서 주로 쓰며 낚싯대도 2~3호로 더 강한 것을 사용한다. 한편 좌대에서는 2~3m 길이의 루어대나 짧은 릴대를 사용한다. 통영권 좌대낚시터의 경우 장비를 대여하고 있으므로 따로 준비하지 않아도 된다.

채비

원줄

루어낚시는 PE라인 0.4~0.8호 내외가 적합하며 민장대낚시와 릴찌낚시는 나일론사 2~3호를 쓴다. 단 카드채비를 쓰는 경우에는 많은 양의 전갱이가 걸릴 것에 대비해 조금 더 굵은 4~5호 원줄을 사용한다.

쇼크리더·목줄

루어낚시는 캐스팅 거리를 늘리기 위해 PE라인 원줄에 쇼크리더를 매어 쓴다. 카본사 1~1.5호를 많이 쓴다. 민장대낚시나 릴찌낚시의 전갱이는 목줄을 잘 타지 않기 때문에 굵은 것을 써도 상관없다. 주로 2호를 많이 쓰며 40~50cm급 전갱이를 낚을 때는 4~5호 목줄을 쓰기도 한다. 빳빳한 카본 목줄보다 부드러운 나일론 목줄을 선호하는 낚시인들이 많다.

미끼

루어낚시

아징용 지그헤드에 아징용 웜을 꿴 지그헤드리그가 기본이다. 그밖에 메탈지그도 쓴다. 웜의 크기는 2인치, 메탈지그는 3~10g

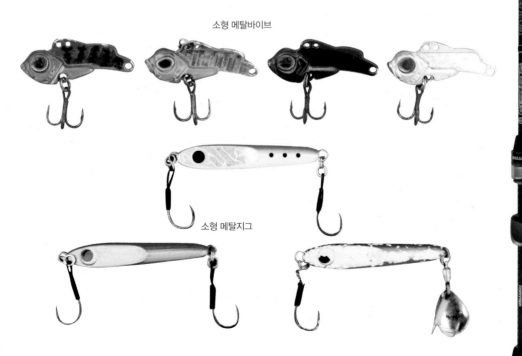

소형 메탈바이브

소형 메탈지그

근해 전갱이 배낚시. 양식장 주변이 주 포인트다.

내외가 적당하다. 전갱이용 웜은 꼬리 끝이 가는 핀테일이 잘 먹힌다.

민장대낚시·릴찌낚시

전갱이는 육식성 어종이다. 생미끼로는 크릴이 가장 좋으며 가끔 청갯지렁이를 쓰기도 한다. 밑밥을 쓰면 더 많은 전갱이를 낚을 수 있다. 전갱이만큼 밑밥에 반응이 빠른 어종도 드물다. 집어제를 섞지 말고 크릴만 조금씩 뿌리는 것이 더 효과가 좋을 때가 있다. 크릴이나 밑밥을 담을 수 있는 카고도 전갱이 낚시에 효과적이다. 보통 카고 아래에 카드채비를 달아 한 번에 여러 마리를 낚아내는 방법으로 배낚시, 방파제낚시, 좌대낚시를 할 때 쓴다.

낚시 방법

큰 전갱이는 바닥에 있다. 작은 전갱이는 밑밥에 반응해서 쉽게 중상층으로 떠오르지만 큰 전갱이는 좀처럼 뜨지 않기 때문에 바닥으로 미끼를 내려야만 큰 녀석을 낚을 수 있다. 반대로 작은 전갱이를 많이 낚기 위해서는 중상층을 노리는 것이 좋다. 이것은 어떤 낚시를 하던 공통으로 해당하는 사항이다.

방파제낚시

전갱이낚시를 가장 쉽게 즐기는 방법은 방파제로 나가 민장대나 카드채비, 카고채비를 사용하는 것이다. 방파제에서는 장마철

전갱이 방파제낚시 장비·채비

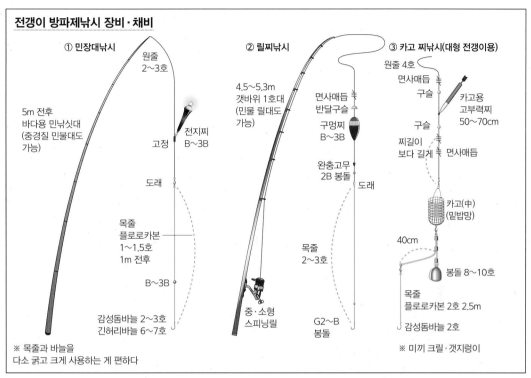

① 민장대낚시

원줄 2~3호

5m 전후 바다용 민낚싯대 (중경질 민물대도 가능)

전지찌 B~3B

고정

도래

목줄 플로로카본 1~1.5호 1m 전후

B~3B

감성돔바늘 2~3호 긴허리바늘 6~7호

※ 목줄과 바늘을 다소 굵고 크게 사용하는 게 편하다

② 릴찌낚시

4.5~5.3m 갯바위 1호대 (민물 릴대도 가능)

면사매듭 반달구슬

구멍찌 B~3B

완충고무 2B 봉돌

도래

목줄 2~3호

G2~B 봉돌

중·소형 스피닝릴

③ 카고 찌낚시(대형 전갱이용)

원줄 4호

면사매듭

구슬

카고용 고부력찌 50~70cm

구슬

찌길이 보다 길게

면사매듭

카고(中) (밑밥망)

40cm

봉돌 8~10호

목줄 플로로카본 2호 2.5m

감성돔바늘 2호

※ 미끼 크릴·갯지렁이

전갱이 배낚시 장비·채비

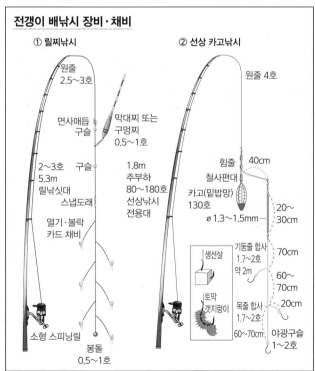

① 릴찌낚시

원줄 2.5~3호

면사매듭 구슬

2~3호 5.3m 릴낚싯대

구슬

막대찌 또는 구멍찌 0.5~1호

스냅도래

열기·볼락 카드 채비

소형 스피닝릴

봉돌 0.5~1호

② 선상 카고낚시

원줄 4호

1.8m 추부하 80~180호 선상낚시 전용대

힘줄 철사편대 카고(밑밥망) 130호 ø 1.3~1.5mm

40cm

20~30cm

생선살

토막 갯지렁이

기둥줄 합사 1.7~2호 약 2m

목줄 합사 1.7~2호 60~70cm

70cm

60~70cm

20cm

야광구슬 1~2호

전갱이 루어낚시 장비·채비

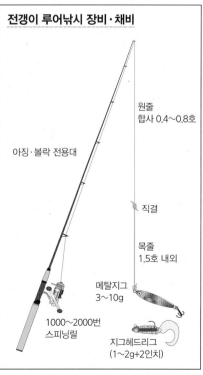

아징·볼락 전용대

원줄 합사 0.4~0.8호

직결

목줄 1.5호 내외

메탈지그 3~10g

1000~2000번 스피닝릴

지그헤드리그 (1~2g+2인치)

카드채비에 주렁주렁 낚여 올라오는 전갱이.

전갱이 카고낚시에 사용하는 편대채비와 밑밥.

부터 가을까지 전갱이가 호황을 보이며 수심이 깊고 규모가 큰 방파제일수록 많은 양의 전갱이가 낚인다. 민장대는 중상층에 있는 작은 전갱이를 낚기 좋으며 한 번에 많은 양을 낚기 위해서는 카드채비와 카고채비를 쓰는 것이 좋다. 키드채비와 키고채비로 바닥을 노리면 채비가 쉽게 걸리기 때문에 되도록 채비를 바닥에서 띄워 낚는 것이 요령이다. 전갱이가 잘 낚이지 않을 때는 밑밥을 뿌려주면 쉽게 모을 수 있다.

갯바위낚시

갯바위에서 전갱이를 낚을 때는 루어낚시와 릴찌낚시가 효과적이다.

루어낚시는 2인치 볼락웜 또는 전갱이웜을 사용한다. 1g 내외의 지그헤드를 가장 많이 결합해 사용한다. 메탈지그는 3~10g 정도를 자주 사용하는데 밤낮을 가리지 않고 쓰며 전갱이가 크고 활성도가 좋을 때 효과적이다. 주로 바닥에 있는 큰 전갱이를 노릴 때 쓴다. 메탈지그를 사용할 때는 꼬리에 달린 트레블훅을 제거하고 머리에 어시스트훅을 달아 줘야 바닥에 덜 걸리며 루어를 덮친 전갱이가 쉽게 떨어지지 않는다.

웜은 주로 밤에 쓰며 중상층에 회유하는 전갱이를 노리는 데 효과적이다. 웜으로 전갱이를 낚을 때도 되도록 바닥층을 노리는 것이 좋으며 바닥을 노릴 때는 걸림에 주의해야 한다. 걸림이 적은 봉돌을 활용한 스플릿샷리그가 효과가 좋으며 지그헤드의 무게를 낮추거나 전갱이 전용 지그헤드를 쓰는 것도 좋은 방법이다.

릴찌낚시는 감성돔을 낚는 방법과 마찬가지로 미끼가 바닥에 닿을 정도로 채비수심을 내리는 것이 요령이다. 수심 10m 내외인 곳은 1호 구멍찌에 목줄은 1.5호 내외, 바늘은 감성돔 바늘 3~5호를 쓴다. 염두에 둘 점은

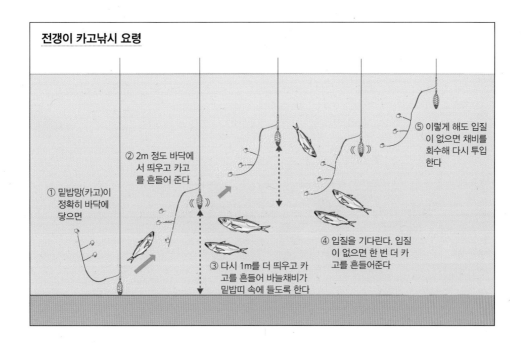

전갱이 카고낚시 요령

① 밑밥망(카고)이 정확히 바닥에 닿으면

② 2m 정도 바닥에서 띄우고 카고를 흔들어 준다

③ 다시 1m를 더 띄우고 카고를 흔들어 바늘채비가 밑밥띠 속에 들도록 한다

④ 입질을 기다린다. 입질이 없으면 한 번 더 카고를 흔들어준다

⑤ 이렇게 해도 입질이 없으면 채비를 회수해 다시 투입한다

메탈지그 3가지 운용법

베이트피시 속에 던져 단순히 감아 들인다

주로 삼치를 낚을 때 쓰는 방법이지만 전갱이의 활성도가 좋을 때도 먹히는 방법으로 베이트피시 주변에 메탈지그를 던진 후 착수 후 바로 감아 들이는 것이다. 메탈지그를 단순히 감기만 하면 잘 물지 않으며 낚싯대를 들면서 팅겨주는 트위칭 액션을 해주면 좋다. 베이트피시가 빠르게 이동하는 경우나 전갱이가 아주 많은 경우에 활용하는 방법이다.

중층에서 고속 릴링 후 폴링앤리프트

메탈지그를 중층까지 가라앉힌 후 고속으로 릴링하다 액션을 멈추고 가라앉힌 후 다시 쳐올리는 식의 액션법이다. 전갱이가 바닥에서 입질하지 않고 중층에서 회유하는 경우에 활용한다. 전갱이가 중층에 있을 때는 적극적으로 먹이를 쫓기 때문에 빠른 액션에 잘 반응한다.

바닥 찍은 후 리프트앤폴링

메탈지그를 운용할 때 가장 많이 쓰는 방법이다. 큰 전갱이를 낚을 확률이 가장 높다. 먼저 원하는 지점에 캐스팅한 후 메탈지그를 바닥까지 내린다. 메탈지그가 바닥에 닿는 것을 감지하면 곧바로 낚싯대를 쳐올려 메탈지그를 띄웠다가 다시 가라앉히는 동작을 반복한다. 입질은 주로 가라앉는 순간에 오며 재차 낚싯대를 들어 올릴 때 고기가 물었다는 것을 감지할 수 있다. 전갱이 외에 볼락, 우럭 같은 록피시도 걸려든다. 바닥을 노릴 때는 메탈지그의 트레블훅을 제거하고 머리에 어시스트훅을 달아야 바닥에 잘 걸리지 않는다.

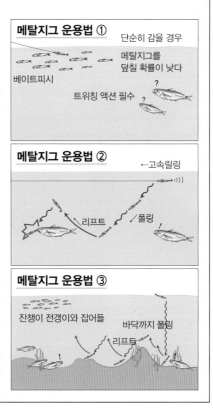

메탈지그 운용법 ①
단순히 감을 경우
메탈지그를 덮칠 확률이 낮다
베이트피시
트위칭 액션 필수

메탈지그 운용법 ②
←고속릴링
리프트
폴링

메탈지그 운용법 ③
잔챙이 전갱이와 잡어들
바닥까지 폴링
리프트

양식장 주변의 좌대에서 전갱이낚시를 즐기는 낚시인들.

낚시터에서 만드는 즉석 전갱이 초밥.

전갱이가 갯바위 주변에 항상 있는 것은 아니므로 전갱이가 붙을 때를 노려 집중적으로 낚고 없으면 굳이 전갱이를 낚으려고 애써도 헛수고라는 것이다. 전갱이는 있으면 금방 입질한다. 주로 해 뜰 때와 해질 때 폭발적으로 입질하는 특징을 가지고 있으므로 그에 맞춰 낚시하는 것이 효과적이다.

좌대낚시

경남 거제, 통영에 있는 가두리 양식장 주변의 좌대는 대표적인 전갱이 가족낚시터다. 양식장 안의 물고기를 낚는 것이 아니라 가두리 양식장에서 흘러나가는 사료를 먹기 위해 몰려든 전갱이를 낚는 것이다. 낚싯대는 2~3m 길이의 연질

살림망 가득 들어 있는 고등어와 전갱이.

릴대를 쓴다. 전갱이의 활성도가 높을 때는 가지바늘채비를 써서 한 번에 두세 마리씩 낚아 올리고 겨울에는 전갱이용 편대채비를 사용해 한 마리씩 낚아낸다. 전갱이가 바닥 근처에서 입질을 하기 때문에 채비를 바닥으로 가라앉힌 뒤에 3m 정도 띄워서 낚는 것이 요령이다.

요리

전갱이를 회로 먹어본 사람은 고소한 감칠맛에 반해버린다. 일본인들이 왜 즐겨 먹는지 알 수 있다. 전갱이는 고등어에 비해 살이 여물고 핏기가 적어 비리지 않다. 모든 회가 마찬가지만 전갱이는 살에 물이 묻으면 맛이 떨어진다. 전갱이 피를 뺀 후 껍질을 벗기기 전에 깨끗이 헹구고 그 다음부터는 물에 씻지 말고 수건으로 닦아낸다. 또 손으로 주무르거나 칼질을 여러 번 하면 쫄깃한 맛이 사라지므로 면장갑을 끼고 칼질은 한 번에 끝내는 것이 중요하다.

주꾸미낚시

두족류 중 하나인 주꾸미는 생활낚시 열풍을 낚시를 모르는 일반인들에게까지 확산시킨 주인공이다. 생활낚시란 바다낚시 상식이 부족한 일반인도 쉽게 입문해 조과를 거둘 수 있는 쉽고 재미난 낚시를 뜻한다. 가을이 되면 일반인들도 주꾸미 배낚시를 하러 바다로 나서고 있다. 주꾸미낚시는 남녀노소 누구나 쉽게 할 수 있는 것이 장점이지만 요즘은 더 전문성을 띠고 있는 추세다. 주꾸미낚시인이 늘어나면서 조과 경쟁을 피할 수 없게 되자 조금 더 좋은 장비, 조금 더 좋은 루어를 쓰는 것이 보편화되고 있다.

시즌과 낚시터

주꾸미는 봄부터 잘 낚인다. 한때 봄에 알이 든 주꾸미를 낚기 위해 출조하는 일이 많았지만 이제는 주꾸미 금어기가 5월 11일부터 8월 31일까지 지정되면서 알주꾸미를 낚을 수는 없고 금어기가 끝나는 9월 이후가 주꾸미 본격 시즌이 되었다.

가을이 되면 봄에 부화한 작은 씨알의 주꾸미가 어느 정도 커져서 루어에 덤벼들기 시작하는데, 9월은 씨알이 잔 편이고 10월이 돼야 만족할 씨알을 만날 수 있다. 시즌은 해마다 조금씩 달라지는데 어느 해는 12월에도 주꾸미가 낚이기도 한다. 대체로 북서풍이 불기 시작하는 11월에는 물색이 탁해지고 수온이 떨어지면서 마감기로 접어들게 된다.

주꾸미는 서해와 남해에 고루 서식하지만 서해에 자원이 가장 많고 낚싯배도 또한 가장 많다. 충남 오천항, 홍원항, 대천항, 무창포항, 안면도, 전북 군산상, 격포항이 중심지이다. 서울에서 가까운 인천 지역은 다른 지역보다 한 달가량 이른 10월에 시즌이 마무리된다.

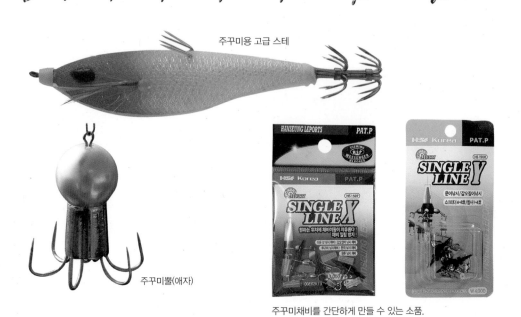

주꾸미배낚시 전용 낚싯대

주꾸미용 고급 스테

주꾸미뿔(애자)

주꾸미채비를 간단하게 만들 수 있는 소품.

장비

주꾸미낚시는 대부분 배낚시로 이뤄진다. 채비를 내리고 올리는 단순 동작의 연속이어서 베이트릴 장비가 편리하다.

낚싯대

주꾸미 낚싯대는 전용대가 다양하게 출시되어 있어서 선택하는 데 어려움이 없다. 대부분의 전용대가 초리는 부드럽고 허리힘은 강하며 휨새는 8:2나 9:1을 유지하고 있다. 낚싯대 길이는 6ft 이하로 더 짧아졌다. 낚싯대가 짧아야 다루기 쉽고 감도도 좋으며 챔질도 빨리 할 수 있기 때문이다. 그래서 5ft 이내의 짧은 로드를 선호하는 낚시인들도 있다. 초리는 티탄과 같은 금속 재료를 사용해 감도와 유연성을 높인 제품이 인기를 얻고 있다.

릴

베이트릴은 저렴한 것을 사용해도 되지만 처음 구입하는 것이면 너무 싼 것은 피하는 게 좋다. 어느 정도 품질이 보장되는 중급기를 구입하면 주꾸미 외에도 광어, 참돔 등 다른 바다낚시에서도 쓸 수 있기 때문이다. 얼마나 채비를 자주 올리고 내리느냐가 조과를 좌우하는 만큼 소형 전동릴을 사용하는 낚시인도 늘고 있다.

낚싯줄

원줄은 1호 전후 PE라인을 쓴다. PE라인을 쓰는 이유는 조류의 영향을 덜 받아 채비를 내리고 입질을 파악하는 데 유리하기 때문이다. 주꾸미가 무겁거나 저항을 하는 것이 아니기 때문에 루어의 무게만 버틸 수 있으면 된다.

베이트릴

봉돌

채비

시중에 판매되고 있는 1~3단 주꾸미 전용 채비를 사용하면 되겠다. 가짓줄 대신 스냅 도래를 이용해 루어나 봉돌을 단다.

미끼

주꾸미낚시에서 사용하는 루어는 스테라고 부르는 갑오징어용 에기와 애자다. 왕눈이 에기라고 부르는 스테는 무늬오징어 에기와 비교해 때 크기가 작다. 만듦새가 훌륭하진 못하지만 주꾸미를 낚는 데는 아무런 문제 가 없다.

애자는 어부들이 주꾸미를 잡을 때 사용하 던 어구로 이것이 낚시에도 그대로 사용되 고 있다. 애자는 20호 정도의 무게를 갖고 있어 채비 하단에 봉돌 대신 달아서 쓰곤 한

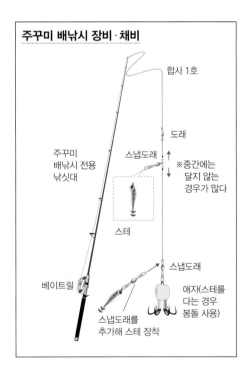

주꾸미 배낚시 장비·채비

합사 1호

도래

스냅도래

※중간에는
달지 않는
경우가 많다

주꾸미
배낚시 전용
낚싯대

스테

스냅도래

애자(스테를
다는 경우
봉돌 사용)

베이트릴

스냅도래를
추가해 스테 장착

다. 하지만 애자를 능가하는 갑오징어용 루어가 많이 나오다보니 마릿수를 올리기 위해 애자 대신 봉돌을 달고 다른 루어를 덧달아 쓰는 일이 늘어나고 있는 추세다. 반짝이는 애자 머리에서 착안해 긴 타원형 반짝이 구슬을 두 개 이어놓고 거기에 에기용 침을 박아 놓은 형태 등이 한 예인데 조과도 탁월해 인기가 높아가고 있다.

낚시방법

일단 채비가 조류에 밀리지 않고 수직으로 바닥에 떨어질 수 있도록 봉돌을 준비하는 게 기본이다. 주꾸미는 바닥에 있으므로 채비 역시 조류에 밀리지 않고 바닥에 안착하고 있어야 조과를 거둘 수 있다. 조류에 밀리면 옆사람과 채비가 엉키는 등 불필요하게 시간을 낭비할 수 있다. 애자 대신 봉돌을 사용하는 낚시인이 늘고 있다 보니 주꾸미 전문 선단에서 홈페이지에 출조 당일 물때와 그에 맞는 봉돌 무게를 게시판을 통해 알려주기도 한다. 이에 맞춰서 준비해가면 되겠다.

낚시방법은 채비를 바닥까지 내리고 기다리는 것이다. 주꾸미가 채비에 올라타서 무게감이 느껴질 경우 챔질해야 하지만 낚시 경험이 적을 경우 이를 감

반짝이는 구슬(비드)을 연결해 만든 주꾸미낚시 채비.

주꾸미로 살림망을 채운 낚시인들.

지하기는 쉽지 않다. 차라리 힘이 들지만 주기적으로 챔질을 해주는 게 조과를 올리는 데 도움이 된다. 봉돌이 바닥에 닿으면 고패질을 따로 할 필요는 없으며 그대로 둔 채 마음속으로 3초를 센 후 릴을 어깨 정도로 올리는 정도로 빠르게 들어주는 것이다. 주꾸미가 걸리지 않았다면 다시 줄을 풀어 바닥에 내린다. 챔질은 강하게 해주는 것이 바늘을 주꾸미 살에 확실히 박히게 할 수 있어 좋다. 세 번 정도 그렇게 챔질 과정을 이어갔는데 입질이 없다면 채비를 회수했다가 내려준다.

밑걸림 많은 곳에선 애자 대신 봉돌 사용

애자는 주꾸미를 유인하는 효과가 있지만 가끔 낚싯배가 암초로 흘러들러가는 경우에는 곧바로 밑걸림이 생긴다. 이때는 애자를 떼어내고 봉돌로 교체해야 한다. 애자는 바늘이 크기 때문에 한 번 바닥에 걸리면 쉽게 빠지지 않으므로 십

주꾸미라면

중팔구 채비를 터트려야 하는데, 이때 함께 달려 있는 에기까지 뜯기고 만다. 따라서 암초가 많은 곳이라면 봉돌을 사용한다.

참돔 찌낚시

붉은 거함 참돔! 낚시인을 압도하는 거대한 체구, 거기에서 뿜어져 나오는 괴력은 최고의 스릴을 선사한다. 90년대까지만 해도 참돔은 전문 낚시인들만 낚는 물고기로 알려져 있었지만, 해수온 상승으로 참돔 서식량이 증가하고, 서식지역이 근해까지 확대되고, 참돔낚시 주 무대인 원도권이 고속 낚싯배의 등장으로 가까워지면서 대중적 낚시어종으로 변하고 있다. 또 참돔은 감성돔과 벵에돔에 비해 낚시 기법이 쉬워서 초보자들도 쉽게 낚을 수 있다. 과거에는 참돔이 '여름고기'로 특히 밤에만 낚이는 것으로 알려져 있었으나 지금은 거의 연중 밤낮 구분 없이 낚이고 있다.

시즌과 낚시터

3월이면 먼 바다에서부터 대물 참돔들의 소식이 전파되어오다가 5~7월이면 근해까지 확산되어 양과 질에서 모두 호황으로 바뀐다. 이후 근해에선 10월 전후에, 원도에선 12월 전후에 또 한 차례 참돔낚시 호황기를 맞는다. 1m에 육박하는 대형 참돔은 3월부터 출현하여 5~6월에 피크 시즌을 맞고, 이후에도 마릿수는 많지만 점점 씨알들이 잘아지면서 주춤하다가 다시 9~11월에 피크타임을 갖는 패턴을 보인다. 추자도, 거문도 같은 곳에서는 한겨울인 1~2월에도 참돔이 낚인다. 봄가을과 겨울에는 낮낚시가 잘 되며 여름에는 무더위를 피할 수 있는 밤낚시가 성행한다. 서해의 경우 5월 중순부터 시즌이 시작돼 11월 중순까지 이어진다. 12~4월만 공백기다.

남해, 서해, 동해 전역에 참돔 포인트가 있다. 남해의 경우 내만을 빼곤 30분~1시간 거리의 중장거리 섬에서 대부분 참돔이 낚인다. 다만 근해권은 씨알이 30~50cm로 잘고 먼 바다인 원도로 갈수록 대형급이 많이 낚이는 양상이다. 서해는 주로 먼 바다를 중심으로 참돔낚시가 이루어지고 있다. 격포 왕등도, 군산 어청도, 보령 용섬, 화사도, 외연도 등이 대표적인 참돔 찌낚시터다.

동해에서는 동해남부 지역에서 주로 참돔이 낚이는데 대부분 선상찌낚시에 올라오고 있다. 한편 제주도는 전역이 참돔 어장인데 추자도, 관탈도와 북제주 앞바다, 가파도 해상이 이름난 참돔 포인트다.

장비

낚싯대

참돔은 첫 해에 10cm 이상 자라며 그 다음해에는 20~30cm, 그 다음해에는 40~50cm로 자라는 등 성장 속도가 빠르며 보통 1m 전후까지 자라는 대형어다. 그에 어울리는 채비와 장비를 준비해야 한다.

우선 감성돔 대물은 60cm급인 데 반하여 참돔 대물은 1m급이며 평균 씨알도 감성돔은 30~40cm이고 참돔은 50~60cm이므로 장비가 전체적으로 감성돔용보다 강하다. 대물을 노린다면 낚싯대도 1호대에서 1.5~2호대로 올라가야 한다. 만약 근해에서 40~50cm급 참돔을 노린다면 1호대로도 제압 가능하다. 그러나 60~70cm급이라면 무게와 파워가 큰 폭으로 증가하므로 적어도 1.5호대는 돼야 참돔의 파워에 대항할 수 있다.

만약 가거도, 만재도, 태도, 거문도 같은 원도로 출조한다면 1.7~2호대가 필요하다. 이런 곳에서는 80cm~1m에 육박하는 초대형들이 출현하기 때문이다. 물론 낚시 도중 30~40cm와 50~60cm가 섞여 낚이지만 참돔은 잔 씨알이 낚여도 항상 대물이 느닷없이 출현하므로 중량급 낚싯대가 필요한 것이다. 또 2호대를 사용하면 30~50cm급은 뜰채 없이 '들어뽕'할 수 있어 속전속결에 유리한 면도 있다.

릴

참돔낚시는 본류대를 주 포인트로 삼고 100m 이상 채비를 흘려보낼 때가 많으므로 4~5호 원줄이 150m 정도 감기는 4000~5000번 크기의 중대형 스피닝릴이 필요하다. 2500번대의 작은 릴은 일단 4호 이상의 굵은 원줄이 100m가 채 못 감겨 불편하고 내구성이 약하다.

참돔낚시엔 LB릴보다 드랙릴이 유리하다. 그 이유는 참돔 특유의 저돌적인 질주 때문이다. 대형 참돔은 한번 내달리기 시작하면 50~70m 이상까지 쉬지 않고 달리는데 이 폭발적인 파워에 지속적인 브레이크를 걸어 지치게 하려면 자동으로 드랙이 풀리는 드랙릴이 유리한 것이다.

예를 들어 참돔이 시속 50km 속도로 도주한다면 드랙은 40km까지만 제어할 수 있는 정도로 조여 놓는다. 이러면 낚싯대와 채비는 손상 받지 않으면서 참돔의 힘을 뺄 수 있는 것이다. 이에 반해 LB릴은 낚시인이 손가락으로 레버를 당기며 드랙 역할을 대신해야 하는데 제 아무리 정교한 손 감각을 갖고 있는 낚시인도 기계보다 정밀하게 드랙을 풀어주긴 불가능하다. 참돔이 살짝만 큰 힘을 전달해도 깜짝 놀라 레버를 과다하게 풀거나 불필요하게 강하게 당겨 채비를 터트릴 수 있기 때문이다.

채비

고부력 반유동채비

참돔은 감성돔보다 다소 깊은 12~16m 수심에서 잘 낚인다. 그래서 채비도 감성돔보다 무거운 2~3호 찌 반유동채비가 기본이다. 이처럼 부력 센 찌를 사용하는 이유는 세 가

참돔낚시용 스피닝릴. 다른 호수의 원줄이 감긴 보조스풀을 활용해 조류나 포인트 상황에 맞춰 원줄을 사용한다.

갯바위에 오른 참돔낚시인들. 1.5~2호 릴찌낚시 장비 채비와 밑밥을 준비했다.

지다. 굵은 원줄로 인한 느린 채비 하강 속도 보완, 30m 이상의 원투, 급류에 채비를 태워 멀리 흘려도 채비가 잘 떠오르지 않게 만드는 지지력이다. 참돔은 워낙 공격성이 강해 채비의 민감도는 크게 따지지 않으므로 고부력 채비가 입질에 악영향을 주는 경우는 거의 없다. 3호찌가 기본 참돔찌라 할 수 있고, 수심이 10m 내외로 얕다면 2호찌, 조류가 세고 수심도 깊다면 4~5호 찌도 많이 쓰인다.

저부력·고부력 전유동채비

참돔의 입질층을 잘 모를 때, 참돔이 바닥에서 많이 떴을 때 전유동낚시가 위력을 보일 때가 있다. 특히 참돔은 활발히 움직이는 미끼에 왕성한 입질을 보이는데 그래서 조류가 빠르지 않을 경우엔 반유동채비보다 미끼를 천천히 내리며 다양한 수심층을 노리

는 전유동낚시가 잘 먹힌다. 조류가 완만하다면 목줄에 B~3B 봉돌을 단 저부력 전유동채비가, 조류가 센 곳에서는 0.5~1호 봉돌을 단 고부력 전유동채비가 잘 먹힌다.

야간낚시용 전지찌채비

참돔은 밤낚시가 잘 되는 고기다. 특히 여름에는 더위를 피해서 밤낚시를 많이 즐기는데 이때 전지찌가 필요하다. 전자찌 호수는 2~5호까지 두루 갖추는 게 유리하다. 낚시인에 따라서는 주야 겸용으로 쓸 수 있는 케미컬라이트꽂이가 달린 구멍찌를 선호하기도 한다.

바늘

참돔은 대형급이 많으므로 강한 전용 바늘을 써주는 게 좋다. 40~50cm라면 감성돔 바늘로도 충분하지만 70~80cm 씨알부터

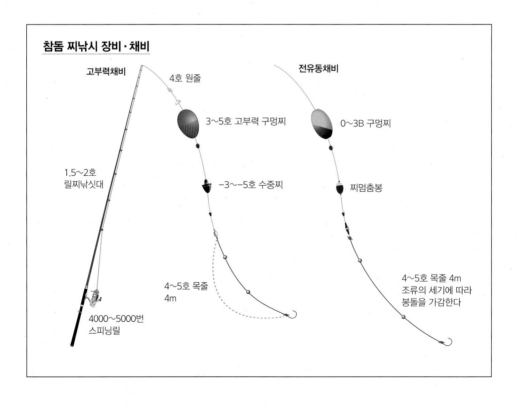

참돔 찌낚시 장비·채비

고부력채비 — 1.5~2호 릴찌낚싯대 — 4000~5000번 스피닝릴 — 4호 원줄 — 3~5호 고부력 구멍찌 — -3~-5호 수중찌 — 4~5호 목줄 4m

전유동채비 — 0~3B 구멍찌 — 찌멈춤봉 — 4~5호 목줄 4m 조류의 세기에 따라 봉돌을 가감한다

는 참돔바늘 9~12호가 안전하다. 80cm~1m를 노릴
때는 참돔바늘 13~14호를 쓰기도 한다.

원줄과 목줄

70cm가 넘는 참돔을 목적으로 한다면 4~5호 원줄에
3~5호 목줄을 쓴다. 바닥지형이 험한 곳이라면 강제
집행을 해야 하므로 더 굵은 6~8호 목줄을 쓴다. 가
끔 1호대에 2.5호 원줄, 1.7호 목줄로 70~80cm 참돔
을 낚을 수도 있으나 그것은 운이 좋은 경우다.

낚시방법

참돔은 물때를 칼같이 지키는 고기로 유명하다. 따라
서 참돔 포인트마다 중들물 포인트 혹은 초들물 포인
트 등으로 입질시간이 정해져 있기 때문에 반드시 그
타이밍을 놓쳐서는 안된다. 이것이 새벽, 해질녘, 탁
한 물색이 들어올 때, 높은 파도가 일 때 등 물때와 관
계없는 시간에 입질을 잘하는 감성돔과 다른 점이다.
보통은 반유동채비로 10~15m 정도의 수심층을 노
리는 것이 일반적이지만 수온이 높고 물색이 맑은 상
태에서는 참돔의 활성도가 높고 밑밥에 대한 반응이
뛰어나므로 상층부터 바닥층까지 전층을 노리는 전

고부력 반유동채비

전유동채비(고부력)

참돔 전용 바늘

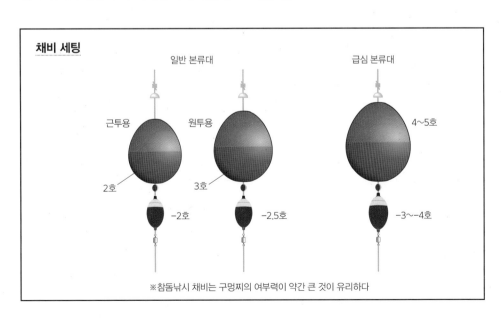

※참돔낚시 채비는 구멍찌의 여부력이 약간 큰 것이 유리하다

참돔낚시용 밑밥

참돔낚시용 미끼인 크릴. 바늘 하나에 크릴을 여러 마리 꿰어서 사용한다.

유동 기법도 효과적이다.

서너 번 채비를 흘렸는데도 입질이 없다면 수심을 조금씩 깊게 줘본다. 수심 조절 간격은 한 발 정도가 알맞다. 이런 방식으로 서너 번 흘리다가 밑걸림이 발생할 때까지도 입질이 없다면 반대로 오히려 10m보다 얕게 노려본다. 이런 과정을 반복하다보면 참돔 입질이 들어오는 수심층을 찾을 수 있다. 만약 함께 내린 낚시인이 있다면 그 사람에게도 입질 수심층을 알려주어야만 많은 참돔을 함께 낚아낼 수 있다.

참돔은 감성돔보다 더 먼 거리에 포인트가 형성되므로 멀고 깊이 노릴 수 있는 무거운 채비를 사용하는 게 유리하다. 먼 바다에서는 반드시 대물급 장비와 채비를 사용해야 하며, 중소형급이 대부분인 앞바다에서는 감성돔 장비에 목줄만 보강한(2~3호 정도) 채비를 사용해도 무방하다.

참돔낚시에서 가장 중요한 것은 밑밥과의 동조다. 큰 덩치만큼 겁이 없고 식탐이 강해 밑밥에 잘 유혹되는 고기다. 그래서 얼마나 밑밥을 제대로 활용하느냐에 따라 참돔낚시의 조과가 좌우되는 경우가 많다. 참돔용 밑밥은 감성돔용보다 두 배 가까이 필요하다. 포인트가 대부분 조류가 빠르게 흐르는 곳이어서 그만큼 밑

밑밥 만드는 방법

참돔낚시용 밑밥은 크게 두 가지 방법으로 사용한다. 만약 발밑에서부터 조류가 뻗어나가는 작은 여나 곶부리라면 굳이 집어제를 섞을 필요 없이 맨크릴을 사용한다. 원투할 필요가 없기 때문이다. 반대로 본류대가 멀리 형성되는 곳을 노려야 한다면 찌와 밑밥을 그곳까지 던져야 하므로 집어제를 섞은 밑밥이 필요하다. 대개 참돔 포인트는 30m 이상 거리에서 조류가 왕성하게 흐르는 경우가 많아 원투채비와 집어제을 많이 섞은 원투용 밑밥이 기본이다.

그렇다면 둘 중 어떤 자리에 내릴지 모르는 상황이라면 어떤 밑밥을 준비하는 게 좋을까? 당연히 집어제를 섞은 밑밥이다. 발밑에서 조류가 뻗어나가는 곳이라면 집어제를 섞은 밑밥을 흩뿌려 쓰면 되기 때문이다.

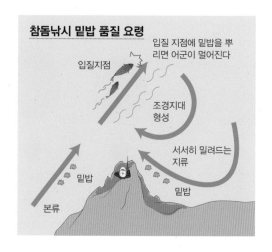

참돔낚시 밑밥 품질 요령

입질 지점에 밑밥을 뿌리면 어군이 멀어진다

입질지점

조경지대 형성

서서히 밀려드는 지류

밑밥

밑밥

본류

참돔채비를 마친 낚시인이 바늘에 크릴을 꿰고 있다.

밥 유실이 많기 때문이다.

감성돔낚시 때 오전낚시에 5~6장의 밑밥을 준비했다면 참돔낚시 때는 최소 10장은 개어 나가야 한다. 밑밥이 떨어져 버리면 참돔 입질도 급격하게 줄어들고 만다. 밑밥은 넉넉하게 준

잠수찌와 잠길찌 활용법

잠수찌는 수중찌처럼 그 자체로 가라앉는 마이너스 부력의 찌다. 그에 비해 잠길찌는 '찌가 아니라' 부력이 있는 구멍찌에 더 무거운 수중찌를 달아 강제로 가라앉히는 '일종의 가라앉는 채비'를 말한다. 2호찌를 잠길 찌로 만들려면 −2.5호나 −3호 수중찌를 달아주거나 아니면 −2호 수중찌를 달고 목줄에 봉돌을 더 달아서 구멍찌 부력보다 침력을 더 강하게 만들어 가라앉힌다.

잠수찌는 선상찌낚시에서 위력이 강하다. 잠수찌는 밑밥과 같은 속도로 근거리에선 상층, 원 거리에선 중하층을 흘러가며 밑밥과 미끼를 동조시키는 역할을 한다. 그러나 갯바위라면 잠길찌가 유리하다. 잠길찌는 찌매듭이 있는 수심까지는 빠르게 채비가 내려간 뒤 매듭이 찌에 닿음과 동시에 서서히 잠기기 시작하므로 채비가 어느 정도 내려갔는지를 파악하기 쉽다. 즉 찌밑수심을 15m로 맞춘 잠길찌채비는 15m까지는 빠르게 내려가고 그 후부터는 아주 서서히 16m〜17m…20m 이상까지 내려가며 입질층을 찾는다.

갯바위에서 잠수찌를 쓰면 조류가 약할 경우 너무 빨리 가라앉아 밑걸림이 생기고, 조류가 셀 경우 아예 가라앉지 못해 상층을 흘러가는 폐단이 있다. 그에 반해 잠길찌는 공략수심층을 더 정확히 알 수 있고, 뒷줄조작으로 찌가 잠기는 속도와 정도를 조절할 수 있어 유리하다.

참돔을 건 낚시인이 파이팅을 펼치고 있다.

바닥층에서 입질하다가도 밑밥의 영향이 미치면 중층까지 상승하므로 수시로 채비의 찌수심을 조절하여야 한다.

채비를 흘려주는 중간 중간에 자주 견제하여 미끼를 움직여 참돔의 눈에 띄게 해주는 것이 중요하다. 유독 참돔은 움직이는 미끼에 강한 공격성향을 보이므로(그래서 루어에도 잘 낚인다) 자주 견제를 해줄수록 입질 확률도 높다. 특히 전유동낚시라면 단순히 흘리기만 할 게 아니라 수시로 채비를 잡아주어 미끼의 유동 폭을 크게 만들 필요가 있다.

같은 장소에서도 밤낚시는 낮낚시보다 더 강한 장비가 필요하다. 컴컴한 밤에는 웬만한 씨알(40cm급 정도)은 뜰채를 사용하지 않고 바로 처리할 수 있어야 편하기 때문이다. 또 밤에는 대물 출현도 잦다. 그래서 야영낚시를 들어가는 낚시인들은 3~4호대로 중무장하기도 한다.

대물 참돔 제압 요령

대물 참돔은 초반부터 무서운 속도로 차고 나간다. 대개 이 초반 도주에 채비가 끊어져

비하여 조류의 위쪽 방향에 일정 간격으로 꾸준히 투여하는 것이 효과적이며 처음에는

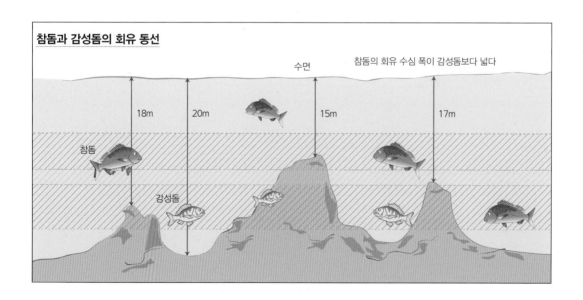

참돔과 감성돔의 회유 동선

수면   참돔의 회유 수심 폭이 감성돔보다 넓다

18m   20m   15m   17m

참돔

감성돔

갯바위로 향하고 있는 낚싯배. 멀리 보이는 섬이 참돔 포인트로 유명한 추자군도의 사자섬.

놓치는 경우가 많다. 따라서 대형급을 걸었을 때는 정면대결을 피해야 한다. 바늘에 걸린 참돔은 죽을지도 모른다는 위기감에 놀라운 힘과 스피드로 내빼므로 맞버텨선 어떤 채비도 버텨 내지 못한다. 돌돔채비의 18호 줄도 미터급 참돔과 맞버티면 터져나간다. 오히려 정면대결은 참돔으로 하여금 더욱 공포감을 느끼게 만들어 더 난폭해질 뿐이다. 마치 성나 날뛰는 황소처럼. 따라서 이때는 릴의 드랙을 최대한 활용해야 한다. 참돔이 차고 나가면 낚싯대를 세워 적당한 텐션을 유지한 뒤 질주가 멈출 때까지 기다린다. 그 거리는 30m, 50m, 그 이상이 될 수 있는데 80cm 이상의 대형이라면 적어도 40~50m 이상을 내뺄 때가 많다.

그런데 이때 운도 따라야 한다. 참돔의 도주로가 거친 여밭이나 해초밭이 아니어야 한다. 원줄이 이런 곳을 스치거나 돌아가게 되면 순식간에 끊겨버리므로 낚시인의 능력으로는 낚아낼 재간이 없는 것이다.

만약 참돔이 멈칫했을 때까지 채비가 무사하다면 이젠 낚시인에게 유리한 상황이 전개된다. 100m를 전속력으로 완주한 사람이 곧바로 처음과 같은 스피드를 낼 수 없는 것처럼 참돔도 초반 스퍼트만큼의 기세는 사라졌기 때문이다. 이때부터 낚싯대로 펌핑하고 릴을 감는 과정을 반복하며 참돔을 끌어들이는데, 끌려오는 도중 두세 번 정도는 더 힘을 쓰기 때문에

위험한 상황을 맞을 수 있어 방심은 금물이다. 특히 발 앞까지 끌려온 참돔은 힘을 많이 소진했어도 기본 무게와 파워가 있기 때문에 성급하게 뜰채 가까이 끌고 오는 행동은 금물이다. 또 오랜 파이팅 시간 동안 원줄과 목줄이 늘어지거나 채비가 약해져 있을 위험이 있다. 따라서 최대한 여유있게 참돔을 달래다가 참돔이 완전히 수면에 드러누운 뒤 뜰채에 담는 것이 중요하다.

참돔 타이라바

타이라바는 원래 일본의 배낚시 어구에서 발전한 루어지만 2008년부터 한국에 상륙하여 선풍적 인기를 얻고 있다. 과거 일본의 어부들은 붉게 칠한 둥근 납덩어리에 여러 가닥의 화려한 술을 붙인 원시적인 루어로 참돔을 낚았는데 초기엔 '타이카부라'라고 불렀다. 이 타이카부라를 2000년대 중반부터 일본 조구메이커에서 개량하고 깔끔하게 디자인해 팔기 시작하면서 일본 낚시인들에게 폭발적 인기를 얻기 시작했고 타이라바는 인기 높은 바다 루어낚시 장르로 성장했다.

한국에서는 2008년 6월 군산 고군산군도에서 첫 타이라바 탐사낚시가 성공을 거두면서 삽시간에 보령, 인천, 제주 해역으로까지 확산되었다. 특히 서해 군산과 보령에서는 감성돔낚시보다 더 인기 높은 장르로 각광받고 있다.

타이라바낚시는 기법 도입 초기 당시 러버지깅, 참돔지깅 등 여러 이름으로 불리다가 타이라바란 이름으로 굳어졌다. 타이라바는 단순히 루어를 지칭하는 것이 아니라 타이바라를 사용한 낚시를 뜻하는 낚시용어가 되었다. 타이라바는 도미를 일컫는 일본어 '다이(타이)'와 고무를 뜻하는 영어 러버의 일본식 발음인 '라바'를 합성해 만들었다.

시즌과 낚시터

주요 타이라바 낚시터는 서해의 군산, 보령, 인천 그리고 제주도 서귀포 일대가 손꼽히며 남해안의 여수 먼 바다와 부산 먼 바다가 포인트다.

서해는 5월 중순~11월 초순에 활발하게 타이라바가 이루어지며 겨울이 되면 수온이 10도 밑으로 떨어져 낚시가 어려워진다. 한편 제주도는 따뜻한 수온 덕에 타이라바 시즌이 4월부터 12월까지로 서해보다 긴 편이다.

서해에서 참돔이 가장 굵게 낚이는 시기는 5월 중순~6월 중순의 산란기 무렵으로 이때는 80cm 이상급도 흔하게 낚인다. 한편 30~40cm 참돔이 주로 낚이는 마릿수 피크는 9월~10월이다.

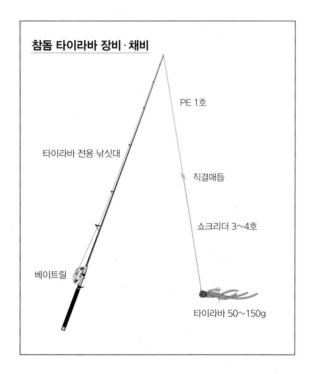

참돔 타이라바 장비·채비

PE 1호

타이라바 전용 낚싯대

직결매듭

쇼크리더 3~4호

베이트릴

타이라바 50~150g

장비

낚싯대

7ft 전후의 타이라바 전용대를 쓴다. 허리까지 유연하게 휘어지는 부드러운 휨새의 낚싯대가 유리하다. 특히 초리 부분이 매우 유연해야 초기 입질 때 부드럽게 휘어져 참돔이 이물감을 못 느낀다. 파워는 라이트 정도가 적합한데 이 정도 강도면 미터급을 제압하는 데도 큰 문제가 없다. 타이라바 전용대가 유연한 것은 참돔의 미약한 초기 입질을 받아내는데 중점을 두었기 때문이다.

참돔은 미끼를 흡입하는 고기가 아니라 이빨로 부숴 먹는 고기다. 바닥에 붙은 조개나 게 등을 부숴 먹는 데는 익숙하지만 수중

에 떠 있는 무거운 루어를 단숨에 빨아들이는 흡입력을 가지고 있지는 않다. 그래서 타이라바를 살짝 물었다 놓을 때가 많다. 이때 낚싯대가 너무 강하면 타이라바가 입 속으로 잘 빨려들지 않고 물었다가도 이물감에 바로 내뱉는 경우가 잦기 때문에 유연한 초릿대를 갖춘 전용대가 유리한 것이다. 또 선상에서는 갯바위와 달리 대형 참돔도 연질대로 충분히 제압할 수 있다.

릴

타이라바는 베이트릴을 주로 이용한다. 스피닝릴로도 타이라바를 할 수는 있지만 효율성에서 베이트릴에 뒤진다. 특히 루어가 바닥을 찍은 뒤 감아올리는 과정에서 베이트릴은 바로 핸들만 돌려버리면 루어가 올라오지만 스피닝릴은 베일을 닫고 감아야 돼 한 단계 과정이 추가된다. 바닥이 험한 곳에서는 이 짧은 시간에 루어가 바닥에 걸리기도 한다.

또 재차 원줄을 풀어줄 때도 베이트릴은 낚

싯대와 릴을 쥔 손으로 클러치레버만 누르면 줄이 풀려 내려가지만 스피닝릴은 다른 한 손으로 베일을 다시 젖혀야 되는 불편함이 있다. 겨우 한 단계 과정이 추가되는 것이지만 잦은 반복이 이루어지는 타이라바의 특성상 실제로 느끼는 불편함은 매우 크다. 미세 입질을 감지해야 되는 정밀성에서 베일 암과 핸들이 크게 도는 스피닝릴보다 스풀 자체가 회전하며 원줄이 감기는 베이트릴의 정밀성이 앞서는 것도 장점이다. 단 베이트릴은 염분에 강한 바다 전용을 사용해야 한다. 민물용을 사용하면 염분이 베어링을 부식시켜 사용하기 어렵게 된다.

0.8~1.5호 합사가 250m 이상 감기는 5점대 기어비 베이트릴을 구입한다. 5.8:1의 기어비가 일반적인데 이는 핸들을 한 바퀴 돌릴 때 릴 안의 메인 기어(샤프트)가 5.8회 회전한다는 뜻이다. 최근엔 5점대 릴 외에 7점대의 고기어비 릴도 함께 사용하는 추세다. 고기어비 릴의 장점은 저기어비 릴에 비해 낚싯줄을 빨리 감을 수 있다는 것이다.

수심이 100m에 이를 정도로 깊은 낚시터, 길게 늘어진 여윗줄의 회수 등 채비를 빨리 감아야 할 상황에서 고기어비 릴을 사용한다

채비

원줄

가늘고 강한 PE라인을 쓴다. 수심이 깊고 조류가 빠를수록 가는 줄이 유리하다. 만약 수심이 20~30m로 얕다면 1.5호라도 문제가 없지만 50~60m라면 1호가 적합하다. 원줄이 굵을수록 조류 영향을 많이 받기 때문이다. 원줄이 조류 영향을 많이 받으면 루어가 목표한 곳보다 먼 곳에 떨어지므로 입질 지점을 정확히 공략하는 데 불편하다. 따라서 초심자 수준을 벗어나면 1호를 보편적으로 쓴다.

쇼크리더

PE라인 원줄은 인장강도는 좋지만 여쓸림

타이라바 채비에 사용하는 헤드.

합사 원줄

다양한 컬러의 스커트와 넥타이.

등 마찰에는 취약하므로 별도의 쇼크리더를 연결해 쓴다. 참돔은 바닥층에서 잘 낚이므로 만약 쇼크리더 없이 PE라인 원줄에 바로 타이라바를 묶으면 암초에 쓸려 터질 위험이 높다. 쇼크리더는 카본사 3~4호(16~20파운드)가 적합하며 길이는 3m 정도가 알맞다.

미끼

타이라바는 배스낚시용 러버지그와 유사하게 생겼다. 봉돌 역할을 하는 헤드와 천 조각을 길게 늘어뜨린 형태의 넥타이, 고무 소재의 스커트로 구성되어 있다. 타이라바의 헤드와 바늘 채비가 붙어 있는 고정식이 있고 타이라바와 바늘 채비가 떨어져 있는 유동식 두 가지 형태가 있는데 유동식을 쓰는 사람들이 많다. 유동식의 장점은 헤드와 바늘 채비가 떨어져 있어 참돔이 입질할 때 헤드의 무게을 적게 느껴 이물감이 적다는 것이다. 밑걸림이 심한 여밭이나 침선에서는 걸림이 적은 고정식을 많이 쓴다.

무게는 30~150g으로 다양한데 수심에 맞춰 써야 한다. 수심이 30~40m라면 타이라바는 50~80g, 수심이 50m라면 80~150g이 적당하다. 수심 외에 조류의 강약에 맞춰서도 무게를 달리 써준다. 만약 수심에 맞는 적정 무게를 선택했는데도 타이라바가 바닥에 닿는 느낌을 못 느낀다면 조류가 센 상태이므로 더 무거운 타이라바로 교체해가는 게 원칙이다.

타아리바의 색상도 조과에 영향을 미친다. 가장 무난한 색상은 붉은색 계열이다. 그 외에도 샤트루즈(형광 옐로우), 녹색과 붉은색이 섞인 것, 붉은 색과 흰색이 섞인 것 등이 쓰인다. 타이라바는 머리를 제외한 여러 부위를 교체해 쓸 수 있도록 출시되고 있다. 따라서 녹슨 바늘이나 떨어진 술 등을 새 것으로 교환해 쓰면 되며, 신품이라도 바늘의 종류나 크기, 스커트의 색상 등이 마음에 들지 않으면 튜닝해서 쓸 수 있다. 타이라바는 넥타이와 스커트의 움직임이 마치 홍갯

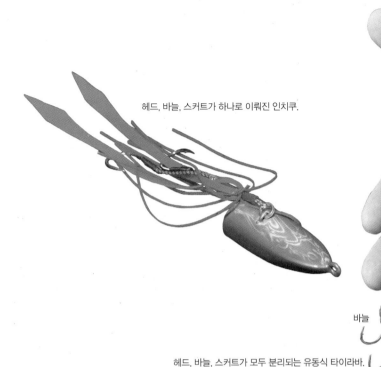

헤드, 바늘, 스커트가 하나로 이뤄진 인치쿠.

헤드

스커트

바늘

헤드, 바늘, 스커트가 모두 분리되는 유동식 타이라바.

넥타이

지렁이나 청갯지렁이를 연상시켜 이 특이한 형태가 참돔의 식욕을 불러일으킨다고 한다.

한편 타이라바와 같은 시기에 출시돼 타이라바의 인기에 편승하여 전파된 루어가 '인치쿠'다. 길고 무거운 봉돌에 꼴뚜기 루어가 연결된 형태인 인치쿠는 참돔 외에도 우럭, 광어, 양태, 쥐노래미 등 다양한 육식어를 낚을 수 있어 타이라바에 버금가는 인기를 누리고 있다.

낚시방법

낚시를 시작하라는 선장의 신호가 떨어지면 타이라바를 투입한다. 요령은 베이트릴의 클러치레버를 눌러 스풀을 프리상태로 만들어 수직으로 입수시키는 것이다. 참돔지그가 바닥에 닿으면 '툭'하는 느낌과 함께 원줄이 느슨해지는데 곧바로 릴의 핸들을 감으며 리트리브를 개시한다. 참돔은 위에서부터 떨어져 내려오는 타이라바에도 관심을

보이므로 바닥에 착지한 직후 첫 리트리브 때 입질이 들어올 때가 많다. 바닥에 닿은 타이라바를 그냥 두면 수중여에 걸리므로 루어를 가라앉히는 동안 늘 집중해 타이라바가 바닥에 닿으면 곧바로 감아올리는 게 원칙이다.

릴링 요령은 '아무 기교 없이 그냥 감는' 게 기본이다. 일정한 속도로 끌어올리는 게 중요한데 2초에 1m 가량 감겨 올라 올 정도의 속도가 알맞다. 그런데 감는 속도는 조류 세기에 따라서 달라지기도 한다. 조류가 빠를 때는 원줄과 타이라바가 강하게 밀리므로 여기에 릴링까지 빠르게 하면 루어가 너무 떠 버린다. 그러므로 이때는 평소보다 느린 릴링이 유리하다. 반대로 조류가 느릴 경우에는 다소 빠른 릴링으로 참돔의 호기심을 유혹하는 것도 좋은 방법이다.

좀 더 실전적인 요령을 덧붙이자면, 조류의 빠르기 정도는 손이 느끼는 릴링의 무게감으로 판단할 수 있다. 릴을 감을 때 무게감

이 강하면 천천히 감고 무게감이 적으면 빨리 감는다. 릴링 때는 낚싯대 끝은 수평에서 30도 정도 세워주는 게 좋다. 타이라바를 감아올리는 리트리브 범위는 상황에 따라 다르지만 기준은 있다. 가장 쉬운 방법은 고기가 어느 정도 깊이에 있는지를 어탐기를 보고 있는 선장에게 물어보는 것이다. 만약 바닥에서 5m 범위 안쪽에 참돔이 머물고 있다면 그 수심층을 공략하면 된다. 참돔은 보통 바닥 부근에 있기 때문에 바닥부터 5m 수심 사이에서 입질이 집중될 때가 많다. 그러나 멸치 같은 먹이고기가 중층에 무리를 이루고 있을 때는 좀 더 위쪽까지(평소 노리던 수심보다 5~10m 이상 높은 곳까지) 감아올리면서 탐색해보는 것도 좋은 방법이다.

낚싯대가 완전히 처박힐 때까지 채면 안 돼

참돔의 입질은 '가끔씩 또는 지속적으로 타이라바의 술을 씹는 감촉'으로 나타난다. 더 강할 때는 낚싯대 끝을 살짝살짝 당기는 입질도 나타난다. 이것은 참돔이 타이라바를 따라오면서 뒤쪽부터 깨무는 상태인데, 이런 느낌이 와도 절대 챔질하지 말고 계속 일정한 속도로 감아올린다. 그러다보면 참돔이 완전히 물게 되고 결국에는 낚싯대가 '쓰우욱-' 당겨져 들어간다. 참돔이 타이라바를 완전히 문 뒤 반전했다는 증거다. 이것이 일반적인 입질 패턴이다.

따라서 최초에 투둑거리거나 살짝 당기는 느낌이 들 때 챔질해서는 안 된다. 이 순간에 챔질

입질의 여러 형태

입질은 본신과 예신으로 나눠 나타난다. 예신 단계에서 챔질을 해서는 안 된다.

예신 1
폴링바이트. 떨어지는 루어를 공격. 톡톡 걸리는 느낌. 짧게 초리가 내려간다.

예신 2
루어가 바닥에 닿은 뒤 릴 핸들을 한 바퀴 감았을 때 많이 나타난다. 초리가 지그시 '토옥~'하고 내려앉는 입질. 활성도가 높을 때는 '주욱-'하고 초리가 내려앉는다. 이때는 챔질!

예신 3
가장 일반적인 예신. 바닥에 닿고 나서 루어를 감아 올리면 '톡! 톡!'하고 초리가 휘어진다.

본신 1
루어의 무게로 인해 아래쪽으로 휘어있는 초리 상태. 폴링바이트에서 많이 나타나며 톡톡 예신 후 아무런 변화가 없는 경우다.

본신 2
고활성일 경우 '주욱-!' 초리가 아래쪽으로 내리 꽂는다. 저활성일 경우 '투우욱~ 투우욱~' 두 번에 나눠서 올 경우가 많다.

본신 3
참돔이 루어를 문 상태. 무게감이 사라지면서 휘어져 있던 낚싯대가 '쭉~!' 펴진다.

청갯지렁이를 바늘에 꿴 타이라바.

참돔 타이라바 주요 입질층

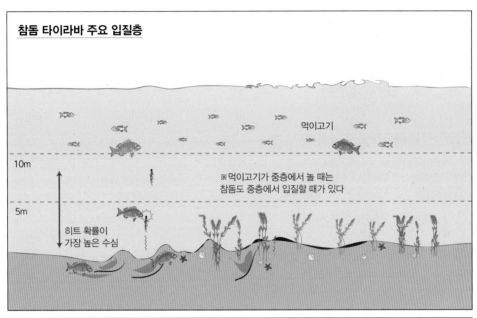

먹이고기

10m

※먹이고기가 중층에서 놀 때는
참돔도 중층에서 입질할 때가 있다

5m

히트 확률이
가장 높은 수심

조류 세기에 따른 릴링 속도 조절

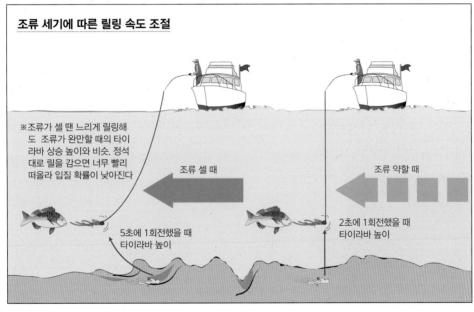

※조류가 셀 땐 느리게 릴링해
도 조류가 완만할 때의 타이
라바 상승 높이와 비슷. 정석
대로 릴을 감으면 너무 빨리
떠올라 입질 확률이 낮아진다

조류 셀 때

조류 약할 때

5초에 1회전했을 때
타이라바 높이

2초에 1회전했을 때
타이라바 높이

참돔을 뱃전으로 올리기 위해 뜰채를 대고 있다.

하면 걸림이 안 될뿐더러 경계심을 느낀 참돔이 도망갈 확률이 높다. 따라서 조급하게 채지 말고 낚싯대가 빨려 들어가는 타이밍을 기다렸다가 끌려들어간 낚싯대를 천천히 세운다는 느낌으로 챔질하는 게 좋다. 굳이 '획'하고 채지 않아도 참돔의 무게와 반전 때의 스피드 때문에 완벽한 걸림이 된다.

타이라바 낚싯대 쥐는 법. 낚싯대를 아래로 숙이고 릴 핸들을 돌린다.

대형 참돔은 때에 따라서는 한 방에 '쑤욱'하고 물고 들어가는 경우도 있지만 그럴 때도 기본은 같다. 어떤 경우라도 낚싯대에 참돔의 무게가 실렸을 때 가볍게 대를 세우면 된다.

챔질 방법은 붕어낚시 챔질법 중 당겨서 하는 방법을 떠올리면 이해하기 쉽다. 낚싯대를 몸 쪽으로 짧고 간결한 동작으로 당기는 것이다. 그 폭은 크지 않은데 25cm면 적당하다.

입질 약을 때 타이라바에 갯지렁이 달면 특효

투둑거리는 예신만 들어오거나 챔질이 잘 되지 않는 상황이라면 타이라바 바늘에 갯지렁이를 서너 마리씩 달아 쓰면 입질이 한결 시원하고 걸림도 잘 된다. 타이라바 초기엔 생미끼를 꿰는 것을 터부시했으나 조과 차가 현저히 벌어지자 지금은 대중화됐다. 참돔뿐 아니라 우럭, 노래미, 광어들도 훨씬 잘 낚인다.

타이라바가 참돔의 먹이욕구를 자극하는 핵심은 하늘거리는 넥타이다. 넥타이의 길이와 숫자는 입질에 영향을 미친다. 그래서 '혹시 넥타이를 더 길게 많이 달면 입질이 잦아지지 않을까?' 싶어 무리하게 덧대는 경우가 있는데 결코 좋지 않다. 넥타이의 숫자와 길이는 물론 헤드 무게, 몸체 전체 길이도 밸런스를 이뤄야 되기 때문이다.

넥타이를 약간 잘라주거나 모양에 변화를 줘보면 히트루어로 변모할 수 있다. 만약 넥타이가 2개만 붙어 있는 제품이라면 1개를 더 연결해 변화를 모색해 보거나, 넥타이가 4개짜리라면 과감히 2개를 없애보는 것도 좋은 방법이다. 특히 너무 많은 넥타이의 왕성한 너풀거림은 입질이 짧게 끝나는, 숏바이트의 원인이 된다. 조류에 펄럭거리는 넥타이가 일종의 위드가드(바늘 걸림을 예방하는 장치) 역할을 하기 때문이다.

바늘 교체의 필요성

참돔은 활성이 좋을 땐 예신도 없이 타이라바를 덮치지만 입질만 몇 번 하고 마는 경우가 훨씬 많다. 흔히 말하는 입질이 짧은 숏바이트다. 이럴 때엔 바늘을 교체하면 문제를 해결할 수 있다. 시중에 판매되고 있는 타이라바 바늘은 대개 참돔바늘 10호 크기다. 그러나 이 크기는 중간 씨알인 50~60cm를 낚을 때 아주 적당하지만 이보다 잘거나 크다면 숏바이트가 발생할 위험이 높을 수밖에 없다. 따라서 참돔 씨알이 잘아서 숏바이트가 계속 일어난다면 바늘도 7~8호로 줄여줄 필요가 있고, 반대로 대물이 주로 올라온다면 강하고 안전하게 끌어낼 수 있는 12호 정도를 써주는 게 바람직한 튜닝법이다. 특히 값이 싼 일부 저가제품 중에는 바늘도 싸구려가 달려 나오는 제품이 있는데 60cm만 걸어도 바늘이 뻗기 때문에 반드시 좋은 바늘로 교체해야 한다.

타이라바를 캐스팅하고 있는 낚시인.

플랫피싱

플랫피싱이란 광어, 양태, 성대와 같은 납작한 저서성 어류를 지칭하는 플랫피시(flatfish)에 'ing'를 합성해 만든 말이다. 플랫피싱를 해석하자면 '납작한 고기낚시'라고 할 수 있으며, 해당 어종을 루어로 낚는다. 플랫피싱은 여름에 잘 낚여 인기를 끌고 있다. 7~8월은 농어나 무늬오징어 등의 조황이 부진한 편인데 이 시기 손맛을 대신할 장르로 주목을 받게 됐다.

시즌과 낚시터

플랫피싱 시즌은 여름이다. 성대와 양태는 저서성 어종으로 겨울에는 수심 20~200m에서 서식하다가 여름철이면 연안으로 산란을 하러 들어온다. 그래서 8월에 잘 낚인다. 모래와 진흙이 섞여 있거나 자잘한 자갈이 있는 곳에서 살며 작은 새우나 게, 갯가재, 작은 물고기 등을 먹는다.

포인트를 찾으려면 바닥이 모래로 형성된 곳 주변의 방파제나 갯바위, 해수욕장 등을 먼저 탐색해보는 것이 좋다. 특히 양태는 모래바닥에 작은 수중여가 듬성듬성 형성된 곳이 특급 포인트다. 성대는 담수가 흘러드는 내항 쪽이나 해수욕장이 좋다. 큰 비가 내린 후 흘러내린 담수로 인해 흙탕물이 생긴 끝 지점이 성대의 특급 포인트가 되기도 한다.

성대와 양태 모두 방파제에서는 조류 소통이 원활한 곳, 방파제의 콧부리가 유리하다. 조류가 다소 세게 흐르는 물골 중에서도 모래톱 주변을 노리면 쉽게 어군을 찾을 수 있다. 또한 보리멸이 잘 낚이는 포인트 주변에서도 양태와 성대가 많이 서식한다.

광어는 연안에서 툭 튀어나온 콧부리를 노린다. 방파제도 마찬가지다. 최대한 멀리 노릴 수 있는 곳이 좋다. 콧부리 주변은 대개 조류가 잘 흐르고 수심이 깊어지는 구간이 있는데 그곳이 포인트가 된다.

플랫피싱은 전국에서 할 수 있다. 플랫피싱 장르가 시작된 동해는 전역이 낚시터이며 경북 울진, 영덕, 포항이 핫한 포인트다. 남해와 서해엔 광어와 양태 포인트가 많다. 서해지역은 오래전부터 광어 루어낚시가 활발히 이루어졌다. 전북 군산, 충남 태안, 보령 일대의 갯바위에 낚시터가 많다.

제주도는 광어가 플랫피싱 대상어로 적합하다. 성대와 양태는 낚이는 양이 적은 데 비해 광어의 개체수가 많다. 다른 지역에 비해 씨알이 큰 것이 매력이다.

장비

플랫피싱에 적합한 낚싯대는 바다루어 범용대와 에깅대다. 바다루어 범용대는 농어까지 상대할 수 있도록 만들었기 때문에 무거운 채비를 멀리 캐스팅하기 좋지만 초리가 조금 뻣뻣해서 어신을 잡기 힘든 것이 단점이다. 에깅대는 초리가 부드러워서 작은 채비를 멀리 날리기도 좋고 예민한 입질도 잡아낼 수 있지만 농어대에 비해 파워가 떨어지는 것이 흠이다. 따라서 70~80cm 넘는 대형 양태나 광어가 낚이는 곳이라면 에깅대보다 더 튼튼한 범용대를 쓰는 게 알맞고 30cm 내외 씨알의 성대나 양태가 낚이는 곳이라면 에깅 장비로 접근하는 것이 좋다.

주 대상어인 성대(주황색 물고기)와 양태(모래색 물고기).

플랫피싱에 사용하는 다양한 형태의 지그헤드.
헤드의 모양을 다르게 해 바닥을 노릴 때 밑걸림을 줄인 제품이다.

플랫피싱에서 즐겨 사용하는 프리리그.

프리리그에 사용하는 웜.

두 낚싯대 중 하나만 준비한다면 에깅대를 가져간다. 에깅대는 감도가 뛰어나고 릴의 드랙 조절을 하면 큰 대상어도 제압할 수 있기 때문이다. 에깅대의 파워는 미디엄이 적당하며 때로는 루어의 액션을 원활하게 주

기 위해 팁의 감도가 더 뛰어난 미디엄라이트 파워를 쓰기도 한다.

릴 역시 에깅용을 사용한다. PE라인 0.6~1호가 150m 정도 감기는 2500번 스피닝릴 샐로우스풀 타입을 장만하면 된다. 그러나 반드시 샐로우스풀을 쓸 필요는 없다. 2500번 내외의 릴이면 모두 가능하며, 간혹 올라오는 대물급을 대비해 드랙력은 7kg 이상 되는 것을 사용한다.

낚싯줄은 낚싯대의 제원에 맞춰 사용한다. 에깅대는 PE라인 0.6~1호가 적합하다. 쇼크리더는 로드 길이만큼 길게 하는 것이 좋다. 대상어의 날카로운 이빨에 걸리거나 여에 쓸려 낚싯줄이 끊어지는 것을 막을 수 있다. 나일론사보다 인장강도와 마찰강도가 높은 카본사가 알맞다. PE라인 1호 원줄엔 카본라인 5호, PE라인 0.8호 원줄엔 카본라인 4호를 사용한다.

채비

성대와 양태는 10~20g 무게의 지그헤드리그를 가장 많이 쓴다. 지그헤드의 바닥이 납

플랫피싱 장비·채비

합사 0.6~1호

에깅로드 또는
바다루어 전용 로드

FG노트(직결매듭)

2~3호 쇼크리더

지그헤드, 스푼,
메탈지그, 바이브
레이션 등 바닥을
노릴 수 있는
다양한 루어를
사용한다

2500번 스피닝릴

해변에서 플랫피시를 노리고 캐스팅을 하고 있는 낚시인.

작해 바닥층을 공략하는 데 유리한 '보텀지 그헤드'를 가장 많이 사용한다. 그밖에 옆면 이 납작한 형태나 삼각형으로 생긴 지그헤 드도 쓴다. 보텀지그헤드는 바닥에서 끌어 주기 좋으며 옆면이 납작하거나 삼각형인 형태의 지그헤드는 호핑, 폴링 등의 액션이 좋다. 입질이 약할 때는 5g 내외의 지그헤드 에 2~3인치 볼락웜을 꿰어 쓰기도 한다.

작은 씨알의 성대를 노리기 위해 프리리그 를 쓰는 낚시인도 늘고 있다. 프리리그는 낚 싯줄에 고리봉돌을 삽입한 후 바늘과 웜을 연결한 채비로 배스낚시에서 건너왔다. 멀 리 던져서 입질을 기다리는 식으로 낚시를 한다. 채비를 멀리 던질 수 있고 활성이 약 한 대상어의 입질도 잘 표현해주는 것이 장 점이다.

광어가 잘 낚이는 포인트에선 메탈지그 를 싱커대신 사용한다. 메탈지그 아래로 30~50cm 길이의 낚싯줄을 묶은 후 싱글훅 에 웜을 꿰어 사용한다. 메탈지그로 광어를 유인하고 웜으로 입질을 받아낸다. 바늘은 스트레이트훅을 사용하는 것이 좋다. 바늘 품이 큰 오프셋훅을 사용하면 강하게 후킹

을 할 경우 바늘이 입에 잘 걸리지 않고 채 비가 낚싯줄에 잘 엉키기는 문제도 생긴다.

낚시방법

지그헤드리그 운용 방법은 간단하다. 캐스 팅한 후 채비가 바닥에 닿으면 낚싯대의 팁 을 이용해 빠른 속도로 30~50cm 들어 올 린 다음 2~3회 짧게 저킹한다. 이런 과정을 반복하는 게 기본이다. 대상어의 활성에 따 라 스위밍, 호핑, 크롤링 등 다양한 액션을 구사하기도 한다. 메탈지그채비의 기본 운 용 방식은 지그헤드리그와 같다.

플랫피싱은 철저히 바닥층을 노리는 낚 시다. 채비를 바닥에 질질 끌듯 움직이면 되고 대상어가 입질할 시간을 주기 위해 잠시 멈추는 것을 반복하면 된다. 넓은 구간을 노리 기 위해서는 멀리 캐 스팅하는 것이 중 요하며, 정면을 기 준으로 좌우 부채꼴 형태로 골고루 탐색한다.

해변에서 큰 씨알의 성대를 낚은 낚시인.

학꽁치낚시

방파제나 연안 갯바위에서 누구나 쉽게 낚을 수 있는 학꽁치는 수많은 팬을 확보하고 있는 낚시대상어다. 특히 겨울철 동해안의 학꽁치가 맛있기로 유명해서 "동해안에 즐비한 낚시점은 학꽁치 때문에 먹고 산다"는 우스개도 있다. 일본에선 학꽁치를 '사요리'라 부르며 고급 초밥 재료로 쓴다. 아래턱이 학의 부리 모양으로 길게 튀어 나와 있어 학꽁치라는 이름이 붙었으며 자산어보에는 "강태공이 학꽁치 주둥이를 낚싯바늘로 썼다"는 구절이 있는데 실제 본초강목에는 일명 '강공어(姜公魚)'라는 표현이 보이고 한자명은 침어(針魚)다.

무리지어 표층을 회유하는 학꽁치는 시력이 좋아서 인기척이 있는 연안에 쉽게 접근하지 않는 습성이 있다. 하지만 낚시시즌이면 경계심이 줄어들어 한 자리에서 40~50마리씩 낚을 수 있는 잔재미에 시간가는 줄 모른다. 학꽁치는 2년이면 20~30cm까지 자라고 최대 40cm로 자라 앙칼진 손맛을 제공한다.

시즌과 낚시터

서해안은 6월부터 내만에 학꽁치가 붙기 시작해 6~7월 두 달 동안 성수기를 맞는다. 먼 바다에선 11월까지 시즌이 지속된다. 동해안은 10월이면 시즌을 맞아 추워질수록 씨알이 굵어진다. 10월에 동해북부에서부터 낚이기 시작하여 수온이 내려갈수록 좀 더 따뜻한 수온을 찾아 남하하게 되고, 12월이면 포항을 중심으로 동해남부 지방에서도 피크 시즌을 맞는다. 이후 이듬해 4월 초순까지 시즌이 이어진다. 남해안은 12월부터 이듬해 4월까지 부산을 비롯한 남해동부 전역과 남해서부 원도에서 학꽁치가 낚인다.

학꽁치는 동·서·남해, 제주도까지 두루 분포한다. 한강 등 바다와 연결되는 강 하구에도 많이 서식하며 근해부터 먼 바다까지 폭넓게 분포한다. 하지만 최근 들어 출몰하는 시기가 규칙적이지 않다. 느닷없이 출몰했다가 갑자기 사라지는 경향이 두드러지고 있다.

장비

낚싯대

민낚싯대와 릴낚싯대를 고루 사용한다. 속전속결에는 민낚싯대가 유리한데 5.4~7.2m 길이의 붕어낚싯대면 무난하다. 그러나 학꽁치의 경계심이 높을 때 민장대의 사정거리를 벗어난 곳에서 많이 회유하고 또 멀리 노릴수록 굵은 학꽁치가 잘 낚이므로 릴낚싯대가 더 효과적이다. 감성돔낚시를 비롯해 범용으로 널리 쓰이는 5.3m 길이의 0.8~1호 릴대면 충분하다.

릴

1.5~2호 원줄이 감긴 2000번 소형 스피닝릴이면 적당하다.

채비

찌

입질이 예민한 학꽁치낚시에선 새털처럼 가볍고 감도가 예민한 찌를 쓴다. 민장대에는 B~3B 부력의 소형 막대찌를 주로 쓰며, 릴낚시에서는 딘질찌(묵직한 구멍찌, 부력은 상관없다)와 B~2B 목줄찌(또는 소형 막대찌)를 세팅한 2단찌를 쓴다. 딘질찌에 여러 개의 염주찌를 나눠 단 염주찌채비도 많이 쓰인다. 날씨가 잔잔하고 근거리를 노릴수록 예민한 찌가 필요하고, 파도가 일거나 원거리를 노릴 때는 학꽁치 입질이 시원하므로 다소 둔한 찌를 써도 문제없다.

목줄

학꽁치는 시력이 좋아 목줄이 굵으면 좋은

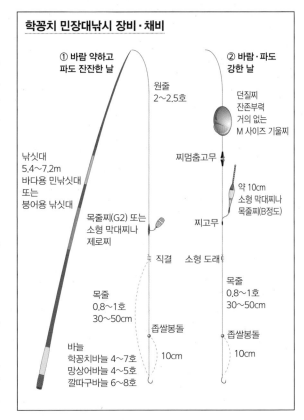

학꽁치 민장대낚시 장비·채비

① 바람 약하고 파도 잔잔한 날

② 바람·파도 강한 날

원줄 2~2.5호

낚싯대 5.4~7.2m 바다용 민낚싯대 또는 붕어용 낚싯대

목줄찌(G2) 또는 소형 막대찌나 제로찌

직결 소형 도래

목줄 0.8~1호 30~50cm

바늘 학꽁치바늘 4~7호 망상어바늘 4~5호 깔따구바늘 6~8호

던질찌 잔존부력 거의 없는 M 사이즈 기울찌

찌멈춤고무

약 10cm 소형 막대찌나 목줄찌(B정도)

찌고무

목줄 0.8~1호 30~50cm

좁쌀봉돌 10cm

좁쌀봉돌 10cm

학꽁치낚시 채비를 세팅한 민장대.

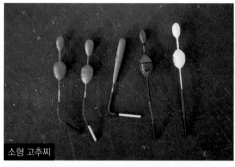
소형 고추찌

소형 목줄찌

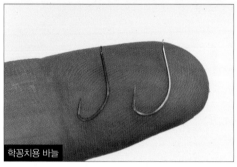
학꽁치용 바늘

원줄에 바로 연결해서 사용하는 학꽁치채비.

조과를 얻기 어렵다. 평소 0.8~1.2호 줄을 쓰면 알맞은데, 40cm급의 굵은 씨알이 낚일 때는 1.5호 줄을 써야 녀석이 몸부림칠 때 끊어지지 않는다. 목줄 길이는 30cm 전후로 짧게 쓰는 것이 좋다.

바늘

25cm 이하의 작은 씨알이 낚일 땐 학꽁치 바늘 4~7호나 송어바늘 4~5호, 붕어바늘 3~4호 등 아주 작은 바늘을 쓴다. 그러나 30cm 이상의 씨알이 낚일 땐 그보다 두 호수 정도 큰 바늘이 편리하다.

미끼

크릴을 가장 널리 쓴다. 동해에선 곤쟁이도 많이 쓰고 청갯지렁이를 토막 내어 사용하기도 한다. 크릴을 쓸 경우 학꽁치의 작은 주둥이를 감안해 머리와 꼬리를 떼어내고 남은 몸통만 꿰는데 입질이 약할 땐 몸통의 껍질을 벗겨내고 살만으로 바늘을 감싸듯 꿰어야 헛챔질을 줄일 수 있다.

낚시방법

학꽁치낚시용 장비와 채비는 가늘고 가벼워야 한다. 바다낚시 대상어로는 소형에 속하면서 입질이 예민한 편이기 때문이다. 학꽁치의 활성도가 좋아 발밑까지 붙을 때는 민낚싯대를 써서 속전속결로 뽑아내는 게 좋다. 그러나 어군이 멀리 형성되거나 혹은 굵은 씨알만 선별하여 낚고자 할 때는 릴찌낚

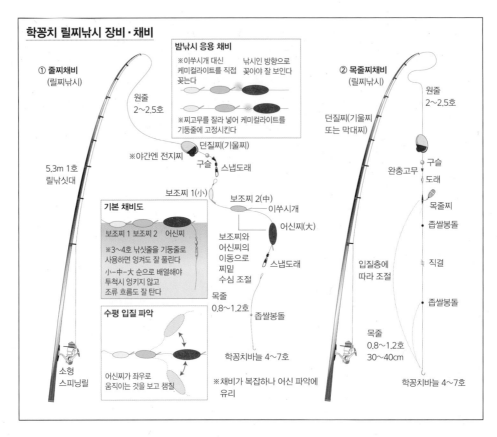

학꽁치 릴찌낚시 장비·채비

① 줄찌채비
(릴찌낚시)

원줄
2~2.5호

5.3m 1호
릴낚싯대

밤낚시 응용 채비
※이쑤시개 대신
케미컬라이트를 직접
꽂는다
낚시인 방향으로
꽂아야 잘 보인다

※찌고무를 잘라 넣어 케미컬라이트를
기둥줄에 고정시킨다

※야간엔 전지찌

던질찌(기울찌)

구슬　스냅도래

보조찌 1(小)

보조찌 2(中)

이쑤시개

기본 채비도

보조찌 1　보조찌 2　어신찌

※3~4호 낚싯줄을 기둥줄로
사용하면 엉켜도 잘 풀린다

小-中-大 순으로 배열해야
투척시 엉키지 않고
조류 흐름도 잘 탄다

어신찌(大)

보조찌와
어신찌의
이동으로
찌밑
수심 조절

스냅도래

목줄
0.8~1.2호

좁쌀봉돌

수평 입질 파악

어신찌가 좌우로
움직이는 것을 보고 챔질

학꽁치바늘 4~7호

※채비가 복잡하나 어신 파악에
유리

소형
스피닝릴

② 목줄찌채비
(릴찌낚시)

원줄
2~2.5호

던질찌(기울찌
또는 막대찌)

완충고무

구슬

도래

목줄찌

좁쌀봉돌

직결

입질층에
따라 조절

좁쌀봉돌

목줄
0.8~1.2호
30~40cm

학꽁치바늘 4~7호

학꽁치 미끼인 곤쟁이.

묽게 갠 학꽁치낚시용 밑밥.

시용 채비를 사용해야 한다. 학꽁치의 유영
층에 따라 목줄 길이를 달리하여 노려야 하
는데 대부분 50cm 이내의 상층을 노리는
띄울낚시를 구사한다.

수면에서 가까운 20~50cm 깊이에서 입질
순간을 눈으로 보고 낚기도 하는 학꽁치낚
시에서 챔질은 낚싯대를 슬며시 끌어주는
정도 이상의 힘을 가하지 않는 것이 좋다.
만일 챔질을 강하게 하면 물고 있던 바늘이
빠져나오기도 하고, 목줄이나 원줄이 물속
을 세차게 가르면서 학꽁치들이 놀라 흩어
질 수 있다. 입질이 없을 때는 낚싯대를 슬
며시 끌어주는 방법으로 입질을 유도할 수
있다.

학꽁치는 바늘을 깊이 삼키지 않고 뱀처럼
몸을 좌우로 흔들며 저항하기 때문에 바늘

학꽁치를 낚기 위해 갯바위로 몰린 낚시인들.

학꽁치의 바늘털이

학꽁치 마릿수 조과. 학꽁치는 떼로 몰려 다니기 때문에 한 번 낚이기 시작하면 많은 양이 낚인다.

에서 잘 빠질 수 있다. 그래서 갯바위에 올려놓으면 저절로 바늘에서 떨어지는 수가 많다. 따라서 갯바위 발판이 비스듬한 곳보다 평평한 곳에서 낚은 고기를 처리해야 애써 낚은 학꽁치가 다시 물속으로 굴러 떨어지는 경우가 줄어든다. 또 그물코가 촘촘한 뜰채를 사용하면 놓치지 않고 거의 잡을 수 있다. 목줄이 끊어질 경우 다시 묶는 데 시간을 허비하게 되므로 뜰채는 여러 모로 편리한 점이 많다.

학꽁치는 낚자마자 이내 죽으므로 살리려 하지 말고 곧바로 아이스박스에 넣는 것이 좋다. 파도가 칠 때는 파도가 솟구쳐 오를 때 학꽁치를 함께 들어 올려야 실수가 적다. 학꽁치를 마릿수로 낚으려면 밑밥이 필요하다. 학꽁치가 경계심이 많지만 밑밥에는 쉽게 유혹되기 때문인데 낚시 중 소량씩 꾸준하게 조류 상단에 뿌려주면 흩어지지 않아 마릿수 조과를 올릴 수 있게 된다. 밑밥은 냉동크릴을 해동시킨 뒤 빵가루나 비중이 가벼운 뱅에돔용 집어제를 섞어 만든다. 동해의 경우 크릴 대신 곤쟁이를 섞어 밑밥으로 쓰기도 한다. 그러나 밑밥을 너무 많이 뿌리면 오히려 역효과가 난다. 학꽁치들의 먹이 경쟁심을 촉진시킬 정도로 소량씩 꾸준히 뿌려주어야 한다.

요리

학꽁치는 육질이 단단하여 씹는 맛이 좋고 달고 담백하여 회나 물회, 회덮밥 등으로 즐겨 먹는다. 초밥 재료로도 많이 쓰이며 소금구이나 말려서 먹기도 한다. 회를 뜰 때는 먼저 머리를 자르고 칼로 비늘을 제거한 뒤 배를 갈라 내장을 빼내고 뱃속의 검은 막을 잘 제거해야 한다. 검은 막은 목장갑을 끼고 문지르거나 수세미로 닦아주면 쉽게 제거된다. 회를 뜨고 남은 등뼈는 버리지 말고 튀김옷을 입혀서 살짝 튀기면 훌륭한 별미가 된다. 학꽁치를 많이 낚았을 때는 비늘과 내장을 제거한 뒤 통풍이 잘되는 곳에서 70% 상태로 말린 다음 냉동보관했다가 간장에 조리거나 쪄 먹으면 맛있다.

학꽁치 회

한치낚시

한치는 두족류 중 무늬오징어와 함께 맛에서 1, 2위를 다툰다. 무늬오징어가 단단하게 씹히는 식감과 단맛 두 가지로 대표된다면 한치는 식감이 부드러우면서 달고 거기에 깊은 감칠맛까지 보유하고 있다. 죽은 상태에서 맛을 본다면 여전히 식감 좋은 무늬오징어에 점수를 줄 수는 있어도 살아있는 상태로 맛본다면 한치의 깊은 맛을 따라잡기 힘들다.

한치낚시는 주로 배낚시로 즐긴다. 과거 한치는 어부들의 조업 방식으로 주로 잡고 낚시인은 '체험낚시'로만 경험할 수 있었다. 그러나 2015년 무렵부터 낚시법이 개발되면서 대중적인 낚시 대상으로 부각됐다. 특히 이카메탈(이카는 일본어로 오징어, 메탈은 채비 하단에 다는 메탈지그를 의미하는 신조어다) 게임이라는 한치낚시 장르가 보급되면서 6~7월 남해 선상루어의 대표 장르로 성장했다.

시즌과 낚시터

한치는 바다 수온이 18~21도로 오를 때 어군이 형성된다. 제주 우도 근해를 거쳐 부산 앞바다로 빠지는 쿠로시오 해류가 18도로 수온이 올라가는 5월 초부터 시즌이 열린다고 보면 된다. 이후 21도 수준까지 상승하는 7월까지가 한치 배낚시의 피크 시즌이다. 이후 22도 이상으로 더 오르게 되면 한치가 육지 쪽으로 올라붙게 돼 배낚시 조황은 떨어진다.

8월부터는 갈치가 들어오면서 한치 어군이 이동하는 것이 그 이유로 풀이되고 있다. 또 갈치 낚싯배들의 집어등으로 어군이 분산되는 것도 시즌이 마감하는 원인 중 하나로 꼽힌다. 그래서 7월을 한치 배낚시의 끝물로 본다.

한치 낚시터는 제주도, 부산, 진해, 통영권으로 나눌 수 있다. 제주도는 시즌이 되면 거의 모든 출항지에서 낚싯배가 뜬다. 활황기에는 연안에서 20분 안쪽 거리에 포인트가 형성된다. 부산에서는 용호항, 가덕도항, 그 외 경남지역에서는 진해, 통영, 고성 등에서 한치 낚싯배가 출항한다. 부산에서는 나무섬과 형제섬. 진해에서는 안경섬과 홍도 일대가 출조권역이다. 통영과 고성에서는 멀리 국도, 좌사리도 해역으로 출조한다. 한치가 연안으로 붙는 8월부터는 경북 포항, 영덕은 물론 북쪽의 삼척지역 방파제와 갯바위에서도 루어에 한치가 낚인다.

한치낚시 장비와 채비. 채비의 맨 아래에는 봉돌 역할을 겸하는 이카메탈 그 위에는 입질용 루어인 스테를 2~3개 단다. 릴은 수심측정기가 달린 제품이 필수다.

이카메탈

수심 카운터가 달린 바다용 베이트릴.

장비

한치 배낚시는 짧고 유연한 릴대와 수심층을 파악할 수 있는 베이트릴이 필요하다. 한치는 일반 어류와 달리 촉수로 불리는 먹이팔을 뻗어 루어를 당기거나 감싸기 때문에 입질이 시원하지 않다. 그래서 전용대를 써야 한다.

낚싯대는 한치 전용 베이트대가 좋다. 허리는 약간 강하고 초리는 부드러운 게 좋은데 사실 이런 제원의 릴대라면 어떤 제품을 써도 상관은 없다. 그러나 배낚시에서 쓰기 좋은 길이의 한치낚싯대와 비슷한 낚싯대는 드문 편이다.

보통 2대를 쓰는데 손잡이가 짧은 대는 계속해서 루어를 흔들며 낚시하는 액션용, 하나는 받침대에 꽂아 두고 저절로(?) 걸려들기를 기다리는 거치용으로 쓴다.

베이트릴은 가격대와 상관없이 수심측정을 할 수 있는 릴을 구입해야 한다. 한치는 낚이는 수심층에서 계속 낚이기 때문에 그 수심층을 알아야 조과를 거둘 수 있다. 먼저 낚은 사람이 30m라고 외치면 동일 수심으로 채비를 내려 낚시를 해야 하므로 수심 카운터가 달린 릴은 필수다.

한치는 큰 힘을 쓰는 녀석들이 아니기 때문에 비싼 고급 릴은 필요 없다. 내구성이 문제이기는 하지만 크게 고장 나는 장비가 아니므로 자신의 경제력에 맞춰 구입하면 되겠다. 거치식 낚싯대에는 전동릴도 많이 쓴다. 전동릴은 가벼운 소형을 쓰면 알맞다.

채비

한치는 힘이 센 대상이 아니므로 원줄은 0.8~1호의 가는 PE라인을 쓰면 충분하다. 더 굵으면 조류 저항만 커지기 때문에 불필요하다. 따라서 굳이 고가의 원줄은 필요 없다.

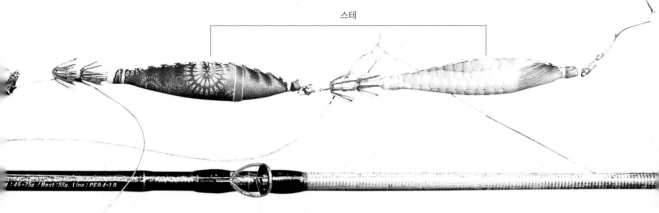

스테

살삼봉채비에 걸려든 (살)오징어.
한치낚시 도중에는 오징어도 곧잘 걸려든다.

오모리그와 제주식 살삼봉채비

오모리그

오모리(オモリ)란 일본말로 봉돌을 뜻한다. 오모리그는 원줄과 기둥줄이 연결되는 부위(도래)에 일정한 무게의 봉돌을 단 뒤 목줄을 1.5m로 길게 쓰고 그 목줄 끝에 스테나 에기를 단 형태의 채비를 말한다. 즉 봉돌은 목적수심층을 정확히 노리기 위한 용도로 사용하고 긴 목줄에 매달린 루어(스테, 에기)가 자연스럽게 움직이며 한치의 입질을 유도하는 원리다.

오모리그에 사용하는 루어는 전용 루어가 시판 중이지만 실제 사용자들은 다양한 제품을 활용해 쓰고 있다. 보통은 소형 에기를 닮은 루어를 달지만 2호~2.5호 크기의 작은 무늬오징어용 에기를 써도 효과는 탁월하다.

오모리그에서는 봉돌의 역할도 중요하다. 형태와 상관없이 어두운 물속에서 잘 보일 수 있는 축광 기능을 갖춘 봉돌이 유리하다. 그래서 축광 도료를 입힌 오모리그 전용 봉돌이 출시 중이며 전용 봉돌이 없다면 일반 봉돌에 축광 테이프를 부착해 사용하는 것도 방법이다.

살삼봉채비

살삼봉채비는 과거 제주식 한치채비에서 이름을 따온 것이다. 삼봉이란 오징어류를 낚을 때 쓰는 재래식 루어다. 바늘 수는 3개부터 그 이상까지 다양하지만 초창기 제품을 부르던 이름을 그대로 써서 지금도 오징어용 루어를 '삼봉루어'라고 통칭하고 있다.

살삼봉은 에기 형태의 루어 등에 쥐포나 학꽁치포 같은 어류 살점을 덧댄 것을 말한다. 일종의 루어+생미끼 효과를 함께 보기 위한 것으로 한치가 한 번 달라붙으면 떨어지지 않는 게 장점이다. 살삼봉에 한치에 잘 낚이는 날은 놀라운 효과를 보일 때가 많다.

보통은 2단채비에 하나는 일반 스테, 하나는 살삼봉을 달기도 하고 아예 살삼봉만 하나 달아 쓰기도 한다. 일반 스테는 자주 흔들어줘야 하지만 살삼봉은 가만히 놓아 두어도 입질이 잘 들어올 때가 많다.

집어등을 켜고 한치 입질을 기다리는 낚시인.
사진과 같은 초저녁보다는 완전히 어두워진 후부터 입질이 활발하다.

한치낚시용 채비는 별도의 목줄 없이 한 벌짜리 전용 채비를 쓴다. 우럭낚시용 기둥줄처럼, 한치채비도 맨 아래에는 봉돌, 중간에는 루어인 스테를 달 수 있는 스냅도래가 달려있으니 이 기성 제품을 구입해 쓰면 되겠다.

에기처럼 생긴 작은 루어를 스테라고 한다. 보통 스테는 몸체에 납이 내장되어 있지 않다. 물속에 들어가면 조류에 따라 날리기도 하고 조류가 약하면 늘어져 있기도 한다. 색상별, 무늬별로 다양한 제품이 있으며 낚시 당일의 수온과 날씨 등에 따라 잘 먹히는 제품이 있다.

이카메탈은 봉돌대신 채비의 맨 아래에 다는 봉돌을 겸한 루어를 말한다. 생김새는 스테와 비슷하지만 꼬리 쪽에 바늘이 달려 있다. 한치가 스테도 공격하지만 아래에 달린 이카메탈에도 잘 달려들기 때문에 이카메탈은 중요하다. 이카메탈도 스테와 마찬가지로 다양한 색상과 형태가 있으다. 낚

시 당일 여건에 맞춰 선택해 사용하면 되겠다. 보통 30~120g 무게가 출시되어 있으며 60~100g을 많이 쓴다.

낚시방법

낚싯대에 베이트릴 장착이 끝났으면 원줄을 가이드로 빼낸다. 그런 후 구입한 한치채비를 원줄 끝에 묶는다. 기성 채비는 제품에 따라 원줄과 연결하기 쉽도록 스냅도래가 달려 있는 것도 있고 그냥 둥글게 매듭만 지어진 것도 있다. 어떤 것을 써도 상관없으며 낚시 도중 원줄이 풀리지 않도록 단단하게 묶기만 하면 된다.

채비는 스테와 이카메탈 2개만 다는 2단 채비, 3개 다는 3단 채비가 있다. 루어(스테, 이카메탈)를 많이 달수록 한치의 다양한 먹이욕구를 자극할 수 있어 좋지만 그만큼 조류 저항도 많이 받아 불리하다. 손 빠른 낚시인은 2단 채비만 갖고 빨리 빨리 한치를

한치 두 마리를 낚은 낚시인.

오모리그와 살삼봉. 채비 맨 아래에 야광봉돌을 달고, 채비 중간에 1.5m 내외의 목줄을 연결해 스테나 살삼봉 등의 루어를 달아 쓴다.

떼어내는 걸 선호하기도 한다. 보통은 3단을 많이 쓰고 4단은 거의 쓰지 않는다.

이렇게 두 벌의 장비와 채비를 만들어 놓은 뒤 선장의 입수 신호가 떨어지면 채비를 가라앉힌다. 공략 수심은 10~40m이며 수시로 변하는 입질층에 따라 채비 수심층을 맞춰주면 된다.

액션용과 거치용은 운용방식 달라

낚싯대는 적극적으로 흔드는 액션용과 거치용의 운용방식이 다르다. 액션용은 말 그대로 목적수심층까지 채비가 내려가면 다양한 액션으로 입질을 유도한다. 흔드는 방식은 개인 취향이라 정해진 것은 없다. 다만 한치는 위, 아래로 솟구쳤던 스테의 꼬리가 아래로 축 늘어져 얌전해지는 멈춤동작에 입질이 활발하다. 따라서 무작정 흔들기만 하기보다는 흔든 후 기다리는 동작을 섞어주는 게 좋다.

거치식으로 놔둔 낚싯대는 입질이 오면 대끝에 입질이 표현된다. 슬그머니 당기기, 타닥타닥 당기기, 초리가 펴지지 않고 계속 수그러져 있기, 갑자기 초리가 일자로 펴지기 등 다양한 형태로 나타난다. 어떤 형태든 한치가 걸린 것으로 보고 챔질해서 올리면 된다.

이때 보통은 액션용 낚싯대를 손에 쥐고 있기 때문에 거치용 낚싯대를 잡으려면 다소 성가시다. 이때는 다른 손으로 전동릴의 레버를 젖혀 자동으로 끌어올리면 되므로 손을 덜 수가 있다. 그래서 거치용 릴은 전동릴을 사용하는 사람들이 많다.

한치낚시는 여느 낚시처럼 초저녁 피딩은 드물다. 초여름 기준으로 이제 막 집어등을 켠 밤 7시 무렵부터 밤 9시까지는 별 입질이 없다가 밤 10시경부터 마릿수 입질이 시작될 때가 많다. 그래서 보통은 밤 10시 이후부터 새벽 3시 사이를 최고의 피딩타임으로 본다. 따라서 초저녁부터 너무 조급하게 낚시에 몰입할 필요는 없다.

호래기낚시

호래기(반원니꼴뚜기)는 경남의 진해·통영·마산·거제도·남해도 지역에서 주로 낚이는 작은 오징어다. 호래기 서식처는 더 넓을 것으로 보이지만 호래기낚시가 성행하는 곳은 이와 같이 한정적이다. 그러다보니 전국적인 명성을 얻지는 못하고 있지만 맛이 좋기 때문에 남해동부에서는 큰 인기를 누리고 있다. 또 낚는 재미도 먹는 재미 못지않다. 호래기낚시는 민물새우를 미끼로 쓰는 생미끼 대낚시와 작은 에기를 이용한 호래기 에깅으로 즐긴다. 낚싯배를 타고 나가지 않아도 접근성이 좋은 어촌마을 방파제에서 쉽게 낚을 수 있기 때문에 현지인들은 최고의 생활낚시로 꼽고 있다.

시즌과 낚시터

호래기를 겨울 어종으로 아는 낚시인이 많지만 실제로는 가을부터 이듬해 봄까지 꾸준히 낚인다. 보통 10월 중순부터 5월까지 낚이며 피크는 11월 중순부터 2월 중순까지다. 지역에 따라 호황을 보이는 시기가 약간씩 다른데, 진해·통영권의 시즌이 가장 길며 남해도와 거제도는 11월부터 3월까지 집중적으로 낚이다 시즌을 마감한다.

낚시터는 남해안에 골고루 분포해 있다. 진해는 가덕도, 명동, 진해항 전역, 마산은 구산면 일대의 마을 방파제가 좋다. 통영은 미륵도와 한산도 전역, 주로 마을 방파제가 포인트며 거제는 지세포, 구조라, 대포, 근포, 도장포가 유명하다. 남해는 대지포, 노구, 항도, 초전, 상주 등 남해도 남동쪽에 포인트가 많다. 최근에는 남해동부권에서도 호래기가 자주 출현하고 있는데 부산의 기장권과 해운대, 경주 전역에서 호래기가 낚인다. 한때 경북 울진과 서해 고군산군도 일대에도 호래기가 출현해 화제가 되어 앞으로 포인트 확대가 더 기대되는 장르다.

장비

민장대

4~7m 길이에 약간 빳빳한 대가 좋다. 낭창거리는 대로는 미끼를 정확히 던지기 어렵기 때문이다. 낚싯대의 길이는 포인트에 맞춰 선택한다. 가까운 곳을 노리거나 선착장 같이 복잡한 곳에서 채비를 정확히 던져야 하는 상황이라면 짧은 것을 쓰고 멀리 노릴 때는 긴 것을 사용한다. 낚시인들은 짧은 것과 긴 것 두 대를 가지고 다니는 경우가 많다.

루어낚싯대

볼락루어 전용대를 많이 쓰며 M이나 ML 파
워의 쏘가리, 배스용 루어대도 즐겨 쓴다.
되도록 가벼운 것이 좋은데, 가벼운 낚싯대
가 가는 채비를 다루기 좋고 약한 입질도 간
파하기 쉽기 때문이다. 단, 채비를 원투하거
나 루어에 액션을 많이 줄 필요가 없기 때문
에 로드의 강도나 휨새 등은 신경을 쓰지 않
아도 된다.

릴낚싯대

감성돔낚시에 쓰는 5.3m 릴낚싯대를 선호
하는 낚시인들도 있다. 그러나 가벼운 채비
를 멀리 날릴 수 있는 요령이 있고 호래기의
입질을 능숙하게 알아채는 낚시인들이 주
로 쓴다. 릴낚싯대는 민장대낚시와 루어낚
시의 장점을 모두 가지고 있지만 채비를 다
루기가 만만치 않다는 것이 단점이다.

릴

무겁지 않은 소형 릴이면 어떤 것을 써도 무
난하다.

소형 스피닝릴

호래기 루어낚시에 사용하는 소형 스테.

채비

원줄

호래기는 작아서 굵은 원줄은 필요 없다. 민
장대라면 2호 내외를 쓰고 루어낚시는 합사
0.4~0.8호를 쓴다. 합사를 써야 가벼운 소
형 에기를 멀리 날릴 수 있고 원줄이 물에
뜨기 때문에 입질을 파악하기도 쉽기 때문
이다.

케미컬라이트

민장대 채비의 목줄에 4mm 케미컬라이트
를 4~6개 달아 준다. 가라앉는 케미컬라이
트의 움직임 변화로 입질을 파악한다.

호래기용 바늘

민물새우를 꿸 때는 전용바늘이 필요하다.
볼락바늘을 여러 개 묶어 갈고리 형태로 만
든 것으로 현지 낚시점에서 구입할 수 있다.
호래기가 민물새우를 다리로 감쌀 때 바늘
에 걸리게 되어 있다.

미끼

민물새우

대개 민물새우는 민장대와 릴찌낚시에 달지
만 루어대에 달아 쓰는 낚시인들도 있다. 민
물새우는 민물낚시점이나 호래기낚시터가

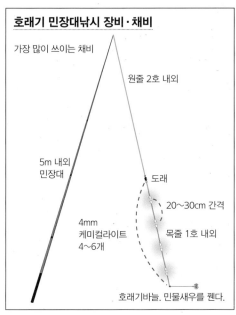

호래기 민장대낚시 장비 · 채비

가장 많이 쓰이는 채비

원줄 2호 내외

5m 내외
민장대

도래

20～30cm 간격

4mm
케미컬라이트
4～6개

목줄 1호 내외

호래기바늘. 민물새우를 꿴다.

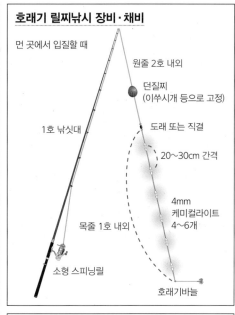

호래기 릴찌낚시 장비 · 채비

먼 곳에서 입질할 때

원줄 2호 내외

던질찌
(이쑤시개 등으로 고정)

1호 낚싯대

도래 또는 직결

20～30cm 간격

4mm
케미컬라이트
4～6개

목줄 1호 내외

소형 스피닝릴

호래기바늘

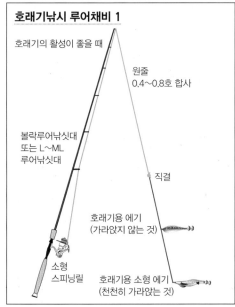

호래기낚시 루어채비 1

호래기의 활성이 좋을 때

원줄
0.4～0.8호 합사

볼락루어낚싯대
또는 L～ML
루어낚싯대

직결

호래기용 에기
(가라앉지 않는 것)

소형
스피닝릴

호래기용 소형 에기
(천천히 가라앉는 것)

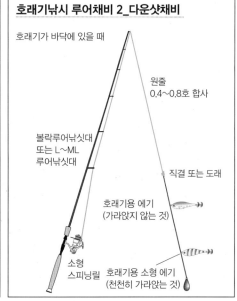

호래기낚시 루어채비 2_다운샷채비

호래기가 바닥에 있을 때

원줄
0.4～0.8호 합사

볼락루어낚싯대
또는 L～ML
루어낚싯대

직결 또는 도래

호래기용 에기
(가라앉지 않는 것)

소형
스피닝릴

호래기용 소형 에기
(천천히 가라앉는 것)

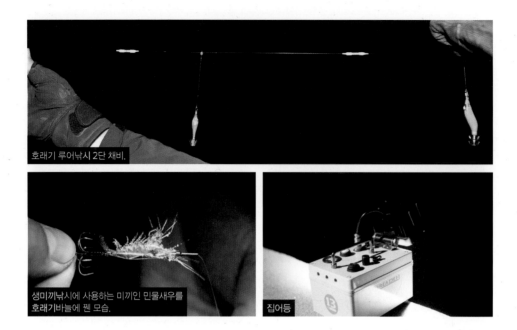

호래기 루어낚시 2단 채비.

생미끼낚시에 사용하는 미끼인 민물새우를
호래기바늘에 꿴 모습.

집어등

있는 바닷가 낚시점에서 구입할 수 있다. 소모량이 많지 않으므로 많이 구입할 필요는 없고 되도록 큰 것을 구입하는 것이 좋다. 어린이 새끼손가락만한 민물새우를 골라 쓰기도 한다. 미끼가 크면 호래기의 눈에 잘 띄어 입질을 받기 쉽다.

호래기용 에기
호래기 전용 0.5호~1.5호 에기를 사용한다. 일반 에기와 마찬가지로 물속에서 천천히 가라앉으며 호래기를 유인한다. 한치 배낚시용으로 만들어진 '옵빠이스테'도 많이 쓴다. 스테엔 납이 달려 있지 않기 때문에 별도의 싱커를 달아서 채비를 꾸려야 한다.

낚시방법

1단계_입질 파악
호래기낚시는 어떠한 방법으로 낚든지 간에 가장 중요한 것이 입질 파악이다. 민장대 낚

시는 낚싯줄에 달아 놓은 케미컬라이트로 입질을 파악한다. 캐스팅 후 케미컬라이트가 달려 있는 낚싯줄이 수면에 착지하면 바늘부터 천천히 가라앉는데, 케미컬라이트가 하나씩 차례로 가라앉으면 호래기가 입질하지 않은 것이다. 그러나 가라앉다가 움직임이 멈추거나 케미컬라이트의 가라앉는 방향이 바뀐다면 호래기가 입질한 것이다. 호래기가 입질했다고 판단되면 채비를 살짝 들어 올린다는 기분으로 챔질을 한 후에 약간의 무게감이 느껴진다면 호래기가 걸린 것이므로 채비를 거둬들이면 된다. 무게감이 느껴지지 않는다면 그대로 채비를 더 가라앉혀 본다.

한편 에깅은 케미컬라이트를 달지 않기 때문에 다른 방법으로 입질을 알아내야 한다. 먼저 수면에 떠 있는 여윳줄이 갑자기 팽팽해진다면 입질이다. 호래기가 루어를 덮친 후 바닥으로 가라앉거나 멀리 도망간다는 표시다. 활성도가 좋을 때에는 낚싯대를 통

부둣가에서 집어등을 켜고 호래기낚시를 즐기는 낚시인들.

채비에 단 케미컬라이트. 천천히 가라앉으면 입질이 없는 것이고 좌
우로 움직이거나 가라앉는 속도에 변화가 생기면 입질을 한 것이다.

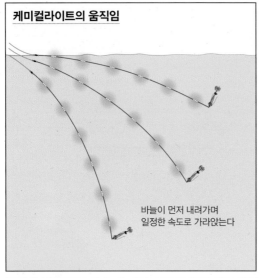

케미컬라이트의 움직임

바늘이 먼저 내려가며
일정한 속도로 가라앉는다

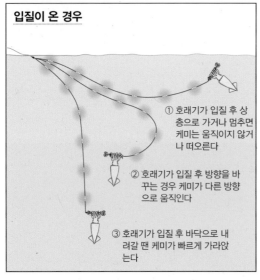

입질이 온 경우

① 호래기가 입질 후 상
  층으로 가거나 멈추면
  케미는 움직이지 않거
  나 떠오른다

② 호래기가 입질 후 방향을 바
  꾸는 경우 케미가 다른 방향
  으로 움직인다

③ 호래기가 입질 후 바닥으로 내
  려갈 땐 케미가 빠르게 가라앉
  는다

해서 호래기의 움직임이 느껴지기도 한다. 여웃줄이 더 이상 풀려나가지 않을 때도 입질을 의심해 봐야 한다. 낚싯대를 살짝 들어서 호래기가 붙어 있는지 확인한다.

입질을 파악하기 어려운 경우도 있다. 호래기가 루어를 덮친 후 떠오르면서 다른 곳으로 이동하는 경우다. 원줄만 보면 천천히 풀려나가기 때문에 그냥 가라앉는 것과 구분하기 힘들다. 이럴 때를 대비해 간간이 챔질을 해서 호래기가 걸렸는지 무게감을 느껴보는 수밖에 없다.

2단계_액션

호래기 민장대낚시는 바늘 무게만 가지고 천천히 자연스럽게 가라앉히는 것이 중요하다. 빨리 가라앉으려고 봉돌을 달거나, 반대로 가라앉지 않으면 호래기가 입질을 하지 않는다. 인내심을 가지고 채비가 상층부터 바닥까지 전층을 탐색해 내려가도록 그냥 두는 것이 최선의 방법이다. 호래기의 입질이 예민한 경우 바닥에 미끼가 닿아야 달려드는 경우가 있기 때문에 이 점을 명심하고 낚시한다면 큰 어려움이 없을 것이다.

루어낚시는 여러 가지 응용 테크닉이 존재한다. 우선은 가라앉는 에기를 하나만 달고 시작한다. 에기를 충분히 폴링시킨 후 손목 스냅으로 낚싯대를 아래로 튕겨주는 트위칭 액션을 기본으로 하며 액션 후 일정시간(5~10초)을 기다린다. 그 후 로드를 세워 에기에 호래기가 붙었는지 무게로 감을 잡는다. 없으면 다시 트위칭 동작을 하고 입질을 기다린다.

입질이 예민하다면 에기를 좀 더 작은 것으로 바꿔본다. 호래기는 하루에도 몇 번이고 입질이 달라지기 때문에 에기도 그에 맞춰 수시로 바꿔야 한다. 입질이 예민해지면 에기의 크기를 줄이고 침강속도도 줄여야 하며 보다 먼 곳을 노려야 입질을 받을 수 있다. 반대로 눈에 보일 정도의 활성을 보일 때는 가까운 곳에서 입질하며 에기를 단순히 가라앉히기보다는 큰 에기로 빠른 액션을 주는 것이 입질 받는 데 효과적이다.

호래기로 만든 요리. 위쪽부터 시계방향으로 채소볶음, 술찜, 가라아게

요리

호래기는 대부분 통째로 먹는다. 손질할 것은 거의 없고 흐르는 물에 한 번 씻어 주기만 해도 먹을 수 있다. 가장 쉽고 맛있게 먹는 방법은 호래기 라면이다. 끓는 물에 분말스프와 호래기를 먼저 넣고 익힌 다음 면을 넣으면 된다.

다음으로 호래기 데침과 찜이 있는데 둘 다 뜨거운 열기로 익히는 것이지만 호래기 마니아들은 끓는 물에 삶는 데침보다 찜을 더 선호한다. 물에 씻은 호래기를 찜통에 넣고 찌기만하면 되는데, 야들야들한 호래기의 맛을 제대로 느낄 수 있다고 한다.

호래기 회는 손질이라고 할 것도 없이 등껍질만 벗기면 된다. 단, 다리와 몸통의 맛이 다르므로 회로 먹을 때는 분리해서 먹어야 한다. 몸통이 더 맛있다. 몸통은 따로 초밥을 만들기도 한다.

에기를 두 개 달아도 좋다. 단, 에기를 두 개 달면 액션이 부자연스러워지므로 그에 따른 손해를 감수해야 한다. 에기를 두 개 다는 것보다 하나만 썼을 때 더 나은 조과를 거두는 일도 있기 때문이다. 에기를 두 개 달 때는 가지바늘채비를 사용하며 위에는 가라앉지 않는 스테를 달고 아래에는 가라앉는 1.5호 내외의 에기를 달아주면 된다. 스테란 갑오징어용으로 개발한 소형 에기를 말한다. 만약 호래기가 가라앉는 도중에 입질하지 않고 완전히 바닥에서만 입질한다면 가라앉지 않는 스테를 두 개 달고 아래에는 봉돌을 달아 다운샷채비로 바꿔준다. 불필요한 구간을 노리지 않고 곧장 바닥을 향하기 때문에 바닥층 호래기를 노릴 때 효과적이다.

부록

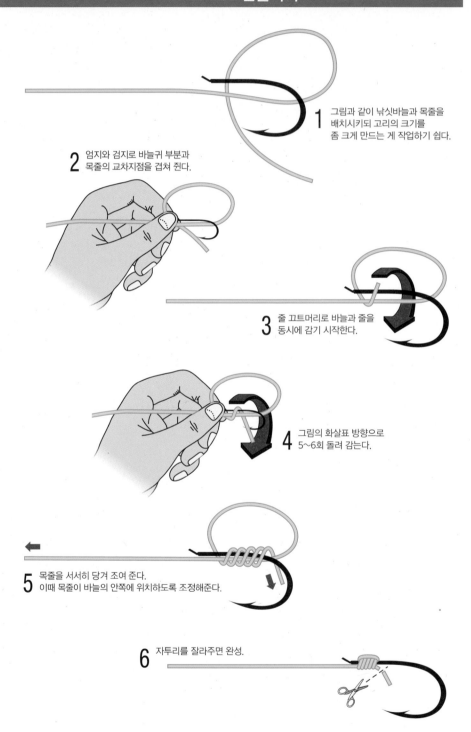

1 그림과 같이 낚싯바늘과 목줄을
배치시키되 고리의 크기를
좀 크게 만드는 게 작업하기 쉽다.

2 엄지와 검지로 바늘귀 부분과
목줄의 교차지점을 겹쳐 쥔다.

3 줄 끄트머리로 바늘과 줄을
동시에 감기 시작한다.

4 그림의 화살표 방향으로
5~6회 돌려 감는다.

5 목줄을 서서히 당겨 조여 준다.
이때 목줄이 바늘의 안쪽에 위치하도록 조정해준다.

6 자투리를 잘라주면 완성.

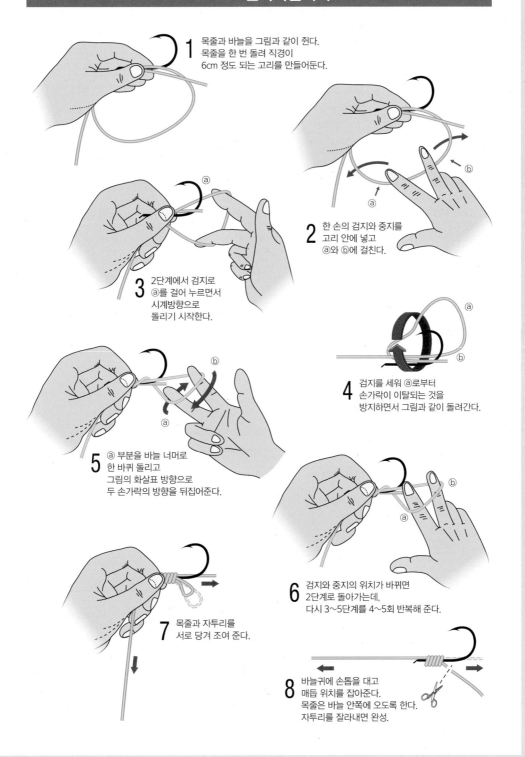

1 목줄과 바늘을 그림과 같이 쥔다.
목줄을 한 번 돌려 직경이
6cm 정도 되는 고리를 만들어둔다.

2 한 손의 검지와 중지를
고리 안에 넣고
ⓐ와 ⓑ에 걸친다.

3 2단계에서 검지로
ⓐ를 걸어 누르면서
시계방향으로
돌리기 시작한다.

4 검지를 세워 ⓐ로부터
손가락이 이탈되는 것을
방지하면서 그림과 같이 돌려간다.

5 ⓐ 부분을 바늘 너머로
한 바퀴 돌리고
그림의 화살표 방향으로
두 손가락의 방향을 뒤집어준다.

6 검지와 중지의 위치가 바뀌면
2단계로 돌아가는데,
다시 3~5단계를 4~5회 반복해 준다.

7 목줄과 자투리를
서로 당겨 조여 준다.

8 바늘귀에 손톱을 대고
매듭 위치를 잡아준다.
목줄은 바늘 안쪽에 오도록 한다.
자투리를 잘라내면 완성.

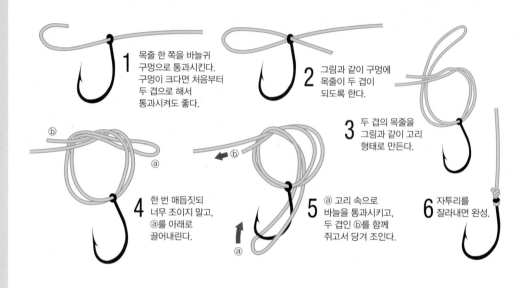

바늘묶음법 **팔로마노트**

1 목줄 한 쪽을 바늘귀 구멍으로 통과시킨다. 구멍이 크다면 처음부터 두 겹으로 해서 통과시켜도 좋다.

2 그림과 같이 구멍에 목줄이 두 겹이 되도록 한다.

3 두 겹의 목줄을 그림과 같이 고리 형태로 만든다.

4 한 번 매듭짓되 너무 조이지 말고, ⓐ를 아래로 끌어내린다.

5 ⓐ 고리 속으로 바늘을 통과시키고, 두 겹인 ⓑ를 함께 쥐고서 당겨 조인다.

6 자투리를 잘라내면 완성.

바늘묶음법 **다운샷리그**

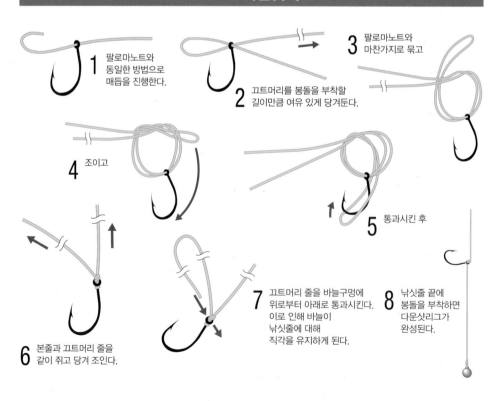

1 팔로마노트와 동일한 방법으로 매듭을 진행한다.

2 끄트머리를 봉돌을 부착할 길이만큼 여유 있게 당겨둔다.

3 팔로마노트와 마찬가지로 묶고

4 조이고

5 통과시킨 후

6 본줄과 끄트머리 줄을 같이 쥐고 당겨 조인다.

7 끄트머리 줄을 바늘구멍에 위로부터 아래로 통과시킨다. 이로 인해 바늘이 낚싯줄에 대해 직각을 유지하게 된다.

8 낚싯줄 끝에 봉돌을 부착하면 다운샷리그가 완성된다.

바늘묶음법 **가지바늘**

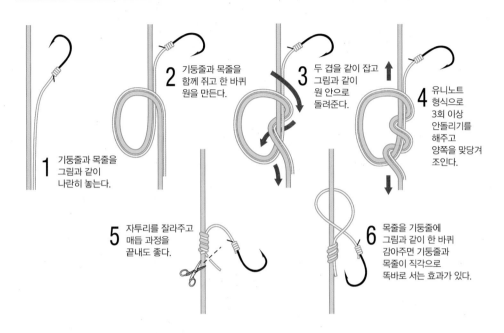

1 기둥줄과 목줄을 그림과 같이 나란히 놓는다.

2 기둥줄과 목줄을 함께 쥐고 한 바퀴 원을 만든다.

3 두 겹을 같이 잡고 그림과 같이 원 안으로 돌려준다.

4 유니노트 형식으로 3회 이상 안돌리기를 해주고 양쪽을 맞당겨 조인다.

5 자투리를 잘라주고 매듭 과정을 끝내도 좋다.

6 목줄을 기둥줄에 그림과 같이 한 바퀴 감아주면 기둥줄과 목줄이 직각으로 똑바로 서는 효과가 있다.

도래·루어 연결법 **클린치노트**

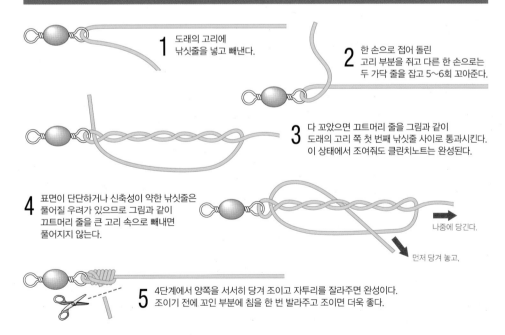

1 도래의 고리에 낚싯줄을 넣고 빼낸다.

2 한 손으로 접어 돌린 고리 부분을 쥐고 다른 한 손으로는 두 가닥 줄을 잡고 5~6회 꼬아준다.

3 다 꼬았으면 끄트머리 줄을 그림과 같이 도래의 고리 쪽 첫 번째 낚싯줄 사이로 통과시킨다. 이 상태에서 조여줘도 클린치노트는 완성된다.

4 표면이 단단하거나 신축성이 약한 낚싯줄은 풀어질 우려가 있으므로 그림과 같이 끄트머리 줄을 큰 고리 속으로 빼내면 풀어지지 않는다.

나중에 당긴다.

먼저 당겨 놓고.

5 4단계에서 양쪽을 서서히 당겨 조이고 자투리를 잘라주면 완성이다. 조이기 전에 꼬인 부분에 침을 한 번 발라주고 조이면 더욱 좋다.

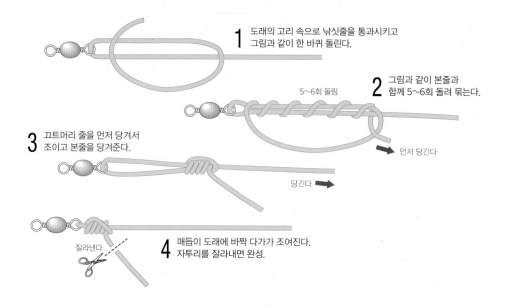

1 도래의 고리 속으로 낚싯줄을 통과시키고 그림과 같이 한 바퀴 돌린다.

2 그림과 같이 본줄과 함께 5~6회 돌려 묶는다.

5~6회 돌림

먼저 당긴다

3 끄트머리 줄을 먼저 당겨서 조이고 본줄을 당겨준다.

당긴다

4 매듭이 도래에 바짝 다가가 조여진다. 자투리를 잘라내면 완성.

잘라낸다

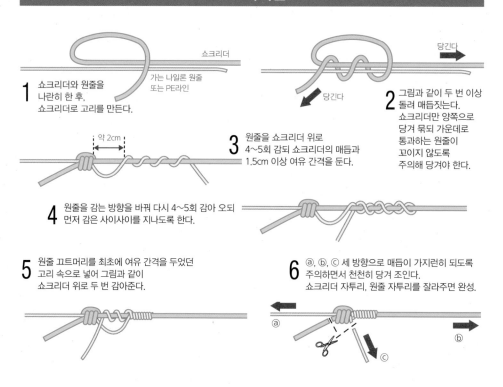

1 쇼크리더와 원줄을 나란히 한 후, 쇼크리더로 고리를 만든다.

쇼크리더

가는 나일론 원줄 또는 PE라인

당긴다

당긴다

2 그림과 같이 두 번 이상 돌려 매듭짓는다. 쇼크리더만 양쪽으로 당겨 묶되 가운데로 통과하는 원줄이 꼬이지 않도록 주의해 당겨야 한다.

약 2cm

3 원줄을 쇼크리더 위로 4~5회 감되 쇼크리더의 매듭과 1.5cm 이상 여유 간격을 둔다.

4 원줄을 감는 방향을 바꿔 다시 4~5회 감아 오되 먼저 감은 사이사이를 지나도록 한다.

5 원줄 끄트머리를 최초에 여유 간격을 두었던 고리 속으로 넣어 그림과 같이 쇼크리더 위로 두 번 감아준다.

6 ⓐ, ⓑ, ⓒ 세 방향으로 매듭이 가지런히 되도록 주의하면서 천천히 당겨 조인다. 쇼크리더 자투리, 원줄 자투리를 잘라주면 완성.

ⓐ

ⓑ

ⓒ

낚싯줄 연결법 기차매듭

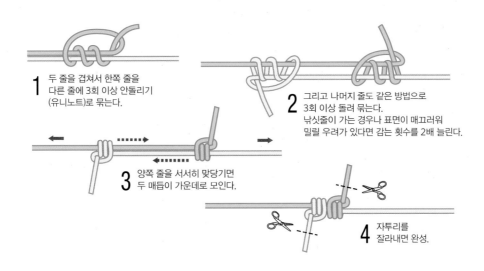

1 두 줄을 겹쳐서 한쪽 줄을 다른 줄에 3회 이상 안돌리기 (유니노트)로 묶는다.

2 그리고 나머지 줄도 같은 방법으로 3회 이상 돌려 묶는다. 낚싯줄이 가는 경우나 표면이 매끄러워 밀릴 우려가 있다면 감는 횟수를 2배 늘린다.

3 양쪽 줄을 서서히 맞당기면 두 매듭이 가운데로 모인다.

4 자투리를 잘라내면 완성.

낚싯줄 연결법 미하라 직결법

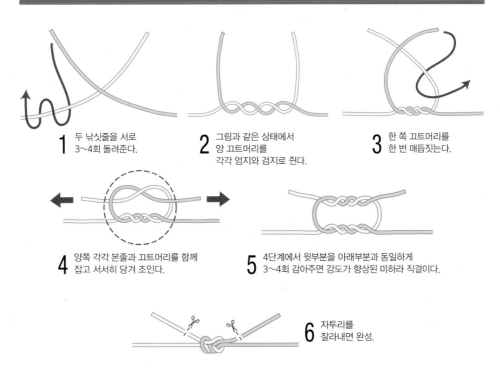

1 두 낚싯줄을 서로 3~4회 돌려준다.

2 그림과 같은 상태에서 양 끄트머리를 각각 엄지와 검지로 쥔다.

3 한 쪽 끄트머리를 한 번 매듭짓는다.

4 양쪽 각각 본줄과 끄트머리를 함께 잡고 서서히 당겨 조인다.

5 4단계에서 윗부분을 아래부분과 동일하게 3~4회 감아주면 강도가 향상된 미하라 직결이다.

6 자투리를 잘라내면 완성.

낚시도구 연결법 **릴 스풀 묶음법**

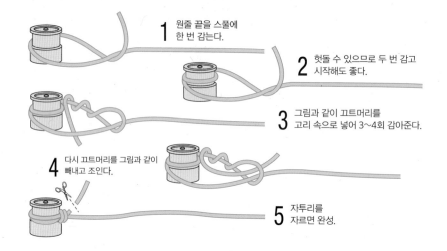

1 원줄 끝을 스풀에 한 번 감는다.

2 헛돌 수 있으므로 두 번 감고 시작해도 좋다.

3 그림과 같이 끄트머리를 고리 속으로 넣어 3~4회 감아준다.

4 다시 끄트머리를 그림과 같이 빼내고 조인다.

5 자투리를 자르면 완성.

낚시도구 연결법 **초릿줄 묶음법**

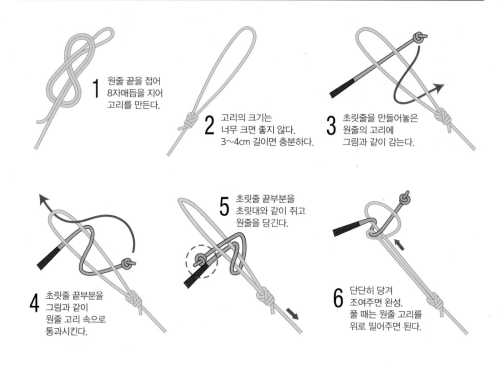

1 원줄 끝을 접어 8자매듭을 지어 고리를 만든다.

2 고리의 크기는 너무 크면 좋지 않다. 3~4cm 길이면 충분하다.

3 초릿줄을 만들어놓은 원줄의 고리에 그림과 같이 감는다.

4 초릿줄 끝부분을 그림과 같이 원줄 고리 속으로 통과시킨다.

5 초릿줄 끝부분을 초릿대와 같이 쥐고 원줄을 당긴다.

6 단단히 당겨 조여주면 완성. 풀 때는 원줄 고리를 위로 밀어주면 된다.

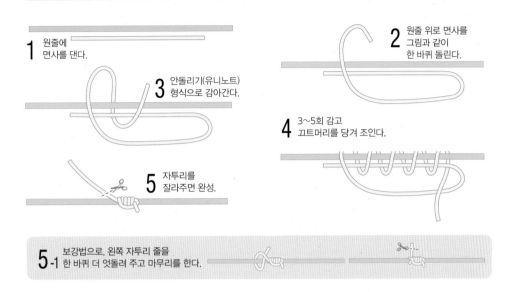

1 원줄에 면사를 댄다.

2 원줄 위로 면사를 그림과 같이 한 바퀴 돌린다.

3 안돌리기(유니노트) 형식으로 감아간다.

4 3~5회 감고 끄트머리를 당겨 조인다.

5 자투리를 잘라주면 완성.

5-1 보강법으로, 왼쪽 자투리 줄을 한 바퀴 더 엇돌려 주고 마무리를 한다.

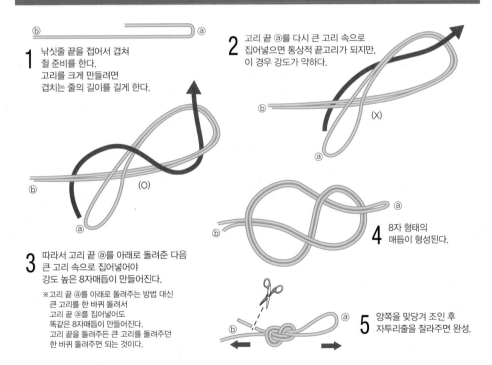

1 낚싯줄 끝을 접어서 겹쳐 쥘 준비를 한다. 고리를 크게 만들려면 겹치는 줄의 길이를 길게 한다.

2 고리 끝 ⓐ를 다시 큰 고리 속으로 집어넣으면 통상적 끝고리가 되지만, 이 경우 강도가 약하다. (X)

3 따라서 고리 끝 ⓐ를 아래로 돌려준 다음 큰 고리 속으로 집어넣어야 강도 높은 8자매듭이 만들어진다.

※고리 끝 ⓐ를 아래로 돌려주는 방법 대신 큰 고리를 한 바퀴 돌려서 고리 끝 ⓐ를 집어넣어도 똑같은 8자매듭이 만들어진다. 고리 끝을 돌려주든 큰 고리를 돌려주던 한 바퀴 돌려주면 되는 것이다.

4 8자 형태의 매듭이 형성된다.

5 양쪽을 맞당겨 조인 후 자투리줄을 잘라주면 완성.

낚시용어 찾아보기

ㅎ

해양수산부 지정
수산자원 포획금지기간과 포획금지체장
2021년 현재

낚시 대상	포획·채취 금지체장 또는 체중	포획·채취 금지기간·구역과 수심
감성돔	25cm 이하	5월 1일부터 5월 31일까지
개서대	26cm 이하	7월 1일부터 8월 31일까지
고등어	21cm 이하	4월 1일부터 6월 30일 중 해수부장관이 고시하는 1개월
기름가자미	20cm 이하 23년 12월 31일까지는 17cm 이하 적용	12월 1일부터 1월 31일까지
갈치	항문장 18cm 이하	7월 1일부터 7월 31일까지
낙지		6월 1일부터 6월 30일까지
넙치	35cm 이하	
농어	30cm 이하	
대구	35cm 이하	1월 16일부터 2월 15일까지
대문어(피문어)	600g 이하	
도루묵	11cm 이하	
돌돔	24cm 이하	
말쥐치	18cm 이하	5월 1일부터 7월 31일 다만 정치망 등은 6월 1일부터 7월 31일까지
명태	27cm 이하	
문치가자미(도다리)	20cm 이하 23년 12월 31일까지는 17cm 이하 적용	12월 1일부터 1월 31일까지
민어	33cm 이하	
방어	30cm 이하	
볼락	15cm 이하	
붕장어	35cm 이하	
살오징어	외투장 15cm 이하	4월 1일부터 4월 30일까지 정치망 금어기
연어		10월 1일부터 11월 30일까지
옥돔		7월 21일부터 8월 20일까지
용가자미	20cm 이하 23년 12월 31일까지는 17cm 이하 적용	12월 1일부터 1월 31일까지
전어		5월 1일부터 7월 15일까지 다만, 강원도와 경상북도는 제외
조피볼락(우럭)	23cm 이하	
주꾸미		5월 11일부터 8월 31일까지
쥐노래미	20cm 이하	11월 1일부터 12월 31일까지
참가자미	12cm 이하	12월 1일부터 1월 31일까지
참돔	24cm 이하	
참문어(돌문어)		5월 16일부터 6월 30일까지 5월 1일에서 9월 15일 중 46일 이상 시도 별도 지정 가능
참조기		7월 1일부터 7월 31일까지
참홍어	체반폭 42cm 이하	6월 1일부터 7월 15일까지
청어	20cm 이하	
황돔	15cm 이하	
황복	20cm 이하	

대한민국 낚시 대백과

지은이 낚시춘추 편집부
펴낸이 정규도
펴낸곳 황금시간

초판 2쇄 발행 2023년 6월 23일

편집 서성모, 이영규, 김진현
디자인 정현석, 이승현

황금시간
Golden Time

공급처 (주)다락원
주소 경기도 파주시 문발로 211
전화 (02)736-2031(대)
팩스 (031)8035-6907
출판등록 제406-2007-00002호

값 35,000원
ISBN 979-11-91602-07-4 13690

http://www.fishingseasons.co.kr
낚시춘추 홈페이지를 통해 주문을 하시면 자세한 정보
와 함께 다양한 혜택을 받으실 수 있습니다.